Mac OS X Snow Leopard

MAC GENIUS

par Dwight Spivey

WILEY
Wiley Publishing, Inc.

Micro Application

20-22, rue des Petits-Hôtels
75010 Paris
1ère Édition française - Janvier 2010

Auteur • Dwight Spivey

Traducteur • Armelle Le Cornec

Avertissements aux utilisateurs
Les informations contenues dans cet ouvrage sont données à titre indicatif et n'ont aucun caractère exhaustif voire certain. À titre d'exemple non limitatif, cet ouvrage peut vous proposer une ou plusieurs adresses de sites Web qui ne seront plus d'actualité ou dont le contenu aura changé au moment où vous en prendrez connaissance.
Aussi, ces informations ne sauraient engager la responsabilité de l'Editeur. La société MICRO APPLICATION ne pourra être tenue responsable de toute omission, erreur ou lacune qui aurait pu se glisser dans ce produit ainsi que des conséquences, quelles qu'elles soient, qui résulteraient des informations et indications fournies ainsi que de leur utilisation.

ISBN: 978-2-300-026522

MICRO APPLICATION
Support technique : 20-22, rue des Petits-Hôtels 75010 PARIS
Tél : 01 53 34 20 20 - Fax : 01 53 34 20 00
disponible sur www.microapp.com
http://www.microapp.com

À propos de l'auteur

Dwight Spivey est l'auteur de plusieurs ouvrages sur Mac, dont les livres en langue anglaise *Mac Bible* et *Mac OS X Leopard Portable Genius*. Également ingénieur pour Konica Minolta, il est spécialiste des systèmes d'exploitation, des applications et du matériel Mac, ainsi que des imprimantes laser et monochromes. Beta testeur pour Apple, il donne aussi des cours sur l'utilisation de Mac et rédige des documents de formation et d'assistance pour Konica Minolta. Dwight vit en Alabama avec sa femme Cindy et ses trois enfants, Victoria, Devyn et Emi. À ses heures perdues, il étudie la théologie, s'essaie à la bande dessinée et encourage son équipe de football américain, les Auburn Tigers.

Crédits

Executive Editor
Jody Lefevere

Project Editor
Sarah Cisco

Technical Editor
Brian Joseph

Copy Editor
Kim Heusel

Editorial Director
Robyn Siesky

Editorial Manager
Cricket Krengel

Vice President and Executive Group
Richard Swadley

Vice President and Executive Publisher
Barry Pruett

Business Manager
Amy Knies

Senior Marketing Manager
Sandy Smith

Project Coordinator
Patrick Redmond

Graphics and Production Specialists
Jennifer Henry
Andrea Hornberger

Quality Control Technician
Susan Moritz

Proofreading
Melissa D. Buddendeck

Indexing
Valerie Haynes Perry

À ma femme, Cindy : je t'aime très fort.

Je t'avais bien dit qu'un mari passionné d'informatique, ça rapporterait !

Remerciements

Un grand merci à mon formidable agent, Carole Jelen McClendon. Je suis si content de t'avoir rencontrée !

Sincères remerciements à Cricket Krengel et Sarah Cisco, responsables éditoriaux, et Jody Lefevere, responsable des acquisitions. Merci à toutes de m'avoir soutenu pendant la rédaction de cet ouvrage.

Merci à mon rédacteur technique, Brian Joseph, pour son savoir-faire et son honnêteté.

Merci à toutes les personnes merveilleuses qui ont contribué à la sortie de ce livre en librairie. Je pense à chacun d'entre vous et remercie vos efforts acharnés. Vous avez effectué un travail fantastique !

Je ne peux oublier de remercier mes enfants, Victoria, Devyn et Emi, qui supportent sans peine les absences de leur papa lorsqu'il écrit. Merci également à maman, papa, Kelli, Keith, Kelsey, Keaton, Kelen et Kooper. Je vous aime de tout mon cœur !

Sommaire

chapitre 1

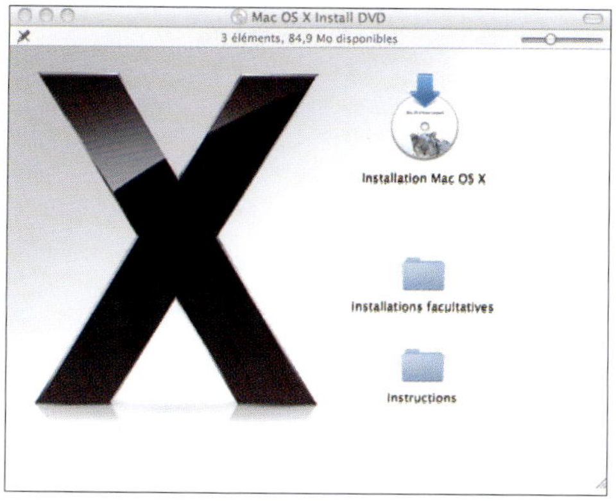

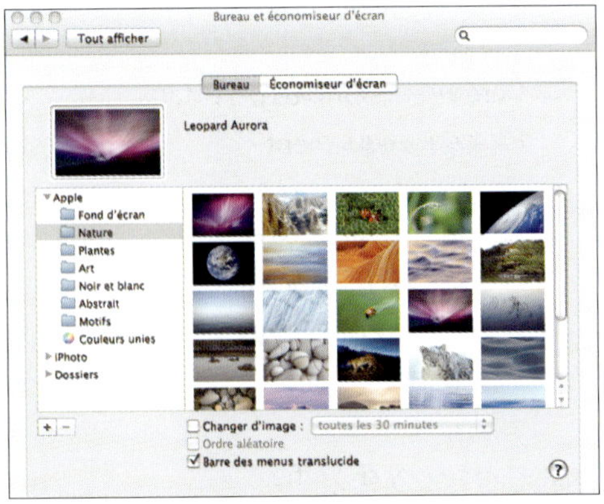
Bureau et économiseur d'écran
Tout afficher
Bureau
Économiseur d'écran
Leopard Aurora
Apple
Fond d'écran
Nature
Plantes
Art
Noir et blanc
Abstrait
Motifs
Couleurs unies
iPhoto
Dossiers
Changer d'image :
toutes les 30 minutes
Ordre aléatoire
Barre des menus translucide

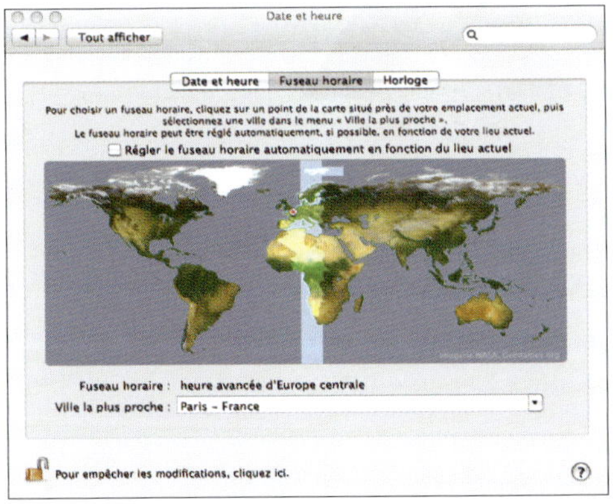
Date et heure
Tout afficher
Date et heure
Fuseau horaire
Horloge
Pour choisir un fuseau horaire, cliquez sur un point de la carte situé près de votre emplacement actuel, puis sélectionnez une ville dans le menu « Ville la plus proche ».
Le fuseau horaire peut être réglé automatiquement, si possible, en fonction de votre lieu actuel.
Régler le fuseau horaire automatiquement en fonction du lieu actuel
Fuseau horaire : heure avancée d'Europe centrale
Ville la plus proche : Paris – France
Pour empêcher les modifications, cliquez ici.

chapitre 4

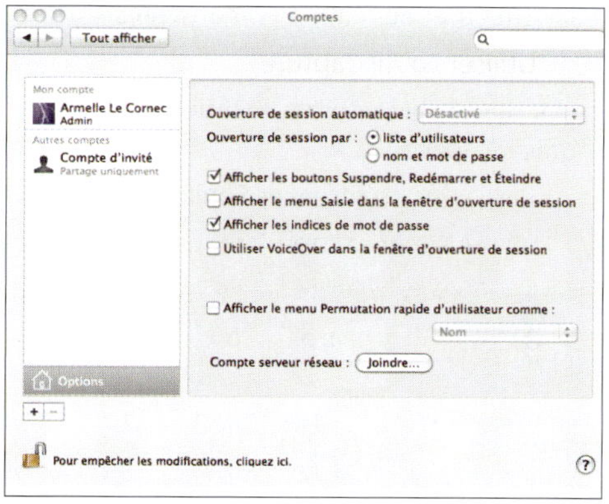

Comptes
Tout afficher
Mon compte
Armelle Le Cornec
Admin
Autres comptes
Compte d'invité
Partage uniquement
Options
Ouverture de session automatique :
Désactivé
Ouverture de session par :
liste d'utilisateurs
nom et mot de passe
Afficher les boutons Suspendre, Redémarrer et Éteindre
Afficher le menu Saisie dans la fenêtre d'ouverture de session
Afficher les indices de mot de passe
Utiliser VoiceOver dans la fenêtre d'ouverture de session
Afficher le menu Permutation rapide d'utilisateur comme :
Nom
Compte serveur réseau :
Joindre...
Pour empêcher les modifications, cliquez ici.

Applications
Calculette
Carnet d'adresses
Chess
Dashboard
Dictionnaire
DivX Converter

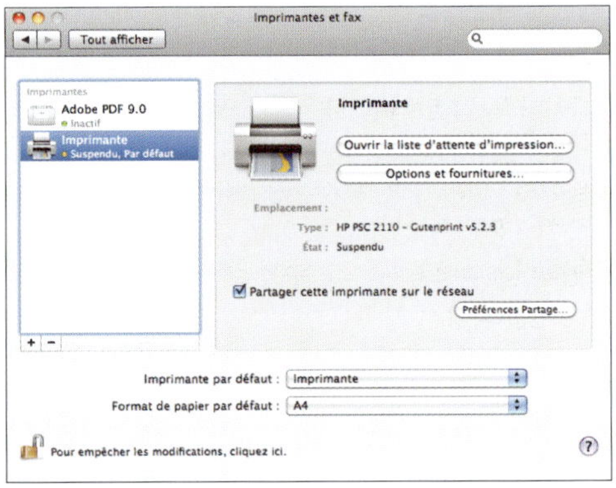

Imprimantes et fax
Tout afficher
Adobe PDF 9.0
Imprimante
Suspendu, Par défaut
Ouvrir la liste d'attente d'impression...
Options et fournitures...
Type : HP PSC 2110 - Gutenprint v5.2.3
État : Suspendu
Partager cette imprimante sur le réseau
Préférences Partage...
Imprimante par défaut : Imprimante
Format de papier par défaut : A4
Pour empêcher les modifications, cliquez ici.

chapitre 7

Comment travailler avec des fichiers PDF et des images ? 146

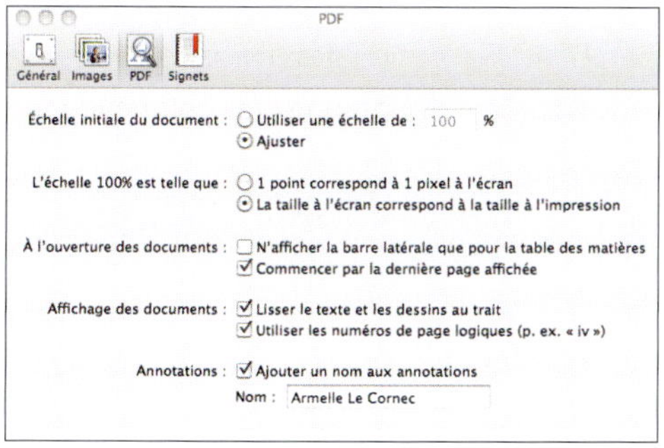

chapitre 8

Comment m'organiser grâce à iCal et à Carnet d'adresses ? 160

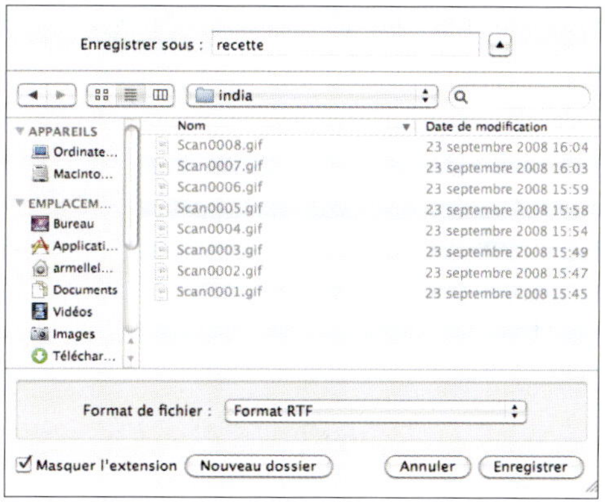

Top Sites
Top Sites
Small talk.

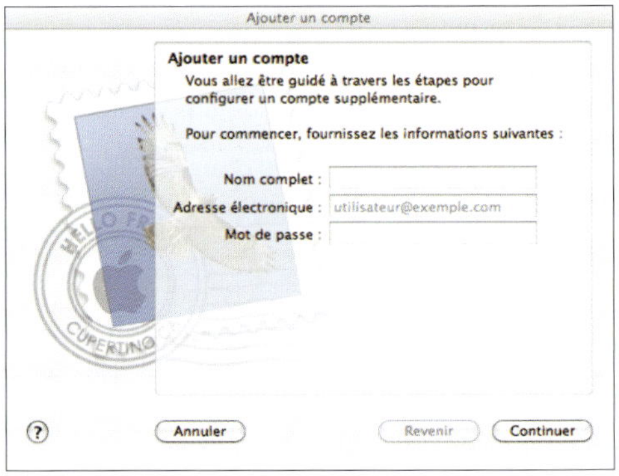
Ajouter un compte
Ajouter un compte
Vous allez être guidé à travers les étapes pour configurer un compte supplémentaire.
Pour commencer, fournissez les informations suivantes :
Nom complet :
Adresse électronique : utilisateur@exemple.com
Mot de passe :
Annuler
Revenir
Continuer

chapitre 11

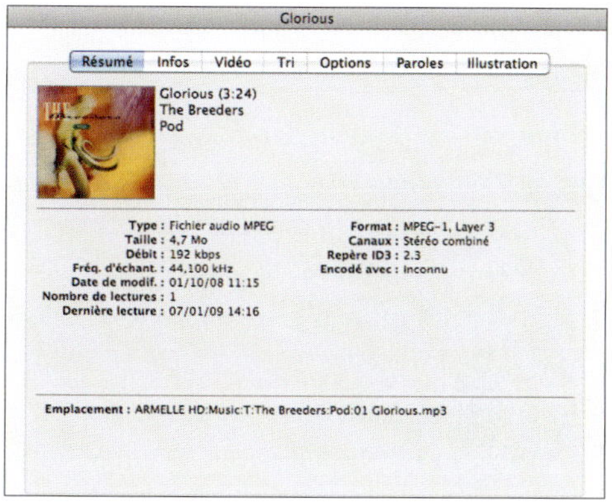
Glorious
Résumé
Infos
Vidéo
Tri
Options
Paroles
Illustration
Glorious (3:24)
The Breeders
Pod
Type : Fichier audio MPEG
Taille : 4,7 Mo
Débit : 192 kbps
Fréq. d'échant. : 44,100 kHz
Date de modif. : 01/10/08 11:15
Nombre de lectures : 1
Dernière lecture : 07/01/09 14:16
Format : MPEG-1, Layer 3
Canaux : Stéréo combiné
Repère ID3 : 2.3
Encodé avec : Inconnu
Emplacement : ARMELLE HD:Music:T:The Breeders:Pod:01 Glorious.mp3

chapitre 12

chapitre 13

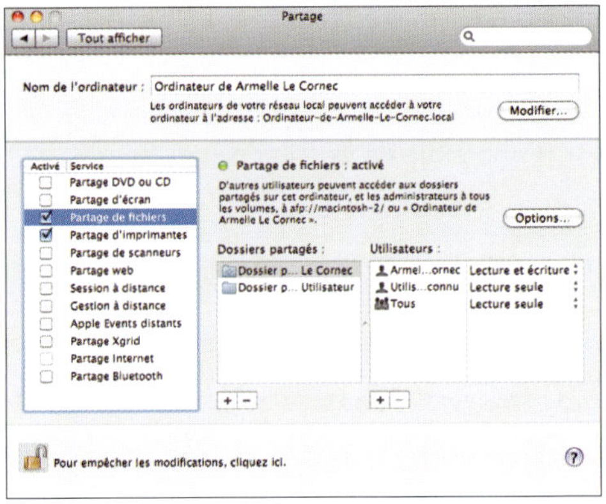

chapitre 14

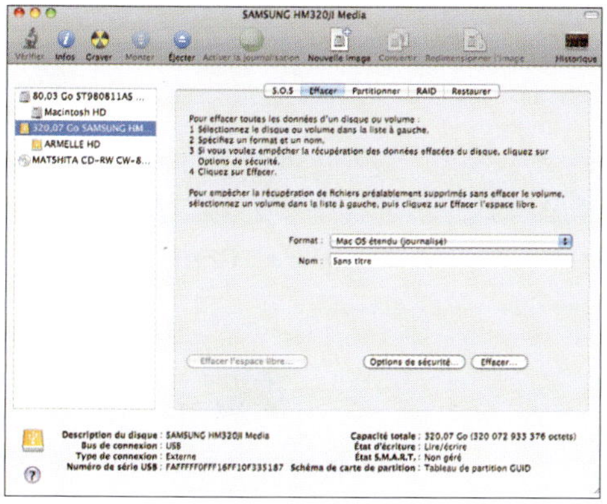

chapitre 15

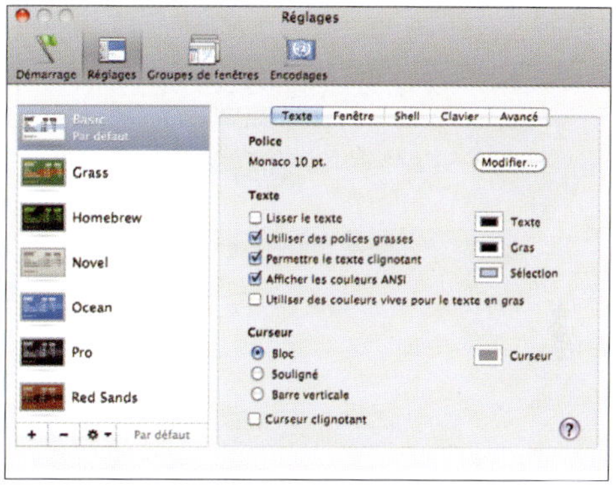

Introduction

Merci Apple ! Une fois de plus vous avez devancé vos concurrents et nous avez laissés bouche bée. Snow Leopard n'est pas seulement le plus joli système d'exploitation, c'est aussi le plus fonctionnel et le plus simple d'utilisation.

Certains d'entre vous sont certainement en train de lever les yeux au ciel. Tous les ordinateurs utilisent le même concept de dossiers et de fichiers et une interface utilisateur colorée, alors il ne peut y avoir de grandes différences entre Mac OS X et ses concurrents, n'est-ce pas ? Vous avez tout faux ! Je ne dis pas cela par simple dévotion envers tous les produits d'Apple. Pendant plus de quatorze ans, j'ai testé plusieurs versions de Windows et de Linux, tout en gardant mon fidèle Mac. Je parle donc en connaissance de cause. Il existe de nombreuses raisons de penser que ce système est exceptionnel.

Les lecteurs de ce livre qui utilisent déjà Mac savent très bien de quoi je parle. Pour ceux qui viennent d'autres plates-formes, j'aimerais qu'à la fin de la lecture de cet ouvrage vous ayez acquis une toute nouvelle vision de l'informatique et de la notion d'amusement lorsque l'on travaille sur un ordinateur.

Avec *Mac OS X Snow Leopard - Mac Genius*, vous apprendrez bien plus que les bases. Vous allez saisir certaines nuances plus subtiles et connaître toutes les astuces qui rendront l'utilisation de votre Mac beaucoup plus simple. J'ai essayé de couvrir entièrement le sujet : de l'impression de fichiers au surf sur Internet, en passant par les e-mails, le partitionnement de votre disque dur, l'automatisation des tâches répétitives et l'utilisation de commandes UNIX, tout en ajoutant de temps en temps une pointe d'humour « geek ».

J'espère que ce livre rendra hommage à Mac OS X Snow Leopard, qui n'est pas seulement un système d'exploitation, mais une forme d'art.

Comment démarrer avec Snow Leopard ?

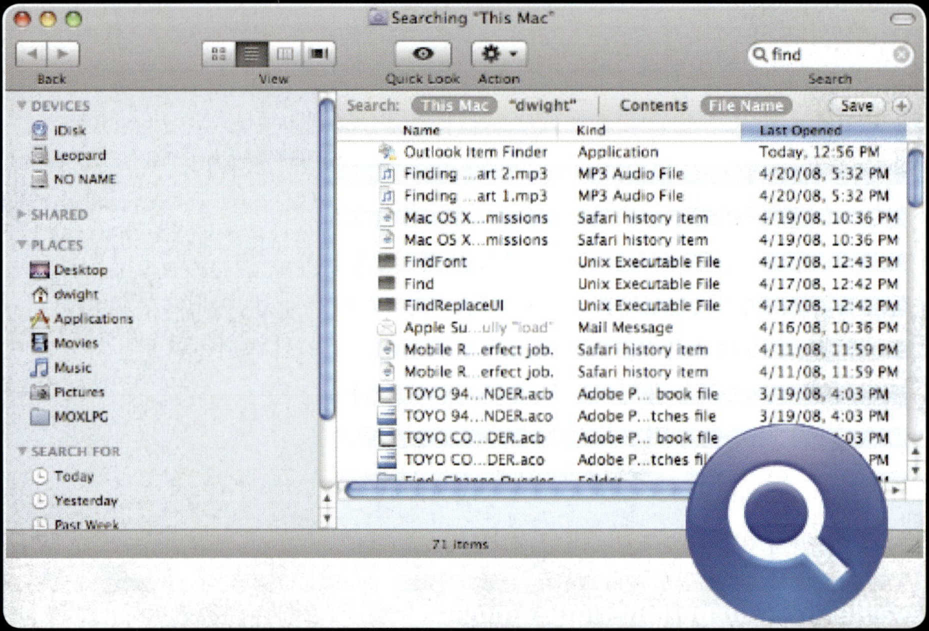

Vous êtes sur le point de découvrir le système d'exploitation le plus avancé au monde, avec l'aimable autorisation de Apple Inc. Vous allez apprendre à installer et à faire fonctionner Mac OS X Leopard, mais aussi à y naviguer grâce à l'application Finder permettant de retrouver n'importe quel élément sur votre Mac.

Configuration système requise pour l'installation de Snow Leopard

Vous êtes sans doute impatient de commencer. Avant tout, assurez-vous que votre Mac possède bien la configuration générale requise pour installer et faire fonctionner correctement Snow Leopard. Le tableau 1.1 établit la liste de ces éléments, d'après les données fournies par Apple.

Tableau 1.1 Configuration requise pour l'installation de Snow Leopard

Matériel	Configuration minimale requise
Processeur	Processeur Intel
Mémoire	512 Mo de RAM pour faire fonctionner Snow Leopard. Une mémoire de 2 Go est recommandée pour un fonctionnement optimal.
Périphérique	Lecteur de DVD interne, externe ou partagé
Espace disque dur	Au moins 9 Go d'espace disponible

Les nouveautés de Snow Leopard

La plupart des améliorations apportées par Snow Leopard à Mac OS X ne sont pas directement visibles. Peu de différences sont remarquables au niveau de l'interface entre Snow Leopard et son prédécesseur, Leopard. Passons en revue les principales nouvelles fonctionnalités de Snow Leopard :

- **Un encombrement réduit.** Snow Leopard occupe beaucoup moins d'espace disque que les versions précédentes de Mac OS X.
- **Le traitement 64 bits.** Apple a étendu les fonctionnalités de sa technologie 64 bits afin que Mac OS X puisse désormais gérer d'énormes quantités de mémoire. En fait, Mac peut théoriquement prendre en charge jusqu'à 16 To de mémoire, c'est-à-dire 500 fois plus que Leopard (version précédente de Mac OS X).
- **La prise en charge de Microsoft Exchange.** Snow Leopard intègre la prise en charge de Microsoft Exchange 2007. Des applications telles que Mail, Carnet d'adresses et iCal peuvent se connecter au protocole de services Exchange pour accéder à vos e-mails, contacts et calendriers.
- **Grand Central Dispatch.** Tous les nouveaux Mac intègrent des processeurs multicœurs. Désormais, grâce à la fonctionnalité Grand Central Dispatch, votre Mac est capable d'exploiter pleinement ces processeurs. Si, comme moi, vous êtes un utilisateur normal, votre Mac sera beaucoup plus rapide.

- **QuickTime X.** Voici la toute nouvelle version de la meilleure plate-forme multimédia sur Internet. La lecture des contenus et le Javascript ont été considérablement améliorés, ce qui en fait un outil idéal pour toute application web intégrant des contenus multimédia.

Choisir une méthode d'installation

Vous êtes le seul à pouvoir décider comment installer Snow Leopard : effectuer la mise à niveau ou formater le disque dur pour une nouvelle installation du système ? Étudions les deux cas.

Mettre à niveau depuis une version précédente de Mac OS présente des avantages certains :

- **Vous n'avez pas besoin de créer un nouveau compte pour chaque utilisateur.**
- **Vous ne devez pas recharger toutes vos applications ainsi que vos documents.**
- **Le système d'installation de Snow Leopard s'occupe de la migration des informations des comptes utilisateur (mots de passe, comptes e-mail et signets Safari).**

Ces raisons peuvent suffire à vous convaincre d'effectuer une simple mise à jour. Cependant, il existe d'autres arguments valables pour nettoyer votre disque dur et repartir de zéro :

- **Si vous possédez une version 10.2 ou antérieure de Mac OS X, il vous sera impossible de vous mettre à niveau.** Vous devez avoir une version 10.3 ou 10.4.
- **Si votre Mac s'est comporté de façon étrange récemment, cela est probablement dû au système.** Dans ce cas, il est préférable de repartir de zéro.
- **Peut-être voulez-vous tout simplement effectuer une installation neuve, en particulier si votre Mac commençait à déborder d'applications et de documents dont vous aviez négligé la gestion.**

Étudiez attentivement ces différents points et prenez votre décision. Si vous choisissez la mise à niveau, reportez-vous simplement à la partie suivante. Si, au contraire, vous décidez de nettoyer votre disque dur, lisez la partie consacrée aux installations personnalisées.

Se mettre à niveau vers Snow Leopard

Commençons la mise à niveau de votre système vers le tout nouveau félin d'Apple :

1. **Insérez le disque d'installation de Snow Leopard dans votre Mac.**
2. **Lorsque le disque est monté, le DVD d'installation de Mac OS X s'ouvre automatiquement, comme sur la figure 1.1.**

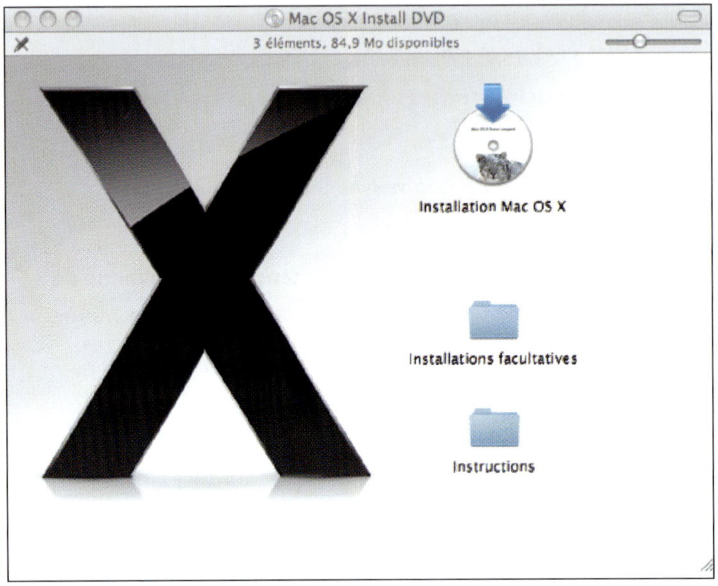

1.1 Fenêtre du DVD de Snow Leopard.

3. **Double-cliquez sur l'icône d'installation de Mac OS X.**
4. **Cliquez sur Continuer dans la fenêtre d'installation de Mac OS X.**
5. **Sélectionnez le disque dur sur lequel vous désirez installer Snow Leopard.**
6. **Cliquez sur Installer dans la fenêtre d'installation de Mac OS X (figure 1.2).**

1.2 Cliquez sur Installer pour démarrer le processus d'installation.

7. **Après le redémarrage de votre Mac, sélectionnez la langue que vous voulez utiliser pour le processus d'installation et cliquez sur Suivant.**
8. **Cliquez sur Continuer dans l'écran de Bienvenue.**
9. **Acceptez les conditions d'utilisation du logiciel.**
10. **Sélectionnez le disque dur où installer Snow Leopard et cliquez sur Continuer.**
11. **Cliquez sur Installer dans la fenêtre de résumé de l'installation.**
12. **Détendez-vous, prenez votre boisson préférée, et lisez le manuel de bienvenue de Snow Leopard fourni dans la boîte du logiciel. Lorsque l'installation sera terminée, vous serez complètement « Snow Leopardisé » !**

Attention

Si vous installez Snow Leopard sur votre disque de démarrage, n'interrompez pas le processus d'installation ! Si le processus n'est pas terminé, vous ne pourrez peut-être pas démarrer à partir de votre disque dur. Si vous effectuez l'installation sur un ordinateur portable, assurez-vous que l'adaptateur secteur est bien connecté pour éviter que l'installation ne soit interrompue.

Installations personnalisées

En revanche, si vous décidez de repartir de zéro avec votre Mac, je vais vous indiquer comment procéder. Une installation neuve implique que vous installiez un tout nouveau système d'exploitation sans faire de mise à niveau à partir d'un système déjà existant. Suivez les étapes suivantes :

Attention

Sauvegardez vos fichiers avant d'effectuer ce type d'installation ! Vous pourriez perdre toutes les données de votre disque dur ! Si vous ne le faites pas, il est fort probable qu'à la fin du processus, vous réalisiez que vous venez d'effacer les recettes de votre grand-mère qui se transmettent de génération en génération.

1. **Insérez le disque d'installation et redémarrez votre Mac.**
2. **Immédiatement après le son de démarrage, maintenez enfoncée la touche C pour démarrer à partir du disque d'installation.** Maintenez toujours la touche enfoncée jusqu'à l'apparition du logo gris d'Apple.
3. **Sélectionnez la langue que vous voulez utiliser pour le processus d'installation et cliquez sur Suivant.**
4. **Sélectionnez le disque sur lequel vous désirez installer Snow Leopard.**
5. **Cliquez sur Installer pour installer le système et les fichiers par défaut, ou passez à l'étape 6 pour personnaliser l'installation.**

6. **Cliquez sur Personnaliser pour choisir une série de fichiers spécifiques ou des ressources système différentes.**
7. **Cochez les cases correspondant aux applications et utilitaires que vous voulez intégrer à l'installation.**
8. **Cliquez sur OK lorsque vous avez terminé, puis cliquez sur Installer.**

Options avancées d'installation

Il existe deux choses dont je voudrais vous parler et qui peuvent vous aider à personnaliser l'installation de Snow Leopard.

Partitionner votre disque dur

Si vous avez un disque dur assez important, vous pouvez le partitionner : vous pouvez diviser le disque dur physique afin qu'il apparaisse sous la forme de plusieurs disques et en reproduise le fonctionnement. Cette technique est très utile si vous prévoyez d'installer Windows sur votre Mac grâce à Boot Camp (voir chapitre 16), ou si vous utilisez une partie de votre disque dur pour le système d'exploitation et une autre pour le stockage de vos documents et informations, ou encore si vous voulez installer plusieurs versions différentes de Mac OS X sur le même ordinateur. Bien sûr, il existe de nombreuses autres raisons de partitionner votre disque dur.

Pour partitionner votre disque dur, procédez comme suit :

1. **Insérez le disque d'installation de votre Mac et redémarrez votre ordinateur.**
2. **Immédiatement après le son de démarrage, maintenez enfoncée la touche C pour démarrer à partir du disque d'installation.** Maintenez toujours la touche enfoncée jusqu'à l'apparition du logo gris d'Apple.
3. **Sélectionnez la langue pour le processus d'installation et cliquez sur Suivant.**
4. **Sélectionnez Utilitaires ➪ Utilitaire de disque à partir du menu.**
5. **Sélectionnez le disque dans la liste des volumes sur le côté gauche de la fenêtre, comme sur la figure 1.3.**
6. **Cliquez sur l'onglet Partitionner, puis sur le bouton + dans le coin inférieur gauche pour commencer à ajouter des partitions au schéma.**
7. **Sélectionnez un format pour chaque partition à l'aide du menu Format.**
8. **Vous pouvez personnaliser la dimension de chaque partition grâce à la boîte Taille.**
9. **Cliquez sur Appliquer lorsque vous êtes prêt à partitionner le disque.**

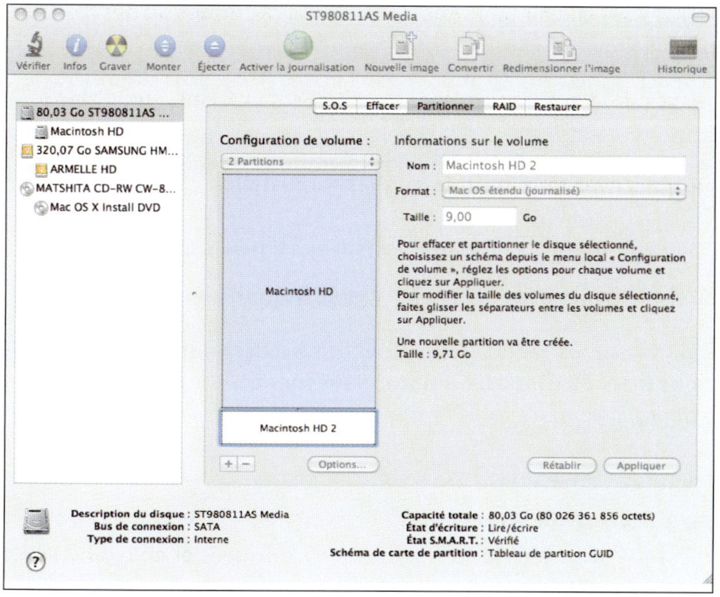

1.3 Partitionner un disque grâce à l'Utilitaire de disque est un jeu d'enfant.

Installer les outils de développement Xcode

Le disque d'installation de Snow Leopard intègre tous les outils dont les développeurs d'applications ont besoin pour commencer la programmation pour Mac OS X. Ces outils, appelés Xcode, peuvent être installés très facilement à partir du DVD d'installation. Vous les trouverez dans le dossier Installations optionnelles. Le chemin pour y accéder est représenté sur la figure 1.4.

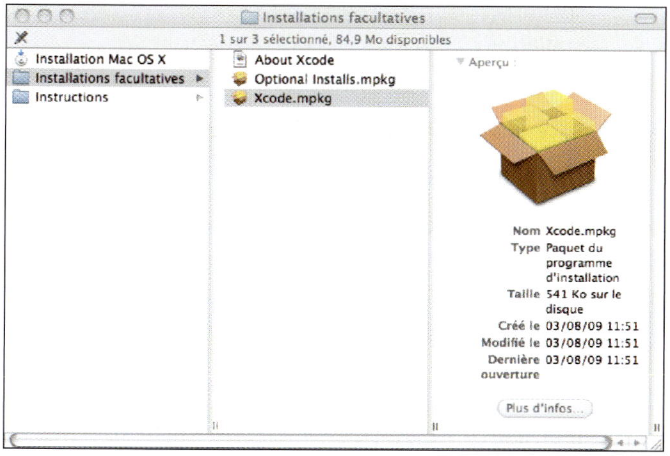

1.4 Dossier d'installation de Xcode sur le DVD.

Pour installer les outils de développement Xcode, procédez comme suit :

1. **Double-cliquez sur le fichier Xcode.mpkg pour lancer l'installation, puis cliquez sur Continuer.**
2. **Cliquez à nouveau sur Continuer dans la fenêtre des conditions d'utilisation du logiciel puis acceptez.**
3. **Sélectionnez le disque dur sur lequel Xcode sera installé et cliquez sur Continuer.**
4. **Sélectionnez les éléments que vous désirez installer, puis cliquez à nouveau sur Continuer.**
5. **Cliquez sur Installer dans la fenêtre Installation standard sur « Macintosh HD » pour commencer l'installation (voir figure 1.5).**

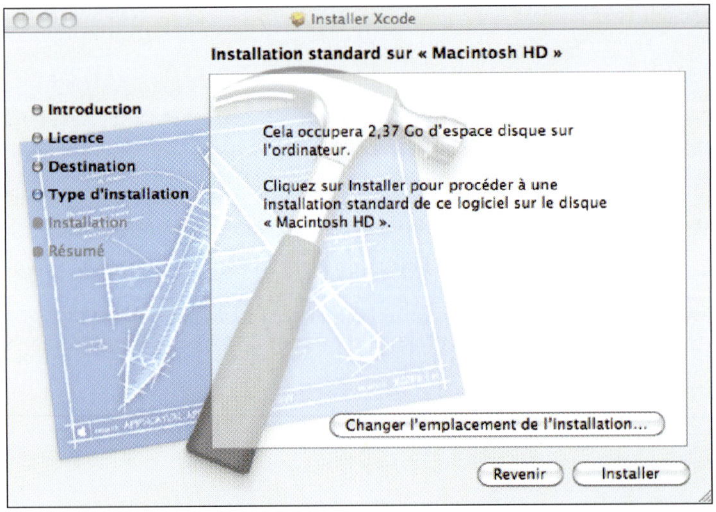

1.5 Cliquez sur Installer pour démarrer le processus d'installation des outils de développement Xcode.

Utiliser le Finder

Lorsque votre Mac a démarré ou lorsque vous vous connectez pour la première fois, vous remarquez un visage qui vous sourit dans le coin inférieur gauche de votre écran. C'est le Finder (voir figure 1.6), l'un des éléments les plus importants de Mac OS X Snow Leopard.

1.6 Icône du Finder.

Le Finder est une application intégrée à Mac OS depuis sa conception et qui est toujours présente sur Snow Leopard. Le Finder est utilisé par les utilisateurs Mac depuis des décennies pour explorer leurs disque durs et leurs autres périphériques. Il a évolué en un outil remarquable dont je ne peux imaginer me passer (surtout parce qu'il est impossible de visualiser le contenu de votre disque dur sans lui !). Pour les utilisateurs habitués à Windows, le Finder est un peu l'équivalent de Windows Explorer sous Mac OS X. Dans cette partie, nous allons voir les fonctionnalités de base du Finder, mais je vous donnerai aussi quelques astuces pour le rendre plus simple à utiliser et plus productif.

Le bureau de Snow Leopard

Le bureau est l'élément qui apparaît en premier lorsque vous démarrez pour la première fois votre Mac. C'est à cet endroit que toutes vos applications fonctionnent. Le bureau tient une place primordiale dans le Finder et constitue en fait le point de départ.

Le bureau

La figure 1.7 est censée représenter votre écran après que vous vous êtes identifié. Elle présente les éléments principaux que vous pouvez voir lorsque le Finder s'affiche pour la première fois.

1.7 Bureau du Finder, par défaut.

Maintenant que vous connaissez les noms des éléments présents dans le Finder, vous pouvez utiliser le tableau 1.2 pour explorer leurs différentes fonctionnalités.

Tableau 1.2 Éléments du Finder

Élément	Fonction
Menu Pomme	Fournit un accès rapide aux différentes fonctionnalités telles que Suspendre l'activité, Redémarrer, Éléments récents ou Préférences Système. Comparable au menu Démarrer pour les utilisateurs Windows.
Barre de menus	Utilisez la barre de menus dans le Finder et dans les autres applications pour imprimer, copier, coller et modifier les préférences.
Bureau	Comme votre vrai bureau, c'est à cet endroit que vous retrouverez tous les documents et applications sur lesquels vous travaillez. Il est très simple de modifier le fond d'écran (voir au chapitre 2).
Contrôle du volume	Permet de régler le volume de votre Mac.
Horloge	Affiche la date et l'heure.
Spotlight	Permet de rechercher des fichiers et des dossiers dans votre Mac. Nous en parlerons en détail plus loin dans ce chapitre.

Élément	Fonction
Icône disque	L'icône Macintosh HD sur la figure 1.7 est celle de mon disque dur. Si vous avez plus d'un disque sur votre Mac, vous les visualiserez également.
Dock	Héberge les icônes liées aux applications et autres éléments que vous utilisez le plus fréquemment. Comme vous pourrez le constater plus tard dans ce chapitre, il est possible de le modifier.
Corbeille	Contient les dossiers et fichiers que vous désirez supprimer de votre Mac. Pour les utilisateurs Windows, elle est similaire à leur corbeille.
Pile des téléchargements	Permet d'accéder rapidement aux éléments du dossier Téléchargements.
Pile des documents	Permet d'accéder rapidement aux éléments du dossier Documents.

Fenêtres Finder

Maintenant que vous êtes familiarisé avec les fonctionnalités du bureau, explorons la fenêtre Finder dont vous aurez besoin pour visualiser vos fichiers et dossiers présents sur vos disques. La figure 1.8 présente la fenêtre Finder par défaut, et le tableau 1.3 vous donne un résumé de chaque élément important.

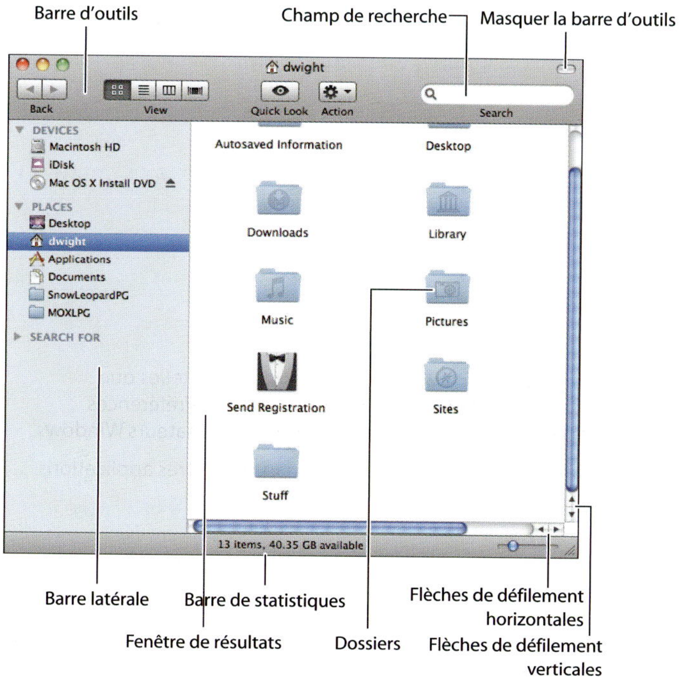

1.8 Les fenêtres Finder permettent d'explorer vos disques, fichiers et dossiers.

Tableau 1.3 Éléments de la fenêtre Finder

Élément	Description
Dossiers	Permettent de stocker les fichiers et sous-dossiers.
Barre d'outils	Contient les outils permettant d'accéder aux fichiers et dossiers.
Barre latérale	Fournit un accès rapide aux disques, aux dossiers favoris, aux dossiers partagés et aux recherches préconfigurées.
Barre de statistiques	Affiche les informations concernant le dossier sélectionné.
Masquer la barre d'outils	Cliquez une fois pour masquer la barre d'outils et la barre latérale ; cliquez à nouveau pour les réafficher.
Recherche	Inscrivez un terme de recherche afin de rechercher un élément dans le dossier sélectionné.
Fenêtre de résultats	Permet d'afficher les fichiers et les sous-dossiers d'un dossier, mais aussi les résultats d'une recherche.
Flèches verticales et horizontales	Faites glisser les barres ou cliquez sur les flèches afin de naviguer dans la fenêtre et d'afficher les éléments masqués.

Régler les préférences Finder

Comme vous le remarquerez tout au long de ce livre, il est possible de modifier la plupart des éléments dans Snow Leopard selon vos préférences personnelles, ce qui est très agréable. Le Finder n'échappe pas à cette règle (reportez-vous au chapitre 2 pour plus d'astuces sur la personnalisation du Finder). Sélectionnez Finder ⇨ Préférences, ou appuyez sur ⌘+,. Regardons de plus près quelles sont les préférences personnalisables dans le Finder.

Général

Les options présentes dans l'onglet Général de la fenêtre Préférences du Finder (voir la figure 1.9) parlent d'elles-mêmes. L'option Dossiers et fenêtres à ouverture automatique possède sa propre barre latérale. Les trois autres options vous permettent :

- **D'afficher certains types d'éléments sur le bureau.**
- **De sélectionner quel dossier s'ouvre automatiquement à l'ouverture d'une fenêtre Finder.**
- **De décider si vous voulez toujours ouvrir les dossiers dans une nouvelle fenêtre.** Je ne recommande pas cette dernière fonction, sauf si vous adorez ouvrir des fenêtres sur votre bureau.

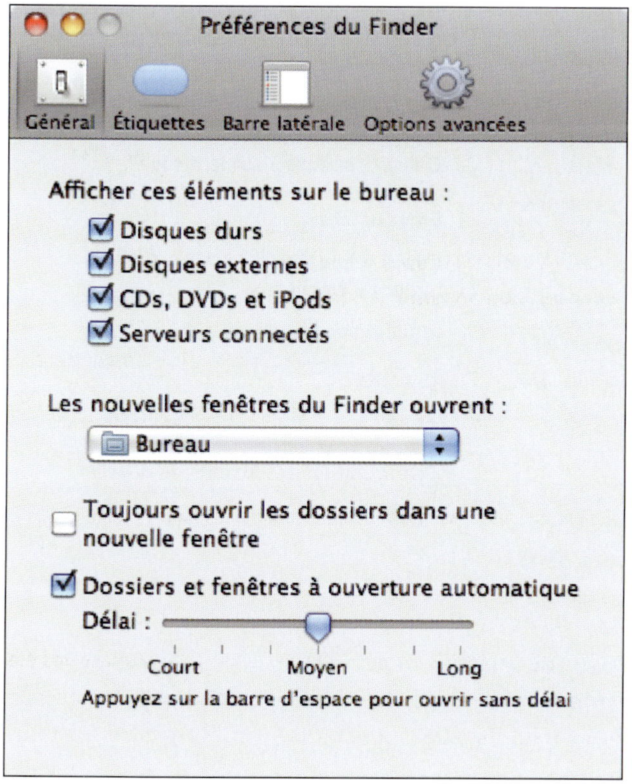

1.9 Options disponibles dans l'onglet Général.

Dossiers et fenêtres à ouverture automatique

L'option Dossiers et fenêtres à ouverture automatique est une fonctionnalité du Finder très pratique, mais comme celle-ci est inconnue de nombreux utilisateurs Mac, surtout des novices, je vais prendre le temps de vous la présenter. Activer cette option permet de déplacer sans effort des éléments entre les dossiers et les disques. Vous pouvez glisser un élément sur n'importe quel dossier, le maintenir une seconde et le dossier s'ouvre automatiquement. Continuez de maintenir le bouton de la souris tout en positionnant l'élément dans le sous-dossier. Il s'ouvrira alors automatiquement de la même façon et ainsi de suite jusqu'au dossier de votre choix. Enfin, déposez l'élément dans le dossier de destination en relâchant le bouton de la souris. Cette description peut vous paraître ennuyeuse ; essayez cette fonction astucieuse vous-même afin de la maîtriser.

Étiquettes et Barre latérale

L'onglet Étiquettes vous permet d'appliquer des étiquettes colorées selon les catégories que vous déterminez. Vous pouvez ensuite les appliquer aux fichiers et aux dossiers en effectuant un clic droit (ou Ctrl+clic). Puis, sélectionnez une étiquette à partir de la liste (figure 1.10).

L'onglet Barre latérale vous permet tout simplement de choisir les différents types d'éléments s'affichant dans la barre latérale de chaque fenêtre Finder.

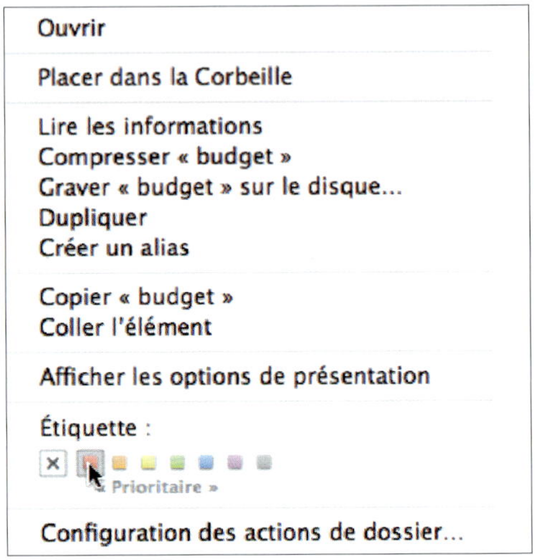

1.10 Appliquer une étiquette à un dossier.

Options avancées

Le tableau 1.4 présente les options disponibles dans l'onglet Options avancées de la fenêtre Préférences du Finder.

Tableau 1.4 Onglet Options avancées

Option	Fonction
Afficher toutes les extensions de fichier	Chaque fichier possède une extension à la fin de son nom, masquée par défaut. L'extension permet à Snow Leopard de reconnaître le type de document du fichier et quelle application y est associée. Il est préférable de ne pas activer cette option à moins que vous ne compreniez ces extensions.
Avertir avant de modifier une extension	Snow Leopard vous avertit avant que vous ne modifiiez l'extension d'un fichier. Ceci est très pratique afin que vous ne modifiiez pas accidentellement une extension, entraînant une impossibilité de lecture de votre document ou de sa lecture dans une autre application.
Avertir avant de vider la Corbeille	Snow Leopard vous demande de confirmer que vous désirez bien vider la Corbeille.
Vider la Corbeille en mode sécurisé	Sélectionnez cette option pour être sûr que toutes les traces d'un fichier sont éliminées de votre disque dur lorsque vous videz la Corbeille. Cette fonctionnalité plaira sans nul doute à certains, mais elle empêche toute restauration des fichiers accidentellement effacés. À utiliser avec précaution.
En effectuant une recherche	Grâce au menu déroulant, permet de déterminer un emplacement de recherche par défaut.

Genius

Vous pouvez vider la Corbeille en mode sécurisé au coup par coup au lieu de laisser la fonction toujours activée : placez l'élément que vous voulez supprimer dans la Corbeille, puis sélectionnez Finder ⇨ Vider la Corbeille en mode sécurisé.

Naviguer dans le Finder

Mac OS X utilise les mêmes techniques de navigation que les autres systèmes d'exploitation : le double-clic pour ouvrir un fichier ou un dossier, le clic droit (ou Ctrl+clic) sur un élément pour accéder aux menus contextuels permettant de modifier ou d'affecter une action (par exemple, les étiquettes), et le glisser-déposer pour déplacer un élément. Je suis sûr que vous êtes déjà familiarisé avec ses opérations de base, je passerai donc aux options et aux tâches propres au Finder.

Options de présentation du Finder

Il est possible de modifier la façon dont les fichiers et les dossiers sont présentés dans la fenêtre du Finder en sélectionnant une des quatre présentations de la barre d'outils : icônes, liste, colonnes et Cover Flow. Regardons comment chacune des options affiche le contenu d'un même dossier.

Icônes

La présentation sous forme d'icônes permet d'afficher chaque fichier et chaque dossier sous la forme d'une grande icône, comme sur la figure 1.11.

1.11 Affichage du contenu d'un dossier sous forme d'icônes.

Genius

Vous trouvez que la taille par défaut des icônes est trop grande ? Faites glisser la barre de réglage située dans le coin inférieur droit de la fenêtre Finder pour réduire ou agrandir la taille des icônes dans le dossier courant.

Dossiers récents

Le menu du Finder que je souhaiterais avoir utilisé depuis des années est le menu Aller, présent dans la barre des menus lorsque le Finder est actif. Le menu Aller vous permet d'accéder immédiatement aux dossiers les plus récemment utilisés dans Snow Leopard. Pour une raison encore inconnue, je l'avais négligé depuis les huit années que j'utilisais Mas OS X.

Familiarisez-vous avec les raccourcis du clavier pour accéder aux différents éléments (ces raccourcis sont indiqués à droite de chaque commande dans le menu Aller). Si un élément auquel vous désirez accéder n'est pas dans le menu Aller, appuyez sur ⌘+Shift+G pour ouvrir la fenêtre Aller au dossier, puis inscrivez le chemin du dossier. Enfin, cliquez sur le bouton Aller pour y accéder.

Liste

Les fichiers et les dossiers forment une liste à l'intérieur de la fenêtre. Il est possible de classer une liste par nom de fichier, par date de modification, par taille ou par type.

Colonnes

Ma présentation préférée est celle sous forme de colonnes. Elle permet de classer les éléments d'un dossier en colonnes, chacune affichant le contenu du sous-dossier suivant.

Cover Flow

Le Cover Flow est sans conteste l'option de présentation la plus branchée. La figure 1.12 vous montre que les fichiers et les dossiers sont affichés tels qu'ils apparaissent lorsqu'ils sont ouverts dans une application, ce qui peut être très pratique lorsque vous recherchez un document ou une image en particulier.

1.12 Le Cover Flow est vraiment simple d'utilisation. Faites glisser la barre pour vous rendre compte à quel point le Finder navigue sans effort entre les fichiers.

Lire les informations des fichiers et des dossiers

Trop d'informations ne nuit jamais. Ainsi, Mac OS X est heureux de vous fournir tout ce dont vous avez besoin à propos de vos fichiers et de vos dossiers. Pour savoir comment accéder à ces informations, procédez comme suit :

1. **Cliquez (une fois) sur le fichier ou le dossier dont vous voulez les informations.**
2. **Appuyez sur ⌘+I, ou sélectionnez Fichier ➪ Lire les informations.**

La figure 1.13 montre une fenêtre type Lire les informations, et le tableau 1.5 présente les différentes catégories disponibles.

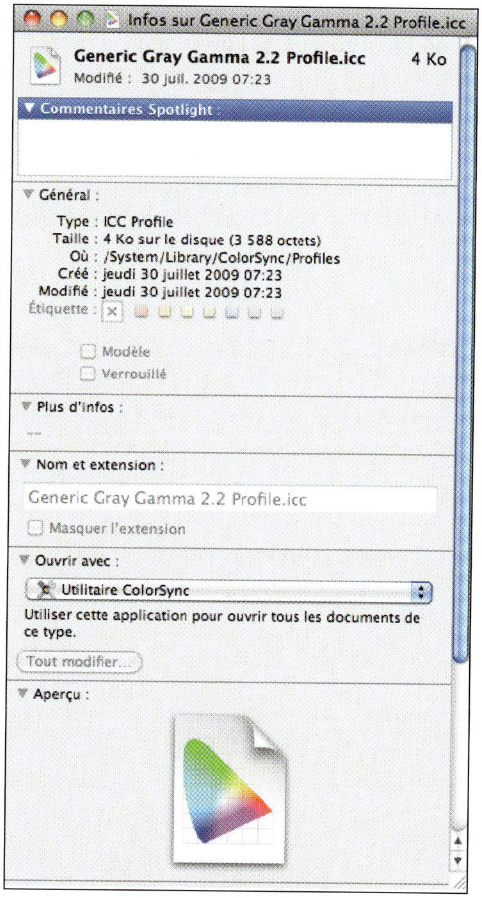

1.13 Fenêtre Lire les informations et ses différentes catégories.

Pour accéder rapidement aux informations de plusieurs éléments sans avoir à ouvrir séparément plusieurs fenêtres Lire les informations, vous pouvez utiliser l'Inspecteur. Pour ce faire, suivez les étapes suivantes :

1. **Ouvrez un dossier contenant des éléments dont vous voulez recueillir les informations.**
2. **Appuyez sur ⌘+⌥+I pour ouvrir la fenêtre de l'Inspecteur (elle est similaire à une fenêtre Lire les informations).**
3. **Cliquez sur chaque dossier pour visualiser les informations correspondantes dans la fenêtre.** L'Inspecteur modifie les informations chaque fois que vous sélectionnez un nouveau fichier. Vous pouvez naviguer entre les fichiers en utilisant les flèches du clavier.

Tableau 1.5 Catégories d'informations

Catégorie	Informations affichées
Commentaires Spotlight	Inscrivez ici les informations à propos du fichier qui pourraient vous aider à le retrouver grâce à une recherche Spotlight. Nous en parlerons en détail plus loin dans ce chapitre.
Général	Procure les informations générales sur le type, la taille, l'emplacement et la date de création/modification de l'élément.
Plus d'infos	Les informations complémentaires peuvent varier selon le type d'élément. Par exemple, pour le dossier de la figure 1.13, vous pouvez voir la date à laquelle il a été ouvert la dernière fois. Si le fichier était une image, ses dimensions et son espace colorimétrique s'afficheraient.
Nom et extension	Permet de modifier le nom et l'extension du fichier, ou de masquer son extension.
Ouvrir avec	Sélectionne par défaut l'application avec laquelle le type du fichier est ouvert. Cette option s'affiche uniquement avec un fichier.
Aperçu	Affiche une version miniature du fichier.
Partage et permissions	Permet de modifier les permissions d'accès à l'élément. Cliquez sur l'icône clé dans le coin inférieur droit pour modifier les permissions. Cliquez sur + ou – pour ajouter des utilisateurs à la liste ou en supprimer.

Utiliser Coup d'œil

Coup d'œil est l'une des meilleures fonctionnalités de Snow Leopard. Il vous permet de visualiser le contenu d'un fichier sans l'ouvrir dans son application native. Par exemple, vous pouvez visualiser chaque page d'un document Word sans l'ouvrir dans Word au préalable. Cela rend la recherche d'un document beaucoup plus aisée si vous en avez oublié le nom, mais que vous en connaissez le contenu, ou encore si vous recherchez une image précise, mais que vous ne voulez pas ouvrir Photoshop. Pour utiliser Coup d'œil, procédez comme suit :

1. **Trouvez le fichier que vous désirez visualiser puis cliquez une fois dessus pour le sélectionner.**
2. **Cliquez sur le bouton Coup d'œil ou appuyez sur la barre d'espace pour ouvrir le fichier dans une vue Coup d'œil, comme sur la figure 1.14.**
3. **Pour visualiser l'élément en mode Plein écran, cliquez sur les flèches en bas de la fenêtre.** Pour sortir du mode Plein écran, cliquez à nouveau sur les flèches.
4. **Cliquez sur la croix dans le coin supérieur gauche pour fermer la fenêtre Coup d'œil.**

1.14 Prévisualisation d'un document avec Coup d'œil.

Travailler avec un périphérique amovible

Lorsque vous insérez ou connectez un périphérique amovible, tel un CD, un DVD, un disque dur externe ou une clé USB, Snow Leopard le détecte automatiquement et le rend immédiatement prêt à l'utilisation. L'icône du périphérique s'affiche sur le bureau, dans la fenêtre du Finder, ou les deux, selon la configuration de vos préférences Finder. La figure 1.15 montre les icônes d'une clé USB (Kingston) et d'un DVD (DVD d'installation de Mac OS X) présentes à la fois sur le bureau et dans la barre latérale de la fenêtre Finder dans la catégorie Appareils. Double-cliquez sur l'icône pour visualiser le contenu du périphérique, comme vous le feriez pour votre disque dur.

Pour déconnecter ou éjecter un périphérique amovible, choisissez l'une des méthodes suivantes :

- **Cliquez sur l'icône Éjecter à droite de l'icône du périphérique dans la barre latérale de la fenêtre Finder.**
- **Sur le bureau, glissez et déposez l'icône du périphérique dans la Corbeille.**
- **Faites un clic droit ou Ctrl+clic sur l'icône du périphérique sur le bureau ou dans la barre latérale, puis sélectionnez Éjecter dans le menu contextuel.**
- **Cliquez sur l'icône du périphérique une fois pour le sélectionner puis appuyez sur ⌘+E.**

Icône éjection

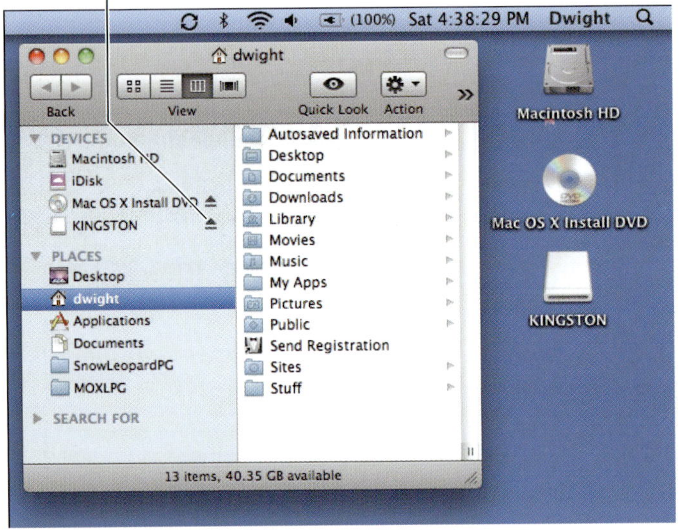

1.15 Un DVD et une clé USB tels qu'ils apparaissent sur le bureau et dans la barre latérale de la fenêtre du Finder.

Utiliser le Dock

Le Dock : adoré par la plupart des utilisateurs, toléré par certains et haï par une minorité. Peu importe votre opinion (personnellement, je n'imagine pas pouvoir m'en passer), il fait de toute façon partie de votre aventure avec Snow Leopard. Le Dock permet de placer les alias (ou raccourcis) des applications, utilitaires et dossiers auxquels vous accédez le plus souvent. Il affiche les icônes de toutes les applications en cours de fonctionnement et même certains processus, comme les impressions. Les applications en cours sont marquées d'un point lumineux sous leurs icônes.

Le Dock est divisé en deux parties par une ligne séparatrice. Les applications et utilitaires se placent à gauche de cette ligne, tandis que les dossiers et la Corbeille se trouvent à droite. Faites un clic droit ou Ctrl+clic sur la ligne pour afficher les options du Dock.

Ajouter et supprimer des éléments

Ajouter et supprimer des éléments du Dock est un vrai jeu d'enfant :

- **Pour ajouter un élément, il suffit de cliquer sur son icône et de la faire glisser puis de la déposer où vous désirez sur le Dock.** Vous pouvez repositionner un élément en le faisant glisser et en le déposant à son nouvel emplacement.

- **Si vous avez une application ouverte et que vous voulez la garder dans le Dock, cliquez sur son icône et maintenez le bouton de la souris enfoncé, puis, dans le menu contextuel, choisissez Garder dans le Dock.**
- **Pour supprimer un élément, faites-le glisser hors du Dock et relâchez la souris.** L'icône disparaît en fumée ! Ne vous inquiétez pas, l'élément original est toujours à son emplacement. Vous avez seulement supprimé son alias (ou raccourci).

1.16 Gardez dans le Dock les icônes que vous utilisez souvent.

Régler les préférences du Dock

Vous pouvez « dompter » le Dock en ajustant les préférences selon vos besoins. Faites un clic droit ou Ctrl+clic sur la ligne séparatrice, puis sélectionnez Préférences du Dock.

Les préférences du Dock vous permettront de modifier certains paramètres :

- **Agrandir ou diminuer la taille du Dock en faisant glisser la barre.**
- **Si vous trouvez vos icônes trop petites, cochez la case Agrandissement et réglez la barre pour augmenter ou diminuer l'agrandissement.**
- **Le Dock peut être positionné à gauche, à droite ou en bas de la fenêtre, ce dernier étant le réglage par défaut.**
- **L'option Type de réduction vous permet de choisir d'associer un effet spécial lorsque vous réduisez une fenêtre dans l e Dock.** Pour réduire une fenêtre, cliquez sur le bouton jaune situé dans le coin supérieur gauche.
- **Cochez la case Animation à l'ouverture des applications pour que les icônes des éléments sautillent sur le Dock dès que vous les ouvrez.** Je n'active pas cette option, car le sautillement m'exaspère.
- **Si vous n'aimez pas l'aspect du Dock, vous pouvez choisir de le masquer en cochant la case Masquage/affichage automatique.** Lorsque vous avez besoin du Dock, il suffit de pointer la souris tout en bas de la fenêtre pendant à peine une seconde, et il réapparaît temporairement et se masque à nouveau lorsque vous avez terminé.

Rechercher des éléments

Apple a intégré Spotlight dans Mac OS X Tiger, ce qui a immédiatement modifié la façon dont les utilisateurs Mac recherchaient leurs éléments dans leur ordinateur. Spotlight trouve les choses sur votre Mac beaucoup plus rapidement que si vous les recherchiez vous-même dans chaque dossier. C'est la méthode la plus prompte que j'aie jamais vue sur un ordinateur.

Lorsque vous vous identifiez la première fois sur votre Mac, le système crée un index de chaque fichier et du dossier qui le contient. Snow Leopard connaît chaque recoin de votre espace disque, qu'un élément soit visible ou non. Il stocke les informations, ou métadonnées, et Spotlight les utilise, ainsi que les noms de fichiers et leur contenu, pour retrouver ce que vous cherchez. Chaque fois que vous ajoutez ou supprimez un élément, ou que vous ajoutez ou supprimez quelque chose dans cet élément (par exemple du texte dans un document), Snow Leopard met à jour ses fichiers d'indexation. Ainsi, vos recherches sont toujours aussi efficaces.

Peut-être pensez-vous qu'avec toutes ces informations une recherche devient interminable, mais vous vous trompez. Spotlight est capable de retrouver un élément contenant vos mots-clés en même temps que vous les inscrivez.

Rechercher avec Spotlight

Peu importe depuis combien de temps vous n'avez pas ouvert le fichier que vous recherchez, Spotlight peut vous le retrouver en un clin d'œil. Étudions cette incroyable fonctionnalité :

1. **Cliquez sur l'icône Spotlight (la loupe) située dans le coin supérieur droit de la fenêtre de votre Mac pour afficher un champ de recherche, comme sur la figure 1.17.**

1.17 Inscrivez vos termes de recherche dans Spotlight.

2. **Inscrivez vos critères de recherche dans le champ de texte.** Certaines applications intègrent un champ de recherche Spotlight dans leur barre d'outils, afin que vous puissiez effectuer votre recherche à l'intérieur de l'application même (par exemple, lorsque vous recherchez un e-mail dans Mail).
3. **Spotlight commence instantanément sa recherche dans votre Mac et affiche les informations qu'il trouve selon les critères de l'étape 2.**

4. **Parcourez la liste pour trouver l'élément que vous recherchez et cliquez dessus pour l'ouvrir avec l'application lui étant assignée par défaut.** Spotlight affiche seulement les meilleurs résultats de chaque catégorie. Sinon, cliquez sur Tout afficher.

Genius

Avez-vous remarqué que Spotlight ne vous montre pas seulement les documents et les dossiers contenant vos termes de recherche ? Il recherche dans tous les fichiers de votre Mac : les e-mails, les pages web que vous avez visitées, les contacts, la musique, les films, les images et les fichiers PDF. Spotlight est même capable de rechercher sur les autres Mac de votre réseau.

Régler les préférences Spotlight

Il est très simple de modifier la manière de rechercher de Spotlight, grâce aux préférences. Sélectionnez le menu Pomme ➪ Préférences Système, puis cliquez sur l'icône Spotlight pour accéder au panneau des préférences Spotlight, comme sur la figure 1.18.

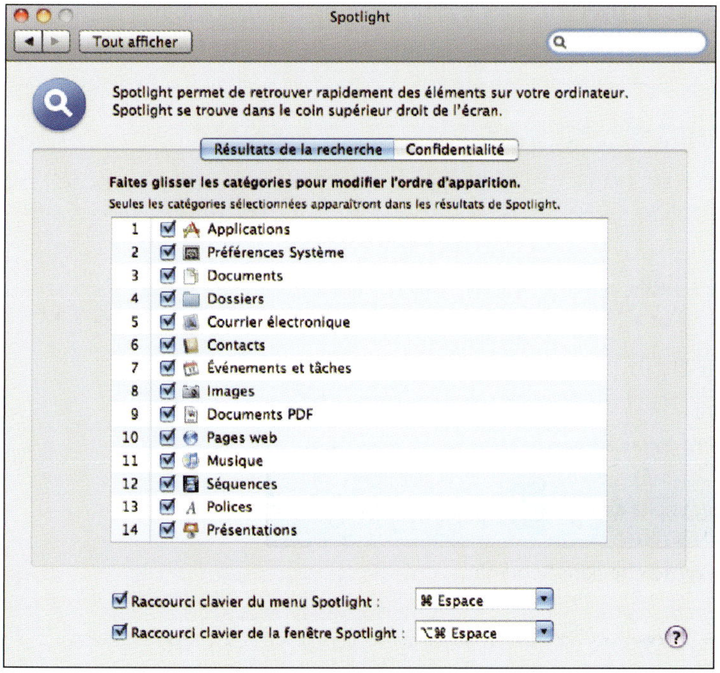

1.18 Les préférences Spotlight vous permettent de déterminer la manière dont vous voulez rechercher un élément.

La figure 1.18 montre la partie Résultats de la recherche qui donne la liste des catégories de fichiers apparaissant dans la fenêtre de résultats de la recherche. Cochez les cases correspondantes.

Par exemple, si vous ne voulez pas que Spotlight recherche dans vos e-mails, décochez la case correspondant aux messages Mail. Vous pouvez aussi réorganiser les catégories dans l'ordre que vous préférez pour afficher les résultats.

Cliquez sur l'onglet Confidentialité en haut du panneau pour afficher la liste de confidentialité. Cette partie vous permet de spécifier les répertoires (dossiers) de votre Mac que vous voulez exclure de toute recherche.

Pour modifier la liste de confidentialité, procédez comme suit :

1. **Cliquez sur le bouton + situé dans le coin inférieur gauche de la liste.**
2. **Explorez votre Mac pour trouver le dossier que vous voulez exclure, sélectionnez-le puis cliquez sur Choisir.** Le dossier apparaît désormais dans la liste.
3. **Vous pouvez supprimer un dossier de la liste en le sélectionnant et en cliquant sur le bouton – situé dans le coin inférieur gauche de la liste.**

Les deux cases à cocher en bas du panneau vous permettent d'activer les raccourcis clavier pour ouvrir un menu ou une fenêtre Spotlight, comme indiqué dans le tableau 1.6. Il est également possible de choisir quelles touches seront assignées en sélectionnant une des combinaisons proposées dans les menus déroulants associés.

Tableau 1.6 Raccourcis clavier Spotlight

Fonction	Touches
Ouvrir le menu Spotlight pour lancer une recherche	⌘+barre d'espace
Ouvrir une fenêtre Spotlight (Finder)	⌘+⌥+barre d'espace
Ouvrir le meilleur résultat	⌘+Retour
Accéder au premier élément de la catégorie suivante	⌘+Flèche vers le bas
Accéder au premier élément de la catégorie précédente	⌘+Flèche vers le haut
Accéder au premier élément du menu	Ctrl+Flèche vers le haut
Accéder au dernier élément du menu	Ctrl+Flèche vers le bas
Afficher un élément dans le Finder	⌘-clic sur l'élément.

La recherche via le menu Spotlight est certainement rapide et simple, mais elle ne rapporte pas forcément les meilleurs résultats, car elle peut vous en donner tellement qu'il est impossible de les explorer tous. Pour remédier à ce problème, Spotlight s'associe à son fidèle ami le Finder.

Rechercher avec le Finder

Le Finder permet d'améliorer les performances de recherche du menu Spotlight.

Pour effectuer une recherche Spotlight dans une fenêtre Finder, procédez comme suit :

1. **Ouvrez une fenêtre Finder en appuyant sur ⌘+N lorsque le Finder est actif (pour l'activer, cliquez sur l'icône du Finder à gauche du Dock).**
2. **Explorez votre Mac pour trouver le dossier où sont censés être placés les fichiers que vous recherchez et sélectionnez-le.**
3. **Inscrivez vos termes de recherche dans le champ de texte situé dans le coin supérieur droit du Finder et vous verrez apparaître les résultats.**

Comme n'importe quel utilitaire de recherche digne de ce nom, Spotlight permet une grande flexibilité, même sur des recherches très restreintes.

La figure 1.19 montre une recherche dans une fenêtre Finder avec plusieurs attributs de recherche, jouant le rôle de filtres. Ils permettent de spécifier le type de fichier, la date de dernière modification, si le fichier est visible ou non et de nombreuses autres types de données encore.

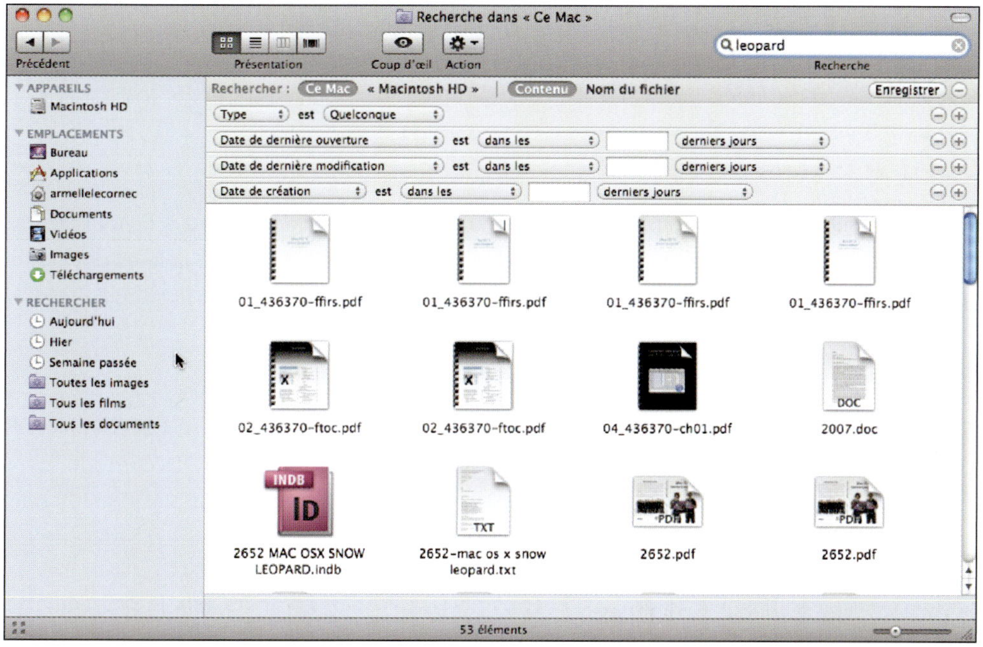

1.19 Les attributs permettent d'affiner les critères de recherche.

Pour ajouter des attributs à votre recherche, procédez comme suit :

1. **Pour ajouter le premier attribut, cliquez sur le bouton + près du bouton Enregistrer situé dans le coin supérieur droit de la fenêtre Finder.**
2. **Choisissez le type d'attribut à utiliser en cliquant sur le menu déroulant, comme sur la figure 1.19.** Il existe de nombreux autres attributs préconfigurés par Apple auxquels vous pouvez accéder en sélectionnant Autre à partir de la liste d'attributs. Vous pouvez aussi ajouter d'autres conditions (« Toutes les », « Aucune des », et « Certaines de » ces conditions sont vraies) à la recherche en maintenant enfoncée la touche Option tout en cliquant sur le bouton +. Certains attributs ont également leur propre menu déroulant pour les personnaliser.
3. **Effectuez les modifications nécessaires pour affiner votre recherche.**
4. **Les résultats nouvellement filtrés s'affichent presque instantanément après qu'on a ajouté un attribut.**
5. **Continuez d'ajouter autant d'attributs que nécessaire, ou supprimez-en en cliquant sur les boutons – situés à leur droite.**

Genius

Utilisez les opérateurs booléens comme AND, OR et NOT pour affiner votre recherche. Vous pouvez aussi utiliser des guillemets autour des termes pour spécifier que ces derniers doivent être trouvés dans cet ordre précis.

Gérer les fenêtres avec Exposé

Exposé est une fonctionnalité incomparable qui vous aide à ranger le désordre de fenêtres qui freinent votre productivité. Il est capable d'ordonner vos fenêtres de trois manières différentes selon les touches sur lesquelles vous appuyez en haut du clavier : F9, F10 et F11.

Manipuler les fenêtres ouvertes

Appuyez sur F9 pour afficher toutes les fenêtres ouvertes, comme sur la figure 1.20. Déplacez le pointeur de la souris au-dessus des fenêtres pour voir à quelles applications elles correspondent. Cliquez sur la fenêtre que vous voulez faire apparaître au premier plan , ou appuyez sur F9 pour retourner à l'état initial du Finder.

La touche F10 fait basculer toutes les fenêtres de l'application en cours vers le premier plan. Lorsque vous appuyez sur F11, toutes les fenêtres ouvertes sont masquées pour laisser le bureau s'afficher. Pour retrouver les fenêtres dans leur position initiale, appuyez sur F10 ou F11, selon la touche que vous avez utilisée pour déplacer les fenêtres.

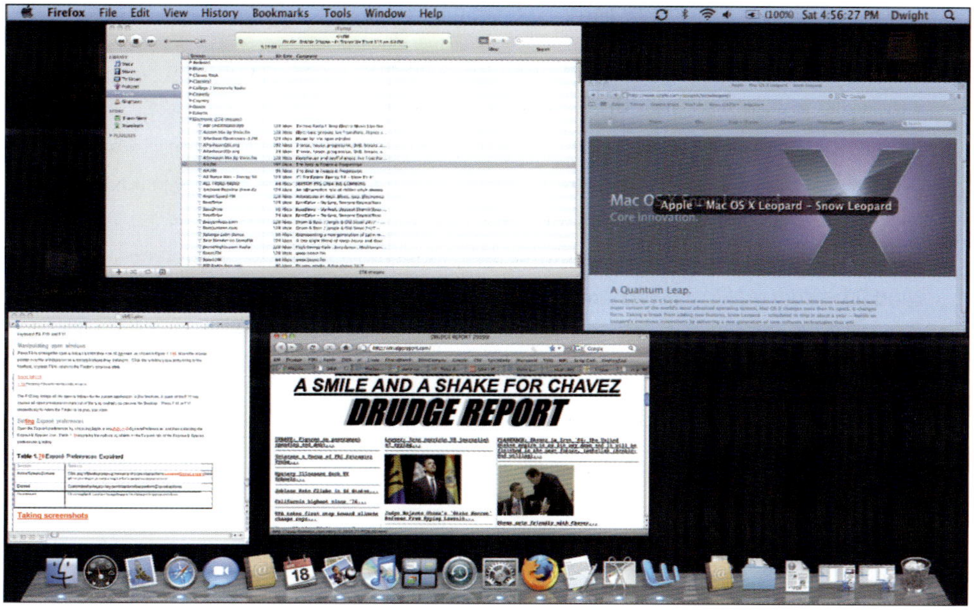

1.20 La touche F9 permet d'accomplir ce petit miracle.

Régler les préférences Exposé

Ouvrez les préférences Exposé via le menu Pomme ➪ Préférences Système, puis en cliquant sur l'icône Exposé et Spaces. Le tableau 1.7 présente les options disponibles dans l'onglet Exposé.

Tableau 1.7 Préférences Exposé en détail

Partie	Options
Coins d'écran actifs	Cliquez sur l'un des quatre menus déroulants pour choisir les actions effectuées au passage du pointeur de la souris au-dessus d'un coin de l'écran.
Exposé	Permet de personnaliser les touches ou les combinaisons de touches effectuant les actions liées à Exposé.
Dashboard	Choisit la touche de fonction commandant l'ouverture ou la fermeture de Dashboard.

Captures d'écran

Vous aurez certainement besoin de capturer votre écran afin de partager les informations concernant votre système, ou pour prendre un cliché des réglages que vous avez effectués, etc. Il est possible d'effectuer des captures d'écran manuellement en appuyant sur deux touches, mais vous pouvez aussi avoir un peu plus de liberté grâce à l'utilitaire Capture intégré à Snow Leopard.

Effectuer des captures manuelles

Il suffit d'un peu d'habileté pour effectuer une capture d'écran.

- **Pour effectuer une capture de la totalité de l'écran, appuyez sur ⌘+Shift+3.**
- **Pour réduire la taille de votre capture, appuyez sur ⌘+Shift+4.** Votre pointeur se transforme en un viseur. Faites glisser le viseur sur la partie de l'écran que vous voulez capturer. Lorsque vous relâchez la souris ou le trackpad, la capture est effectuée sur la zone préalablement sélectionnée.

Genius

Il est également possible de prendre un cliché d'une fenêtre. Appuyez sur ⌘+Shift+4 à nouveau, mais ne faites pas glisser le viseur. Appuyez sur la barre d'espace et le viseur se transforme en appareil photo ! Placez l'appareil sur la fenêtre que vous voulez capturer puis cliquez sur la souris ou sur le trackpad.

Utiliser l'outil Capture

Capture est un utilitaire qui vous aide à prendre des clichés. Il intègre plusieurs types de pointeurs de souris et est capable de prendre des clichés en différé, etc. Vous accèderez à Capture par le dossier Applications/Utilitaires. Double-cliquez pour ouvrir Capture et utilisez le menu pour choisir quel type de capture d'écran vous désirez effectuer.

Les préférences Capture, présentées sur la figure 1.21, vous permettent de choisir parmi plusieurs pointeurs de souris.

1.21 Sélectionnez le type de pointeur de souris selon la tâche que vous effectuerez pendant la capture.

Créer des espaces de travail multiples grâce à Spaces

Spaces est une nouveauté de Mac OS X. Cet outil vous permet de créer et d'organiser plusieurs espaces dédiés à des tâches particulières. Ces espaces sont des bureaux supplémentaires. Vous pouvez avoir un espace pour surfer sur le web et vérifier vos e-mails, un autre pour vos actions, un troisième pour travailler sur un tableur, etc.

Régler les préférences Spaces

Sélectionnez le menu Pomme ⇨ Préférences Système, puis cliquez sur l'icône Exposé et Spaces. Cliquez sur l'onglet Spaces pour afficher les préférences, comme sur la figure 1.22.

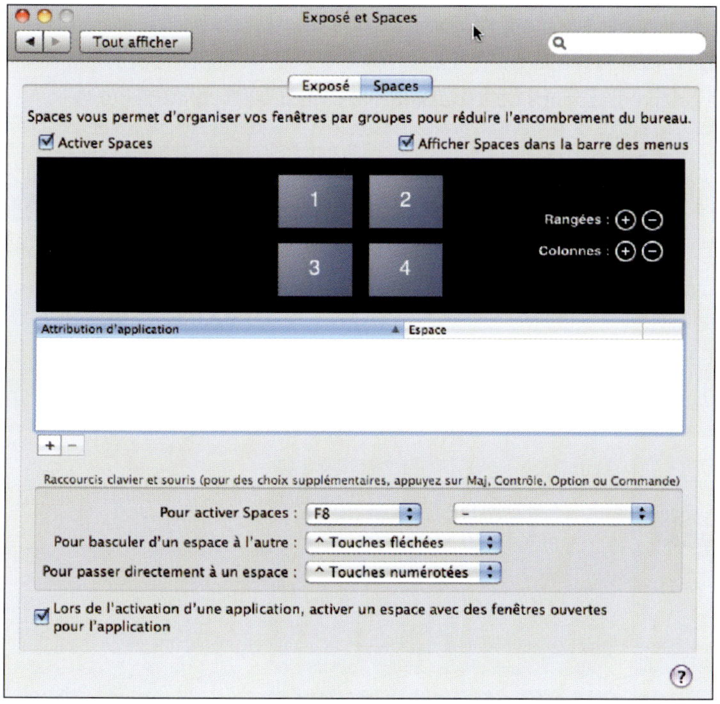

1.22 Les préférences Spaces vous permettent de modifier le comportement des fonctionnalités de Spaces.

Pour utiliser la fonctionnalité Spaces, vous devez l'activer en cochant la case Activer Spaces dans la fenêtre des préférences.

Ajouter et supprimer des espaces

Vous pouvez avoir jusqu'à 16 espaces en même temps. Il est très simple d'ajouter ou supprimer des espaces : cliquez simplement sur les boutons + ou – situés près des options Rangées et Colonnes, comme sur la figure 1.22.

Basculer entre les espaces

Il existe plusieurs manières de basculer d'un espace à l'autre :

1. **Appuyez sur F8 et cliquez sur l'espace où vous voulez vous rendre, comme sur la figure 1.23.**
2. **Sélectionnez Afficher Spaces dans la barre des menus dans les préférences Spaces (comme sur la figure 1.22).** Cliquez sur l'icône Spaces (elle ressemble à quatre petites boîtes numérotées) dans la barre des menus et choisissez le numéro de l'espace vers lequel vous désirez basculer.
3. **Pour faire défiler les espaces, maintenez enfoncée la touche Contrôle et appuyez sur les flèches.**

Genius La méthode la plus simple pour basculer entre les espaces est d'appuyer simultanément sur la touche Contrôle et sur la touche numérotée correspondant à l'espace où vous voulez vous rendre.

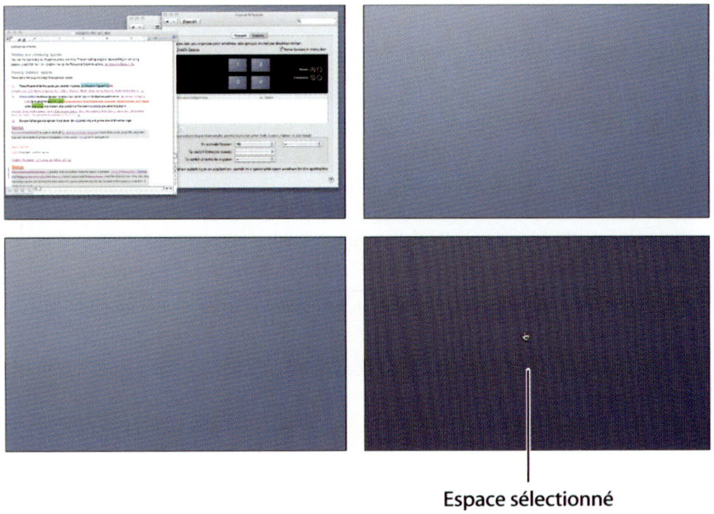

1.23 Basculer vers un autre espace.

Genius

Pour faire passer rapidement une fenêtre dans un autre espace, appuyez sur F8, faites glisser la fenêtre à partir de son espace initial et déposez-la dans le nouvel espace. Vous pouvez aussi réorganiser les espaces en cliquant dans la zone bleue de l'espace que vous voulez déplacer et en le faisant glisser.

Affecter à une application un espace

Une de mes fonctionnalités préférées de Spaces est la possibilité d'affecter des applications à certains espaces.

Pour affecter une application à un espace, procédez comme suit :

1. **Cliquez sur le bouton + placé sous la fenêtre des attributions d'application dans l'onglet Spaces des préférences Exposé et Spaces.**
2. **Explorez votre disque dur afin de sélectionner les applications et utilitaires que vous désirez affecter, sélectionnez-les puis cliquez sur le bouton Ajouter.**
3. **Vous pouvez modifier l'espace dans lequel l'application s'ouvre en cliquant sur la colonne de sélection de l'espace pour cette application, comme sur la figure 1.24.**

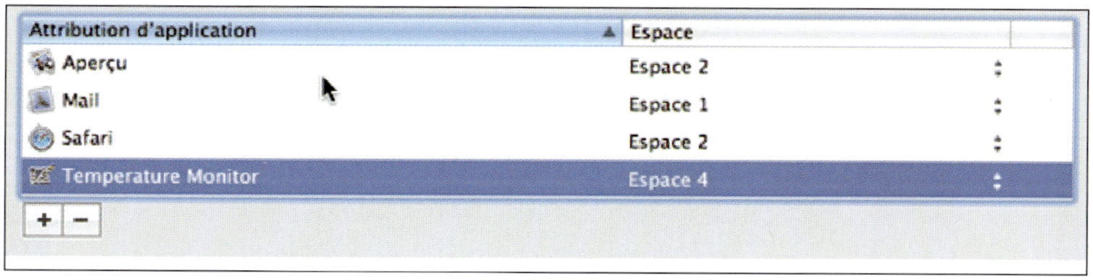

1.24 Sélectionnez l'espace dans lequel vos applications s'ouvriront.

personnaliser Snow Leopard ?

Même si Snow Leopard est déjà très attrayant, il est toujours agréable de pouvoir personnaliser l'apparence et les fonctionnalités de votre Mac selon vos préférences. Le fait de personnaliser votre Mac rend votre environnement de jeu et de travail plus sympathique, tout comme lorsque vous décorez votre intérieur selon vos goûts. Le Dashboard et ses widgets est l'une des façons les plus astucieuses dont Snow Leopard vous laisse personnaliser votre expérience Mac. Ces applications miniatures sont conçues pour satisfaire vos besoins et peuvent accomplir une multitude de tâches, comme vous informer du temps ou des horaires d'aéroport. Ce chapitre explore les nombreuses manières dont vous pouvez ajuster Snow Leopard pour que vous soyez confortable devant votre ordinateur comme vous le seriez dans votre salon.

Panneau Apparence

Le panneau des préférences Apparence, illustré sur la figure 2.1, constitue la première étape de votre voyage dans la personnalisation de votre Mac. Ce panneau vous permet de modifier les couleurs de base des différents éléments de vos fenêtres Finder. Pour ouvrir ce panneau, cliquez sur l'icône Préférences Système dans le Dock, ou sélectionnez le menu Pomme⇨Préférences Système. Cliquez ensuite sur l'icône Apparence dans la fenêtre des Préférences Système.

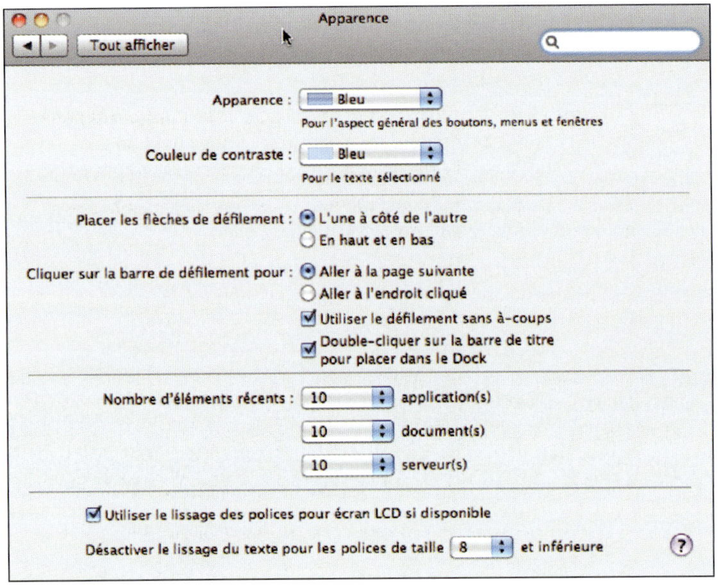

2.1 Panneau Apparence.

Modification des couleurs

Le menu Apparence vous permet de choisir la couleur que vous préférez pour les menus et boutons du système. J'espère que le bleu et le graphite vous conviennent, car ce sont les seuls choix possibles.

Vous pouvez aussi modifier la couleur de contraste utilisée par défaut. Heureusement, plusieurs possibilités vous sont ici offertes.

Options de défilement

Les options indiquées dans le tableau 2.1 vous permettent de contrôler la façon dont votre Mac fait défiler les documents ou les pages web qui sont trop grands pour l'écran.

Tableau 2.1 Options de défilement

Option	Description
Placer les flèches de défilement	Les flèches de défilement, comme celles de la figure 2.2, peuvent être placées l'une à côté de l'autre ou en haut et en bas de la barre de défilement. Je préfère la première option, car elle me permet de ne pas trop déplacer la souris.
Cliquer sur la barre de défilement pour	Permet de déterminer l'action que votre Mac doit effectuer lorsque vous cliquez sur la barre de défilement. Sélectionnez Allez à la page suivante pour passer d'une page à l'autre d'un document. L'option Aller à l'endroit cliqué permet de vous rendre à la page du document correspondant à l'endroit cliqué sur la barre. Si vous cliquez en haut de la barre, vous irez à la première page.
Utiliser le défilement sans à-coups	Permet de faire défiler vos documents et vos pages web sans à-coups au lieu d'aller de page en page.
Double-cliquer sur la barre de titre pour placer dans le Dock	Sélectionner cette option permet de réduire les fenêtres dans le Dock lorsque vous double-cliquez sur la barre de titre.

Genius

Vous pouvez passer de l'option Aller à la page suivante à l'option Aller à l'endroit cliqué en maintenant enfoncée la touche ⌥ tout en cliquant sur la barre de défilement.

Nombre d'éléments récents

Manière très pratique d'afficher les applications, documents et serveurs que vous avez récemment utilisés et d'y accéder rapidement en cliquant dans le menu Pomme et en gardant votre souris au-dessus d'Éléments récents, comme sur la figure 2.3. Vous pouvez choisir le nombre d'éléments récents listés dans le panneau Apparence.

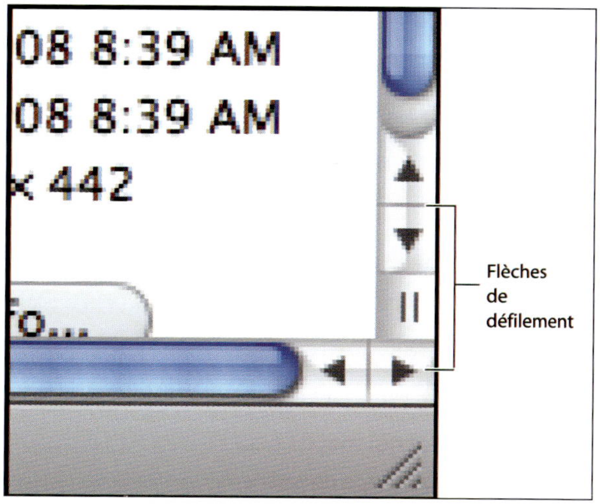

2.2 Flèches de défilement placées l'une à côté de l'autre dans la barre de défilement.

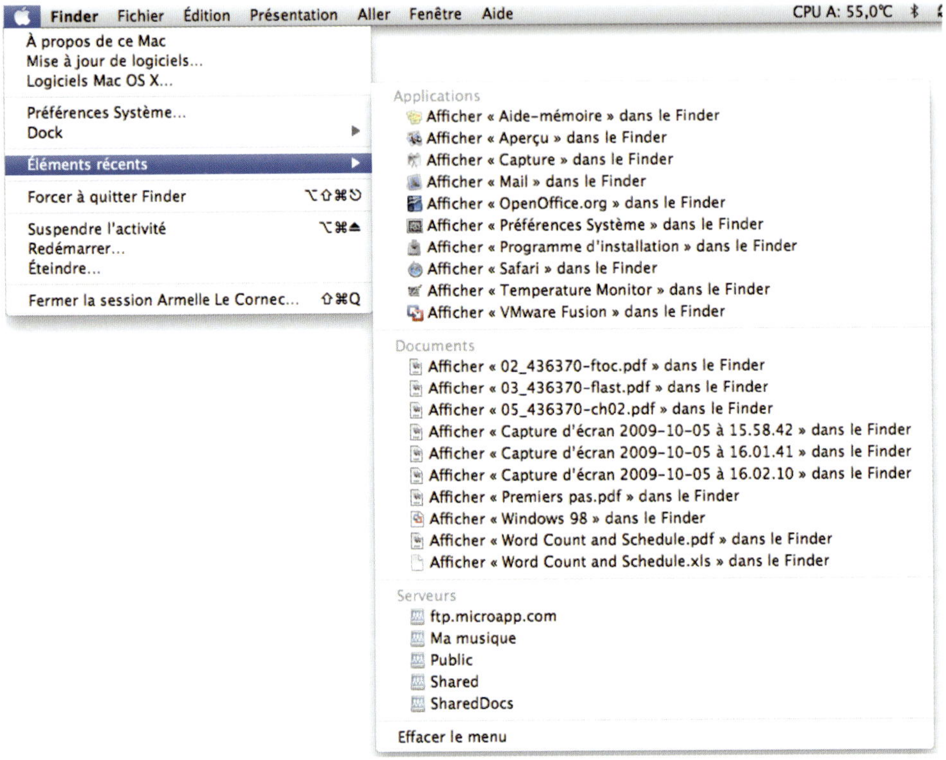

2.3 Afficher les éléments récemment utilisés.

Visualisation des polices

Mac OS X utilise une technique appelée anti-crénelage, ou lissage des polices, afin de réduire les contours irréguliers de certaines polices.

Plusieurs méthodes de lissage des polices sont utilisées par Mac OS X, chacune étant conçue pour améliorer l'aspect des polices selon le type d'affichage. Sélectionnez le style que vous préférez dans le menu déroulant.

L'inconvénient principal du lissage est que certaines polices peuvent être plus difficiles à lire, notamment celles qui sont de petite taille. Le panneau Apparence vous propose donc de désactiver l'option pour ce type de polices.

Modifier le bureau

Le fond d'écran et l'économiseur d'écran sont les deux éléments qui permettent de personnaliser sans pareil votre Mac. Ils reflètent vos goûts ou votre style personnel et peuvent être aussi divers que des photos de vos enfants, un gros plan de fleurs, des peintures fantastiques de batailles de l'espace ou encore des flux d'informations en temps réel.

Sélectionner un fond d'écran

Ouvrez les préférences Systèmes en cliquant sur l'icône dans le Dock ou en sélectionnant le menu Pomme➪Préférences Système. Cliquez sur l'icône Bureau et économiseur d'écran, puis sur l'onglet Bureau en haut du panneau.

La partie gauche de l'onglet Bureau, illustré sur la figure 2.4, donne la liste des fonds d'écran disponibles sur votre système. Apple a pris la liberté de vous fournir plusieurs fonds différents et les a organisés par thème dans des dossiers.

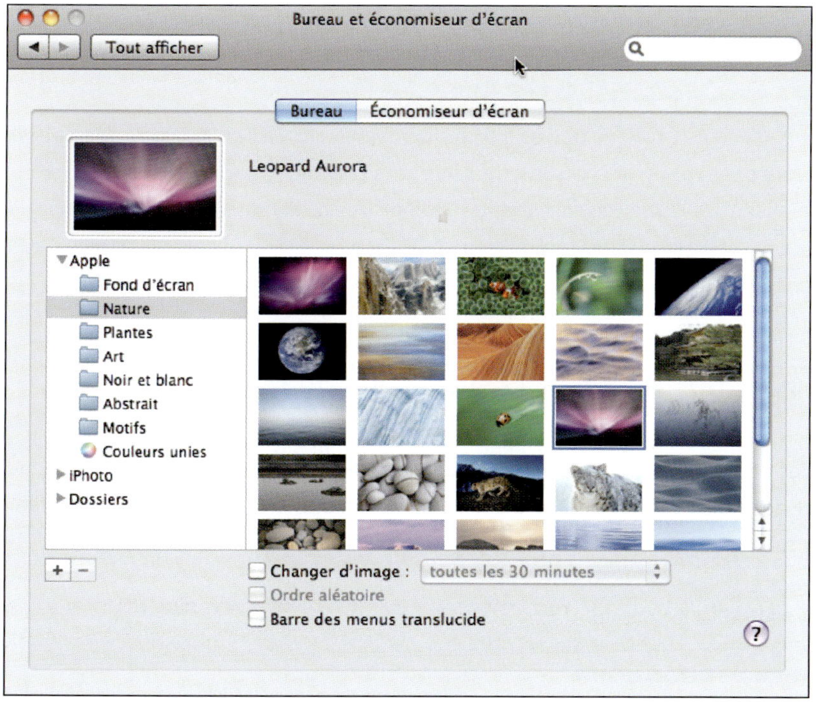

2.4 Onglet Bureau du panneau des préférences Bureau et économiseur d'écran.

Vous pouvez aussi ajouter vos propres fonds d'écran à cette liste :

1. **Cliquez sur le bouton + situé en dessous de la liste.**
2. **Explorez le disque dur de votre Mac pour trouver le dossier contenant les fonds d'écran que vous désirez utiliser.**
3. **Cliquez sur Choisir.**

Pour supprimer un dossier de la liste, sélectionnez-le puis cliquez sur le bouton – placé en dessous de la liste.

Explorez la liste pour choisir le fond d'écran, puis cliquez une fois dessus pour l'appliquer.

Si vous en avez rapidement assez de votre fond d'écran ou simplement si vous ne parvenez pas à vous décider, sélectionnez l'option Changer d'image en bas du panneau. Utilisez le menu déroulant pour déterminer la fréquence à laquelle vous désirez que votre Mac modifie le fond d'écran. Pour ajouter encore un peu plus de piment, cochez la case Ordre aléatoire afin que votre Mac choisisse lui-même le fond d'écran.

Choisir un économiseur d'écran

Si les économiseurs d'écran n'avaient pas un rendu incroyable sur l'écran de votre Mac et s'ils n'étaient pas parfois utiles pour des raisons de sécurité, ils seraient complètement obsolètes aujourd'hui. Auparavant, les économiseurs d'écran étaient des outils nécessaires empêchant la combustion interne du phosphore sur les moniteurs CRT. Ce problème n'est plus d'actualité avec les nouveaux écrans LCD ou plasma.

Trouver des fonds d'écran sur le Web

Internet regorge de sites consacrés au téléchargement de fonds d'écran. Vous pouvez en trouver un qui correspond à votre humeur ou à votre goût en effectuant une recherche sur Google en inscrivant les termes « fond d'écran ». Si vous voulez des fonds d'écran spécifiques à Mac, ajoutez simplement « Mac OS X » ou « Mac » à vos termes de recherche.

Voici quelques sites valant la peine d'être consultés :

- **www.macdesktops.com**
- **www.theapplecollection.com/desktop/**

- **http://interfacelift.com/wallpaper**
- **www.pixelgirlpresents.com/desktops.php**
- **http://browse.deviantart.com/customization/wallpaper/**

Genius

Mac OS X intègre de nombreux économiseurs d'écran, mais comme vous pouvez en télécharger aussi sur le Web, vous serez toujours satisfait. Ouvrez Safari et recherchez sur Google « économiseurs d'écran Mac OS X ».

Pour sélectionner un économiseur d'écran qui vous correspond, procédez comme suit :

1. **Ouvrez le panneau Bureau et économiseur d'écran dans les préférences Système (menu Pomme⇨Préférences Système⇨Bureau et économiseur d'écran), et cliquez sur l'onglet Économiseur d'écran.**
2. **Explorez la liste des économiseurs d'écran à gauche du panneau et trouvez celui qui vous convient.**
3. **Cliquez sur Tester pour visualiser l'économiseur d'écran en action.** Déplacez la souris ou appuyez sur n'importe quelle touche du clavier pour sortir du test.
4. **Pour laisser Mac OS X choisir lui-même l'économiseur, cochez la case Utiliser un économiseur d'écran aléatoire.**
5. **Cochez l'option Superposer l'heure si vous désirez que l'horloge s'affiche à l'écran en même temps que l'économiseur.**
6. **Faites glisser le curseur pour régler le laps de temps après lequel votre Mac se met en veille et lance l'économiseur d'écran.**
7. **Fermez les préférences Système après avoir terminé votre choix.**

Régler les options

Certains économiseurs d'écran peuvent être modifiés par le bouton Options situé sous la fenêtre d'aperçu, comme sur la figure 2.5. Cliquez sur ce bouton pour régler certains aspects de votre économiseur.

Prenez l'économiseur Faisceaux, par exemple. Sélectionnez-le dans la liste située à gauche du panneau. Cliquez sur Options pour afficher les options spécifiques à cet économiseur.

Généralement les options sont assez claires. Choisissez une option dans le menu déroulant Couleur pour modifier la couleur des faisceaux et déplacez les curseurs pour changer le flux, l'épaisseur et la vitesse des faisceaux.

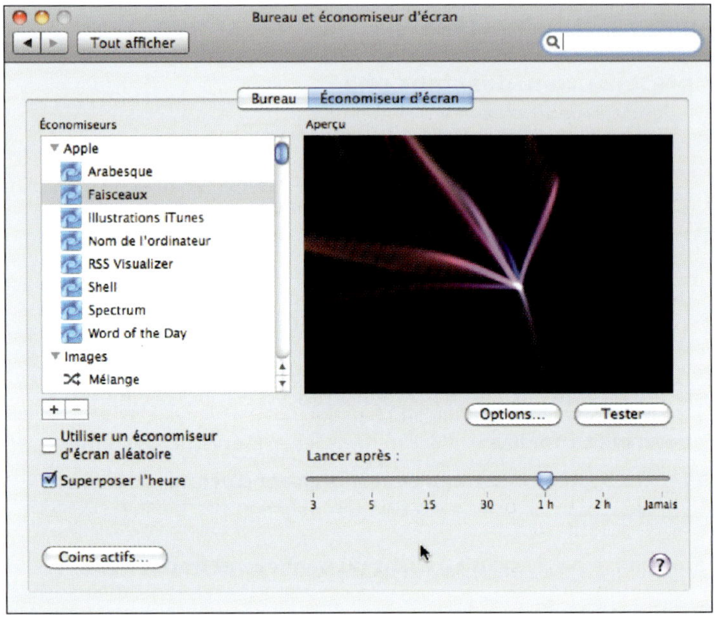

2.5 Onglet Économiseur d'écran du panneau des préférences Bureau et économiseur d'écran.

Utiliser les coins actifs

Avez-vous remarqué le bouton Coins actifs situé dans le coin inférieur gauche du panneau ? Cliquez dessus pour afficher le panneau Coins d'écrans actifs, comme sur la figure 2.6. Il permet de régler les actions que votre Mac effectuera au passage du pointeur de votre souris au-dessus de chacun des quatre coins de votre écran.

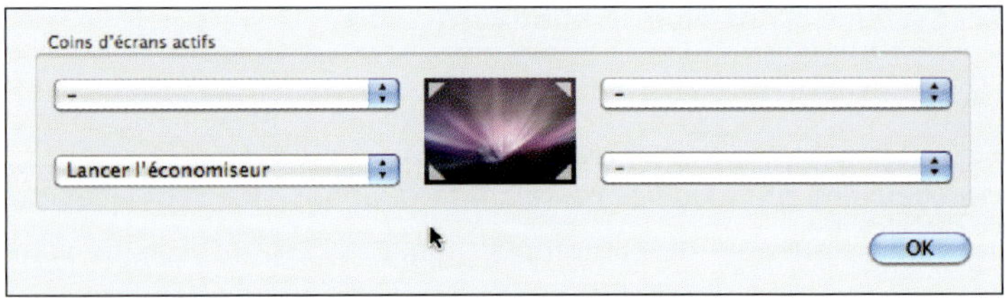

2.6 Panneau des préférences de Coins d'écran actifs.

Cliquez sur l'un des quatre menus déroulants pour sélectionner une action pour le coin d'écran correspondant. Le tableau 2.2 donne la liste des actions pouvant être utilisées.

Tableau 2.2 Actions applicables aux Coins actifs

Action	Résultat
Lancer ou Désactiver l'économiseur d'écran	Ces deux options parlent d'elles-mêmes.
Toutes les fenêtres	Toutes les fenêtres ouvertes sont organisées de façon à ce qu'elles puissent toutes être visibles. C'est la même fonction qui est utilisée dans Exposé avec la touche F9 et qui est décrite dans le chapitre 1.
Fenêtres de l'application	Toutes les fenêtres ouvertes de l'application courante sont rangées de façon à être toutes visibles. Dans Exposé, cette fonction peut être activée grâce à la touche F10 (voir chapitre 1).
Bureau	Autre fonction d'Exposé (touche F11) faisant disparaître toutes les fenêtres ouvertes afin de laisser le bureau propre. Sur les claviers actuels, le raccourci pour cette fonction est ⌘+F3 et sur les portables, Fn+F11.
Dashboard	Le Dashboard s'ouvre lorsque la souris passe au-dessus du coin actif. Veuillez vous reporter à la fin de ce chapitre pour plus d'informations sur le Dashboard.
Mettre le moniteur en veille	Entraîne la mise en veille du moniteur.
- (signe moins)	Désactive le coin actif.

Personnaliser le Finder

Le Finder est l'application que vous utiliserez le plus souvent sur votre Mac et vous pouvez le personnaliser selon vos besoins et vos envies. Mac OS X vous offre beaucoup de liberté concernant sa personnalisation. Je vais vous montrer quelques-uns de mes réglages préférés. Dans le chapitre 1, je vous ai enseigné les bases pour utiliser le Finder, mais maintenant vous allez découvrir comment lui donner une touche plus personnelle.

Fenêtres Finder

Le Finder est un outil génial pour naviguer dans votre Mac, et j'aime tirer pleinement avantage des options de personnalisation disponibles.

La figure 2.7 est un exemple de fenêtre modifiée selon mes besoins. Les différences principales entre ma fenêtre personnalisée et la fenêtre par défaut concernent la barre d'outils et la barre latérale, qui ont été modifiées pour rendre un accès plus rapide aux outils et dossiers que j'utilise le plus fréquemment tous les jours, et j'ai également changé la vue sous la forme d'icônes en colonnes. J'ai aussi ajouté la barre de chemin d'accès en bas de la fenêtre.

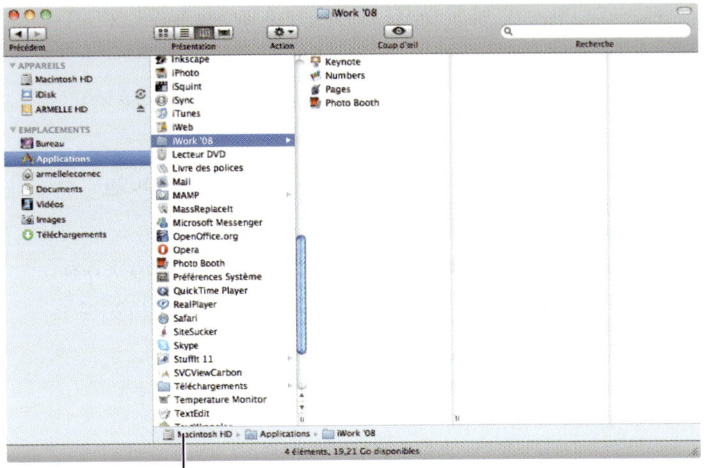

Barre de chemin d'accès

2.7 Le Finder à ma façon.

Ensuite, je vais vous montrer comment personnaliser le Finder. Bien sûr, vous n'êtes pas obligé d'effectuer les mêmes changements que moi. En fait, je vous encourage à expérimenter toutes les options du Finder, même celles que je n'ai pas modifiées, afin que vous trouviez le réglage qui vous convient le mieux.

Note

La barre de chemin d'accès est une excellente manière de visualiser d'où vous venez. Activez cette barre en ouvrant une nouvelle fenêtre Finder, puis sélectionnez Présentation⇨Afficher la barre de chemin d'accès, qui apparaît en bas de la fenêtre comme sur la figure 2.7. Les dossiers dans la barre de chemin changent à mesure que vous explorez votre disque dur. Cliquez sur l'un des dossiers de la barre de chemin d'accès pour revenir à celui-ci. C'est comme un petit voyage dans le temps !

Modifier la barre d'outils

La barre d'outils vous permet d'accéder rapidement aux tâches et actions les plus courantes et vous aide à naviguer plus efficacement dans votre Mac. Grâce au panneau Personnaliser la barre d'outils (voir figure 2.8), vous pouvez modifier les outils par défaut de la barre et ajouter les éléments que vous utilisez plus que les autres, ou supprimer ceux dont vous n'avez pas besoin.

Pour personnaliser la barre d'outils du Finder, procédez comme suit :

1. **Activez le Finder en cliquant sur son icône située sur la gauche du Dock.**
2. **Ouvrez une nouvelle fenêtre Finder en appuyant sur les touches ⌘+N.**

3. **Sélectionnez Présentation➪Personnaliser la barre d'outils pour ouvrir le panneau correspondant.**

4. **Pour ajouter un élément à la barre, faites-le glisser du panneau vers la position désirée.**

5. **Pour enlever un élément, faites simplement glisser son icône en dehors de la fenêtre Finder et celle-ci disparaîtra en fumée !**

6. **Si le rangement des icônes sur la barre d'outils ne vous convient pas, réorganisez-les en les faisant glisser à l'endroit voulu.** Lorsque vous faites glisser une icône, les autres se déplacent automatiquement.

7. **Une fois le rangement effectué, cliquez sur Terminé pour fermer le panneau.**

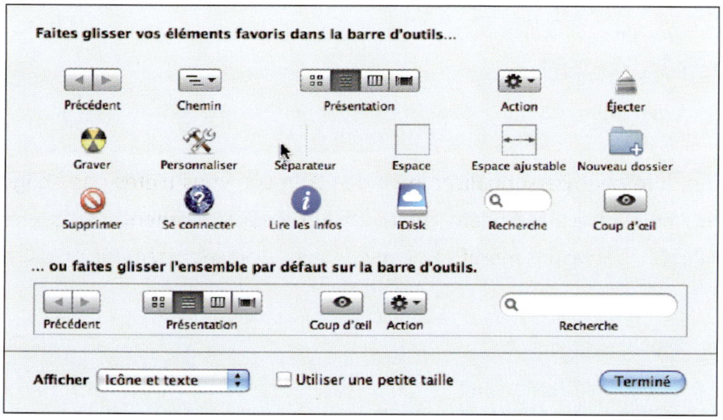

2.8 Le panneau Personnaliser la barre d'outils permet de modifier les outils disponibles.

Genius

Une méthode rapide pour modifier les éléments présents dans la barre d'outils, ou la barre elle-même, est d'utiliser la fameuse touche ⌘. Pour réorganiser rapidement les éléments, maintenez enfoncée la touche ⌘ et glissez-déposez l'élément à son nouvel emplacement. Pour supprimer un élément, glissez-le en dehors de la barre en maintenant enfoncée la touche ⌘. Faites défiler les options de présentation en maintenant enfoncée la touche ⌘ tout en cliquant sur le bouton ovale de la fenêtre. Continuez de cliquer sur le bouton ovale pour afficher les options. Vous pouvez aussi masquer la barre en cliquant sur le bouton ovale, sans utiliser la touche ⌘.

Le tableau 2.3 vous présente chaque élément et sa fonction pour vous aider à choisir quels éléments inclure dans la barre d'outils.

Tableau 2.3 Éléments du panneau Personnaliser la barre d'outils

Élément	Description/Action
Précédent	Permet de naviguer en avant ou de revenir dans le dossier.
Chemin	Affiche le chemin du dossier en cours.
Présentation	Permet de changer la présentation de la fenêtre Finder en cours.
Action	Permet de choisir parmi une liste d'actions courantes, comme créer un nouveau dossier ou lire les informations d'un élément.
Éjecter	Éjecte le disque ou le périphérique amovible.
Graver	Grave un CD ou un DVD.
Personnaliser	Fournit un accès direct au panneau Personnaliser la barre d'outils.
Séparateur, Espace et Espace ajustable	Permet de séparer les éléments et les groupes d'éléments.
Nouveau dossier	Crée un nouveau dossier dans le dossier courant.
Supprimer	Déplace le fichier ou le dossier sélectionné dans la Corbeille.
Se connecter	Ouvre la fenêtre Connexion au serveur permettant de vous connecter rapidement à d'autres ordinateurs.
Lire les infos	Affiche toutes les informations relatives à un fichier ou à un dossier.
iDisk	Permet de se connecter à votre iDisk (un abonnement au service MobileMe d'Apple est nécessaire).
Recherche	Inscrivez les noms des éléments à rechercher sur votre disque dur.
Coup d'œil	Permet de visualiser le contenu d'un fichier sans avoir à l'ouvrir avec l'application native.
Afficher	Permet de choisir le mode d'affichage des éléments dans la barre d'outils via le menu déroulant et la case Utiliser une petite taille.

Modifier la barre latérale

La barre latérale contient les liens, ou raccourcis, vers les dossiers, disques et serveurs dont vous avez besoin le plus souvent. Il est possible de modifier le contenu de la barre latérale :

- **Pour enlever un élément, faites-le glisser hors de la barre latérale.**
- **Pour ajouter vos dossiers préférés, faites glisser leurs icônes dans la barre sous la partie Emplacements (voir figure 2.9).** Les autres éléments de la barre se déplacent automatiquement pour laisser place au nouveau dossier.
- **Pour ajuster la taille de la barre, cliquez sur la barre séparatrice et faites-la glisser (voir figure 2.9).**
- **Masquez la barre latérale en cliquant sur le bouton ovale placé dans le coin supérieur droit de la fenêtre.**
- **Pour réorganiser les éléments, faites-les glisser vers leur nouvelle position.**

Genius

Consultez la partie consacrée aux réglages des préférences Finder dans le chapitre 1 pour découvrir comment choisir quels éléments des catégories Appareils, Partagés, Emplacements et Rechercher s'afficheront dans la barre latérale.

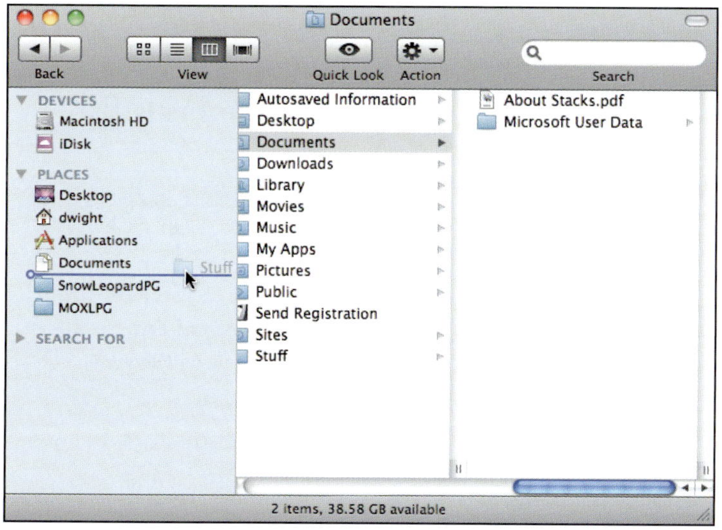

2.9 Adaptez la barre latérale à vos besoins !

Ajouter une image d'arrière-plan ou une couleur

Pour plus de classe et de fonctionnalité dans vos fenêtres Finder, vous pouvez ajouter une image d'arrière-plan ou une couleur. Les images d'arrière-plan et les couleurs peuvent être utilisées comme simple décoration ou pour différencier le contenu des dossiers. Par exemple, si vous enregistrez les devoirs de vos enfants sur votre Mac, vous pouvez appliquer une couleur différente au dossier de chaque enfant. Lorsque vous ouvrez le dossier dans la fenêtre Finder, une image d'arrière-plan de votre chérubin permet d'identifier instantanément quels devoirs vous vérifiez. Ceci est particulièrement pratique si vous avez plusieurs fenêtres ouvertes en même temps. Pour ajouter une image d'arrière-plan ou une couleur à vos fenêtres Finder, procédez comme suit :

1. **Ouvrez le dossier auquel vous désirez ajouter une image ou une couleur.**
2. **Sélectionnez Présentation➪Afficher les options de présentation, ou appuyez sur ⌘+J.**

3. **Sélectionnez l'option Couleur dans la partie Arrière-plan pour ajouter une couleur à la fenêtre, ou choisissez l'option Image (voir figure 2.10).** Pour afficher ces options, vous devez être en présentation sous la forme d'icônes.

   - **Si vous choisissez d'utiliser une couleur, cliquez à l'intérieur du carré blanc à droite du bouton radio pour ouvrir la palette des couleurs.** Choisissez la couleur que vous désirez et cliquez sur OK.
   - **Si vous avez choisi Image, cliquez sur le bouton de sélection à droite du bouton radio puis explorez votre Mac pour trouver la bonne image. Sélectionnez-la puis cliquez sur Sélectionner pour appliquer l'image à la fenêtre.**

Attention

> Vous pouvez avoir un petit bug si vous utilisez une image trop grande pour la fenêtre. Vous n'en verrez qu'une partie. L'application Aperçu intégrée à Mac OS X Snow Leopard est un outil très utile pour modifier la taille des images facilement. Consultez le chapitre 7 pour plus d'informations.

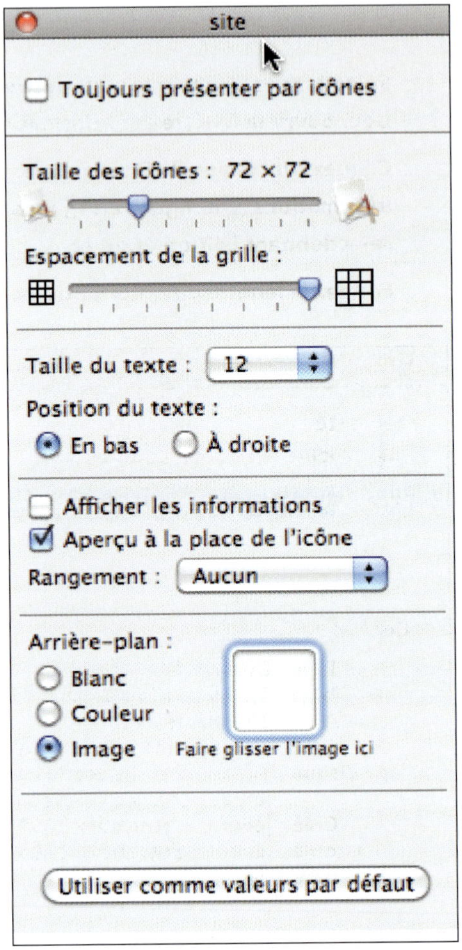

2.10 Modifiez l'arrière-plan de la fenêtre d'un dossier en affichant les options de présentation.

Modifier les icônes

Une méthode très populaire pour décorer votre Mac consiste à utiliser des icônes personnalisées pour les applications, dossiers et fichiers. Il est possible de remplacer l'icône toute simple d'un dossier par une autre qui correspond mieux au contenu, par exemple un ballon de football pour un dossier contenant les horaires d'entraînement et les dates de match de votre fils. J'ai vu beaucoup de Mac dont les icônes étaient toutes modifiées, chaque dossier par défaut de Mac OS X avait été changé !

Voici comment modifier une icône dans Mac OS X :

1. **Sélectionnez l'icône que vous désirez utiliser puis appuyez sur ⌘+I (Lire les infos) pour ouvrir la fenêtre des informations.**
2. **Cliquez sur l'image de l'icône située dans le coin supérieur gauche de la fenêtre des informations (voir figure 2.11), puis copiez l'icône en appuyant sur ⌘+C ou en sélectionnant Édition➪Copier.**
3. **Fermez la fenêtre des informations.**

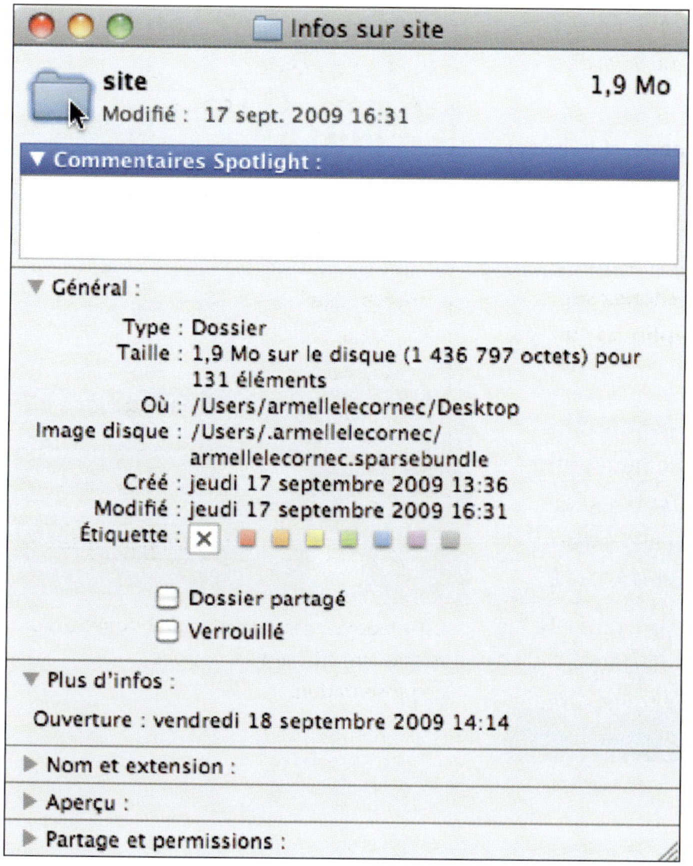

2.11 Modifier une icône à partir de la fenêtre des informations.

4. **Sélectionnez l'élément dont vous voulez modifier l'icône et ouvrez sa fenêtre d'informations en appuyant sur ⌘+I.**
5. **Cliquez sur l'image de l'icône située dans le coin supérieur gauche de la fenêtre des informations, puis collez la nouvelle icône en appuyant sur ⌘+V ou en sélectionnant Édition⇨Coller.**
6. **Fermez la fenêtre des informations de l'élément modifié.**

Genius

Il existe des utilitaires que vous pouvez acheter sur Internet et qui peuvent faciliter la modification de vos icônes. Par exemple, CandyBar (www.panic.com/candybar) est un outil de personnalisation et d'organisation des icônes très simple.

Ajouter et supprimer des éléments dans le Dock

Il est possible d'ajouter et de supprimer des éléments comme bon vous semble et c'est un jeu d'enfant :

- **Pour ajouter un élément, il suffit de faire glisser son icône puis de la déposer où vous désirez sur le Dock.** Vous pouvez repositionner un élément en le faisant glisser et en le déposant à son nouvel emplacement.
- **Si vous avez une application ouverte que vous voulez garder dans le Dock, cliquez sur son icône (voir figure 2.12) et maintenez le bouton de la souris enfoncé, puis, dans le menu contextuel, choisissez Garder dans le Dock.**
- **Pour supprimer un élément, faites-le glisser hors du Dock et relâchez la souris.** L'icône disparaît en fumée ! Ne vous inquiétez pas, l'élément original est toujours à son emplacement. Vous avez seulement supprimé son alias.

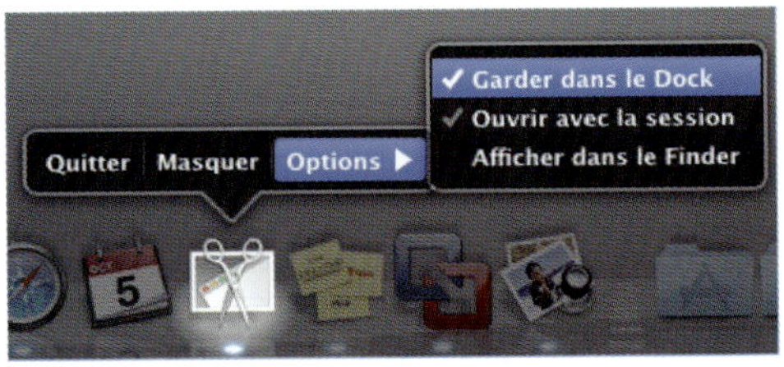

2.12 Gardez dans le Dock les icônes que vous utilisez souvent.

Modifier l'apparence et la position du Dock

Vous pouvez « dompter » le Dock en ajustant les préférences selon vos besoins. Ouvrez les préférences du Dock en faisant un clic droit ou Ctrl+clic sur la ligne séparatrice, puis sélectionnez Préférences du Dock.

Les préférences du Dock vous permettront de modifier certains paramètres :

- **Agrandir ou diminuer la taille du Dock en faisant glisser la barre.**

- **Si vous trouvez vos icônes trop petites, cochez la case Agrandissement et réglez la barre pour augmenter ou diminuer l'agrandissement.**
- **Le Dock peut être positionné à gauche, à droite ou en bas de la fenêtre, cette dernière option étant le réglage par défaut.**
- **L'option Type de réduction vous permet de choisir d'associer un effet spécial lorsque vous réduisez une fenêtre dans le Dock.** Pour réduire une fenêtre, cliquez sur le bouton jaune situé dans le coin supérieur gauche.
- **Cochez la case Animation à l'ouverture des applications pour que les icônes des éléments sautillent sur le Dock dès que vous les ouvrez.** Je n'active pas cette option, car le sautillement m'exaspère.
- **Si vous n'aimez pas l'aspect du Dock, vous pouvez choisir de le masquer en cochant la case Masquage/affichage automatique.** Lorsque vous avez besoin du Dock, il suffit de pointer la souris tout en bas de la fenêtre pendant à peine une seconde, et il réapparaît temporairement et se masque à nouveau lorsque vous avez terminé.

Utiliser les widgets

Snow Leopard intègre une application appelée Dashboard qui est une autre façon marrante de personnaliser votre Mac. Dashboard vous donne accès à une multitude de widgets que vous pouvez utiliser pour suivre vos colis, obtenir des itinéraires, consulter les Pages Jaunes, vérifier le cours de vos actions, voir les dernières prévisions météo, connaître les séances de cinéma de votre multiplexe, jouer au sudoku, etc. Les widgets vous facilitent la vie et sont vraiment très cool à utiliser ! Dans les paragraphes suivants, je vais vous expliquer comment utiliser, personnaliser et même créer vos propres widgets.

Pour ouvrir le Dashboard et afficher le jeu de widgets par défaut, choisissez l'une des techniques :

- **Cliquez sur l'icône Dashboard située dans le Dock.**
- **Appuyez sur F12.**

Note

Les derniers claviers Mac peuvent utiliser des touches F différentes pour ouvrir Dashboard. Par exemple F4 au lieu de F12, mais sur les portables vous pouvez appuyer sur Fn+F12 pour arriver au même résultat. Consultez la documentation fournie avec votre clavier ou votre portable.

Vous voyez sur l'écran les quatre widgets que Snow Leopard active par défaut : Calculette, iCal, Weather et Horloge mondiale. Ces widgets de base vous initient au nouveau monde de la « widgetrie » (je viens juste d'inventer le mot !). Pour essayer, cliquez sur Calculette pour l'activer puis utilisez la souris pour effectuer des calculs sur le clavier virtuel, ou utilisez votre vrai clavier pour taper les informations.

Genius

Vous n'aimez pas le positionnement des widgets sur l'écran ? Pour déplacer un widget, faites-le simplement glisser où vous voulez.

Vous remarquerez le signe + entouré d'un cercle dans le coin inférieur gauche de l'écran lorsque vous activez Dashboard. Cliquez sur le signe + pour ouvrir la barre de widgets, qui vous donne accès à tous les widgets gracieusement intégrés à Snow Leopard et vous permet de modifier les widgets en cours.

Parcourez la barre jusqu'à ce que vous tombiez sur le widget qui vous plaît, puis cliquez dessus pour l'ouvrir. Lorsque vous cliquez sur un widget pour l'ouvrir, Dashboard le laisse tomber sur votre écran, avec un effet de vague comme lorsque vous jetez un caillou dans l'eau. Ce petit effet, illustré sur la figure 2.13, captivera les plus sceptiques vis-à-vis de Mac !

2.13 L'effet de vague lorsque vous ouvrez un widget n'a qu'une fonction : donner un air très, très cool !

Pour fermer un widget, cliquez sur la croix située dans le coin inférieur gauche. Dashboard a également un excellent effet pour cette action : le widget est aspiré dans la croix jusqu'à ce qu'il disparaisse ! Si cela n'est pas assez pour vous, maintenez enfoncée la touche Shift tout en cliquant sur la croix pour voir l'effet au ralenti.

Widgets Snow Leopard

Comme de nombreux widgets sont préinstallés dans Snow Leopard, j'ai pensé que ce serait une bonne idée d'en faire un résumé et de voir les différentes fonctions.

Tableau 2.4 Widgets Snow Leopard

Widget	Fonctions
Widgets	Ouvre le gestionnaire de widgets.
Carnet d'adresses	Permet de rechercher rapidement dans votre Carnet d'adresses et affiche les informations du contact.
Business	Permet de rechercher une entreprise dans les pages jaunes américaines.
Calculette	Effectue des calculs mathématiques.
Dictionary	Dictionnaire en anglais américain, doublé d'un thésaurus.
ESPN	Donne les derniers résultats et nouvelles des sports américains.
Flight Tracker	Lorsque vous tapez un numéro de vol, Flight Tracker vous indique son statut. Ce petit widget peut faire des choses vraiment cool. Essayez-le, que vous ayez un vol à suivre ou non !
Google	Fournit une fenêtre de recherche Google.
iCal	Affiche votre agenda du jour.
iTunes	Affiche une minitélécommande pour iTunes, lequel doit être préalablement ouvert.
Movies	Fournit les horaires des séances de cinéma aux États-Unis. Vous pouvez visualiser la bande-annonce du film et acheter vos tickets en ligne.
People	Fait une recherche dans les pages blanches aux États-Unis.
Ski Report	Tapez le nom de votre station de ski préférée pour avoir les dernières informations sur les conditions de ski.
Stickies	Permet de garder plein de petites notes partout sur votre Mac !
Stocks	Permet de suivre les cours de la Bourse de Wall Street.
Jeu à mosaïque	Permet d'occuper un petit moment quelqu'un qui s'ennuie à mourir.
Traduction	Traduit instantanément des mots ou expressions d'une langue vers une autre.
Convertisseur	Convertit les devises et les unités de mesure de temps, de longueur, ou de pression.

suite

Tableau 2.4 suite

Widget	Fonctions
Weather	Fournit les dernières prévisions météorologiques de votre région. Détaillé plus loin dans ce chapitre.
Web Clip	Permet de créer vos propres widgets. Détaillé plus loin dans ce chapitre.
Horloge mondiale	Affiche une horloge analogique donnant l'heure pour une ville donnée.

Gérer les widgets

Snow Leopard intègre beaucoup de widgets, mais bon nombre d'entre eux vous seront inutiles. Si vous en installez d'autres, comme nous l'avons vu précédemment, vous aurez encore plus d'icônes placées sur la barre de widgets. Dashboard propose une manière pratique de désactiver les widgets que vous n'utilisez pas sans vraiment les désinstaller, au cas où vous voudriez les réutiliser plus tard.

Pour désactiver, ou activer, un widget, procédez comme suit :

1. **Appuyez sur F12 pour ouvrir Dashboard.**
2. **Cliquez sur le signe + situé dans le coin inférieur gauche de l'écran afin d'ouvrir la barre de widgets.**
3. **Cliquez sur le bouton Gestion des widgets pour ouvrir le gestionnaire, comme sur la figure 2.14.**
4. **Décochez les widgets que vous désirez désactiver et cochez ceux que vous voulez activer.**
5. **Fermez le gestionnaire une fois que vous avez terminé.**

Comment désinstaller un widget

Vous pouvez facilement désinstaller un widget que vous avez ajouté à Dashboard en ouvrant le gestionnaire de widgets et en cliquant sur le symbole Supprimer (similaire à un sens interdit) placé à droite du nom du widget.

Comment désinstaller un widget fourni avec Snow Leopard ? Aucun symbole Supprimer n'apparaît à côté de son nom, comment faire ? Les widgets par défaut de Snow Leopard se trouvent sur le disque dur⇨Bibliothèque⇨Widgets. Pour supprimer un de ces widgets, il suffit de le glisser dans la Corbeille et de taper votre mot de passe administrateur.

2.14 Le gestionnaire vous aide à organiser votre barre de widgets.

Régler les préférences des widgets

Beaucoup de widgets doivent être personnalisés pour pouvoir être utilisés efficacement. Par exemple, Weather ne vous sert pas à grand chose si vous habitez à Lyon et qu'il affiche le temps à Cupertino en Californie. Stocks ne vous aide pas beaucoup non plus si vous voulez suivre le cours de votre nouvelle action et qu'il affiche seulement les actions par défaut.

Prenons l'exemple de Weather pour apprendre à modifier les préférences d'un widget :

1. **Appuyez sur F12 pour ouvrir Dashboard.**
2. **Positionnez le pointeur de votre souris au-dessus du bouton Infos placé dans le coin inférieur droit du widget (il ressemble à la lettre i, voir figure 2.15).**

2.15 Cliquez sur le bouton Infos pour ouvrir les préférences du widget, si elles sont disponibles.

3. **Cliquez sur le bouton Infos pour faire tourner le widget et afficher les préférences disponibles.** Effectuez les modifications voulues puis cliquez sur Done (Terminé).
4. **Le widget devrait désormais intégrer vos modifications.**

Note

Tous les widgets ne proposent pas d'option de réglage des préférences. Ne vous inquiétez pas si vous ne trouvez pas le bouton Infos sur un widget.

Encore plus de widgets

Jusqu'à présent, les seuls widgets que vous connaissiez étaient ceux qui sont fournis avec Snow Leopard, mais je vais vite changer cela. Il existe des centaines de widgets, et certains correspondent exactement à ce que vous recherchez.

Pour trouver de nouveaux widgets, il suffit d'aller sur le site d'Apple, mais vous pouvez aussi en obtenir d'autres en effectuant simplement une recherche Google avec les termes « Mac OS X Widgets ».

Pour obtenir simplement et rapidement de nouveaux widgets, procédez comme suit :

1. **Appuyez sur F12 pour ouvrir Dashboard.**
2. **Cliquez sur le signe + situé dans le coin inférieur gauche de l'écran afin d'ouvrir la barre de widgets.**
3. **Cliquez sur le bouton Gestion des widgets pour ouvrir le gestionnaire, puis cliquez sur le bouton Plus de widgets placé en bas de la fenêtre.** Safari s'ouvre automatiquement sur le site d'Apple de téléchargement des widgets, illustré sur la figure 2.16, où vous pouvez chercher parmi des centaines de widgets créés par des développeurs comme par des utilisateurs avertis.
4. **Trouvez un widget qui vous convient en utilisant l'explorateur de widgets.** Vous aurez certainement besoin de faire défiler légèrement la page pour l'afficher.
5. **Cliquez sur le lien Download (Télécharger) pour que Safari télécharge le widget.**
6. **Cliquez sur le bouton Installer pour ouvrir votre nouveau widget dans Dashboard.** S'il vous convient, cliquez sur Conserver, sinon sur Supprimer.

2.16 Le site web d'Apple répond à tous vos besoins en matière de widgets.

Créer ses propres widgets grâce à Web Clip

Une fonctionnalité très pratique de Dashboard est la possibilité de créer vos propres widgets en utilisant Web Clip. Vous pouvez créer une partie de votre page web favorite en widget Web Clip et l'ajouter au Dashboard. Lors de la mise à jour du contenu de la page web, votre widget Web Clip est également mis à jour. J'utiliserai la liste des Top Widgets du site d'Apple pour cet exemple, ce qui vous permettra d'afficher les widgets les plus populaires sans avoir à ouvrir Safari. Vous pourrez consulter la liste dans Dashboard en appuyant sur F12 (voir figure 2.16).

Pour créer un widget grâce à Web Clip, procédez comme suit :

1. **Appuyez sur F12 pour ouvrir Dashboard.**
2. **Cliquez sur le signe + situé dans le coin inférieur gauche de l'écran, puis sur l'icône Web Clip dans la barre de widgets.**
3. **Cliquez sur l'icône Safari dans la fenêtre Web Clip pour ouvrir Safari.**
4. **Tapez l'adresse du site que vous voulez utiliser pour créer votre widget.** Pour cet exemple, j'ai utilisé www.apple.com/downloads/dashboard/
5. **Sélectionnez Fichier⇨Ouvrir dans Dashboard.** La page web s'assombrit et une boîte de sélection s'affiche, comme sur la figure 2.17.
6. **Positionnez la boîte de sélection au-dessus de la partie de la page que vous désirez utiliser en tant que widget, puis cliquez pour la sélectionner.** Vous pouvez faire glisser les poignées de la boîte pour ajuster la sélection.

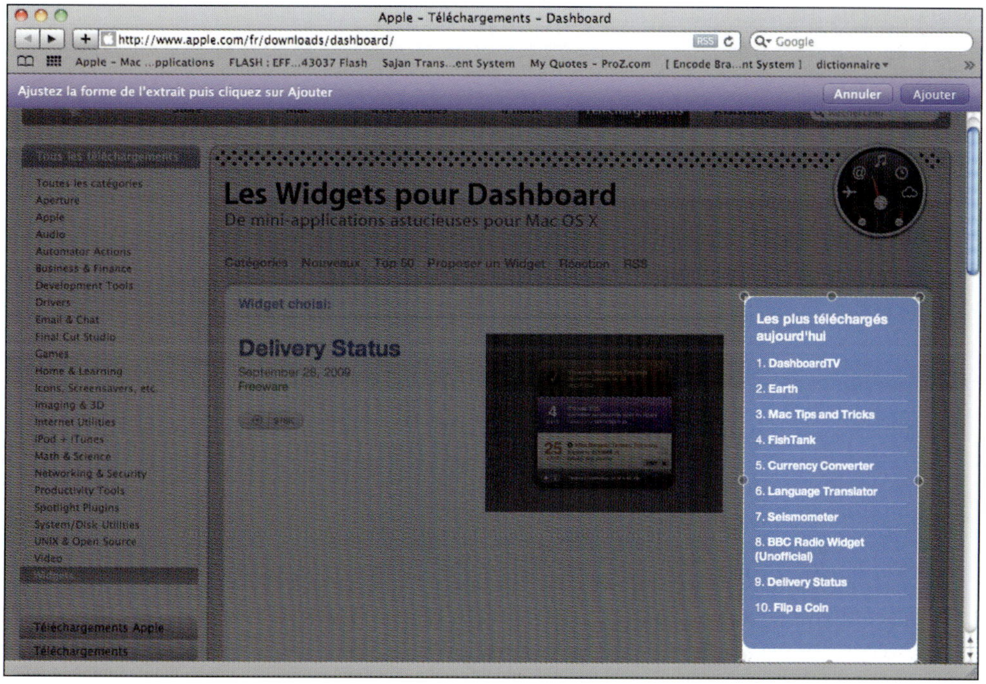

2.17 Placez la boîte de sélection au-dessus de la partie de la page web que vous voulez utiliser en tant que widget.

7. **Cliquez sur le bouton Ajouter situé dans le coin supérieur droit de la fenêtre Safari (dans la barre violette).** Safari transmet la sélection à Dashboard, où un nouveau widget est créé.

Comment modifier les préférences Système de Snow Leopard ?

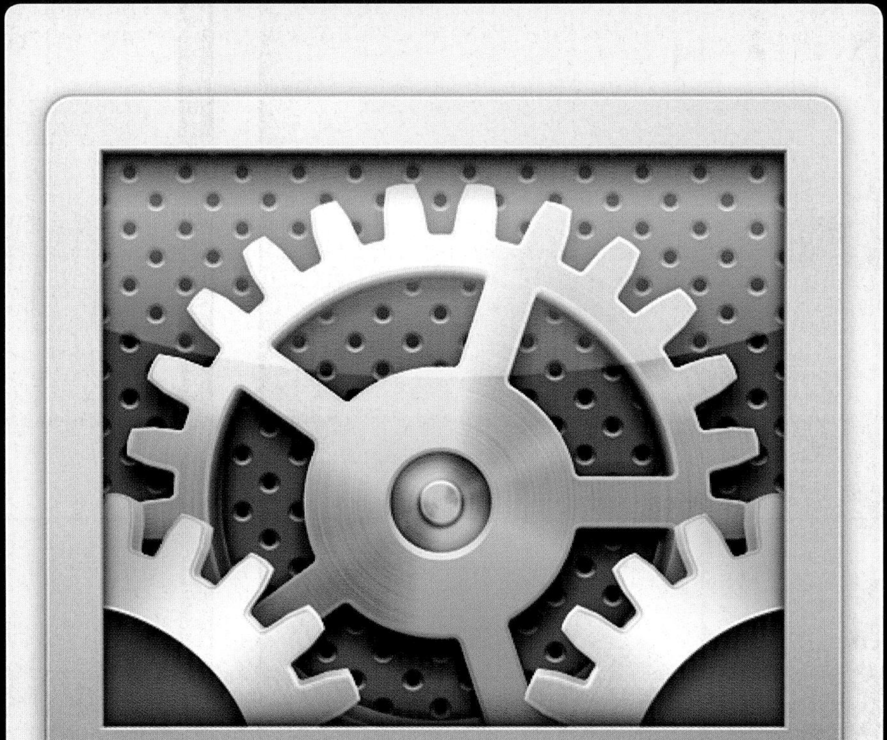

Vous savez désormais que j'aime vous montrer comment faire pour que votre Mac se comporte comme vous le voulez. Les préférences Systèmes de Snow Leopard vous offrent un contrôle incroyable sur votre Mac. C'est grâce à elles que vous pouvez vous affirmer en tant que dirigeant de votre domaine informatique personnel. Les préférences Système représentent le centre névralgique de Mac OS X. Il est possible d'y effectuer des modifications tant au niveau local que sur le système pour tout ce qui concerne le réseau, la sécurité; les logiciels, le matériel, le son et l'apparence de Snow Leopard. Je vais vous exposer dans ce chapitre les différentes préférences disponibles et comment les modifier.

Personnel

Comme son nom l'indique, la partie Personnelle des préférences Système vous permet de personnaliser l'apparence et le comportement de votre Mac selon vos goûts. Je vais d'abord parler des préférences concernant la langue et le texte, puis la sécurité, car les autres sont détaillées dans d'autres chapitres. Le tableau 3.3, à la fin de ce chapitre, établit la liste des préférences dont je parlerai plus tard, donne une courte description de leurs fonctions et enfin vous indique à quel chapitre vous reporter.

Ouvrez les préférences Système avant de poursuivre votre lecture en sélectionnant le menu Pomme ➪ Préférences Système. La fenêtre correspondante s'affiche comme sur la figure 3.1.

3.1 Cliquez sur la préférence que vous désirez afficher ou modifier dans la fenêtre Préférences Système.

Langue et texte

Snow Leopard est capable de parler des langues dont je ne soupçonnais même pas l'existence ! Le panneau Langue et texte aide votre Mac à faire fonctionner ses talents linguistiques.

Langue

L'onglet Langues (voir figure 3.2) vous permet de déterminer l'ordre dans lequel seront utilisées les langues pour les menus d'applications, le tri des éléments et les fenêtres de dialogue.

3.2 Votre Mac devient cosmopolite grâce au panneau des préférences Langue et texte.

Texte

Genius

Snow Leopard parle plus de 110 langues, la liste des langues disponibles est donc assez longue. Pour vous faire gagner du temps, cliquez sur Modifier la liste et désélectionnez les langues dont vous n'avez pas besoin.

L'onglet Texte (voir figure 3.3) vous permet de personnaliser les fonctionnalités de substitution, de vérification de l'orthographe et plus encore. Options disponibles dans l'onglet Texte :

- **Substitution de texte et de symbole.** Les applications dans Snow Leopard peuvent substituer certains éléments textuels à d'autres. Par exemple, si vous cochez la case près de (c), lorsque vous taperez (c), il sera remplacé par le symbole de copyright (©). Cliquez sur le signe + situé dans le coin inférieur gauche pour ajouter vos propres substitutions de texte et de symbole.
- **Orthographe.** Snow Leopard peut vérifier automatiquement l'orthographe. Utilisez le menu déroulant pour choisir les différentes langues.
- **Césure.** Ce réglage change la façon dont un mot est mis en surbrillance lorsque vous double-cliquez dessus. Normal est le réglage approprié, mais si vous utilisez le japonais comme langue principale, vous devez choisir Japonais.

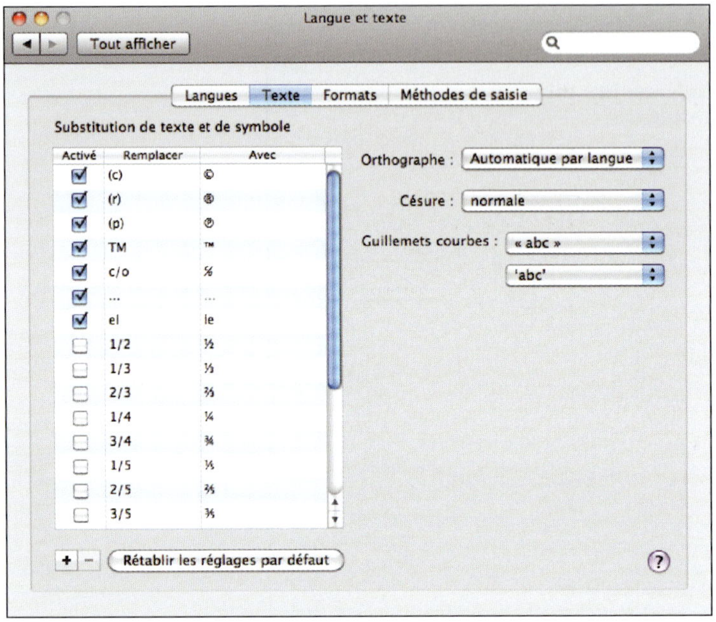

3.3 L'onglet Texte vous aide à personnaliser la substitution de texte et plus encore.

- **Guillemets courbes.** Cette option permet de modifier la façon dont les guillemets doubles ou simples sont affichés.
- **Texte bidirectionnel.** Le sens de lecture et d'écriture d'un texte peut varier selon les langues. Par exemple, un texte en hébreu se lit de droite à gauche alors que le français se lit dans le sens inverse. Les options vous permettent de décider d'utiliser des raccourcis clavier pour changer le sens du texte ou d'utiliser le curseur lorsqu'il se trouve entre deux textes aux sens de lecture différents.

Formats

Vous pouvez utiliser l'onglet Formats pour décider de l'affichage par défaut des dates, de l'heure, des devises et des mesures. La figure 3.4 vous montre les options disponibles.

Cliquez sur les boutons Personnaliser des parties Date, Heures, et Nombres pour plus d'options.

Méthodes de saisie

Certaines langues utilisent plus de caractères qu'il n'y a de touches sur votre clavier. Dans ce cas, les méthodes de saisie vous permettent d'accéder à ces caractères. L'onglet Méthodes de saisie (figure 3.5) vous propose de choisir parmi une multitude de méthodes intégrées à Snow Leopard.

Pour plus d'informations sur ce sujet, cliquez sur le bouton Aide (?) situé dans le coin inférieur droit.

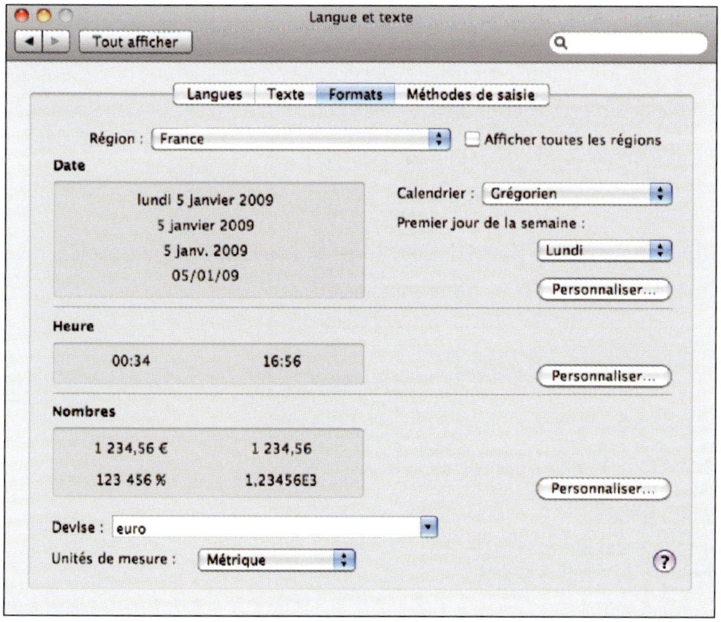

3.4 Choisissez le meilleur affichage des éléments régionaux grâce à l'onglet Formats.

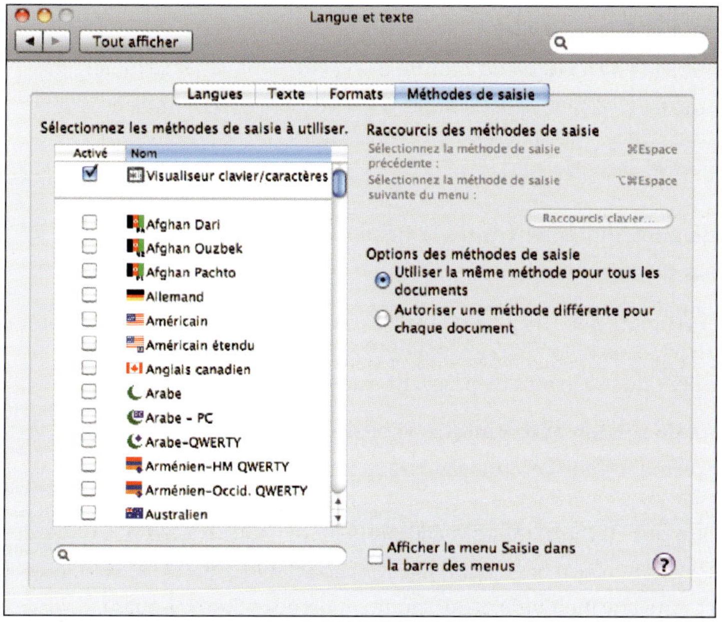

3.5 Les caractères non disponibles par défaut avec un clavier standard le deviennent grâce à Méthodes de saisie.

Sécurité

Même un Mac a besoin d'être sécurisé pour répondre aux attaques extérieures. Snow Leopard intègre certaines fonctionnalités très bien conçues auxquelles vous pouvez accéder via le panneau des préférences Sécurité des préférences Système.

Général

La figure 3.6 illustre les options disponibles sous l'onglet Général. Elles sont assez simples, mais peut-être moins intuitives que les autres. Voici les différentes options :

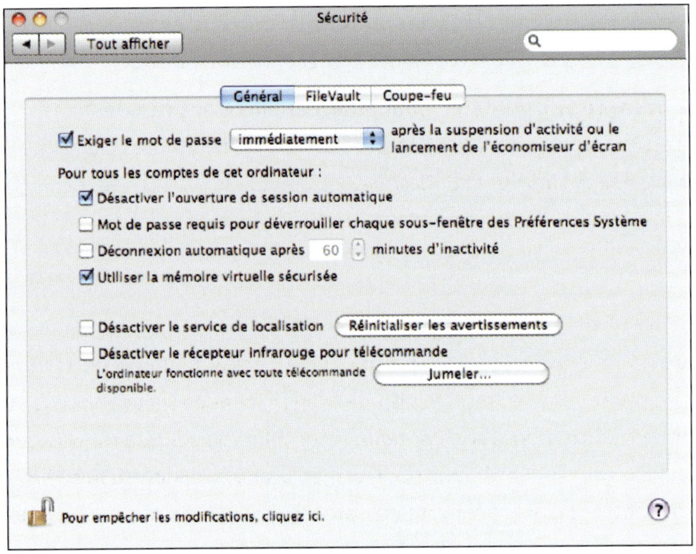

3.6 Onglet Général des préférences Sécurité.

- **Exiger le mot de passe immédiatement après la suspension d'activité ou le lancement de l'économiseur d'écran.** Cochez cette case pour verrouiller votre Mac et éviter qu'un utilisateur ne connaissant pas votre mot de passe ne se connecte après l'activation de la suspension d'activité ou le lancement de l'économiseur d'écran. Utilisez le menu déroulant pour déterminer quand le mot de passe est exigé.
- **Désactiver l'ouverture de session automatique.** Si cette case n'est pas cochée, votre Mac démarre tout simplement sur le compte par défaut, sans mot de passe.

Attention

Je recommande vivement l'utilisation des options Exiger le mot de passe immédiatement après la suspension d'activité ou le lancement de l'économiseur d'écran et Désactiver l'ouverture de session automatique. Elles empêchent que l'on accède à votre Mac. Si malheureusement quelqu'un y parvenait, le destin de votre Mac et de vos fichiers serait entièrement entre ses mains.

- **Mot de passe requis pour déverrouiller chaque sous-fenêtre des Préférences Système.** Une icône en forme de verrou est placée dans chaque panneau des préférences. Si vous cochez cette case, l'icône se trouvera en position verrouillée sur chaque panneau et ne pourra être déverrouillée qu'à l'aide du mot de passe administrateur.
- **Déconnexion automatique après x minutes d'inactivité.** Cette option commande à votre Mac de se déconnecter automatiquement après un certain temps d'inactivité.
- **Utiliser la mémoire virtuelle sécurisée.** Votre Mac utilise des parties de votre disque dur en tant que mémoire vive (RAM) pour stocker des informations. Cochez cette option pour que Snow Leopard efface ces informations de votre disque dur pour éviter que d'autres personnes n'y aient accès si elles parvenaient à entrer dans votre disque.
- **Désactiver le récepteur infrarouge pour télécommande.** Certains Mac possèdent des récepteurs à infrarouge communiquant avec les télécommandes Apple remote pour voir des films, écouter de la musique et d'autres activités. Cochez cette case si vous désirez désactiver le récepteur à infrarouge afin que les autres utilisateurs Mac ne puissent pas utiliser leur télécommande.

FileVault

FileVault vous permet d'activer la fonctionnalité FileVault de Snow Leopard, que je ne recommande pas à moins que vous ne soyez un utilisateur très prudent en matière de sécurité. FileVault protège votre dossier de départ en chiffrant tout son contenu, empêchant quiconque d'y accéder. Même si cela paraît merveilleux, le gros inconvénient pour quelqu'un qui n'est pas habitué à la haute sécurité, et qui oublie son mot de passe de compte utilisateur (ou le mot de passe principal), est qu'il perd tout le contenu du dossier de départ. Génial, non ?

Si vous voulez activer la protection FileVault pour votre compte, cliquez sur l'onglet FileVault dans le panneau des préférences Sécurité puis sur Activer FileVault. Votre Mac doit avoir assez d'espace disponible sur le disque dur pour stocker une version chiffrée.

Attention

Si vous activez un mot de passe principal, n'importe quelle personne qui connaît ce mot de passe peut déchiffrer le contenu de n'importe quel compte protégé par FileVault. Cela met en danger tous les utilisateurs de l'ordinateur, je recommande donc de ne pas en créer.

Coupe-feu

Un coupe-feu empêche des utilisateurs non autorisés d'entrer dans votre Mac via Internet. Ces gens sont très malicieux, mais un coupe-feu peut les garder à distance. Pour sélectionner les réglages de coupe-feu, cliquez sur l'onglet Coupe-feu du panneau des préférences Sécurité. Trois options sont disponibles :

- **Autoriser toutes les connexions.** Ne fournit aucune protection.
- **Bloquer toutes les connexions entrantes sauf celles qui sont nécessaires aux services de base.** Selon Apple, les services de base sont les applications qui permettent à votre Mac de découvrir les services fournis par d'autres ordinateurs sur votre réseau (fichiers partagés ou imprimantes). Ce réglage empêche les connexions à tout autre service ou toute autre application de partage.
- **Autoriser l'accès de services et d'applications spécifiques.** Sélectionnez cette option pour choisir quelles applications et quels services vous autorisez à accéder à votre Mac. Cliquez sur le bouton + situé dans le coin inférieur gauche de la fenêtre pour choisir ces applications et ces services, et pour les supprimer de la liste, cliquez sur le bouton - .

Genius

Si vous vous connectez à Internet via un routeur, vous n'aurez probablement pas besoin d'activer le coupe-feu de Snow Leopard, car le routeur en a sans doute déjà un. Consultez la documentation du routeur à ce propos.

Matériel

La partie Matériel des préférences Système permet à Snow Leopard de savoir comment vous désirez qu'il interagisse avec les différents composants matériels de votre Mac.

CD et DVD

Lorsque vous insérez un CD ou un DVD dans le lecteur de votre Mac, quelque chose va se passer, et cela dépend de vous. Le panneau des préférences CD et DVD vous propose de dire à Snow Leopard comment il doit se comporter lorsque vous insérez un disque, comme illustré sur la figure 3.7.

3.7 Indiquez à Snow Leopard ce qu'il doit faire à l'insertion d'un CD ou d'un DVD.

Moniteurs

Les préférences Moniteurs vous aident à régler la résolution du moniteur ou de l'écran de votre Mac. Les options des deux onglets du panneau, Moniteur et Couleur (voir figure 3.8), sont standard sur n'importe quel ordinateur.

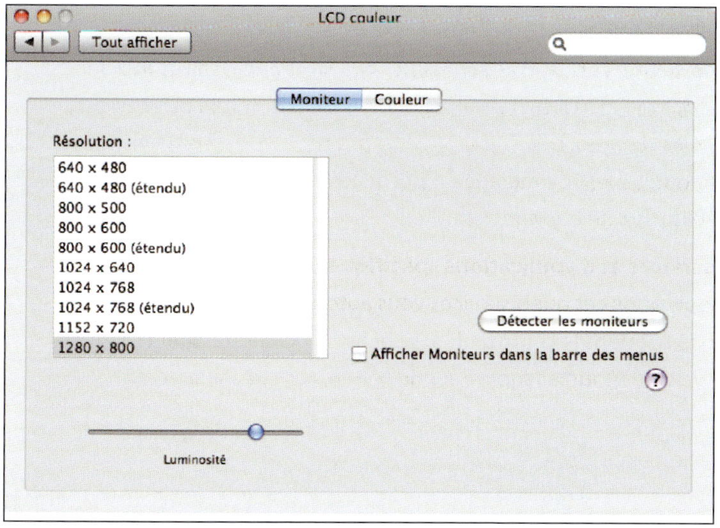

3.8 Réglez les paramètres du moniteur grâce au panneau Moniteurs.

L'onglet Moniteur vous permet de modifier les réglages suivants :

- **La résolution.** Permet de choisir la définition des détails sur votre écran. Plus la résolution est élevée, plus les éléments sur votre écran seront petits et inversement si la résolution est basse.
- **Le taux de rafraîchissement.** Détermine la fréquence à laquelle l'écran est rafraîchit. Si vous n'utilisez pas un Mac avec un affichage intégré, comme un portable ou un iMac, consultez la documentation fournie avec votre écran pour régler un taux approprié.
- **Détecter les moniteurs.** Cliquez sur ce bouton pour que Snow Leopard détecte automatiquement les moniteurs récemment connectés et détermine les réglages appropriés.
- **Afficher Moniteurs dans la barre des menus.** Cochez cette case pour placer un raccourci des préférences Moniteurs dans la barre des menus.
- **La barre de luminosité.** Déplacez le curseur pour réduire ou augmenter la luminosité de votre écran.

L'onglet Couleur vous propose de régler les profils colorimétriques de votre écran afin que les couleurs soient fidèlement représentées. Décochez Afficher uniquement les profils de ce moniteur pour voir tous les profils installés sur votre Mac.

Genius

Parfois la meilleure couleur est celle qui convient le mieux à vos yeux, et pas nécessairement celle que choisit Snow Leopard. Vous pouvez créer un profil personnalisé et l'utiliser en cliquant sur le bouton Étalonner et en suivant les instructions. Si ce genre de réglage vous est familier, cochez la case Mode expert dans la fenêtre Bienvenue dans l'Assistant d'étalonnage de moniteur pour accéder aux options supplémentaires.

Économiseur d'énergie

En ce moment, tout le monde essaie de faire dans l'écologie, et Snow Leopard ne fait pas exception à la règle. Les préférences Économiseur d'énergie proposent différents réglages de mise en veille pour votre ordinateur, disque dur et écran lorsqu'ils sont inactifs pendant un laps de temps que vous définissez en faisant glisser les curseurs (voir figure 3.9).

Note

Les préférences Économiseur d'écran diffèrent légèrement selon que vous ayez un portable ou un ordinateur de bureau. Sur un portable, vous disposerez des onglets Batterie et Adaptateur secteur, alors que sur un ordinateur de bureau, vous aurez les onglets Mise en veille et Options.

Cliquez sur l'onglet Adaptateur secteur (ou Options si vous êtes sur un ordinateur de bureau) pour régler les options suivantes :

- **Suspendre dès que possible l'activité du ou des disques durs.** Met le disque dur de l'ordinateur en veille dès qu'il est inactif.
- **Réactiver lors des accès réseau Ethernet.** Permet de réactiver votre Mac lorsque un administrateur réseau essaie d'y accéder.
- **Réduire automatiquement la luminosité avant la mise en veille de l'écran.** La luminosité de votre écran diminue deux minutes avant la mise en veille lorsqu'il est inactif.
- **Redémarrer automatiquement après une panne de courant.** En cas de panne de courant, votre Mac redémarre automatiquement une fois que le courant est rétabli.
- **Afficher l'état de la batterie dans la barre des menus.** Place une icône en forme de batterie dans la barre des menus afin que vous puissiez vérifier facilement le niveau de charge de la batterie d'un portable.

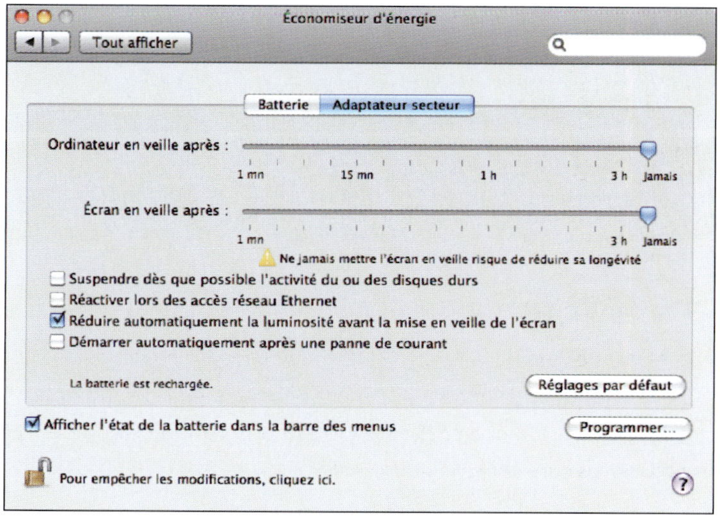

3.9 Économisez de l'énergie en mettant en veille votre écran et votre ordinateur lorsqu'ils sont inactifs.

Clavier et souris

Le panneau des préférences Clavier et souris vous permet de configurer la façon dont votre clavier et votre souris interagissent avec Snow Leopard. Vous pouvez aussi utiliser une souris et un clavier sans fil grâce au Bluetooth, et même créer vos propres raccourcis clavier.

Cliquez sur le panneau Clavier ou Souris pour modifier leurs comportements, comme la vitesse de réponse du clavier ou la vitesse du double-clic. Les éléments de chaque panneau sont assez clairs, mais si vous avez besoin d'aide, cliquez sur le bouton Aide placé dans le coin inférieur droit de la fenêtre.

Les boutons relatifs au Bluetooth sont disponibles seulement sur les Mac équipés de cette technologie. Vérifiez ici l'état de la batterie de votre clavier ou de votre souris sans fil, ou installez de nouveaux appareils en cliquant sur Configurer le clavier/la souris Bluetooth.

J'apprécie le fait qu'Apple donne la possibilité de créer ses propres raccourcis clavier grâce à l'onglet Raccourcis clavier (voir figure 3.10). Désélectionnez les raccourcis que vous désirez désactiver, cliquez sur le bouton + placé dans le coin inférieur gauche pour créer un nouveau raccourci, ou sélectionnez un raccourci dans la liste et cliquez sur le bouton - pour le supprimer.

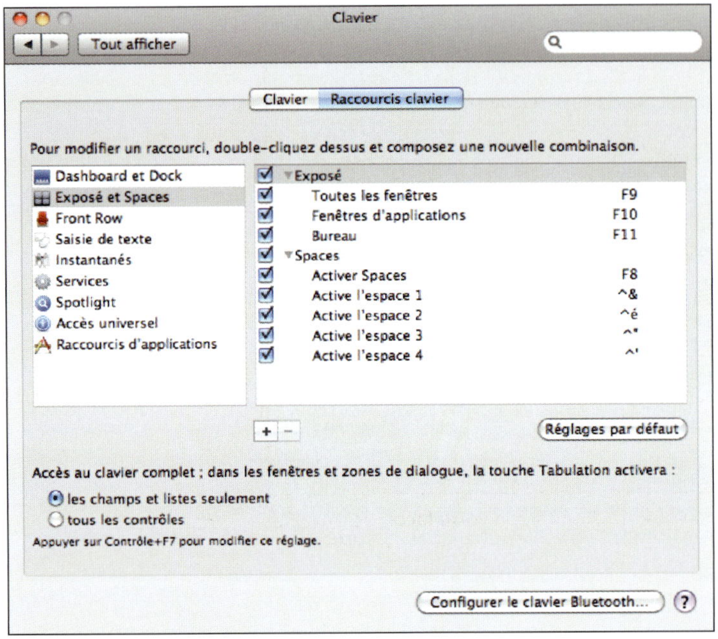

3.10 Créez et modifiez vos propres raccourcis clavier.

Genius

Je me suis déjà trouvé fort ennuyé après avoir effacé accidentellement les raccourcis clavier que j'utilisais souvent. J'ai pu les récupérer en cliquant sur Réglages par défaut dans le coin inférieur droit de la fenêtre, mais si vous le faites, vous perdrez tous les raccourcis que vous aurez créés vous-même. Je vous aurai prévenu !

Trackpad

Le panneau des préférences Trackpad (voir figure 3.11) apparaîtra seulement si vous utilisez un portable. Les trackpads Multi-Touch sur les portables Mac ont des fonctionnalités plutôt pratiques que vous pouvez modifier grâce aux options du panneau Trackpad :

- **Régler les vitesses de déplacement, de double-clic et de défilement grâce aux différents curseurs.**
- **Personnaliser les gestes trackpad pour le défilement, le zoom et le clic.**
- **Déterminer si le trackpad doit ignorer les utilisations accidentelles lorsqu'une souris est connectée ou non.**

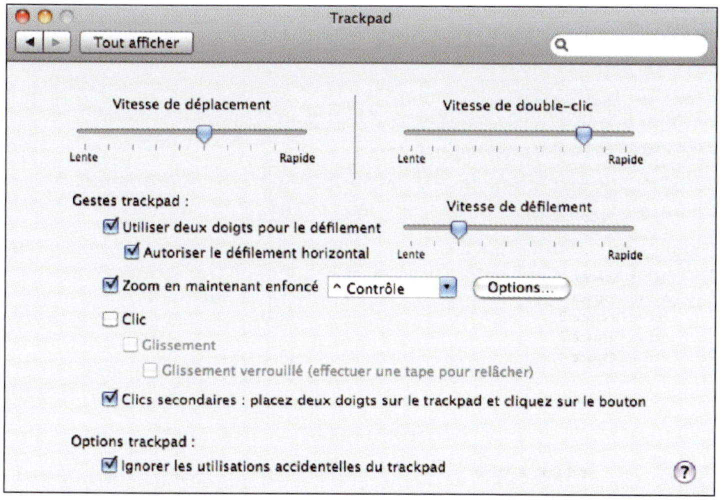

3.11 Réglez les paramètres de votre trackpad selon votre façon de travailler.

Son

Configurez le son de votre Mac grâce au panneau des préférences Son illustré sur la figure 3.12. Le tableau 3.1 vous propose une brève description de chaque onglet du panneau.

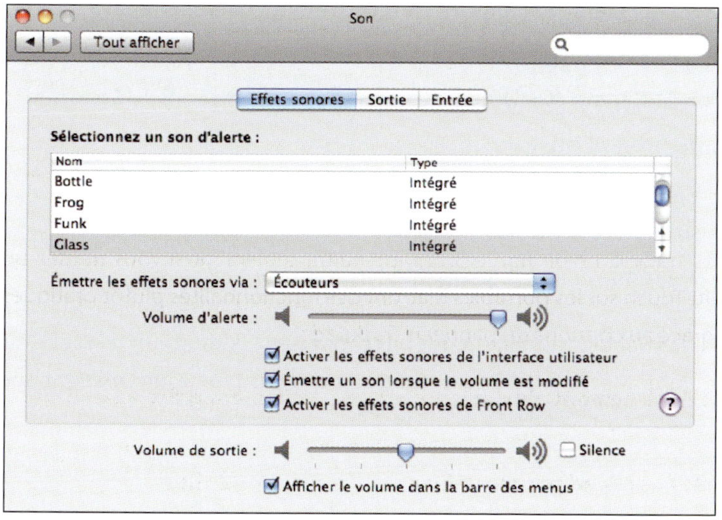

3.12 Modifiez les sons de votre Mac grâce aux préférences Son.

Tableau 3.1 Options du panneau des préférences Son

Onglet	Options disponibles
Effets sonores	Sélectionnez les sons que vous désirez utiliser pour les alertes Système. Réglez le volume de ces alertes et le volume de sortie du système.
Sortie	Choisissez le type de périphérique de sortie (par exemple, les écouteurs) pour diffuser les sons de votre Mac et réglez la balance.
Entrée	Sélectionnez un périphérique d'entrée, par exemple un microphone. Vous pouvez régler le volume d'entrée des périphériques et filtrer le bruit de fond (cochez la case Utiliser la fonction de réduction du bruit de fond).

Internet et sans fil

Ces préférences permettent d'indiquer à votre Mac comment communiquer avec le reste du monde grâce à ses connexions réseau.

MobileMe

Pour 79 € par an , Apple vous offre MobileMe, un service qui étend votre expérience Mac à Internet. Il propose les fonctionnalités suivantes :

- **Synchronisation des calendriers, contacts, données et plus encore.**
- **Accès à votre compte e-mail MobileMe à partir de n'importe quel navigateur et ordinateur.**
- **Mise à disposition d'un iDisk pour stocker des fichiers et synchroniser des dossiers.**
- **Possibilité de créer votre propre site web.**
- **Fonctionnalité Accès à mon Mac pour accéder à distance à votre Mac au bureau ou chez vous grâce à un ordinateur connecté à Internet.**
- **Partager des photos et des films incroyablement facilement avec Galerie.**

Le panneau des préférences MobileMe vous permet de vous connecter à votre compte MobileMe et de régler la façon dont votre Mac interagit avec ces services. Pour plus d'informations sur MobileMe, allez sur www.apple.com/mobileme/

Réseau

Le panneau des préférences Réseau (voir figure 3.13) vous propose de configurer les paramètres des différents types de réseau.

La liste placée sur le côté gauche du panneau affiche les connexions réseau prises en charge par votre Mac. Le contenu de la liste peut varier selon le matériel de connexion disponible sur votre Mac.

- **AirPort.** Paramètres servant à l'utilisation de la carte AirPort intégrée à votre Mac ou d'un adaptateur sans fil tiers pour accéder au réseau sans fil.
- **Bluetooth.** Votre Mac peut utiliser un adaptateur Bluetooth pour partager l'accès Internet de votre téléphone portable, s'il possède aussi un adaptateur Bluetooth.
- **Ethernet.** Paramètres de connexion pour accéder à un réseau via le port Ethernet intégré au Mac.
- **FireWire.** Snow Leopard permet aussi de connecter deux Mac ensemble via un câble FireWire afin que vous puissiez partager des fichiers ou une connexion Internet.

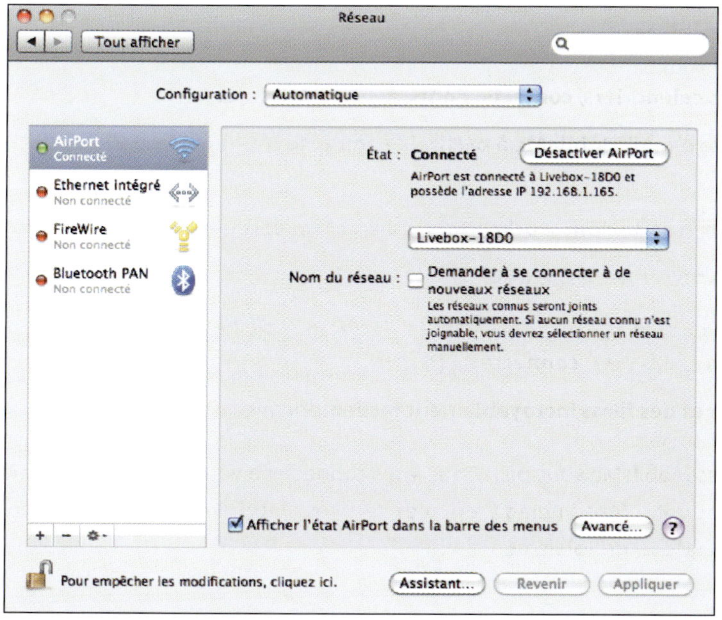

3.13 Le panneau des préférences Réseau permet de configurer tous vos paramètres de connexion réseau.

Cliquez sur l'une des connexions pour accéder aux paramètres internes. Le bouton Avancé situé dans le coin inférieur droit de chaque onglet sert à inspecter ou régler manuellement les connexions pour une méthode de connexion spécifique (voir figure 3.14 pour la connexion AirPort).

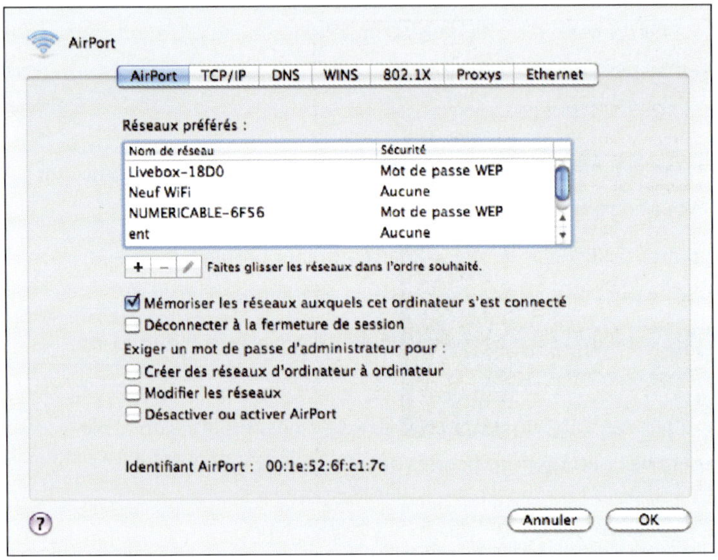

3.14 Les paramètres avancés vous permettent d'ajuster les options réseau.

Des informations détaillées sur les options sont disponibles pour chaque type de connexion en cliquant sur le bouton Aide.

Système

La partie Système des préférences Système contient des panneaux concernant la configuration des comptes sur votre Mac, la mise à jour des logiciels, le choix du disque de démarrage et bien d'autres options encore.

Date et heure

Grâce à ce panneau, vous pouvez régler les paramètres d'heure, comme sur la figure 3.15. Les onglets vous proposent les options suivantes :

- **Date et heure.** Cochez la case Régler la date et l'heure automatiquement, puis sélectionnez un serveur à partir de la liste. Vous pouvez choisir de régler manuellement en désélectionnant l'option et en réglant la date et l'heure vous-même.

- **Fuseau horaire.** Sélectionnez votre fuseau horaire en choisissant une zone sur la carte.
- **Horloge.** Décidez si vous voulez afficher la date et l'heure dans la barre des menus et permettre à votre Mac d'annoncer l'heure périodiquement.

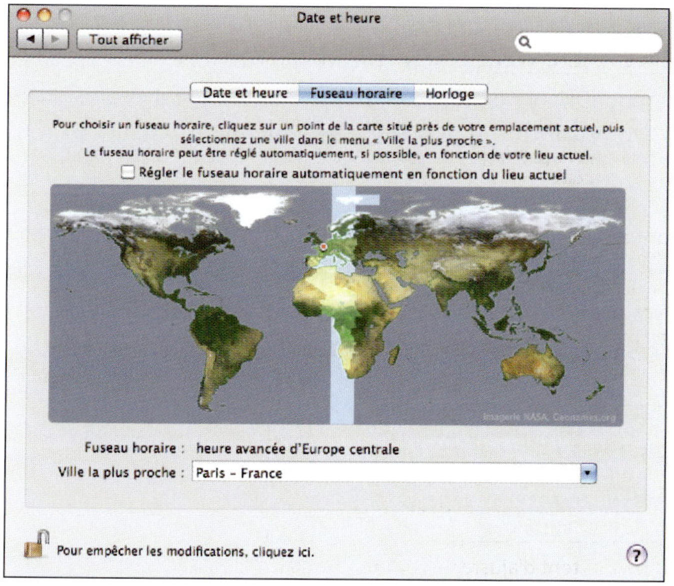

3.15 Réglez la date et l'heure grâce au panneau des préférences Date et heure.

Mise à jour de logiciels

Snow Leopard utilise l'application Mise à jour de logiciels pour vérifier les mises à jour du système d'exploitation et des applications compatibles.

L'onglet Recherche de mise à jour vous permet de rechercher instantanément les nouvelles mises à jour sur les serveurs d'Apple en cliquant sur Rechercher. Vous pouvez aussi programmer des recherches en sélectionnant l'option Rechercher automatiquement les mises à jour et en spécifiant la fréquence.

L'onglet Logiciels installés fait la liste de toutes les mises à jour téléchargées et installées sur votre Mac.

Genius

Il existe plusieurs écoles de pensée lorsque l'on parle de mises à jour. À mon avis, si une mise à jour pour votre système d'exploitation ou pour n'importe quelle application installée est disponible, installez-la. La plupart du temps, les mises à jour ne causent aucun problème. Bien au contraire, elles les règlent où les préviennent.

Parole

Snow Leopard est tellement intelligent qu'il peut vous parler et même répondre à des commandes vocales ! Voici les options disponibles :

Reconnaissance vocale

L'onglet Réglages, illustré par la figure 3.16, vous propose d'activer ou non les éléments prononçables et de sélectionner le microphone pour que votre Mac reconnaisse les commandes vocales. Vous pouvez aussi sélectionner une touche d'écoute sur laquelle vous appuyez pour que votre Mac écoute vos commandes.

L'onglet Commandes vous permet de personnaliser les commandes vocales auxquelles votre Mac doit répondre. Cliquez sur Ouvrir le dossier Éléments prononçables pour afficher la liste des commandes préconfigurées comprises par votre Mac. Cliquez sur Astuces utiles pour découvrir comment bien utiliser les options et commandes des Éléments prononçables.

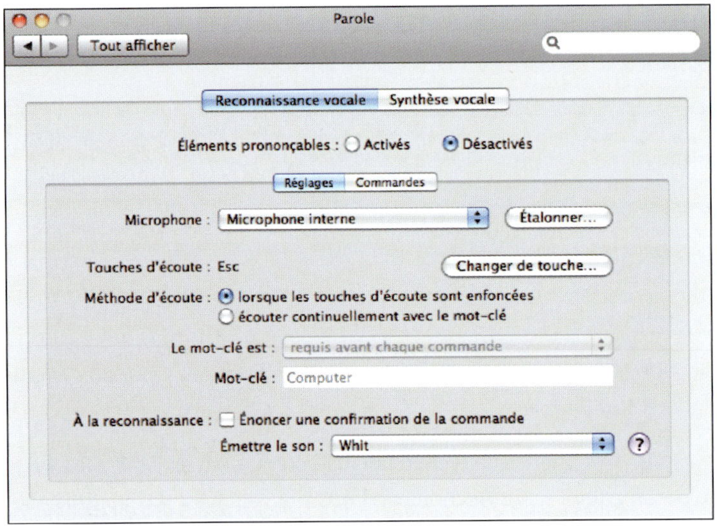

3.16 Options disponibles dans l'onglet Réglages à l'intérieur de l'onglet Reconnaissance vocale.

Synthèse vocale

Cette partie des préférences Parole vous permet de choisir quelle voix est utilisée par votre Mac pour vous parler. Choisissez parmi les voix préinstallées et modifiez le débit vocal. Vous pouvez aussi choisir que Snow Leopard annonce les alertes Système ou lorsqu'une application requiert votre attention, ou encore qu'il énonce le texte sélectionné d'un document.

Démarrage

Ce panneau vous permet de choisir de démarrer votre Mac à partir de n'importe quel disque sur lequel est installé Mac OS X. Lorsque vous ouvrez pour la première fois ce panneau, une liste des disques considérés comme appareils de démarrage valides s'affiche. Sélectionnez le disque à partir duquel vous voulez démarrer puis cliquez sur Redémarrer.

Accès universel

Snow Leopard propose des préférences Accès universel pour ceux qui ont des difficultés physiques, par exemple de lecture. Le tableau 3.2 donne la liste des onglets et des options disponibles pour chaque préférence.

Tableau 3.2 Préférences Accès universel

Onglet	Options
Vue	L'option VoiceOver demande à votre Mac de lire le texte au-dessus duquel votre souris passe. L'option Zoom active la fonction zoom, commandée par les raccourcis clavier listés dans le panneau des préférences. L'option Afficher propose certains choix pour les utilisateurs à la vue moins performante.
Audition	Ces options concernent les utilisateurs ayant des difficultés d'audition à un niveau normal. Vous pouvez régler le volume ou demander à votre Mac de faire clignoter l'écran lorsqu'un signal d'alerte retentit.
Clavier	Cet onglet fournit des options pour aider les utilisateurs ayant des difficultés avec le clavier traditionnel.
Souris et trackpad	Si vous avez des problèmes d'utilisation de la souris, vous pouvez utiliser les touches de Souris. Le clavier numérique (disponible sur la plupart des claviers Mac) se transforme en souris.

Autres préférences Système

Le tableau 3.3 donne la liste des préférences importantes dont je parlerai dans les autres chapitres de ce livre.

Tableau 3.3 Plus de préférences personnelles

Partie	Préférences	Fonctions	Chapitre concerné
Personnel	Apparence	Modifiez l'aspect général des menus, des barres de défilement et d'autres éléments à l'écran.	2
Personnel	Bureau et économiseur d'écran	Choisissez une image d'arrière-plan et un économiseur d'écran pour le compte utilisateur.	2
Personnel	Dock	Réglages du Dock, comme l'agrandissement ou le masquage.	2
Personnel	Exposé et Spaces	Choisissez la façon dont Exposé organise les éléments et dont Spaces travaille avec Snow Leopard.	1
Personnel	Spotlight	Choisissez quelles catégories de fichier Spotlight recherchera sur votre Mac.	1

Matériel	Imprimantes et fax	Installez et configurez les imprimantes.	6
Matériel	Bluetooth	Configurez les connexions avec les autres appareils équipés Bluetooth.	13
Internet et sans fil	Partage	Déterminez la façon dont votre Mac partage les fichiers, les disques et les imprimantes avec les autres ordinateurs.	13
Système	Comptes	Créez des comptes pour différents utilisateurs.	4
Système	Contrôle parental	Gérez l'usage d'Internet et des autres applications pour vos enfants et les autres utilisateurs.	4
Système	Time Machine	Effectuez des sauvegardes automatiques de votre Mac.	14

Comment gérer les comptes utilisateur ?

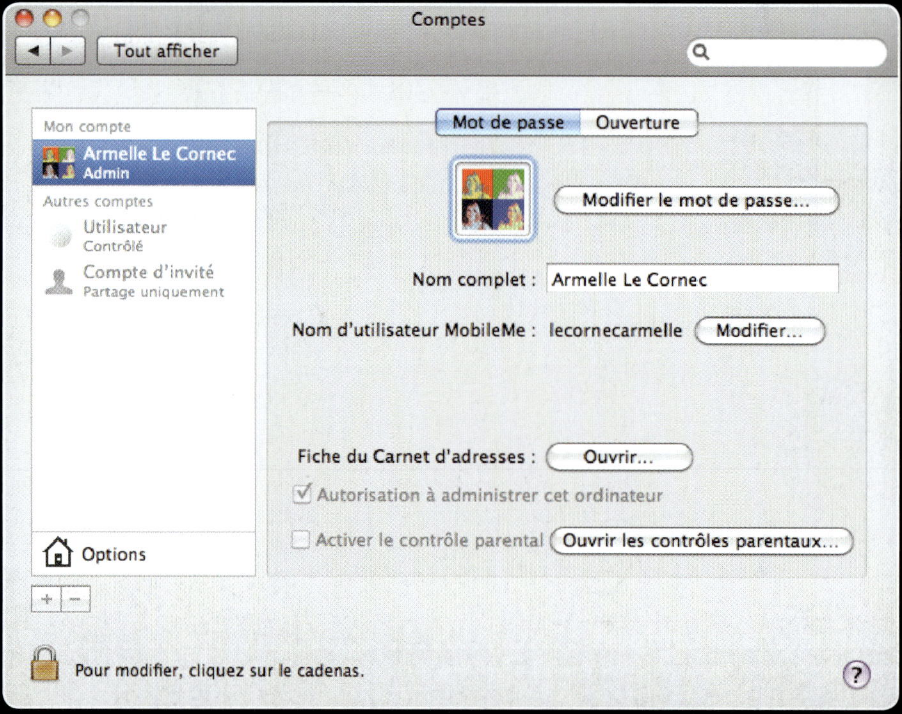

Les comptes utilisateur sont une solution simple pour permettre à plusieurs personnes d'utiliser votre Mac sans risquer de faire une grosse gaffe. Dans ce chapitre, je vais vous montrer comment créer plusieurs comptes et les types de comptes disponibles. Les comptes individuels permettent à tous les utilisateurs de configurer leur compte comme ils le veulent, tout en protégeant les autres. Snow Leopard propose aussi le Contrôle parental pour aider les parents à garder un œil sur l'utilisation que leur progéniture fait de l'ordinateur. Le Contrôle parental dans Snow Leopard permet aux parents de configurer le compte de leurs enfants pour les protéger eux et leur Mac.

Types de comptes

Soyons honnêtes : on peut faire plus confiance à certains utilisateurs qu'à d'autres. Les facteurs peuvent être nombreux et variés : l'âge, la maturité, la responsabilité ou l'habileté en matière d'ordinateur. Snow Leopard vous propose de créer des comptes utilisateur avec un accès à toutes les composantes du système, d'autres avec un accès strictement limité et d'autres entre les deux.

Administrateur

Les comptes administrateur sont les maîtres du monde des comptes. Le compte par défaut créé lorsque vous installez pour la première fois Snow Leopard est un compte utilisateur. Les administrateurs peuvent effectuer n'importe quelle tâche sur votre Mac :

- **Créer ou supprimer un compte utilisateur.**
- **Modifier les paramètres des autres comptes utilisateur.**
- **Modifier tous les paramètres du système, y compris ceux qui sont verrouillés dans les préférences Système.**
- **Installer des logiciels et des pilotes utilisables par n'importe quel utilisateur du système (si vous le permettez, bien sûr).**
- **Décider de régner sur le royaume de votre Mac avec une main de fer ou un gant de velours, aimés et adorés par tous vos sujets.**

Standard

Un compte standard convient à la plupart des utilisateurs. Il leur permet d'avoir assez de liberté pour personnaliser leur propre compte sans pouvoir modifier les autres. Les comptes standard :

- **Peuvent installer des logiciels, mais seulement s'ils y ont accès.**
- **Peuvent personnaliser leur environnement de travail via les préférences Système. Ils ne peuvent cependant pas modifier les préférences Système verrouillées.**
- **Ne peuvent modifier, ajouter ou effacer les autres comptes.**

Géré avec Contrôles parentaux

Ces derniers sont utilisés pour gérer ou limiter ses comptes et leurs privilèges. J'aborderai les contrôles parentaux plus en détail dans ce chapitre.

Partage uniquement

Un compte Partage uniquement limite l'accessibilité de l'utilisateur à l'ordinateur par le réseau, comme sur un serveur. Ce genre de compte est pratique pour le partage de documents à la maison ou au bureau sans avoir à donner accès à votre dossier de départ ou à votre Mac. L'utilisateur ne peut se connecter au Mac avec un compte Partage uniquement.

Créer un nouveau compte

Maintenant que vous connaissez les différents types de comptes, vous pouvez commencer à en créer un. Voici comment procéder :

1. **Sélectionnez le menu Pomme ➪ Préférences Système, puis cliquez sur l'icône Comptes dans la partie Système pour ouvrir les préférences Comptes (figure 4.1).**
2. **Si l'icône en forme de verrou située dans le coin inférieur gauche est verrouillée, cliquez dessus.** Tapez votre nom de compte administrateur et votre mot de passe.

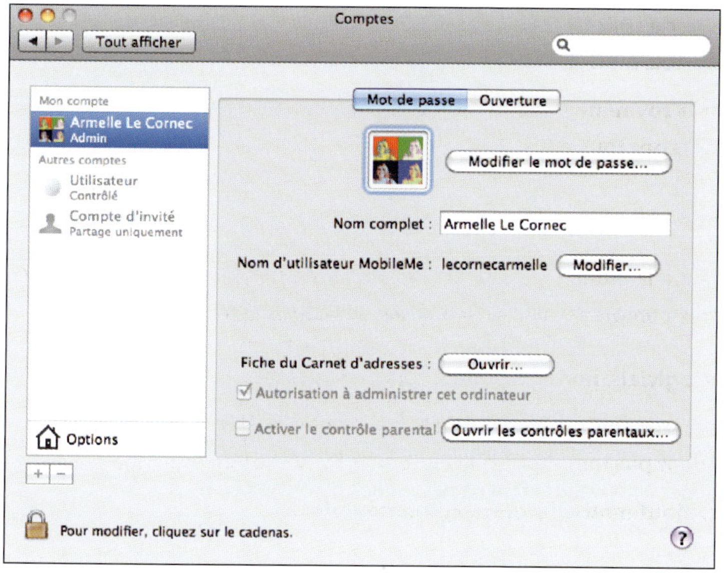

4.1 Fenêtre des préférences Comptes.

3. **Après avoir déverrouillé les préférences, cliquez sur le bouton + situé au-dessus du verrou pour ajouter un nouveau compte.**

4. **La fenêtre Nouveau compte, illustrée sur la figure 4.2, vous aide à configurer votre compte.** Le tableau 4.1 vous donne la liste des options et des champs d'un nouveau compte et vous explique comment les configurer.

5. **Lorsque les paramètres du compte sont configurés, cliquez sur Créer le compte.**

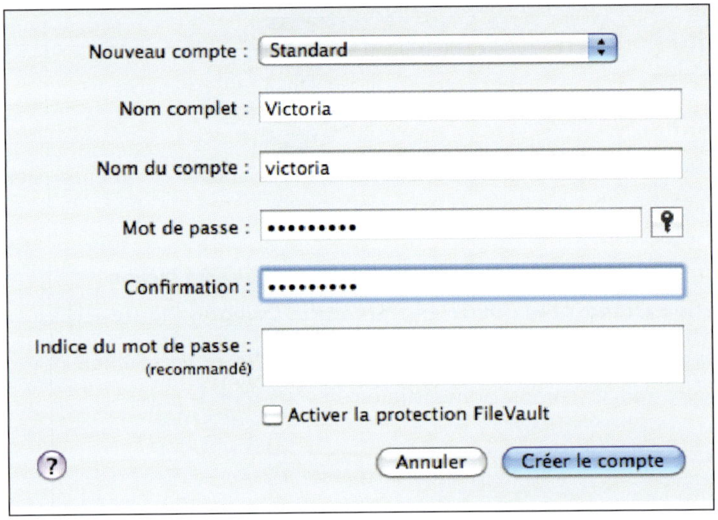

4.2 La fenêtre Nouveau compte vous permet de configurer le nom et le mot de passe du compte.

Tableau 4.1 Paramètres d'un nouveau compte

Option	Fonction
Nouveau compte	Sélectionnez le type de compte que vous désirez créer.
Nom complet	Tapez le nom de l'utilisateur du compte.
Nom du compte	Snow Leopard réduit automatiquement le nom complet pour proposer un nom de compte, mais vous pouvez le modifier.
Mot de passe	Créez un mot de passe pour permettre l'accès au compte.
Confirmation	Tapez à nouveau le mot de passe que vous venez de créer.
Indice du mot de passe	Tapez un indice qui vous aidera à vous souvenir du mot de passe au cas où vous en seriez incapable.
Activer la protection FileVault	Cochez cette case si vous désirez utiliser FileVault pour ce compte. Pour plus d'informations, voir chapitre 3.

Assistant mot de passe

Si vous avez du mal à trouver un mot de passe sécurisé, vous pouvez demander de l'aide à Snow Leopard. Dans la fenêtre Nouveau compte, cliquez sur l'icône en forme de clé pour ouvrir la fenêtre Assistant mot de passe, comme sur la figure 4.3.

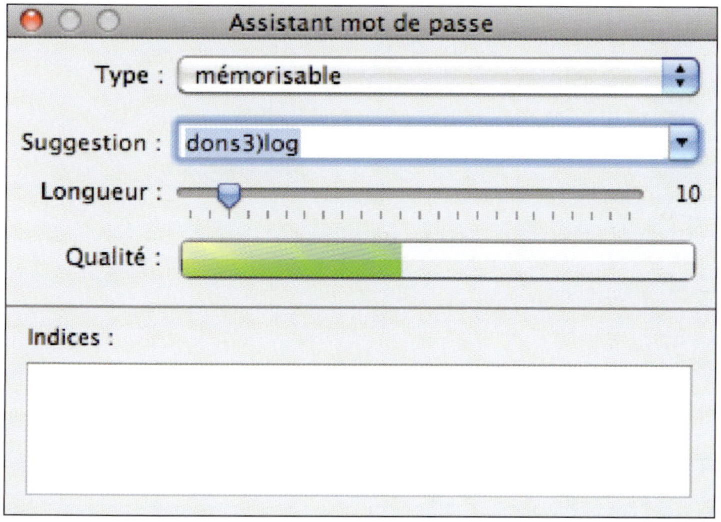

4.3 L'Assistant mot de passe peut vous aider à choisir un mot de passe.

Choisissez le type de mot de passe parmi les options suivantes : Manuel, Mémorisable, Lettres et chiffres, Chiffres seulement, Aléatoire, et Conforme à FIPS-181. L'option Manuel vous permet de créer votre propre mot de passe, alors que les autres options laissent Snow Leopard choisir parmi le type sélectionné.

Modifier les paramètres du compte

Le nouveau compte, du nom de Hugo pour cet exemple, se trouve dans la liste placée à gauche dans la fenêtre des comptes (figure 4.4).

À partir de là, de nombreuses modifications sont possibles :

- **Réinitialiser le mot de passe.** Cliquez sur ce bouton pour réinitialiser le mot de passe du compte. Seul un compte administrateur est autorisé à effectuer cette action. Normalement cette fonctionnalité ne sert qu'en cas d'oubli du mot de passe par l'utilisateur du compte, mais elle peut être aussi utilisée abusivement par quelqu'un ayant accès au mot de passe administrateur.

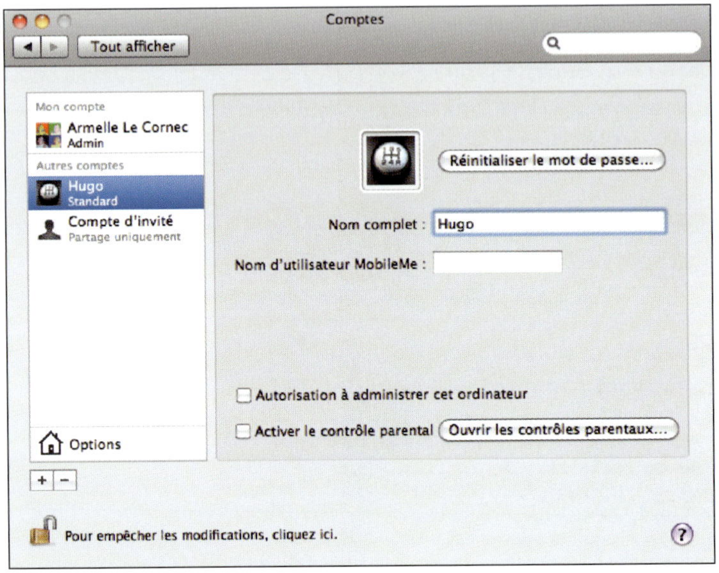

4.4 Le nouveau compte est prêt.

- **Nom d'utilisateur MobileMe.** Si l'utilisateur du compte en possède un, tapez-le ici.
- **Autorisation à administrer cet ordinateur.** Cochez cette case si vous voulez donner à ce compte standard les pleins droits d'administrateur.
- **Activer le contrôle parental.** En cochant cette case, vous demandez que ce compte soit géré avec les contrôles parentaux. Veuillez vous reporter à la fin de ce chapitre pour plus d'informations.
- **Supprimer le compte.** Vous pouvez supprimer le compte (si vous êtes administrateur) en le sélectionnant et en cliquant sur le bouton – situé au-dessus de l'icône verrou en bas de la fenêtre Comptes.
- **Modifier l'image du compte.** Cliquez sur l'image du compte pour la modifier. La fenêtre Modifier l'image s'ouvre, comme sur la figure 4.5. Sélectionnez l'une des images disponibles ou une nouvelle image en cliquant sur Modifier l'image et en sélectionnant parmi la liste des photos récentes dans le menu déroulant ou en cliquant sur Choisir. Vous pouvez également prendre une nouvelle photo en cliquant sur Prendre un cliché instantané si votre Mac est équipé d'une webcam. Faites glisser le curseur pour modifier la taille de l'image puis centrez la sélection. Cliquez sur OK lorsque vous avez terminé.

4.5 Modifiez l'image utilisée pour votre compte selon vos préférences.

Le compte root

Jusqu'à maintenant, vous pensiez que le compte administrateur représentait la toute-puissance, mais vous allez connaître le vrai roi de la jungle : le compte root ! C'est le seul compte dans un système d'exploitation UNIX (donc Mac OS X Snow Leopard) ayant entièrement accès à tous les fichiers, visibles ou non, sur l'ordinateur. Les comptes administrateur ont une possibilité limitée de parcourir les dossiers des autres comptes, même s'ils peuvent supprimer complètement les autres comptes. Comme le compte root peut accéder à tout le système, il est désactivé par défaut sur Snow Leopard. Lorsque vous êtes connecté en tant qu'utilisateur root, une seule erreur pourrait mettre en péril l'ordinateur tout entier. Je ne vous recommande donc pas d'activer ce compte. Cependant, si vous le voulez, voici comment procéder (je vous aurai suffisamment prévenu) :

1. **Sélectionnez Aller⇨Ordinateur, puis double-cliquez sur l'icône Macintosh HD, puis sur Système, Bibliothèque, CoreServices et enfin Utilitaire d'annuaire.**
2. **Cliquez sur le verrou placé dans le coin inférieur de la fenêtre puis tapez le nom et le mot de passe administrateur.**
3. **Sélectionnez Édition⇨Activer l'utilisateur root.** Le compte root est maintenant activé. Entrez un mot de passe pour ce compte. Vous voudrez certainement en créer un sinon votre système se trouverait en grand danger.

Genius

Il est facile de modifier le mot de passe du compte root. Sélectionnez Édition⇨Modifier le mot de passe root, tapez le mot de passe actuel, puis le nouveau.

Se connecter aux comptes

Lorsque vous démarrez votre Mac le matin, ou si vous devez le redémarrer dans la journée, vous devez probablement vous connecter au système grâce à votre nom et votre mot de passe utilisateur. Vous pouvez aussi vous connecter à d'autres comptes en même temps sans avoir à redémarrer le Mac ou à quitter les applications en cours (ça, c'est vraiment cool !).

Options

Cliquez sur le bouton Options situé dans le coin inférieur gauche de la fenêtre Comptes pour afficher les options disponibles (voir figure 4.6). Le tableau 4.2 donne la liste des options et en explique la fonction.

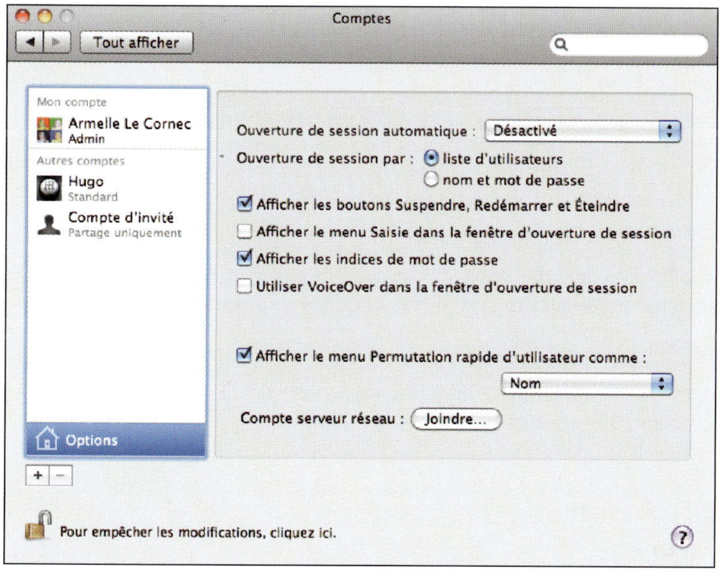

4.6 Les options vous permettent de configurer la façon dont les utilisateurs peuvent se connecter à leur compte sur votre Mac.

Tableau 4.2 Options

Option	Fonction
Ouverture de session automatique	Je recommande de laisser cette option toujours désactivée. Si vous l'activez, votre Mac se connectera sur le compte administrateur par défaut sans vous demander de mot de passe, ce qui n'est pas très sécurisant.
Ouverture de session par	Détermine si la fenêtre d'ouverture de session affiche une liste des utilisateurs du Mac ou si elle demande simplement un nom et un mot de passe. La seconde solution est sans doute la meilleure si vous voulez plus de sécurité.
Afficher les boutons Suspendre, Redémarrer et Éteindre	Sélectionnez cette option pour que ces boutons s'affichent dans la fenêtre.
Afficher le menu Saisie dans la fenêtre d'ouverture de session	Cette option permet d'afficher le menu Saisie dans la partie supérieure de la fenêtre. Le menu est associé à l'onglet Méthodes de saisie du panneau des préférences Langue et texte des préférences Système. Voir le chapitre 3 pour plus d'informations sur l'onglet Méthodes de saisie.
Afficher les indices de mot de passe	Cette option permet d'afficher les indices que vous avez entrés lors de la création du compte.
Utiliser VoiceOver dans la fenêtre d'ouverture de session	Sélectionnez cette option pour que le contenu de la fenêtre d'ouverture de session soit annoncé par votre Mac.

suite

Tableau 4.2 suite

Option	Fonction
Afficher le menu Permutation rapide d'utilisateur comme	C'est la meilleure option. Elle permet à plusieurs utilisateurs de se connecter en même temps sur le même Mac. Chaque application étant ouverte dans un compte le reste, même si quelqu'un d'autre se connecte. C'est incroyablement pratique si vous autorisez temporairement l'accès à votre Mac. Vous n'êtes pas obligé d'arrêter votre travail et de tout redémarrer ensuite. Le nom de l'utilisateur connecté s'affiche dans le coin supérieur droit de l'écran. Cliquez sur ce nom pour accéder aux autres comptes puis tapez le nom et le mot de passe d'un autre compte pour y accéder.
Afficher comme	Ce menu déroulant permet de choisir la façon dont les comptes s'affichent dans le menu.
Compte serveur réseau	Cliquez sur Joindre et tapez le nom du serveur auquel vous voulez vous connecter automatiquement lorsque vous ouvrez votre session.

Genius

Lorsque vous utilisez la permutation rapide d'utilisateur, vous pouvez accéder aux préférences de votre compte en cliquant sur le nom du compte dans le coin supérieur droit de l'écran et en sélectionnant Préférences du compte dans le menu.

Ouverture

Vous pouvez sélectionner les applications ou les utilitaires qui s'ouvrent automatiquement lorsque vous ouvrez votre session. Vous devez être connecté à un compte pour voir ses éléments, comme sur la figure 4.7.

Pour changer les éléments, procédez comme suit :

1. **Cliquez sur le compte dont vous désirez modifier la liste.**
2. **Cliquez sur l'onglet Ouverture situé en haut de la fenêtre Comptes.**
3. **Pour ajouter un élément à la liste, cliquez sur le bouton + placé sous le coin inférieur gauche de la liste puis parcourez votre Mac.**
4. **Supprimez un élément de la liste en le sélectionnant puis en cliquant sur le bouton – .**
5. **Cochez la case Masquer située près de chaque élément si vous voulez qu'il soit automatiquement masqué après chaque ouverture.** Cela empêche que les fenêtres des applications ouvertes viennent encombrer la fenêtre Finder lorsque vous vous connectez.
6. **Fermez les préférences Système.**

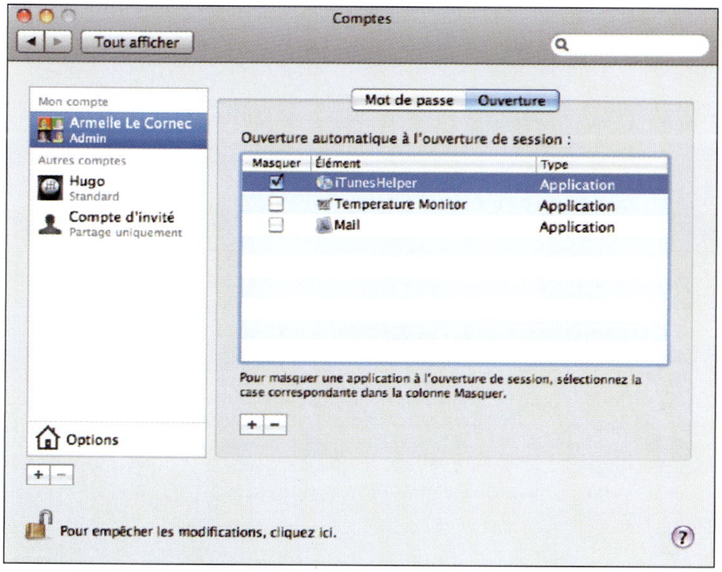

4.7 Ajoutez ou supprimez des éléments.

Attention

Certaines applications et certains utilitaires peuvent ajouter à la liste des éléments qu'ils ont besoin de faire fonctionner en arrière-plan. Faites attention avant de supprimer des éléments d'un logiciel antivirus ou d'autres utilitaires qui surveillent constamment l'activité de votre Mac.

Utiliser le Finder simplifié

Le Finder simplifié est un Finder sans fioritures, mais avec les fonctionnalités de base, pour un utilisateur contrôlé. Le Finder simplifié permet à l'utilisateur d'accéder seulement à trois dossiers du Dock : Mes applications, Documents et Partagé. Il ne permet pas d'accéder au reste du disque dur ni aux préférences Système.

Pour utiliser le Finder simplifié, procédez comme suit :

1. **Ouvrez les préférences Contrôle parental en sélectionnant le menu Pomme⇨Préférences système, et en cliquant sur l'icône Contrôle parental dans la partie Système.** Toutes les actions suivantes de ce chapitre seront initiées à partir de cette fenêtre, je ne mentionnerai pas à nouveau son ouverture lors de mes futures instructions.
2. **Cliquez sur le compte que vous désirez modifier dans la liste.**
3. **Cochez la case Utiliser le Finder simplifié dans l'onglet Système.** La prochaine fois que vous ouvrirez cette session, vous utiliserez le Finder simplifié.

La figure 4.8 vous présente le Finder simplifié. Les trois dossiers dans le Dock vous donnent accès aux applications autorisées, ainsi qu'au dossier Documents et Partagé.

Pour utiliser le compte avec un Finder normal, décochez simplement la case Utiliser le Finder simplifié.

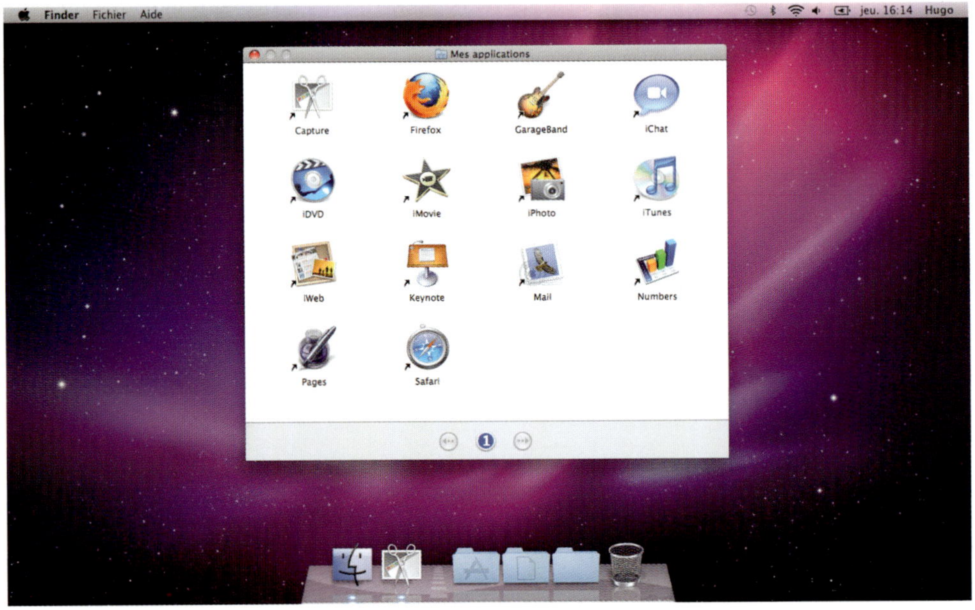

4.8 Compte fonctionnant avec le Finder simplifié.

Modifier les préférences Finder dans le Finder simplifié

Le Finder simplifié ne permet pas à l'utilisateur de modifier beaucoup de paramètres. Cela signifie que si vous avez besoin de modifier un réglage, vous devez utiliser un compte administrateur. Dans les versions précédentes de Mac OS X, vous aviez besoin de fermer la session utilisant le Finder simplifié et d'ouvrir une session compte administrateur, de désactiver le Finder simplifié et d'ouvrir à nouveau la session du compte contrôlé pour modifier les paramètres du Finder. Heureusement, tout cela est terminé avec Snow Leopard. Pour modifier les paramètres du Finder en étant en Finder simplifié :

1. Sélectionnez **Finder⇨Exécuter** la version complète du Finder, puis tapez le nom et le mot de passe administrateur.
2. Sélectionnez **Finder⇨Préférences** pour effectuer les modifications nécessaires.
3. Sélectionnez **Finder⇨Revenir** au Finder simplifié lorsque vous avez terminé.

Limiter les accès

Les trois influences les plus fortes de la société sur vos enfants sont Internet, l'e-mail et la messagerie instantanée. Pour tout le contenu merveilleux disponible sur Internet, il existe une horrible contrepartie qui n'attend que d'être découverte par des yeux innocents. Le contrôle parental dont je vais parler peut contribuer à protéger les personnes les plus facilement impressionnables. Prenez le temps d'étudier chacun des paramètres si vous avez des enfants qui utiliseront votre ordinateur pour surfer sur Internet, recevoir des e-mails ou envoyer des messages instantanés. En tant que parent, je comprends tout à fait votre désir de protéger vos enfants des choses qui peuvent être hors de leur niveau de maturité et de leur compréhension.

Le contrôle parental est aussi efficace pour les adultes que pour les enfants, n'hésitez donc pas à gérer les comptes des utilisateurs qui ne sont pas très habitués à Internet. Parfois il faut faire au mieux pour la petite Marie, mais aussi pour le grand Pierre, qu'ils le veuillent ou non !

Activer le contrôle parental

Pour utiliser le contrôle parental, vous devez créer un compte géré avec contrôle parental ou activer le contrôle parental dans le compte déjà existant. Reprenez les instructions données précédemment dans le chapitre pour créer un nouveau compte et suivez les étapes suivantes pour activer le contrôle parental sur le compte :

1. **Sélectionnez le menu Pomme ➪ Préférences Système puis cliquez sur l'icône Comptes dans la partie Système.**
2. **Cliquez si besoin sur l'icône en forme de verrou placée dans le coin inférieur gauche, puis tapez votre nom et votre mot de passe administrateur pour déverrouiller les préférences Comptes.**
3. **Sélectionnez le compte pour lequel vous désirez activer le contrôle parental dans la liste.**
4. **Cochez la case Activer le contrôle parental.**
5. **Cliquez sur le bouton Tout afficher situé dans le coin supérieur gauche de la fenêtre puis sélectionnez l'icône Contrôle parental dans la partie Système.**
6. **Choisissez le compte géré avec Contrôle parental dans la liste placée à gauche de la fenêtre, comme sur la figure 4.9.** Vous pouvez désormais contrôler ce compte.

4.9 Fenêtre Contrôle parental par défaut avec un compte prêt à être modifié.

Restreindre les applications et les fonctions

Une alternative au Finder simplifié est la version complète du Finder, mais avec certaines limites. Le contrôle parental permet à un administrateur de choisir exactement les applications et les utilitaires pouvant être utilisés par un compte géré et les fonctionnalités dont il peut se servir. Pour établir ce genre de limites, procédez comme suit :

1. **Dans l'onglet Système de la fenêtre Contrôle parental, cochez la case N'autoriser que les applications sélectionnées.**
2. **Dans la fenêtre Sélectionner les applications à autoriser, parcourez la liste des applications et utilitaires disponibles. Cliquez sur les flèches à gauche pour afficher une catégorie.** Lorsque vous avez trouvé une application ou un utilitaire dont vous voulez permettre l'accès à l'utilisateur, cochez la case correspondante.
3. **En bas de la fenêtre, cochez les cases correspondant aux fonctions que vous autorisez, comme sur la figure 4.10.** Le tableau 4.3 explique chaque option.

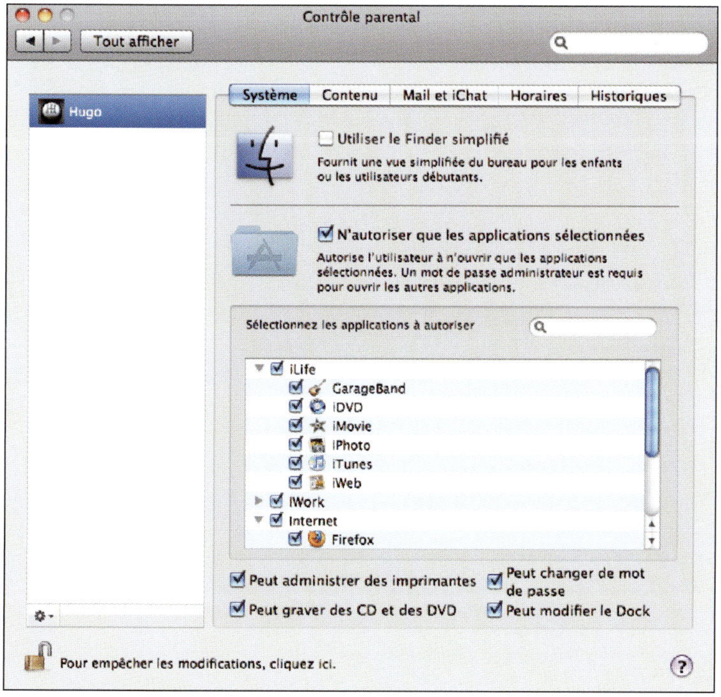

4.10 Sélectionnez les applications et les fonctions dont vous autorisez l'accès ou l'utilisation.

Tableau 4.3 Limiter certaines fonctions

Option	Fonction
Peut administrer des imprimantes	Sélectionnez cette option si vous voulez que l'utilisateur puisse ajouter ou supprimer une imprimante ou encore gérer les listes d'attente d'impression.
Peut graver des CD et des DVD	Cette option autorise l'utilisateur à graver de la musique ou des données sur un CD ou un DVD.
Peut changer de mot de passe	Sélectionnez cette option pour que l'utilisateur puisse modifier lui-même son mot de passe de compte.
Peut modifier le Dock	L'utilisateur peut ajouter, supprimer et repositionner les éléments du Dock.

Restrictions de site web

Une des fonctionnalités très pratiques du contrôle parental est la possibilité de contrôler (presque entièrement) les sites web accessibles à un compte géré. Pour commencer, cliquez sur l'onglet Contenu dans la fenêtre Contrôle parental puis décidez si vous désirez permettre l'accès sans restriction à Internet, tenter de limiter automatiquement les accès aux sites pour adultes, ou restreindre l'accès à certains sites.

Permettre l'accès sans restriction aux sites web

Comme indiqué, si vous ne voulez pas restreindre l'accès au contenu Internet du compte géré, choisissez cette option.

Tenter de limiter automatiquement l'accès aux sites web pour adultes

Cette option permet de filtrer les sites qui sont inappropriés aux yeux jeunes et curieux. Cliquez sur Personnaliser pour modifier la façon dont le filtre est appliqué, comme sur la figure 4.11.

4.11 Autorisez ou restreignez l'accès à certains sites en personnalisant le filtre.

Le filtre de site web n'est pas parfait, alors il peut arriver qu'il filtre du contenu que vous considérez sûr pour vos enfants ou qu'il permette l'accès à certains sites inappropriés.

Cliquez sur le bouton + placé sous la partie Toujours autoriser ces sites web pour ajouter les adresses des sites que vous ne voulez pas filtrer, même si leur contenu peut être discutable.

Cliquez sur le bouton + sous la partie Ne jamais autoriser ces sites web pour bloquer les sites web que le filtre pourrait laisser passer et que vous ne désirez pas que vos enfants voient.

Grossièretés du dictionnaire

Vous vous demandez sans doute pourquoi je n'ai pas parlé du premier élément du panneau Contenu de la fenêtre Contrôle parental : Masquer les grossièretés dans le dictionnaire. Cette option a son mérite, alors cochez la case correspondante si vous préférez masquer les mots grossiers lorsque votre enfant utilise l'application Dictionnaire intégrée à Snow Leopard. Cette option est un peu différente des autres, c'est pourquoi je voulais en parler séparément.

Restreindre l'accès aux sites web suivants

Sélectionnez cette option pour autoriser l'accès à certains sites seulement que vous indiquez dans la liste, comme sur la figure 4.12.

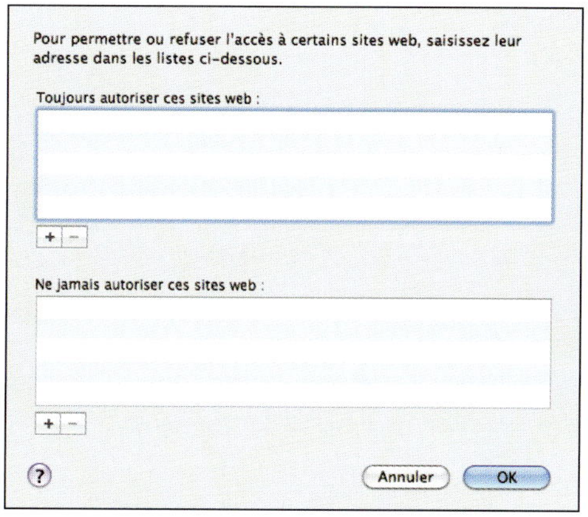

4.12 Vous pouvez déterminer les sites web spécifiques dont vous autorisez l'accès.

Cliquez sur le bouton + en dessous de la liste pour ajouter des sites (choisissez l'option Ajouter aux signets dans le menu qui s'affiche), ou sélectionnez les sites que vous voulez supprimer et cliquez sur le bouton – .

Limites sur Mail et iChat

Contrôler avec qui vos enfants parlent sur Internet est aussi important que de filtrer le contenu des sites. Si vous choisissez d'autoriser l'utilisateur du compte géré à accéder aux e-mails et à la messagerie instantanée, l'onglet Mail et iChat des préférences Contrôle parental est fait pour vous (figure 4.13).

Pour limiter les e-mails et la messagerie instantanée, cochez les cases Limiter l'accès à Mail et Limiter l'accès à iChat. Vous pouvez ainsi ajouter des contacts dans la liste N'autoriser les messageries électronique et instantanée qu'avec. Cliquez sur le bouton + situé sous la liste pour ajouter de nouveaux noms ou sélectionnez les noms que vous désirez supprimer et cliquez sur le bouton – .

Une des fonctionnalités que je préfère dans Contrôle parental est la possibilité de recevoir un e-mail demandant la permission d'accepter quelqu'un dans la liste des personnes autorisées. Sélectionnez l'option Envoyer les requêtes d'autorisation à, puis entrez l'adresse e-mail correspondante.

4.13 Onglet Mail et iChat à partir duquel vous pouvez contrôler les e-mails et les messages instantanés des comptes gérés.

Régler les limites de temps

Un autre outil très utile du contrôle parental est la possibilité de régler le temps total pendant lequel le compte géré peut accéder au Mac. Les enfants détestent et les parents adorent ! Le tableau 4.4 présente les options disponibles dans l'onglet Horaires.

Tableau 4.4 Paramètres des limites de temps

Paramètre	Action
Limites de temps en semaine	Cochez la case Limiter l'utilisation de l'ordinateur à, puis glissez le curseur pour régler le temps total pendant lequel l'utilisateur du compte géré pourra se connecter chaque semaine (du lundi au vendredi).
Limites de temps pendant le week-end	Cochez la case Limiter l'utilisation de l'ordinateur à, puis glissez le curseur pour régler le temps total pendant lequel l'utilisateur du compte géré pourra se connecter chaque week-end (du samedi au dimanche).
Heure du coucher	Spécifiez l'heure limite pendant les veilles de jour d'école (du dimanche au jeudi) et de jours de week-end (vendredi et samedi) à laquelle l'utilisateur du compte géré ne pourra plus avoir accès à l'ordinateur. Cela empêche que votre enfant ne se lève en pleine nuit pour aller voir des sites web que vous auriez oubliés de restreindre.

Garder des historiques d'activité

Même lorsque vous avez tout fait pour le mieux, il n'existe pas de solution miracle permettant de surveiller votre enfant à chaque instant. La société Apple y a pensé lorsqu'elle a conçu Contrôle parental. Snow Leopard est capable de garder l'historique des sites web visités et bloqués, des applications utilisées lors des sessions de vos enfants et des personnes avec qui ils ont chatté. L'onglet Historiques, illustré sur la figure 4.14, permet de garder les historiques des activités d'un compte afin de vous informer de ce qu'il s'est passé même si vous étiez absent.

Déterminez la période depuis laquelle l'activité du compte est affichée grâce au menu déroulant Afficher l'activité depuis. Sélectionnez la façon dont les historiques doivent être organisés : par contact, site web, application (selon le groupe que vous sélectionnez dans le panneau Ensembles d'historiques) ou par date dans le menu déroulant Grouper par. Si vous trouvez un site, une application ou un message non appropriés, cliquez sur le bouton Restreindre situé en dessous de la fenêtre pour bloquer l'accès.

Soyez appliqué dans la consultation de ces historiques, car ils contribuent à protéger vos enfants des choses qu'ils ne sont pas encore prêts à aborder.

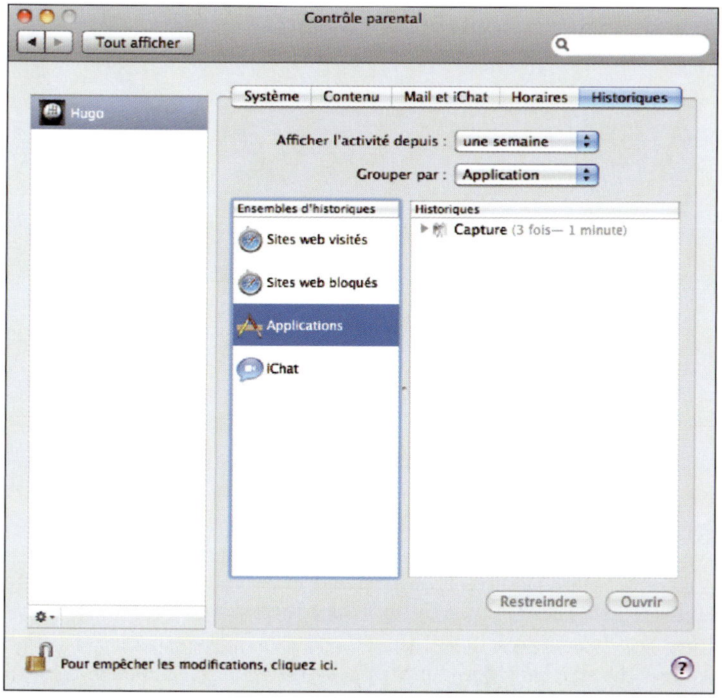

4.14 Certains comparent ces historiques à Big Brother, moi j'appelle ça de la responsabilité parentale.

et les utilitaires ?

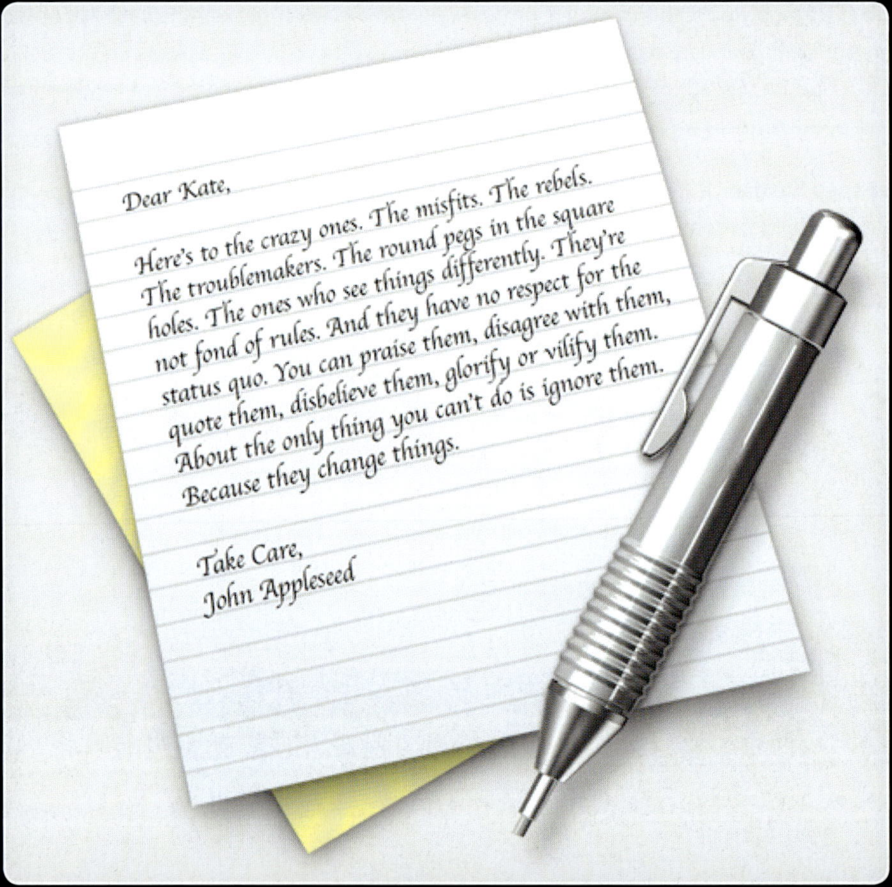

Snow Leopard est bien plus qu'un simple système d'exploitation. Il intègre de nombreux utilitaires et applications conçus pour optimiser votre productivité tout en étant simples et agréables à utiliser. Du logiciel de traitement de texte à l'achat de musique en ligne, en passant par la navigation sur Internet et la détection des réseaux, Mac OS X 10.6 dispose de tous les outils dont vous avez besoin. Contrairement aux systèmes d'exploitation concurrents, Mac OS X ne sort qu'en une seule version : la plus complète ! Ce chapitre vous propose de découvrir les nombreux programmes intégrés à Snow Leopard afin que puissiez profiter pleinement de ce grand félin. Je vais également vous montrer comment naviguer dans la plupart des applications Mac et la façon d'utiliser les raccourcis clavier. Je vous apprendrai aussi à utiliser l'une des applications intégrées à Snow Leopard, TextEdit, l'application de traitement de texte de Mac OS X.

Découvrir les applications

Snow Leopard est livré avec environ 25 applications, chacune d'entre elles offrant différentes possibilités. Vous vous demandez sans doute que faire avec tant d'applications. Je vais aborder brièvement les moins connues dans ce chapitre, puis je vous parlerai plus en détail de TextEdit, l'application de traitement de texte de Mac. Comme les applications les plus importantes seront traitées dans les chapitres suivants, je n'en donnerai qu'une courte description ici (voir tableau 5.3).

Pour afficher les applications dont vous disposez, ouvrez le dossier Applications (voir figure 5.1). Vous pouvez y accéder de deux façons :

- **Cliquez sur le menu Aller dans le Finder et sélectionnez Applications.**
- **Appuyez sur ⌘+Shift+A lorsque vous êtes dans le Finder.**

5.1 Le dossier Applications dans toute sa splendeur.

Regardons de plus près certains petits joyaux cachés de Snow Leopard.

Calculette

Calculette, illustrée sur la figure 5.2, n'est pas qu'un simple outil d'addition, de soustraction, de multiplication et de division, même si elle est évidemment capable d'effectuer ces opérations.

Calculette dispose de trois modes : Élémentaire, Scientifique et Programmeur. Le tableau 5.1 vous donne une courte description de chaque mode.

Tableau 5.1 Modes de Calculette

Mode	Fonction
Élémentaire	Effectue les opérations de base : addition, multiplication, soustraction et division.
Scientifique	Étend le mode Élémentaire afin de vous permettre d'effectuer des calculs mathématiques plus avancés, tels que les fonctions trigonométriques, factorielles ou les racines carrées.
Programmeur	Permet d'effectuer des calculs que seul un informaticien aimerait faire (ou comprendre). Les programmeurs ont besoin de réaliser certains calculs comme des conversions hexadécimales, des calculs binaires ou des opérations logiques. Calculette est capable de répondre à ces besoins, comme vous pouvez le voir sur la figure 5.2.

Si vous voulez garder une trace de vos calculs, vous pouvez utiliser la fonction Afficher la bande papier. Sélectionnez Fenêtre➪Afficher la bande papier, ou appuyez sur ⌘+T, pour ouvrir la fenêtre Bande papier. Sélectionnez Fichier➪Imprimer la bande pour imprimer vos calculs et vos résultats.

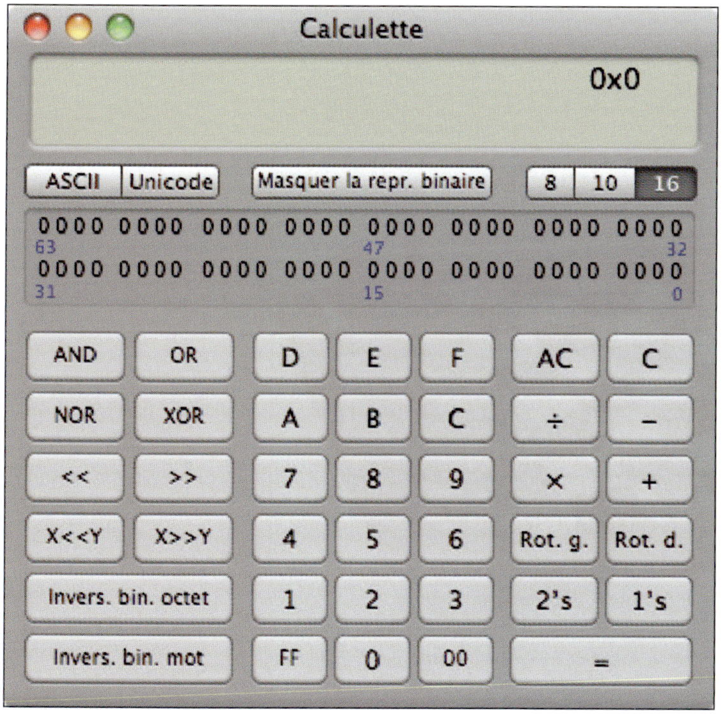

5.2 Calculette peut également convertir les unités de mesure, comme celles de surface, de vitesse, de volume, ou encore les devises.

Chess

Vous avez sans doute remarqué que Mac OS X n'est pas doté des jeux du démineur ou de la dame de pique. Les cerveaux d'Apple ont préféré intégrer Chess à la place. Le jeu d'échec est l'un des meilleurs jeux au monde et aussi l'un des plus difficiles. En un mot, le jeu parfait à avoir dans un système d'exploitation aussi sophistiqué.

Pour commencer une partie, double-cliquez simplement sur l'icône Chess dans le dossier Applications. Vous pouvez jouer contre un adversaire ou tester votre intelligence contre le Mac.

Sélectionnez Chess ➪ Préférences pour modifier l'aspect des pièces et du plateau, le niveau de difficulté ou encore pour autoriser la prononciation à haute voix des coups. Reportez-vous à l'aide en version anglaise (Sélectionnez Help ➪ Chess Help) pour plus d'informations sur cette formidable version du jeu.

Genius

Si la position du plateau ne vous convient pas, vous pouvez faire glisser l'un de ses coins dans tous les sens, comme sur la figure 5.3.

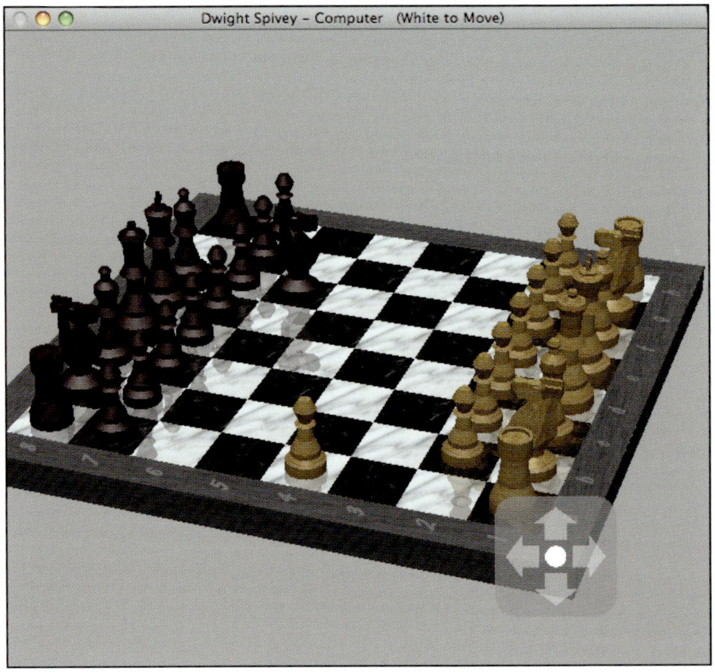

5.3 Modifiez la position du plateau dans la fenêtre en faisant glisser l'un des coins.

Dictionnaire

Dictionnaire, comme toutes les applications branchées de Snow Leopard, ne se contente pas d'afficher les définitions des mots. Utilisez Dictionnaire comme un dictionnaire anglais normal (New Oxford American Dictionary) ou comme thesaurus (Oxford American Writer's Thesaurus), et pour trouver les mots que vous recherchez dans le dictionnaire d'Apple ou découvrir les articles publiés sur Wikipedia.

Tapez un mot ou un sujet dans le champ de recherche situé dans le coin supérieur droit de la fenêtre (près de l'icône en forme de loupe) pour commencer la recherche (voir figure 5.4). Dictionnaire affiche ses résultats dans les quatre catégories ou dans celle que vous avez sélectionnée dans la barre d'outils.

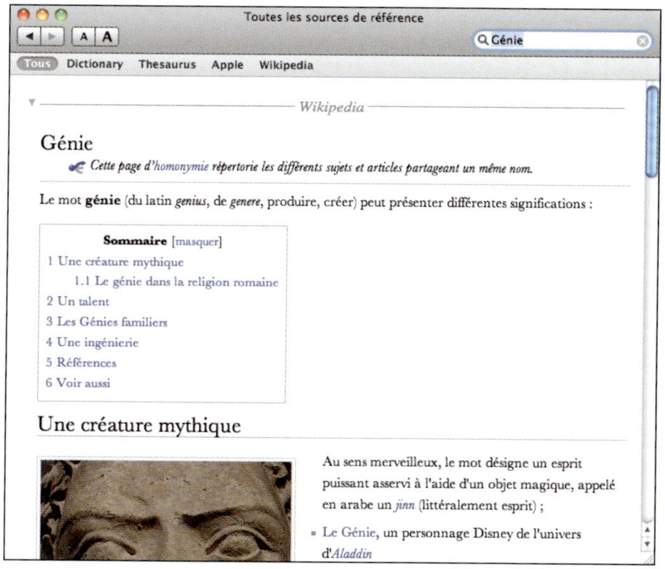

5.4 Dictionnaire est un outil très pratique pour les étudiants, les rédacteurs, les professionnels ou n'importe quelle personne recherchant un mot ou un article en particulier.

Lecteur DVD

L'application Lecteur DVD, comme on peut s'en douter, sert à lire des DVD. Terminologie intelligente de la part d'Apple, n'est-ce pas ?

Lecteur DVD est capable de remplir les fonctions de base d'un lecteur DVD normal. L'avantage de cette application est que vous n'avez pas besoin de quitter votre Mac pour vous payer une toile.

Vous pouvez contrôler la lecture d'un film grâce au contrôleur qui s'affiche à l'écran, comme sur la figure 5.5, au lieu d'avoir une télécommande dans la main.

5.5 Télécommande du Lecteur DVD.

Vous pouvez aussi contrôler la lecture grâce au clavier, en utilisant les raccourcis présentés dans le tableau 5.2.

Tableau 5.2 Raccourcis clavier Lecteur DVD

Fonction	Touches
Lecture/Pause	Barre d'espace
Arrêter	⌘+.
Avance rapide	⌘+Shift+→
Retour arrière rapide	⌘+Shift+←
Augmenter le volume	⌘+↑
Diminuer le volume	⌘+↓
Couper le son	⌘+⌥+↓
Fermer le tiroir du contrôleur	⌘+]
Éjecter le DVD	⌘+E

Livre des polices

Les polices sont très importantes pour l'apparence de votre Mac, ainsi que pour les documents que vous pouvez créer. Le Livre des polices est un utilitaire fantastique vous permettant de gérer les polices installées sur votre Mac.

Le Livre des polices, illustré sur la figure 5.6, permet d'installer ou de supprimer des polices sans avoir à redémarrer votre Mac. Utilisez-le pour organiser vos polices en collections, activer ou désactiver les polices que vous désirez ou non utiliser au lieu de les supprimer définitivement de votre système.

Reportez-vous à l'aide du Livre des polices (sélectionnez Aide ➪ Aide Livre des polices) pour découvrir comment utiliser cet utilitaire exceptionnel.

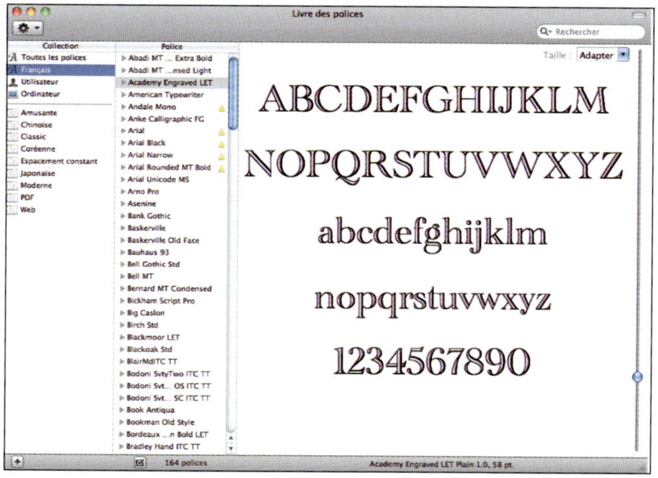

5.6 Le Livre des polices vous aide à organiser et à gérer les collections de polices de votre Mac.

Aide-mémoire

Aide-mémoire est une petite application astucieuse pour créer des listes, des pense-bêtes ou entrer n'importe quelle information. Il s'affiche sous la forme de petites notes jaunes similaires à celles que nous collons tous autour de nos écrans, sauf que celles-ci ne tombent pas ou ne glissent pas sous le bureau. Aide-mémoire enregistre automatiquement vos notes. La figure 5.7 illustre un exemple de note virtuelle version Aide-mémoire.

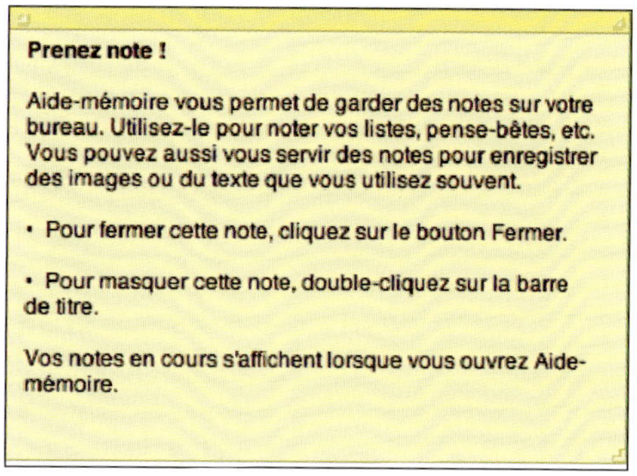

5.7 Exemple de note.

Applications supplémentaires

Le tableau 5.3 vous donne la liste des applications intégrées à Snow Leopard et dont je parlerai plus en détail dans les chapitres suivants.

Tableau 5.3 Applications supplémentaires de Snow Leopard

Application	Fonction de base
Carnet d'adresses	Permet de garder toutes les informations de vos contacts au même endroit. Pour plus d'informations, voir chapitre 8.
Automator	Permet d'automatiser les tâches répétitives et banales. Le chapitre 14 couvre le sujet en détail.

suite

Tableau 5.3 suite

Application	Fonction de base
Dashboard	Organise les petites applications appelées widgets. Vous en apprendrez plus sur Dashboard et les widgets dans le chapitre 2.
Exposé	Aide à organiser votre bureau. Voir chapitre 1.
iCal	Permet de créer des calendriers pour vos tâches et vos rendez-vous quotidiens, hebdomadaires, mensuels et annuels. Le chapitre 8 vous présente en détail cette application.
iChat	Permet d'envoyer un message instantané à n'importe quelle personne dans le monde.
Transfert d'images	Permet de transférer les images provenant de vos scanners et de vos appareils photo numériques. Pour plus d'informations, voir chapitre 12.
iSync	Synchronise tous vos contacts et vos calendriers avec de nombreux appareils. Voir chapitre 8.
iTunes	Centre de divertissement de votre Mac. Le chapitre 11 vous exposera toutes les fonctionnalités disponibles.
Mail	Client e-mail de Snow Leopard. Découvrez comment vous en servir au chapitre 10.
Photo Booth	Permet de prendre des photos et de réaliser des vidéos grâce à la caméra intégrée de votre Mac. Pour plus d'informations, voir le chapitre 12.
Aperçu	Permet d'ouvrir de nombreux types de fichiers, comme les formats JPEG, TIFF et PDF. Le chapitre 7 couvre entièrement le sujet.
QuickTime Player	Permet de lire de nombreux formats de fichiers vidéo ou audio.
Safari	L'excellent navigateur web de Mac OS X. Le chapitre 9 vous permettra de découvrir comment surfer avec style sur Internet.
Spaces	Permet de gérer les applications et fenêtres ouvertes dans des espaces de bureau multiples. Le chapitre 1 vous explique comment utiliser cette fonctionnalité pratique de Snow Leopard.
Préférences système	Permet de configurer Snow Leopard selon vos besoins et vos envies. Apprenez à effectuer les réglages concernant votre réseau, le partage des fichiers, l'apparence de votre Mac et plus encore en consultant le chapitre 3.
TextEdit	Traitement de texte intégré à Snow Leopard. Commencez à créer des documents en parcourant ce chapitre.
Time Machine	Enregistrez une sauvegarde des fichiers et des dossiers de votre Mac pour les restaurer si nécessaire. Le chapitre 14 récapitule tout ce qu'il faut savoir sur cette fonctionnalité très pratique.

Naviguer dans les applications de Snow Leopard

La plupart des fonctions de base et des menus des applications et utilitaires de Snow Leopard se comportent de la même manière. Par exemple, pour ouvrir un fichier, vous sélectionnerez souvent Fichier ⇨ Ouvrir. Il existe des raccourcis clavier utilisés par toutes les applications de Snow Leopard.

Comment ouvrir et fermer des applications

Cette fonction est très simple, mais nécessaire, j'irai donc droit au but.

Pour ouvrir une application, vous pouvez utiliser plusieurs méthodes :

- **Sélectionnez Aller ➪ Applications, ou Aller ➪ Utilitaires, à partir du Finder et double-cliquez sur l'application ou l'utilitaire dont vous avez besoin.**
- **Cliquez sur l'icône Application dans le Dock.**
- **Sélectionnez le menu Pomme ➪ Éléments récents, puis l'application récemment utilisée dans la liste.**

Ces techniques permettent de fermer et d'ouvrir une application :

- **Sélectionnez le menu de l'application (à droite du menu Pomme) puis Quitter.**
- **Appuyez sur les touches ⌘+Q.**
- **Dans le Dock, cliquez sur l'icône de l'application et maintenez le bouton de la souris enfoncé, puis sélectionnez Quitter dans le menu contextuel (voir figure 5.8).**

5.8 Quittez facilement une application à partir du Dock.

Principales commandes et raccourcis clavier

Le tableau 5.4 donne la liste des commandes principales des applications de Snow Leopard, ainsi que les raccourcis clavier correspondants.

Genius

Si vous êtes un utilisateur Windows converti à Mac, beaucoup de raccourcis clavier ont un équivalent sur Mac. Pour imprimer un document dans Windows, vous appuyiez sur Ctrl+P ; sur Mac, il suffit d'appuyer sur ⌘+P. Ctrl+C permet de copier un élément dans Windows, alors que ⌘+C effectue la même opération sur Mac.

Tableau 5.4 Commandes et raccourcis clavier

Commande	Fonction	Raccourci clavier
Ouvrir	Ouvre un fichier ou un document.	⌘+O
Enregistrer	Enregistre le contenu d'un document.	⌘+S
Nouveau	Crée un nouveau document vide.	⌘+N
Fermer	Ferme la fenêtre active.	⌘+W
Format d'impression	Sélectionne la taille de papier appropriée et l'orientation de l'impression.	⌘+Shift+P
Imprimer	Imprime le document en cours.	⌘+P
Copier	Copie le texte sélectionné.	⌘+C
Couper	Coupe le texte sélectionné d'un document.	⌘+X
Coller	Colle le texte copié ou coupé dans un document.	⌘+V
Tout sélectionner	Sélectionne tout le texte dans un document.	⌘+A
Rechercher	Recherche un ou plusieurs mots dans un document ou dans une fenêtre.	⌘+F
Rechercher le suivant	Recherche l'occurrence suivante d'un mot dans un document ou dans une fenêtre.	⌘+G
Rechercher le précédent	Recherche l'occurrence précédente d'un mot dans un document ou dans une fenêtre.	⌘+Shift+G
Forcer à quitter	Force une application ou un utilitaire à quitter.	⌘+⌥+Esc
Placer dans le Dock	Place la fenêtre active dans le Dock.	⌘+M
Préférences	Ouvre les préférences de l'application.	⌘+,
Masquer	Masque l'application en cours.	⌘+H
Quitter	Quitte l'application en cours.	⌘+Q

Accéder facilement aux applications avec les piles

Snow Leopard intègre une nouvelle fonctionnalité pratique, appelée Piles, permettant de placer les alias de dossiers dans la partie droite du Dock. Vous pouvez ajouter une pile pour le dossier Applications afin d'y accéder facilement et rapidement. Observez les étapes suivantes :

1. **Ouvrez votre disque dur :**
   - **Double-cliquez sur l'icône de votre disque dur ou...**
   - **Appuyez sur ⌘+N à partir du Finder puis sélectionnez l'icône du disque dur dans la catégorie Appareils.**
2. **Glissez puis déposez le dossier Applications dans la partie droite du Dock.**
3. **Cliquez sur l'alias (icône) du dossier Applications pour ouvrir la pile.**

La pile peut s'afficher soit en éventail (voir figure 5.9), soit en grille (voir figure 5.10). Comme vous pouvez le constater, le mode Éventail n'affiche pas tous les éléments du dossier s'ils sont nombreux. Remarquez qu'en haut de l'éventail, sur la figure 5.9, vous pouvez lire « 66 de plus dans le Finder », près de la flèche. Cela signifie que 66 icônes d'applications ne peuvent être affichées dans l'éventail, c'est donc à ce moment que l'affichage sous forme de grille trouve toute son utilité. La configuration de la grille vous permet de voir tout le contenu du dossier. Pour sélectionner une vue différente de votre pile, cliquez simplement sur l'icône de la pile puis maintenez enfoncé le bouton de la souris. Sélectionnez ensuite la vue que vous voulez appliquer dans la catégorie Afficher le contenu comme dans le menu contextuel.

5.9 Pile en mode Éventail.

5.10 Pile en mode Grille.

Utiliser les utilitaires

Les utilitaires accomplissent les tâches ingrates sur votre Mac. Ils permettent de détecter les problèmes de réseau, de partitionner votre disque dur ou de formater des disques, de gérer la couleur de votre écran et de vos documents, de prendre des captures d'écran, de gérer les mots de passe, etc. Le tableau 5.5 dresse la liste des utilitaires intégrés à Snow Leopard (voir figure 5.11), donne leur fonction principale et vous indique où trouver plus d'informations sur l'utilitaire correspondant dans le livre.

Note

Tous ces utilitaires ont un système d'aide. Pour accéder à l'aide dans n'importe quelle application, appuyez simplement sur Aide dans la barre des menus.

5.11 Utilitaires Mac OS X Snow Leopard, à votre service.

Tableau 5.5 Utilitaires Snow Leopard

Utilitaire	Fonction de base
Moniteur d'activité	Permet de surveiller tous les mouvements sur Snow Leopard, comme les applications en cours et le pourcentage d'utilisation du processeur.
Utilitaire AirPort	Aide à gérer votre station AirPort.
Éditeur AppleScript	Outil aidant à écrire et modifier les scripts du langage AppleScript.
Configuration audio et MIDI	Aide à configurer les appareils audio et MIDI que vous connectez à votre Mac.
Échange de fichiers Bluetooth	Transfère les fichiers à partir ou des appareils fonctionnant en mode Bluetooth ou vers eux.
Assistant Boot Camp	Crée une partition séparée sur votre disque dur pour y installer Microsoft Windows. Le chapitre 16 vous explique tout sur cette fonction incroyable de Mac OS X.
Utilitaire ColorSync	Gère les profils colorimétriques de votre Mac pour les appareils comme les écrans ou les imprimantes.
Console	Affiche les messages générés par votre Mac ou ses applications. Ces messages signalent généralement des erreurs. Cet utilitaire est génial pour dépister les problèmes sur Mac OS X.
Colorimètre numérique	Mesure les valeurs de couleur sur votre écran afin que vous puissiez les entrer dans d'autres programmes, par exemple des applications graphiques.
Utilitaire de disque	Formate et gère les disques durs, les périphériques amovibles comme les CD et les DVD et les images disque.
Capture	Prend des captures d'éléments sur votre Mac. Cet outil a été largement utilisé dans la création des fichiers graphiques de ce livre. Capture est couvert dans le chapitre 1.

suite

Tableau 5.5 suite

Utilitaire	Fonction de base
Grapher	Utilitaire simple permettant de créer des graphiques et de les visualiser en 2 ou 3 dimensions. Vous pouvez même les animer.
Préférences Java	Détermine la machine virtuelle Java à utiliser avec votre navigateur, les applications Java et les applications web.
Trousseau d'accès	Gère vos nombreux mots de passe à un seul endroit.
Assistant migration	Déplace les informations d'un compte utilisateur d'un Mac à l'autre via un câble FireWire. Vous pouvez faire migrer les informations réseau, vos mots de passe, le contenu de votre dossier de départ, tout cela en un clin d'œil. Il vous aidera aussi à restaurer des informations grâce à une sauvegarde Time Machine.
Utilitaire de réseau	Surveille le trafic du réseau et repère les problèmes éventuels.
Transfert de podcast	Permet d'enregistrer et de distribuer des podcasts si vous avez accès à un serveur Mac OS X faisant fonctionner Podcast Producer.
Utilitaire RAID	Permet de configurer plusieurs disques durs pour créer un ensemble RAID (*Redundant Array of Inexpensive Disks*). Vous devez avoir une carte RAID installée sur votre Mac pour utiliser cet utilitaire.
Installation à distance de Mac OS X	Aide à installer Mac OS X sur un MacBook Air qui n'est pas équipé de lecteur optique interne propre.
Informations système	Fournit toutes les informations dont vous rêvez à propos du matériel et des logiciels de votre Mac.
Terminal	Utilitaire de ligne de commandes permettant d'accéder à la structure UNIX de Snow Leopard. Voir chapitre 15.
Utilitaire VoiceOver	Permet à votre Mac de décrire à haute voix le contenu de votre écran. Votre Mac vous parle littéralement et lit le contenu des documents et fenêtres ouverts. Cet utilitaire est fantastique pour les personnes ayant des difficultés à lire sur l'écran de leur Mac.
X11	Permet de faire fonctionner des applications UNIX en même temps que des applications Mac OS X. Cet utilitaire optionnel peut être installé pendant l'installation du système, ou plus tard.

Travailler dans vos documents avec TextEdit

TextEdit est l'application de traitement de texte intégrée à Snow Leopard. Il peut répondre à nombre de vos besoins en matière de rédaction de documents. TextEdit tient son nom de ce qu'il permet de faire : éditer du texte. Son interface et ses fonctions sont très simples. Même s'il n'est pas aussi performant que des traitements de texte comme Word de Microsoft, Pages de Apple, ou OpenOffice, TextEdit est bien meilleur qu'il ne le paraît au premier coup d'œil (il peut même ouvrir des documents créés avec les autres logiciels).

Régler les préférences TextEdit

J'aime faire fonctionner les choses sur mon ordinateur comme je l'entends, et non comme Apple ou n'importe qui d'autre pourrait me le dicter. La façon dont je travaille est pour moi la meilleure, mais peut vous paraître ennuyeuse à mourir. La plupart des applications vous autorisent à modifier leurs préférences selon votre style, et TextEdit ne déroge pas à la règle.

Pour modifier les préférences par défaut de TextEdit, sélectionnez TextEdit ➪ Préférences dans le menu, ou appuyez sur ⌘+,. La fenêtre des préférences s'affiche et vous permet d'accéder à deux onglets : Nouveau document et Ouverture et enregistrement. Les tableaux 5.6 et 5.7, associés aux figures 5.12 et 5.13, vous permettent de voir toutes les possibilités offertes par ces onglets pour personnaliser votre utilisation de TextEdit.

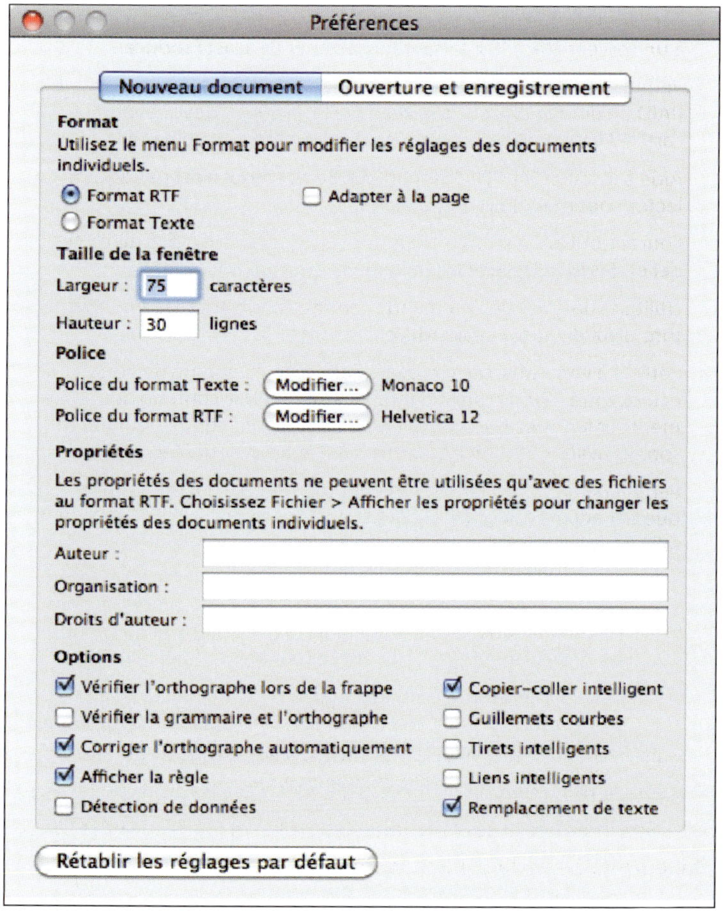

5.12 Options des préférences Nouveau document de TextEdit.

Tableau 5.6 Préférences Nouveau Document

Préférence	Fonction
Format	Permet de sélectionner le format par défaut des nouveaux documents : formats RTF ou Texte.
Adapter à la page	Adapte le texte aux marges du document plutôt qu'à celles de la fenêtre.
Taille de la fenêtre	Sélectionne la taille par défaut de la fenêtre des nouveaux documents.
Police	Permet de choisir la police par défaut utilisée dans les nouveaux documents RTF ou Texte.
Propriétés (seulement avec le format RTF)	Entrez les informations que vous désirez intégrer dans un document que vous créez, comme votre nom, l'entreprise pour laquelle vous travaillez ou n'importe quelle information de *copyright* légalement nécessaire.
Vérifier l'orthographe lors de la frappe/Vérifier la grammaire et l'orthographe	Active la vérification de l'orthographe et de la grammaire.
Afficher la règle	Affiche une règle en haut de chaque fenêtre.
Copier-coller intelligent	Ajoute automatiquement des espaces nécessaires lors d'ajouts ou de suppressions de texte.
Guillemets courbes	Permet de remplacer les guillemets droits par des guillemets courbes.
Liens intelligents	Transforme automatiquement les adresses Internet en liens cliquables.
Rétablir les réglages par défaut	Restaure les paramètres par défaut de TextEdit.

Tableau 5.7 Préférences Ouverture et enregistrement

Préférence	Fonction
Ignorer les commandes de formatage de texte dans les fichiers HTML/RTF	Ouvre les documents HTML et RTF automatiquement en format Texte, sans aucun formatage. Cela est très pratique pour les développeurs web qui ont besoin de modifier leur code.
Supprimer le fichier de sauvegarde automatique	TextEdit enregistre une sauvegarde de votre fichier pendant son enregistrement. Sélectionnez cette option pour supprimer cette sauvegarde une fois l'enregistrement terminé.
Ajouter une extension « .txt » aux fichiers au format Texte	Ajoute automatiquement l'extension .txt à la fin des noms de fichiers au format Texte.
Enregistrement automatique	Sélectionne la période entre deux sauvegardes automatiques.
Encodage du fichier au format Texte	Vous permet de décider de l'encodage de texte utilisé par défaut lors de l'ouverture et l'enregistrement des fichiers au format Texte. Je vous suggère de laisser sur Automatique à moins que vous ne sachiez vraiment ce que vous faites.

Préférence	Fonction
Options d'enregistrement HTML	Vous permet de choisir le type de document par défaut, le style et l'encodage utilisés lorsque vous enregistrez des documents au format HTML.
Conserver les espaces	Permet de conserver les espaces déjà présents dans votre document pour qu'ils ne soient pas perdus lors du formatage.
Rétablir les réglages par défaut	Restaure les paramètres par défaut Nouveau document et Ouverture et enregistrement de TextEdit.

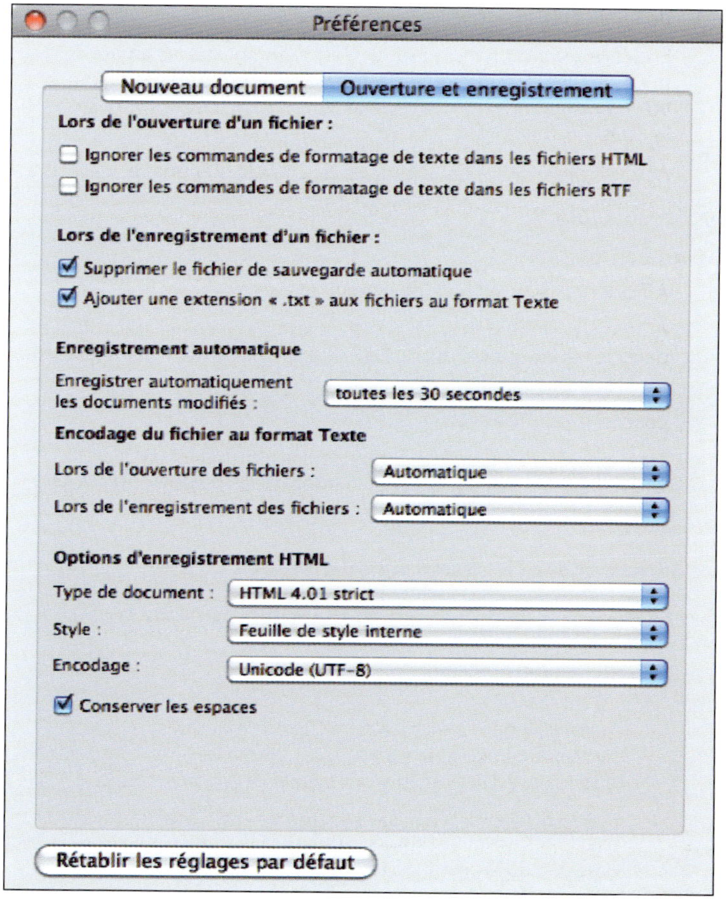

5.13 Options des préférences Ouverture et enregistrement de TextEdit.

Créer et sauvegarder votre document

Ouvrez TextEdit en sélectionnant Aller dans le Finder, Applications et double-cliquez sur l'icône TextEdit. TextEdit ouvre automatiquement un nouveau document, comme sur la figure 5.14.

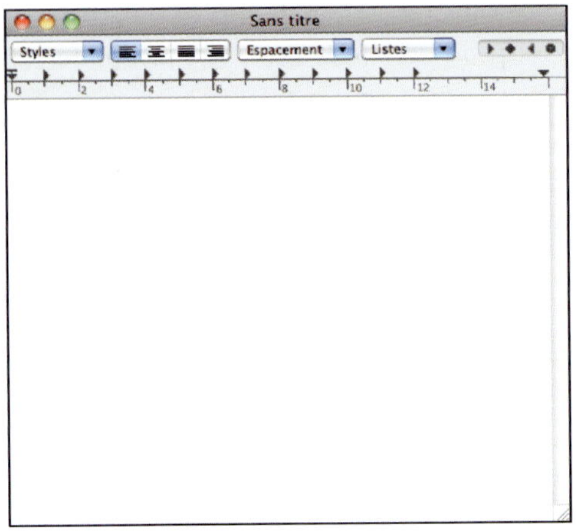

5.14 TextEdit attend vos informations.

Créer un nouveau document paraît très simple, mais si TextEdit est déjà ouvert ? Procédez comme suit :

- **Sélectionnez Fichier ⇨ Nouveau, ou...**
- **Appuyez sur les touches ⌘+N.**

Un tout nouveau document s'ouvre, prêt à recevoir vos informations. Commencez simplement à taper !

Après avoir créé votre document, vous voudrez sans doute l'enregistrer pour y revenir plus tard.

Pour enregistrer un document, procédez comme suit :

1. **Sélectionnez Fichier ⇨ Enregistrer, ou appuyez sur les touches ⌘+S, pour ouvrir la boîte de dialogue Enregistrer.**
2. **Tapez le nom de votre document dans le champ Enregistrer sous.**
3. **Explorez votre disque et déterminez l'emplacement de sauvegarde de votre document.**
4. **Cliquez sur Enregistrer.**

Ouvrir un document existant

Pour ouvrir un document dans TextEdit, respectez les étapes suivantes :

1. **Sélectionnez Fichier ⇨ Ouvrir pour afficher la boîte de dialogue Ouvrir.**
2. **Explorez votre disque dur jusqu'au dossier ou fichier désiré.**
3. **Sélectionnez le nom du fichier à ouvrir puis cliquez sur Ouvrir pour ouvrir le document dans TextEdit.**

Vous pouvez désormais afficher, imprimer ou modifier votre document.

À propos des formats de fichiers

Vous remarquerez peut-être la présence d'un menu Format de fichier en bas de la fenêtre Enregistrer sous (voir figure 5.15). Le format de fichier par défaut de TextEdit est le format RTF (*Rich Text Format*). La plupart des traitements de texte sur n'importe quelle plate-forme (Mac, Windows et Linux) peuvent ouvrir des documents RTF, vous n'avez donc pas à vous soucier de savoir si les autres utilisateurs peuvent afficher ou modifier vos documents TextEdit. Le format RTF permet d'effectuer des modifications de formatage sur votre document, par exemple en changeant la taille ou la couleur des polices.

Si vous cliquez sur le menu déroulant Format de fichier, vous verrez apparaître d'autres formats dans lesquels TextEdit peut enregistrer votre document (voir figure 5.15). Le tableau 5.8 décrit ces formats de fichiers afin que vous puissiez décider lequel vous convient. Quel est l'avantage de disposer de ces différents formats ? TextEdit est non seulement capable d'enregistrer vos documents sous ces formats, mais il peut aussi ouvrir n'importe quel document de ces types. Vous obtenez une plus grande flexibilité concernant l'ouverture et l'enregistrement des fichiers provenant d'utilisateurs ayant des systèmes et des traitements de texte différents.

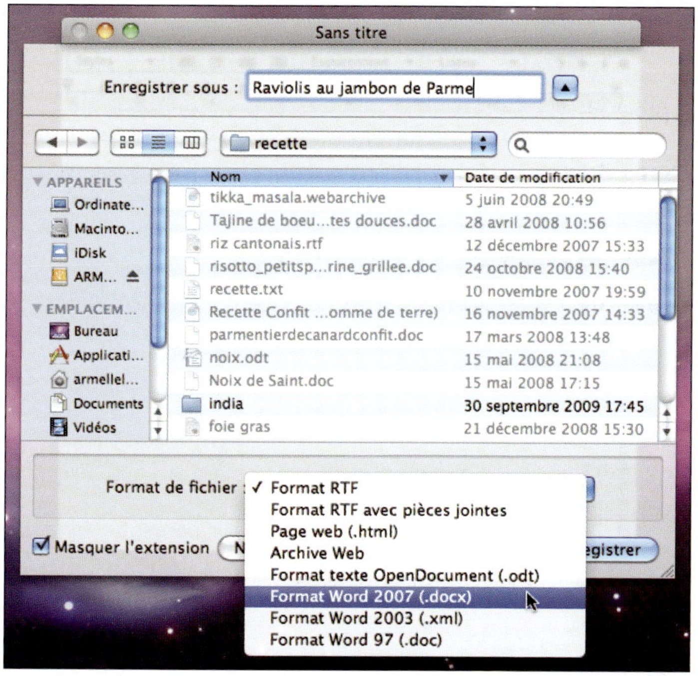

5.15 Choisissez parmi les différents formats pour enregistrer vos documents TextEdit.

Genius

Il existe un autre format absent de la figure 5.15 ou du tableau 5.7 : le format Texte (.txt). Il ne vous permet pas de formater vos documents avec de jolies polices ou des images. Quel est sont intérêt ? La plupart des programmes sont écrits au format Texte. Ensuite, il est reconnu par tous les traitements de texte, même ceux qui fonctionnent sur des systèmes en ligne de commandes comme DOS et UNIX. Pour créer un fichier au format Texte, sélectionnez Format ➪ Convertir au format Texte à partir du menu.

Tableau 5.8 Formats de fichiers TextEdit

Format	Utilisation
Format RTF avec pièces jointes	C'est un format RTF contenant des éléments graphiques, comme des images.
Page web (.html)	HTML est l'abréviation de l'anglais *HyperText Markup Language*, langage de programmation utilisé pour la création de pages web. Il vous permet de modifier des pages web ou d'en créer de nouvelles rapidement.
Archive Web	Ce format est celui dans lequel Safari enregistre les pages web. TextEdit est capable d'ouvrir, de modifier et d'enregistrer ce type de fichier.
Format texte OpenDocument (.odt)	OpenDocument est un nouveau standard relativement récent pour les fichiers enregistrés nativement dans la suite OpenOffice.
Format Word 2007 (.docx)	Microsoft est passé à un nouveau format avec Office 2007.
Format Word 2003 (.xml)	Permet d'ouvrir, d'éditer et d'enregistrer les fichiers créés dans Word 2003 et utilisant le XML (*Extensible Markup Language*), autre langage de programmation largement utilisé sur le Web.
Format Word 97 (.doc)	Ce format devrait être connu de toute personne ayant déjà utilisé Microsoft Word. C'est l'un des formats les plus utilisés sur la planète.

Mettre en page vos documents TextEdit

Parfois, taper simplement du texte dans vos documents peut suffire, mais certaines situations requièrent une mise en page plus recherchée et plus aboutie. TextEdit utilisant le format RTF, formater les éléments de vos documents, comme modifier les polices ou ajouter des images, devient presque trop facile. L'aspect d'un document peut être très important, encore plus pour le lecteur que pour le rédacteur, et parfois le simple choix d'une police peut affecter la façon dont le lecteur réagit au texte.

Utiliser les polices

Mac OS X Snow Leopard intègre une très grande variété de polices, permettant ainsi d'égayer un peu votre traitement de texte. Pour modifier les polices dans un document, procédez comme suit :

1. **Ouvrez un document existant, ou créez-en un nouveau, dans TextEdit :**
   - **Sélectionnez Fichier ➪ Ouvrir ou Fichier ➪ Nouveau, ou...**
   - **Appuyez sur ⌘+O ou ⌘+N.**
2. **Sélectionnez le texte que vous désirez modifier à l'aide de votre souris.** Vous pouvez sélectionner tout le texte du document en appuyant sur ⌘+A, ou en sélectionnant Édition ➪ Tout sélectionner.
3. **Sélectionnez Format ➪ Police pour modifier les polices utilisées dans le document.** Il est possible de changer la taille, mettre les caractères en gras, souligner un mot, modifier la couleur du texte, et bien plus encore. Reportez-vous aux paragraphes suivants pour plus de détails sur la fenêtre des polices.
4. **Sélectionnez Format ➪ Texte pour modifier le texte dans la page.** Vous pouvez modifier l'alignement du texte à droite, à gauche ou au centre. Vous pouvez aussi changer l'espacement entre les lignes, le sens d'écriture (nécessaire dans certaines langues, comme l'hébreu), créer des tableaux à partir d'un texte existant, etc.

Utiliser la fenêtre des polices

La fenêtre des polices (voir figure 5.1) vous permet de choisir vos polices et leurs styles, au même endroit. Ouvrez la fenêtre des polices en sélectionnant Format ➪ Police ➪ Afficher les polices.

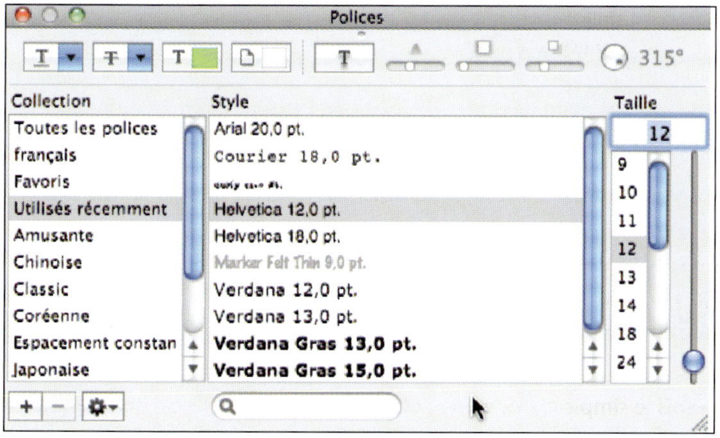

5.16 La fenêtre des polices dans TextEdit permet de modifier facilement le texte de vos documents.

La barre d'outils en haut de la fenêtre vous permet d'effectuer les modifications sur le texte, par exemple :

- **Texte souligné et Texte barré.** Utilisez une ligne simple ou double pour souligner un mot ou encore barrez-le. Choisissez la couleur de la ligne.
- **Couleur du texte.**
- **Ombre portée au texte.** Vous pouvez aussi modifier la façon dont l'ombre portée s'affiche (opacité, flou, décalage et angle).

Sélectionnez les polices que vous désirez utiliser dans votre document en parcourant la liste dans la fenêtre des polices. Vous pouvez modifier la taille et le style de la police (gras ou italique par exemple).

Vérifier l'orthographe et la grammaire

Peut importe qui vous êtes et votre niveau d'éducation, tout le monde a un jour besoin d'un vérificateur d'orthographe ou de grammaire. Les rédacteurs et les écrivains ont des relecteurs qui vérifient leur travail, mais tout le monde n'a pas cette chance. Je dédie cette partie du chapitre à ces personnes.

TextEdit est peut-être un programme simple, il n'en est pas moins intelligent. Vous avez du mal à écrire des mots comme « ecchymose » ou « hypocrite » ? Dois-je écrire « je suis » ou « je suit » ? TextEdit aura la réponse.

Pour vérifier l'orthographe et la grammaire dans vos documents, procédez comme suit :

1. **Sélectionnez Édition ⇨ Orthographe et grammaire ⇨ Afficher l'orthographe et la grammaire pour ouvrir la boîte de dialogue, comme sur la figure 5.17.**
2. **Cliquez sur Rechercher suivant et TextEdit ira de faute en faute.** Il fait même des suggestions pour corriger vos erreurs.
3. **Cliquez sur Modifier si vous acceptez les suggestions, sur Ignorer pour passer à une autre erreur, ou cliquez sur Mémoriser pour apprendre un nouveau mot de vocabulaire à TextEdit.**
4. **Fermez la fenêtre Orthographe et grammaire en cliquant sur le bouton rouge placé dans le coin supérieur gauche de la fenêtre.**

Genius

TextEdit est capable de vérifier l'orthographe et la grammaire à la volée. Sélectionnez Édition ➪ Orthographe et grammaire, puis cliquez sur Vérifier l'orthographe lors de la frappe. Sélectionnez Édition ➪ Orthographe et grammaire, puis cliquez sur Vérifier la grammaire et l'orthographe pour que TextEdit vérifie la grammaire en même temps. Pour que TextEdit vérifie votre document à tout moment, appuyez sur ⌘+;.

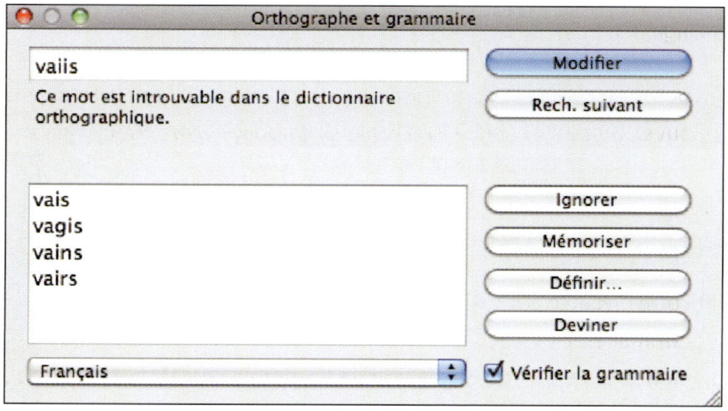

5.17 Vous n'aurez plus aucune excuse si vous avez encore des fautes dans vos documents et que vous utilisez TextEdit.

Comment imprimer avec Snow Leopard ?

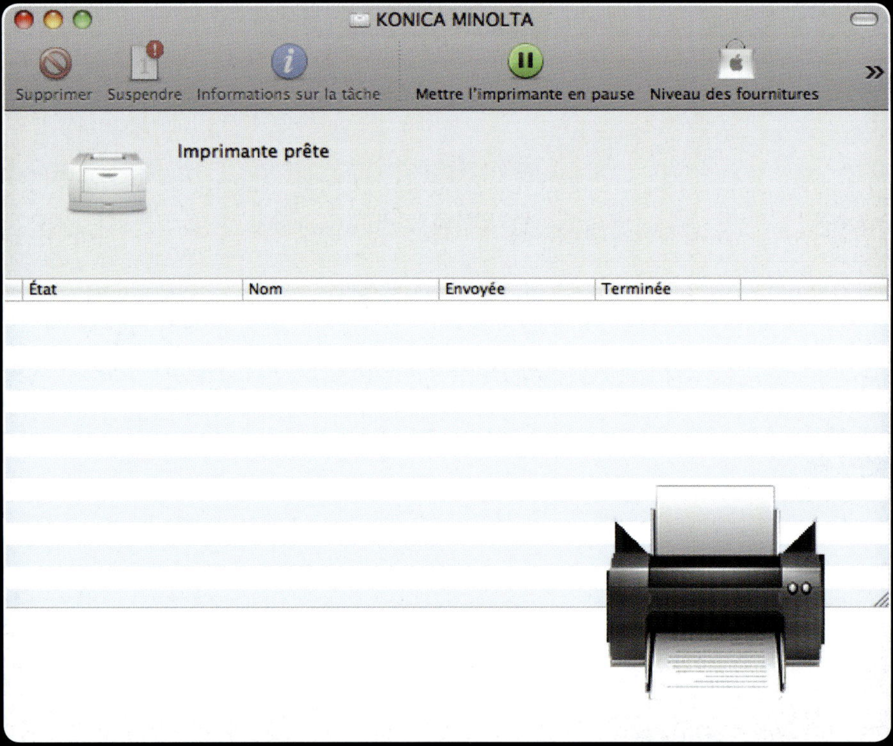

Tout comme surfer sur le Web ou relever vos e-mails, imprimer est l'une des fonctions de base de votre Mac. Le système Mac a toujours été reconnu pour ses capacités d'impression, mais Snow Leopard se détache encore un peu plus des versions précédentes en ce qui concerne la facilité d'installation et de la gestion des tâches. Mac ayant été le meilleur ami de l'industrie de l'édition pendant plus de vingt ans, Apple s'est assuré qu'imprimer un document à partir de Mac OS X soit ni plus ni moins simple et intuitif. Et le résultat est parfait, merci beaucoup !

Installer une imprimante

Installer une imprimante dans Mac OS X est un jeu d'enfant, si tout ce dont votre Mac a besoin pour communiquer avec l'imprimante est installé (logiciels et pilotes) et que le matériel (appareils et câbles) fonctionne correctement.

Attention

Avant d'acheter une imprimante, assurez-vous qu'elle soit compatible Mac (la plupart le sont, mais soyez-en sûr). Ne croyez pas bêtement les employés du magasin d'électronique du coin. Vérifiez vous-même en allant sur le site du fabricant et regardez les caractéristiques de l'imprimante, ou voyez si le logo Mac est présent sur la boîte. Les logos à repérer sont le grand logo X avec la mention « *Made for Mac OS X* », et l'icône du Finder (voir figure 6.1). Si vous achetez une imprimante directement chez Apple, il y a fort à parier qu'elle sera compatible.

Trois grandes étapes sont nécessaires avant de pouvoir utiliser une imprimante avec votre Mac :

1. **Installer le logiciel fourni avec votre imprimante.**
2. **Connecter votre imprimante a votre Mac ou à votre réseau.**
   - **Si votre imprimante a un port USB, connectez-la à votre Mac.**
   - **Si votre imprimante a un port réseau ou Ethernet, utilisez un câble adéquat (Ethernet ou RJ-45) pour la connecter au routeur de votre réseau.**
3. **Utilisez les préférences Système Imprimantes et fax pour créer une liste d'attente d'impression (en d'autres termes, pour installer l'imprimante).**

6.1 Voici un des logos familiers Mac que vous devez retrouver sur la boîte de l'imprimante que vous voulez acheter.

Installer le logiciel de votre imprimante

Mac OS X a besoin d'un logiciel spécial, appelé pilote, pour communiquer efficacement avec votre imprimante, tout comme avec les autres appareils que vous connectez, par exemple un scanner ou une souris. Mac OS X est fourni avec une tonne de pilotes pour imprimantes, alors les chances sont plutôt élevées de ne pas avoir à installer de logiciel supplémentaire. Cependant, la manière la plus sûre est d'installer le logiciel fourni avec l'imprimante, normalement sur un CD. Sinon vous pouvez télécharger la dernière version du logiciel sur le site web du fabricant.

Note

C'est toujours une bonne idée d'aller sur le site web du fabricant et de télécharger tout de suite les pilotes. Cela vous permet d'avoir la dernière version du logiciel pour votre imprimante.

Attention

Assurez-vous que les fichiers des pilotes que vous téléchargez correspondent bien à la version Mac OS X que vous utilisez. Si vous lisez ce livre, c'est que vous utilisez certainement Mac OS X 10.6.

Malheureusement, il n'existe pas qu'une seule façon d'installer les pilotes. Les fabricants d'imprimantes fournissent des pilotes et des logiciels aux techniques d'installations différentes. Il est donc possible que la manière dont vous avez installé votre imprimante HP diffère de celle dont vous avez installé une imprimante Konica Minolta, Brother, Xerox, ou Epson.

Certains fabricants peuvent fournir d'autres logiciels en plus du pilote, comme des utilitaires permettant de surveiller les consommables (cartouches d'encre, toners ou cylindres), d'effectuer des tâches de maintenance ou de dépister les erreurs de fonctionnement. Ces utilitaires doivent être normalement installés sur le disque dur ➪ dossier Applications. Consultez votre fabricant si vous n'êtes pas sûr du logiciel devant être installé (autre que le pilote, bien sûr) pour optimiser l'utilisation de votre imprimante.

Normalement, vous devriez suivre les instructions d'installation fournies avec l'imprimante, mais voici le processus typique pour installer les pilotes de l'imprimante et les logiciels :

1. **Insérez le CD fourni avec votre imprimante ou téléchargez le logiciel sur le site web du fabricant.**
2. **Double-cliquez sur l'icône du CD pour ouvrir une fenêtre et voir son contenu, puis double-cliquez sur l'icône d'installation du logiciel.** Safari ouvre et monte automatiquement le disque images et affiche la fenêtre avec le contenu du disque images. Double-cliquez sur l'icône d'installation présente dans la fenêtre.
3. **Tapez votre mot de passe utilisateur lorsqu'il vous est demandé pendant l'installation.**

4. **Lorsque l'installation du logiciel sera terminée, vous verrez un message similaire à la figure 6.2.** Cliquez sur Fermer pour terminer le processus.

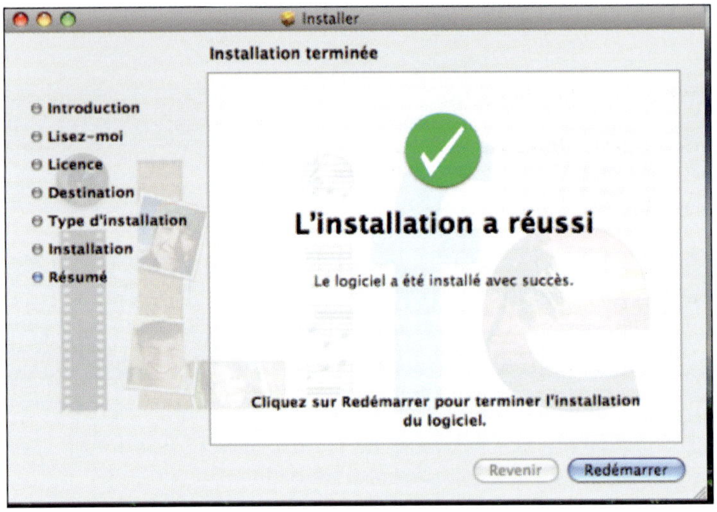

6.2 Cliquez sur Fermer pour terminer le processus d'installation du pilote.

Votre Mac devrait maintenant disposer des pilotes et utilitaires nécessaires pour communiquer avec votre imprimante. Vous pouvez passer à la deuxième étape de l'installation de votre imprimante : la connexion.

Connecter votre imprimante

La façon dont vous connectez votre imprimante est aussi importante que l'installation du bon pilote. Certaines imprimantes sont fournies avec un seul type de connexion, généralement USB, mais d'autres peuvent en proposer des différents : par exemple une connexion Ethernet permettant de connecter directement l'imprimante au réseau.

Pilotes disponibles à la demande

L'application d'installation Mac OS X n'installe plus plusieurs gigaoctets de pilotes par défaut. Elle les installe plutôt lorsqu'ils sont nécessaires suite à la détection d'une imprimante. Si vous avez une imprimante connectée à votre Mac ou au réseau durant l'installation de Mac OS X Snow Leopard, l'assistant d'installation la détecte et installe les pilotes nécessaires. Le processus fonctionne uniquement avec les imprimantes dont les fabricants ont fourni les pilotes. La mise à jour des logiciels détecte les nouveaux pilotes lorsqu'ils sont disponibles.

USB

Connecter votre imprimante via USB est certainement la manière la plus simple et la plus rapide de répondre à vos besoins d'impression. Ce n'est vraiment pas compliqué. Observez les étapes suivantes :

1. **Connectez un câble USB à votre imprimante.**
2. **Connectez l'autre bout du câble USB à votre Mac.**

Voilà ! L'imprimante est connectée !

Genius

La plupart des imprimantes ne sont pas fournies avec un câble USB, assurez-vous d'en avoir, sinon achetez-en un. Si les employés ne savent pas de quel type de câble dont vous avez besoin, dites-leur que c'est un câble USB pour périphérique. Un câble USB pour périphérique a une prise A à un bout (plate et rectangulaire) et une prise B à l'autre (plus petite et presque carrée). La prise B se connecte à votre imprimante.

Réseau

Connecter votre imprimante au réseau est utile si vous voulez que plusieurs Mac puissent l'utiliser. Normalement, se connecter à un réseau implique de connecter votre imprimante à un routeur via un câble Ethernet. Il existe d'autres méthodes d'utilisation d'une imprimante en réseau, comme le partage à partir d'un Mac, les serveurs d'impression (appareils conçus pour connecter une imprimante n'ayant pas de port Ethernet ou de routeur Ethernet) ou les adaptateurs réseau sans fil. Le partage d'imprimante est abordé plus tard dans ce chapitre ainsi qu'au chapitre 13.

Utiliser des serveurs d'impression ou des adaptateurs sans fil pour connecter votre imprimante à un réseau revient au même que d'utiliser un câble Ethernet, mais vous devez attribuer une adresse réseau ou IP (*Internet Protocol*) à l'imprimante. Comme le câble Ethernet est la méthode la plus utilisée, je la considérerai ici comme la connexion réseau par défaut.

Voici les principales instructions pour la connexion de votre imprimante au réseau :

1. **Lorsque l'imprimante est éteinte, insérez le câble Ethernet dans le port approprié de votre imprimante.**
2. **Connectez l'autre bout du câble au port Ethernet disponible de votre routeur.**
3. **Allumez l'imprimante.** Consultez la documentation de l'imprimante pour déterminer l'adresse IP attribuée à votre imprimante par votre routeur.

Quel protocole réseau choisir ?

Les imprimantes en réseau peuvent communiquer avec votre Mac via trois protocoles : AppleTalk, Bonjour (connu auparavant sous le nom de Rendezvous) et TCP/IP.

- **AppleTalk**. Ancien protocole développé par Apple à la fin des années 1980 et au début des années 1990. Certaines imprimantes récentes ne l'utilisent plus. En fait, Apple a essayé de le retirer depuis Mac OS X 10.2. Cependant, il ne requiert aucune configuration. Votre Mac le détecte sur le réseau lorsque vous créez une liste d'attente d'impression, et vous pouvez facilement l'installer.
- **Bonjour.** Nouveau protocole sans configuration requise d'Apple. Comme AppleTalk en son temps, votre Mac détecte simplement l'imprimante fonctionnant sous le protocole Bonjour et l'installation de la liste d'attente est un jeu d'enfant.
  Les vieilles imprimantes ne seront certainement pas équipées de ce protocole, donc AppleTalk suffira.
- **TCP/IP.** C'est la méthode la plus compliquée à configurer, car vous devez connaître l'adresse IP de votre imprimante. La seule vraie difficulté avec cette méthode est qu'elle prend plus de temps à configurer que les deux autres.

Si vous êtes sur un petit réseau, AppleTalk ou Bonjour sont à privilégier pour leur extrême simplicité. Consultez votre administrateur si vous êtes sur un réseau d'entreprise pour savoir comment il préfère que vous installiez votre imprimante. J'utiliserai le TCP/IP seulement si votre département informatique le conseille.

Créer une liste d'attente d'impression

La prochaine étape de l'installation de votre imprimante est la création d'une liste d'attente d'impression. Cela vous permet d'imprimer à partir de votre Mac, mais aussi de gérer les tâches d'impression. Je vais vous montrer comment créer une liste d'attente pour votre imprimante, peu importe votre type de connexion.

Note

Si vous connectez votre imprimante via USB après avoir installé le logiciel, votre Mac peut parfois automatiquement créer une liste d'attente, vous n'avez rien à faire ! Pour voir si c'est le cas, sélectionnez le menu Pomme ⇨ Préférences Système ⇨ Imprimantes et fax. Si une liste d'attente a été créée, vous la verrez dans la liste des imprimantes à gauche de la fenêtre. Maintenant, vous êtes prêt à imprimer !

Maintenant que votre imprimante est connectée, allons-y. Respectez les étapes suivantes :

1. **Sélectionnez le menu Pomme ➪ Préférences Système, ou cliquez sur l'icône Préférences Système dans le Dock.**
2. **Cliquez sur l'icône Imprimantes et fax dans la catégorie Matériel des préférences Système (voir figure 6.3).**
3. **Cliquez sur le bouton + situé dans le coin inférieur gauche du panneau (voir figure 6.4) pour ajouter une imprimante à la liste.** Pour supprimer une imprimante de la liste, sélectionnez-la puis appuyez sur le bouton – .

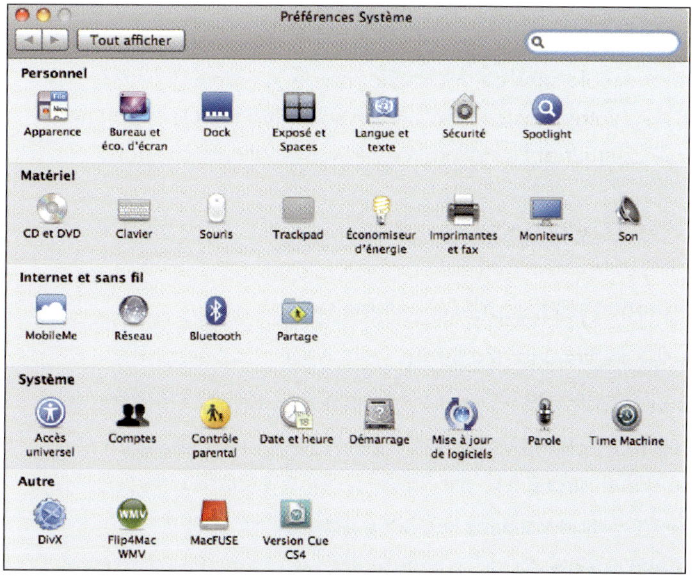

6.3 Cliquez sur l'icône Imprimantes et fax pour ouvrir le panneau des préférences.

4. **Lorsque le panneau Ajouter une imprimante s'ouvre, utilisez l'une des méthodes suivantes pour créer une liste d'attente d'impression pour votre imprimante :**
   - **Si vous installez votre imprimante via USB, AppleTalk ou Bonjour, procédez comme suit :**
   1. **Cliquez sur le bouton Défaut placé dans le coin supérieur gauche de la barre d'outils de la fenêtre.**
   2. **Cliquez sur le nom de l'imprimante.**
   3. **Le menu déroulant Imprimer via devrait afficher automatiquement le nom de l'imprimante que vous configurez.** Sinon, cliquez sur le menu déroulant et choisissez l'option Sélectionner le logiciel de l'imprimante, parcourez la liste des pilotes puis sélectionnez celui dont vous avez besoin. Enfin, cliquez sur Ajouter.

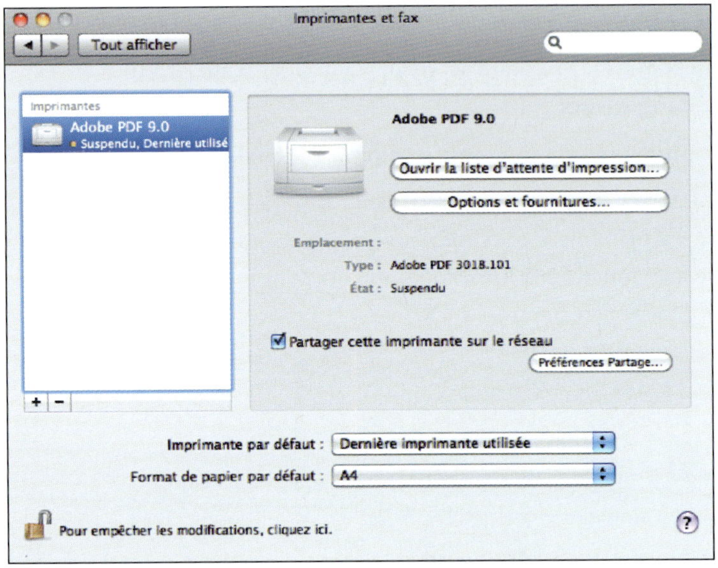

6.4 Cliquez sur le bouton + pour ouvrir la fenêtre Ajouter une imprimante.

- **Si vous utilisez la méthode TCP/IP, procédez comme suit :**

1. **Cliquez sur le bouton IP dans la barre d'outils.**
2. **Sélectionnez le bon protocole dans le menu déroulant Protocole.** Consultez la documentation de votre imprimante, le site du fabricant ou le département de support technique pour connaître le protocole à utiliser.
3. **Tapez l'adresse IP de l'imprimante dans le champ Adresse.**
4. **Tapez le nom de la file d'attente de l'imprimante dans le champ File d'attente.** Encore une fois, consultez la documentation de l'imprimante pour une installation correcte.
5. **Remplissez les champs Nom et Emplacement.**
6. **Le menu déroulant Imprimer via affiche le nom de l'imprimante que vous configurez.** Sinon, cliquez sur le menu déroulant et choisissez l'option Sélectionner le logiciel de l'imprimante, parcourez la liste des pilotes puis sélectionnez celui dont vous avez besoin. Enfin, cliquez sur Ajouter (voir figure 6.5).

Votre nouvelle liste d'attente d'impression est désormais visible dans la liste des imprimantes de la fenêtre Imprimantes et fax, comme sur la figure 6.6.

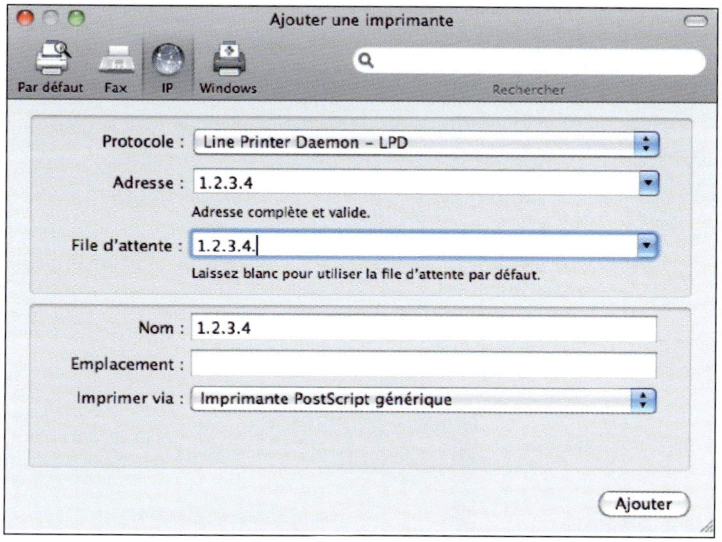

6.5 Assurez-vous d'avoir tapé les informations correctes concernant l'adresse et la file d'attente lorsque vous utilisez le protocole TCP/IP.

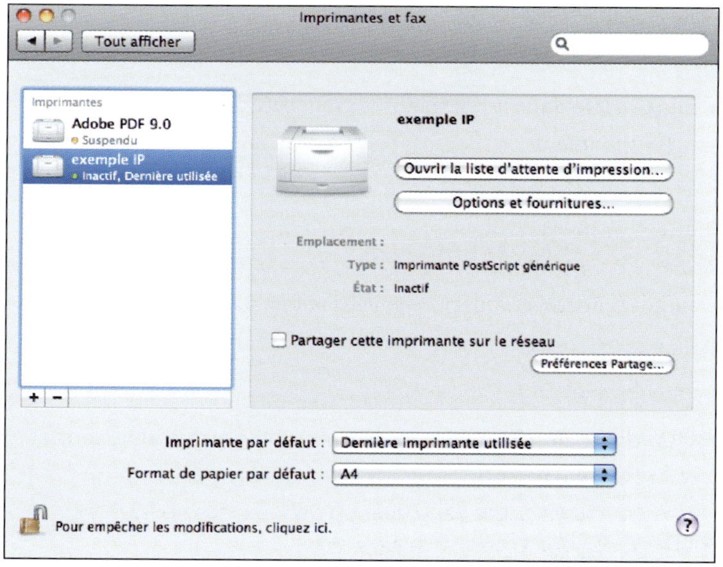

6.6 Votre imprimante nouvellement installée est prête à traiter les tâches d'impression.

CUPS

Pendant vos impressions avec Snow Leopard, vous tomberez peut-être sur le terme *CUPS*. CUPS est l'acronyme de *Common UNIX Printing System*, qui est le système d'impression utilisé par Mac OS X. CUPS contrôle tous les aspects de l'impression dans Mac OS X, comme la création des listes d'attente et des tâches d'impression ou encore la gestion des tâches dans la liste d'attente d'impression.

Afin de vous assurer que vous pouvez bel et bien profiter du fruit de votre travail, vous devez effectuer une impression test. Pour cela, procédez comme suit :

1. **Sélectionnez l'imprimante dans la liste.**
2. **Cliquez sur Ouvrir la liste d'attente d'impression.**
3. **Dans le menu de l'imprimante (dans le coin supérieur gauche de l'écran, près du menu Pomme), sélectionnez Imprimante ➪ Imprimer une page d'essai, comme sur la figure 6.7.**

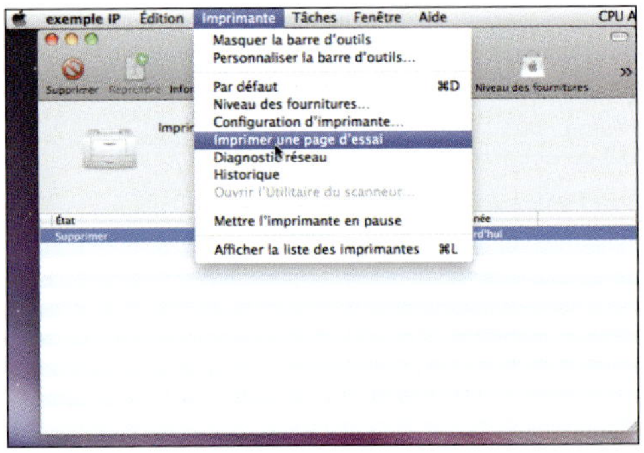

6.7 Une page d'essai permet de s'assurer du bon fonctionnement de l'imprimante.

Imprimer des documents

Maintenant que votre imprimante est installée, vous pouvez vous atteler à imprimer ces chiffres de vente si urgents, vos photos de vacances ou l'itinéraire pour vous rendre chez votre tante.

Je me servirai de TextEdit pour vous montrer comment imprimer des documents dans Snow Leopard. À partir du Finder, sélectionnez Aller ➪ Applications (ou ⌘+Shift+A), puis double-cliquez sur l'icône de TextEdit.

TextEdit ouvre automatiquement un nouveau document. Tapez ce que vous voulez dans ce document, et essayons de l'imprimer.

Pour imprimer à partir de presque n'importe quelle application dans Mac OS X :

1. **Sélectionnez Fichier ➪ Format d'impression :**
   a. **Sélectionnez l'imprimante que vous allez utiliser dans le menu déroulant Format pour (voir figure 6.8).**

b. **Choisissez la taille du papier dans le menu déroulant Taille du papier (voir aussi figure 6.8).**

c. **Effectuez les réglages nécessaires d'orientation et d'échelle.**

d. **Cliquez sur OK.**

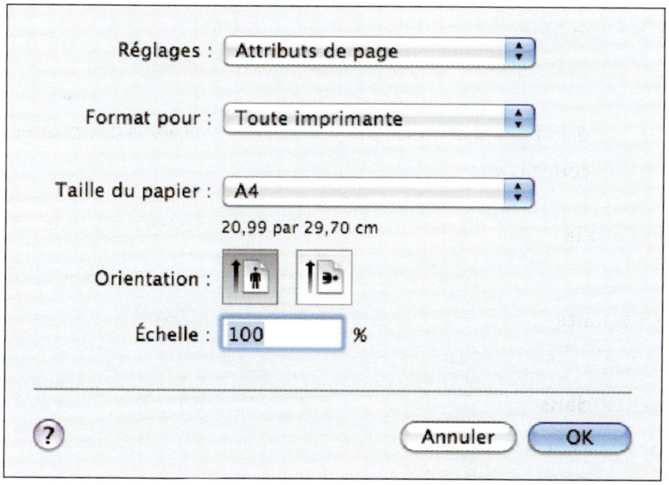

6.8 Fenêtre Format d'impression standard utilisée dans la plupart des applications Mac OS X.

2. **Sélectionnez Fichier ➪ Imprimer, ou appuyez sur ⌘+P :**

   a. **La fenêtre standard Imprimer s'ouvre, comme sur la figure 6.9.**

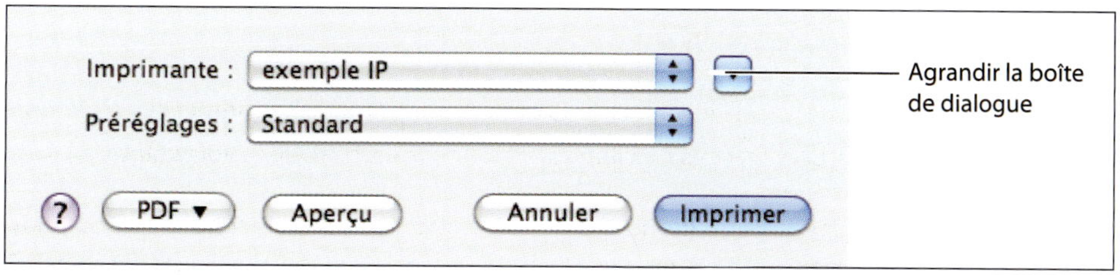

6.9 Fenêtre standard Imprimer utilisée par la plupart des applications Mac OS X.

   b. **Cliquez sur le bouton bleu avec une flèche, situé à côté du nom de l'imprimante, pour agrandir la fenêtre Imprimer (figure 6.10).**

   c. **Modifiez les options d'impression, si nécessaire.** Reportez-vous aux paragraphes suivants pour découvrir les options d'impression disponibles.

   d. **Cliquez sur Imprimer pour envoyer la tâche dans la liste d'attente des impressions de l'imprimante.**

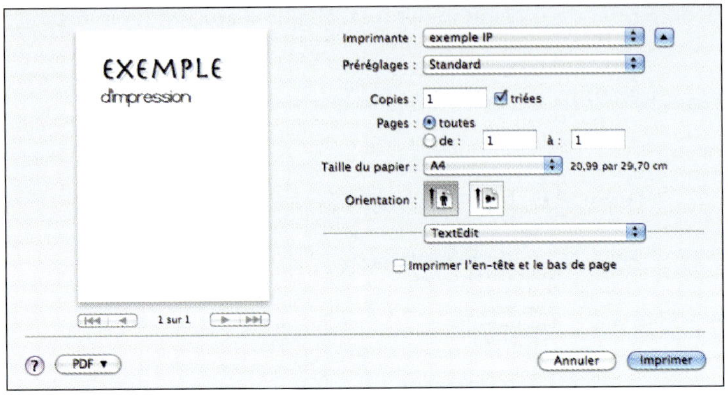

6.10 La fenêtre Imprimer vous donne accès aux caractéristiques de l'imprimante.

Genius

Certaines imprimantes (laser PostScript) sont capables d'imprimer directement des documents PDF, ou des images JPEG ou TIFF, en faisant simplement glisser le fichier dans la liste d'attente d'impression. Vous n'avez même pas besoin d'ouvrir le fichier dans une application. Contactez votre fabricant pour savoir si votre imprimante peut le faire.

Découvrir les options d'impression de Snow Leopard

Attention

Certaines applications, comme QuarkXPress et Adobe InDesign, utilisent leurs propres fenêtres Imprimer, ce qui peut vous déstabiliser si vous êtes habitué à la fenêtre standard Mac OS X. Lisez la documentation de l'application pour apprendre à vous servir de toutes les options disponibles.

Snow Leopard propose un tel nombre d'options d'impression intégrées vous permettant de configurer vos tâches d'impression que vous ne saurez plus où donner de la tête. Je vais aborder maintenant les plus courantes.

La panneau principal de la fenêtre standard Imprimer vous présente les options de base, ainsi que les paramètres d'impression spécifiques à l'application. La figure 6.10 illustre le panneau de la fenêtre Imprimer spécifique à TextEdit et le tableau 6.1 présente les options d'impression de base.

Pour accéder aux autres options fournies par Mac OS X Snow Leopard, cliquez sur le menu déroulant des options, comme sur la figure 6.11. Les tableaux 6.2 et 6.7 donnent la liste des autres options d'impression et leur fonction.

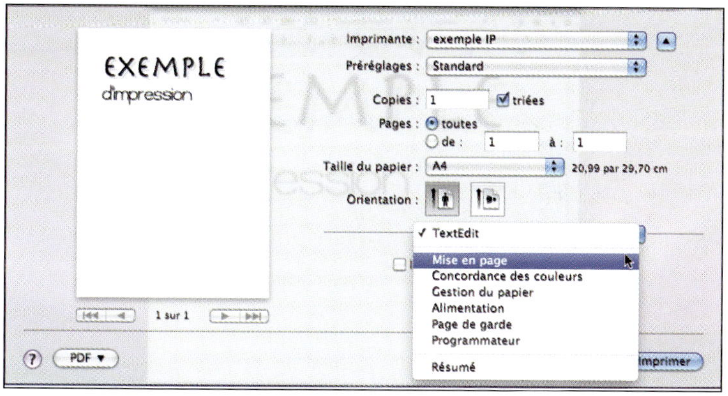

6.11 Effectuez vos choix parmi les panneaux d'options pour personnaliser votre expérience d'impression avec Snow Leopard.

Tableau 6.1 Options d'impression de base

Option	Fonction
Imprimante	Permet de sélectionner une imprimante dans le menu déroulant.
Préréglages	Permet de sélectionner une série d'options préconfigurées.
Copies	Entrez le nombre de copies que vous désirez imprimer.
Triées	Cochez cette case pour imprimer toutes les pages du document dans l'ordre avant d'imprimer la copie suivante.
Pages	Précisez les pages que vous voulez imprimer.
Taille du papier	Sélectionnez la taille du papier sur lequel vous allez imprimer.
Orientation	Vous pouvez choisir entre Portrait et Paysage.
Menu Options	Ce menu déroulant vous permet de sélectionner plusieurs panneaux d'options (voir figure 6.11). Ce menu est par défaut réglé sur le paramètre spécifique à l'application dans la fenêtre principale Imprimer. Par exemple, la figure 6.10 affiche TextEdit.

Tableau 6.2 Options Mise en page

Option	Fonction
Pages par feuille	Utilisez cette option pour imprimer plusieurs pages de votre document sur un seul côté de votre papier.
Orientation	Choisissez la façon dont les pages sont orientées lorsque vous les imprimez sur une seule feuille.
Bordure	Placez une bordure autour de chaque page lorsque vous imprimez plusieurs pages sur une seule feuille.

suite

Tableau 6.2 suite

Option	Fonction
Recto verso	Cette option est disponible uniquement si votre imprimante prend en charge l'option recto verso.
Inverser l'orientation de la page	Cette option permet d'imprimer dans l'autre sens. Elle est pratique si vous avez un élément, comme un en-tête, qui doit être imprimé dans un certain sens, mais que vous ne pouvez pas placer le papier dans le bon sens.
Retournement horizontal	Tous les éléments de la page sont inversés comme dans un miroir.

Tableau 6.3 Options Concordance des couleurs

Option	Fonction
ColorSync/Par l'imprimante	Sélectionnez ColorSync pour permettre à Snow Leopard de prendre en charge la concordance des couleurs, sinon laissez l'imprimante le faire.
Profil	Cette option vous permet d'associer un profil colorimétrique à une tâche.

Tableau 6.4 Options Gestion du papier

Option	Fonction
Pages à imprimer	Imprimez toutes les pages ou seulement les paires ou impaires.
Taille du papier de destination	Permet aux documents, d'être imprimés sur une taille de papier différente de celle qui est spécifiée dans le panneau Mise en page. Cette option est disponible uniquement si la case Adapter à la taille du papier est cochée.
Adapter à la taille du papier	Cochez cette case pour adapter le contenu de la page à la taille du papier sélectionnée dans le menu déroulant Taille du papier de destination.
Réduire seulement	Cochez cette case pour empêcher que les éléments de la page n'apparaissent plus grands qu'ils ne le sont maintenant.
Ordre des pages	Sélectionnez une option : Automatique, Normal ou Inversé.

Tableau 6.5 Options Alimentation

Option	Fonction
Toutes les pages de	Sélectionnez un bac d'impression. Cette option est utile si votre imprimante prend en charge plusieurs bacs.
Première page de	Imprimez la première page d'un document à partir d'un bac spécifique. Cette option permet d'imprimer la première page d'un document avec le papier à en-tête de l'entreprise qui se trouve dans un bac séparé.
Pages restantes de	Imprimez les pages restantes d'une tâche d'impression à partir du bac spécifié. Cette option est uniquement disponible lorsque vous sélectionnez l'option Première page de. Vous pouvez sélectionner le bac d'impression contenant le papier avec lequel vous voulez imprimer le reste de votre document, par opposition au papier à en-tête.

Tableau 6.6 Options Page de garde

Option	Fonction
Impression de la page de garde	Sélectionnez Avant le document ou Après le document si vous désirez imprimer une page de garde dans le cas où vous voulez différencier votre impression de celles des autres utilisateurs de l'imprimante.
Type de page de garde	Sélectionnez le type de page de garde à imprimer. Cette option est uniquement disponible si l'option Avant le document ou Après le document est sélectionnée.
Données de facturation	Cette information est utilisée pour vous identifier si l'on vous facture chaque tâche d'impression.

Tableau 6.7 Options Programmateur

Option	Fonction
Imprimer le document	Spécifiez l'heure à laquelle Snow Leopard doit envoyer le document dans la liste d'attente d'impression de l'imprimante.
Priorité	Définissez le niveau de priorité du document afin qu'il soit imprimé avant ou après d'autres tâches, si nécessaire.

Créer vos propres PDF

Le format PDF est devenu un format de document standard que tout le monde a presque déjà utilisé à un moment ou à un autre. La plupart des documents sur Internet sont des fichiers PDF. Tous les utilisateurs d'ordinateurs peuvent ouvrir des PDF, qu'ils utilisent Mac OS X, Windows ou Linux, s'ils sont équipés d'une application comme Aperçu ou Acrobat Reader.

Auparavant, les fichiers PDF ne pouvaient être générés qu'à partir de logiciels très coûteux. Mac OS X a changé cela, car le format PDF est largement utilisé dans tout le système d'exploitation. Snow Leopard vous permet donc de créer des fichiers PDF à partir de n'importe quel document, et gratuitement !

Utilisons notre fidèle document TextEdit créé précédemment dans ce chapitre pour illustrer la création d'un PDF.

Pour créer un PDF grâce à Snow Leopard, procédez comme suit :

1. **Ouvrez un document dans une application. Dans notre cas, prenons le document TextEdit que nous avons créé précédemment.**
2. **Sélectionnez Fichier ➪ Imprimer.**

3. **Cliquez sur le bouton PDF placé dans le coin inférieur gauche de la fenêtre (voir figure 6.12) pour afficher les options PDF disponibles.**

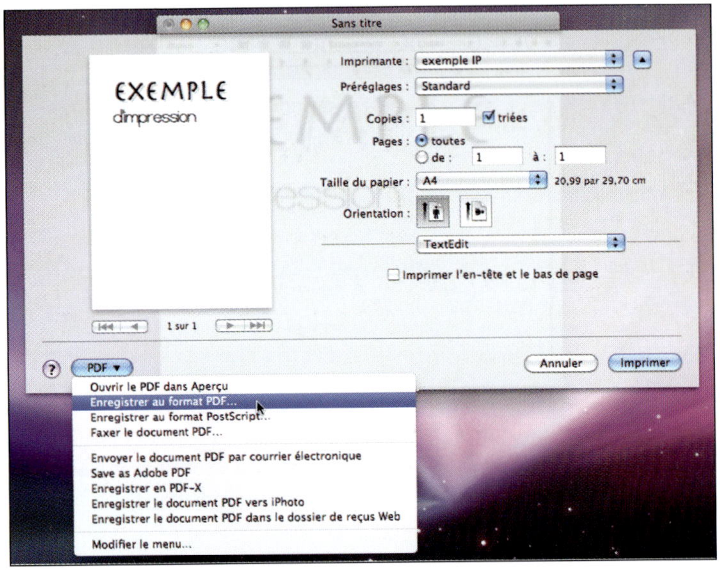

6.12 Snow Leopard vous propose différentes options pour la création de fichiers PDF à partir de n'importe quel document.

4. **Sélectionnez Enregistrer au format PDF pour ouvrir la fenêtre Enregistrer (voir figure 6.13).**

5. **Donnez un nom approprié au PDF, décidez de l'emplacement où l'enregistrer (par défaut il sera enregistré dans vos documents) puis cliquez sur Enregistrer.** Je vous expliquerai les options de sécurité dans le paragraphe suivant.

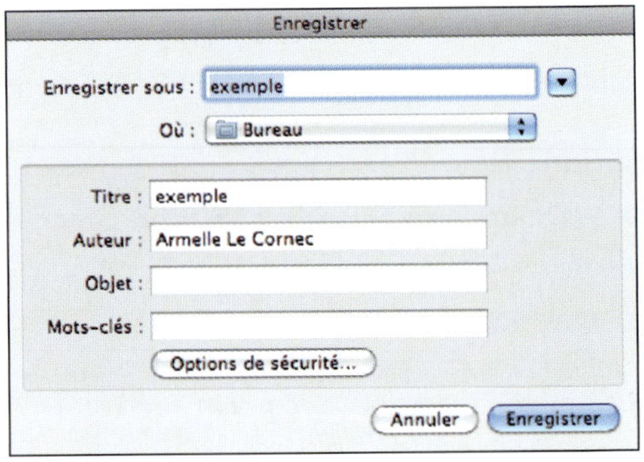

6.13 De nombreuses options sont disponibles dans la fenêtre Enregistrer.

Options de sécurité

La possibilité de créer des PDF à partir de n'importe quel document sur votre Mac sans logiciel tiers est un réel avantage. Cependant, les logiciels tiers (notamment Adobe Acrobat) ont toujours présenté la capacité de protéger les fichiers PDF des regards curieux. Cette fonctionnalité est requise dans certaines entreprises pour la diffusion d'informations confidentielles. Les versions précédentes de Mac OS X ne présentaient pas cette fonction. Cependant Snow Leopard vole désormais au secours des plus concernés par la sécurité.

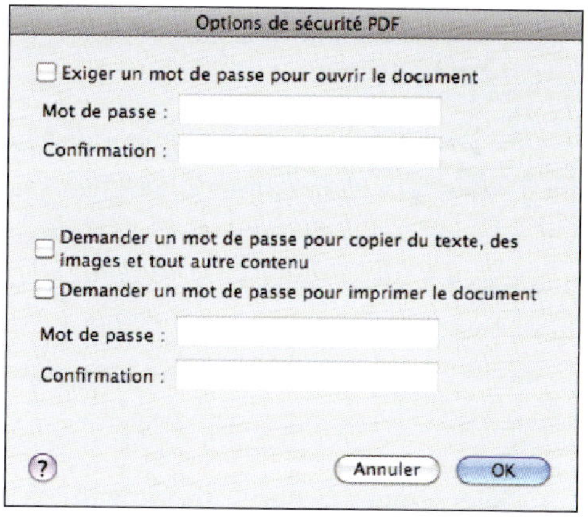

6.14 Protégez vos fichiers PDF des personnes non autorisées à les consulter.

Pour sécuriser vos PDF, revenez à l'étape 5 du paragraphe précédent, juste avant de cliquer sur Enregistrer. Cliquez sur Options de sécurité pour afficher les Options de sécurité PDF (voir figure 6.14). Le tableau 6.8 présente les options disponibles. Cliquez sur OK pour attribuer à votre fichier les options de sécurité que vous avez sélectionnées.

Tableau 6.8 Options de sécurité PDF

Option	Fonction
Exiger un mot de passe pour ouvrir le document	Cochez cette case pour activer la fonction mot de passe. Tapez un mot de passe sécurisé dans le champ Mot de passe puis retapez-le dans le champ Confirmation.
Demander un mot de passe pour copier du texte, des images ou tout autre contenu	Cochez cette case pour empêcher quiconque de copier des éléments du PDF et de les coller dans un document non sécurisé. Tapez un mot de passe sécurisé dans le champ Mot de passe puis retapez-le dans le champ Confirmation.
Exiger un mot de passe pour imprimer le document	Si la case est cochée, l'utilisateur doit connaître le mot de passe pour imprimer le document. Tapez un mot de passe sécurisé dans le champ Mot de passe puis retapez-le dans le champ Confirmation.

Pourquoi et comment créer des fichiers PostScript

Lorsque vous cliquez sur Imprimer dans la fenêtre Imprimer, Snow Leopard crée immédiatement des informations PDF relatives à la tâche d'impression. Parfois, vous aurez besoin de générer un fichier PostScript pour certaines tâches, particulièrement si vous travaillez dans l'édition et que vous sous-traitez l'impression, ou pour régler un problème d'impression. Comme les PDF utilisent un sous-ensemble du langage PostScript, il est relativement facile pour Mac OS X de convertir les données PDF générées lorsque vous avez cliqué sur Enregistrer au format PostScript. Pour créer un fichier PostScript, procédez comme suit :

1. **Sélectionnez Fichier ⇨ Imprimer dans le menu de votre application.**
2. **Cliquez sur le bouton PDF dans le coin inférieur gauche de la fenêtre.**
3. **Sélectionnez Enregistrer au format PostScript dans le menu déroulant.**
4. **Nommez votre document, sélectionnez un emplacement puis cliquez sur Enregistrer pour générer un fichier PostScript.**

Attribuer des profils ICC à une imprimante

Parce que j'ai travaillé moi-même dans l'imprimerie, on me demande souvent comment utiliser les profils ICC avec une imprimante. Un profil ICC est un fichier de données qui détermine la façon dont l'appareil restitue la couleur. Les profils ICC peuvent être génériques ou spécifiques à un appareil, comme un écran ou une imprimante. Contactez le fabricant de votre appareil pour vous renseigner sur la prise en charge des profils ICC. Ces profils peuvent être attribués à des tâches d'impression via l'application qui a créé le document, ou à des imprimantes. Consultez la documentation de votre application pour savoir comment utiliser les profils ICC. J'ai tout de même pris la liberté de vous montrer comment utiliser l'utilitaire ColorSync pour attribuer des profils à des imprimantes. Suivez les étapes suivantes :

1. **À partir du Finder, appuyez sur ⌘+Shift+U pour ouvrir le dossier Utilitaires.**
2. **Double-cliquez sur l'icône Utilitaire ColorSync.**
3. **Sélectionnez Périphériques dans la barre d'outils en haut de la fenêtre.**
4. **Cliquez sur la flèche placée près d'Imprimantes pour afficher la liste.**
5. **Sélectionnez l'imprimante à laquelle vous désirez attribuer le profil (figure 6.15).**

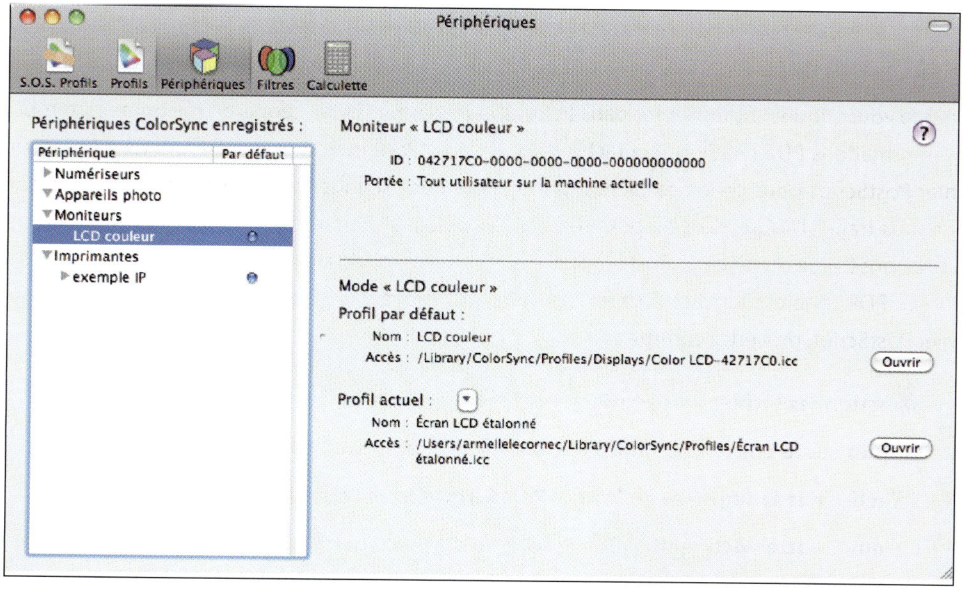

6.15 Attribuez des profils colorimétriques aux périphériques grâce à l'utilitaire ColorSync.

6. **Cliquez sur le bouton flèche à droite de Profil actuel et sélectionnez Autre.**
7. **Parcourez votre Mac pour trouver le profil ICC que vous voulez utiliser avec ce périphérique, sélectionnez-les, puis cliquez sur Ouvrir pour attribuer le profil.**
8. **Lorsque vous imprimez avec l'imprimante à laquelle vous avez attribué le profil, désactivez les options de concordance des couleurs fournies par le fabricant dans la fenêtre Imprimer pour forcer l'imprimante à utiliser le profil.**

et des images ?

Le format PDF (*Portable Document Format*) est un standard utilisé pour diffuser des documents via Internet ou dans les grandes entreprises grâce à sa compatibilité avec les systèmes d'exploitation, à la taille des fichiers réduite et à la possibilité de protéger les informations confidentielles. Snow Leopard intègre une application, Aperçu, capable d'ouvrir, de modifier et d'enregistrer des PDF, la plupart des images que vous voyez sur votre écran étant souvent créées via la technologie PDF. Dans ce chapitre, je vais vous montrer comment travailler avec des fichiers PDF dans Aperçu. Aperçu ne se limite pas à la prise en charge des fichiers PDF, c'est aussi une application pratique pour ouvrir et même modifier des fichiers image. Apple fournit un programme incroyable, iPhoto, pour modifier et organiser vos photos, mais il fait partie de la suite de logiciels iLife, et non de Snow Leopard. Tout le monde ne possédant pas iLife, je me concentrerai sur Aperçu pour vos besoins en photographie numérique.

Types de fichiers pris en charge par Aperçu

Aperçu est une sorte d'application « couteau suisse », capable de prendre en charge plusieurs types de fichiers et différentes tâches. Le tableau 7.1 vous donne la liste des fichiers pris en charge.

Tableau 7.1 Types de fichiers pris en charge par Aperçu

Extension de fichier	Type de fichier/description
PDF	*Portable Document Format*. Format de document multi plates-formes largement utilisé.
JPG	*Joint Photographic Experts Group*. Format de fichier image utilisé par la plupart des appareils photo numériques. Aussi connu sous le nom de JPEG.
GIF	*Graphics Interchange Format*. Format image principalement utilisé sur Internet pour les petites animations.
HDR	*High Dynamic Range*. Format image associé aux appareils photo numériques haut de gamme.
TIFF	*Tagged Image File Format*. Format de fichier image utilisé à la base par les photographes.
PSD	Document Photoshop. Format de fichier image par défaut du logiciel Adobe Photoshop.
PNG	*Portable Network Graphics*. Format de fichier image.
BMP	Bitmap. Format de fichier image.
RAW	Format de fichier d'une image qui n'a pas été retravaillée. Ce format est utilisé principalement sur les appareils numériques et sur les scanners.
SGI	*Silicon Graphics Image*. Format de fichier image natif des stations de travail Silicon Graphics.

Ouvrir et enregistrer des fichiers avec Aperçu

Aperçu peut ouvrir n'importe lequel des types de fichiers mentionnés dans le tableau 7.1. Pour ouvrir un fichier avec Aperçu, procédez comme suit :

1. **À partir du Finder, sélectionnez Aller ➪ Applications, puis double-cliquez sur l'icône Aperçu pour ouvrir l'application.**
2. **Sélectionnez Fichier ➪ Ouvrir, ou appuyez sur ⌘+O, pour afficher la fenêtre Ouvrir.**
3. **Parcourez votre Mac pour sélectionner le fichier que vous désirez ouvrir, puis cliquez sur Ouvrir, comme sur la figure 7.1.**

Genius

Si l'icône Aperçu est dans votre Dock, parce qu'il est déjà ouvert ou parce que vous gardez un raccourci, vous pouvez simplement faire glisser un fichier sur l'icône pour l'ouvrir.

7.1 Sélectionnez le fichier que vous désirez ouvrir avec Aperçu.

Si vous modifiez un fichier ouvert avec Aperçu et que vous voulez l'enregistrer, appuyez sur ⌘+S. Vous pouvez aussi sélectionner Fichier➪Enregistrer. Si vous effectuez des modifications et que vous voulez enregistrer sous un autre fichier, avec un nom différent, appuyez sur ⌘+Shift+S pour ouvrir la fenêtre Enregistrer sous, comme sur la figure 7.2. Tapez un nouveau nom de fichier, choisissez un emplacement sur votre Mac puis cliquez sur Enregistrer.

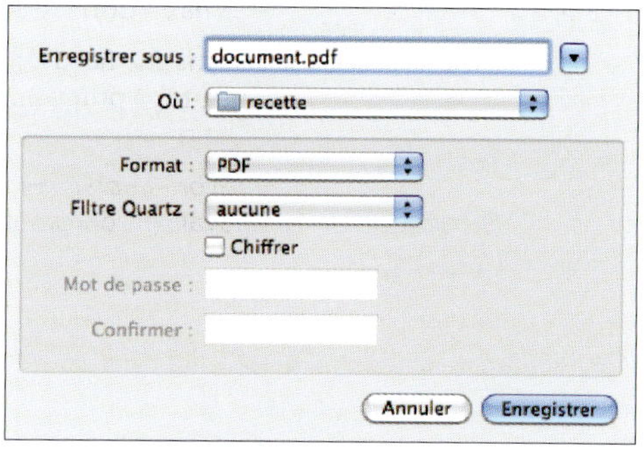

7.2 Nommez votre fichier, sélectionnez un emplacement et cliquez sur Enregistrer.

Note

Si vous ne trouvez pas d'emplacement pour enregistrer le fichier, cliquez sur le carré bleu avec la flèche noire. Il agrandit la fenêtre Enregistrer sous, vous permettant d'explorer tout votre disque dur.

Associer un type de fichier à une application

Si parfois vous double-cliquez sur un fichier et qu'il s'ouvre avec une autre application que celle que vous désiriez, vous adorerez cette fonction. Pour associer un type de fichier à une application, procédez comme suit :

1. **Cliquez sur le fichier pour le sélectionner, puis appuyez sur ⌘+I pour ouvrir la fenêtre Lire les infos, comme sur la figure 7.3.** Vous pouvez également effectuer un clic droit ou Ctrl+clic sur le fichier et sélectionner Lire les informations dans la liste.

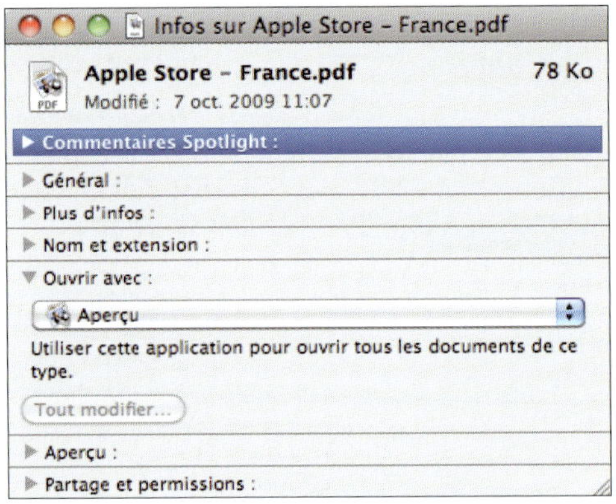

7.3 Obtenez les informations de n'importe quel fichier en le sélectionnant et en appuyant sur ⌘+I.

2. **Si le triangle gris à gauche de la partie Ouvrir avec pointe vers la droite, cliquez dessus pour tout afficher.**
3. **Cliquez sur le menu déroulant pour afficher l'application que vous voulez attribuer par défaut pour l'ouverture de ce fichier.**
4. **Pour que l'application sélectionnée devienne l'application par défaut pour l'ouverture de tous les fichiers de ce type, cliquez sur Tout modifier.**
5. **Cliquez sur le bouton rouge pour fermer la fenêtre Lire les informations.**

Régler les préférences Aperçu

La façon dont vous réglez les préférences d'Aperçu affecte son utilisation. Je suis un grand partisan de la personnalisation de toutes les applications dans Snow Leopard. Il est très important de régler les préférences des applications selon vos besoins.

Les préférences Aperçu se divisent en quatre catégories : Général, Images, PDF et Signets.

Ouvrez Aperçu, puis appuyez sur ⌘+, pour ouvrir la fenêtre des préférences Aperçu.

Général

Le tableau 7.2 présente les paramètres de l'onglet Général de la fenêtre des préférences Aperçu.

Tableau 7.2 Préférences Général

Préférence	Fonction
Lors de l'ouverture des fichiers	Déterminez la façon dont Aperçu ouvre plusieurs fichiers : ouvrir tous les fichiers dans une fenêtre, ouvrir les groupes de fichiers dans la même fenêtre ou chaque fichier dans sa propre fenêtre.
Fond de la fenêtre	Modifiez la couleur par défaut du fond de la fenêtre en cliquant sur la case puis en sélectionnant une nouvelle couleur dans la fenêtre des couleurs.

Images

Le tableau 7.3 présente les options disponibles dans l'onglet Images de la fenêtre des préférences Aperçu.

Tableau 7.3 Préférences Images

Préférence	Fonction
Échelle initiale du document	Ouvre les documents à leur taille réelle ou les adapte à votre fenêtre.
L'échelle 100 % est telle que	Permet de déterminer si l'échelle 100 % d'un document est basée sur les pixels de l'écran ou sur la taille d'impression.

PDF

Les options de l'onglet PDF, illustrées sur la figure 7.4, sont présentées dans le tableau 7.4.

Tableau 7.4 Préférences PDF

Préférence	Fonction
Échelle initiale du document	Permet à Aperçu d'ajuster automatiquement l'échelle du PDF ou de régler l'échelle voulue.
L'échelle 100 % est telle que	Permet de déterminer si l'échelle 100 % d'un PDF est basée sur les pixels de l'écran ou sur la taille d'impression.
À l'ouverture des documents	Cochez la première case pour ouvrir la barre latérale de la fenêtre seulement lorsqu'un PDF comprend une table des matières et cochez la seconde case pour commencer par la dernière page affichée.

suite

Tableau 7.4 suite

Préférence	Fonction
Affichage des documents	Cochez ces cases pour lisser le texte et les dessins au trait et pour utiliser les numéros de page logiques.
Annotations	Cochez cette case pour associer un nom aux annotations que vous effectuez dans un PDF. Taper ce nom dans le champ correspondant.

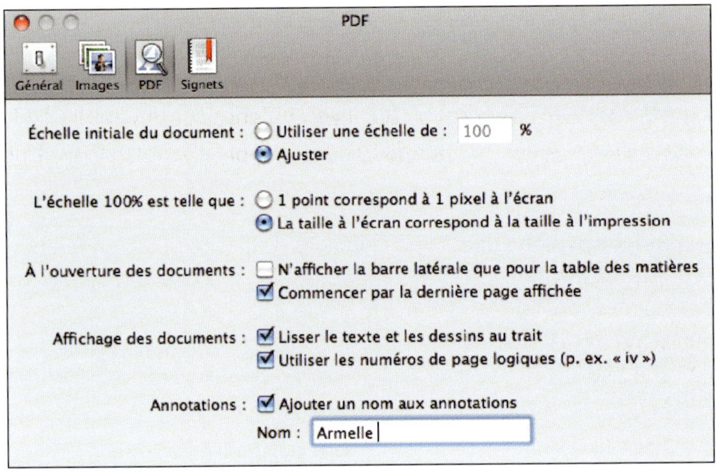

7.4 Préférences PDF dans Aperçu.

Signets

Aperçu vous permet de créer des signets à partir d'images et de fichiers PDF afin d'y accéder rapidement lorsque vous en avez besoin, comme avec vos pages web favorites dans un navigateur web. Pour ajouter un signet, ouvrez le fichier désiré puis appuyez sur ⌘+D, ou sélectionnez Signets ➪ Ajouter aux signets à partir du menu.

L'onglet Signets liste tous les signets que vous avez créés. Vous pouvez les renommer ou les supprimer de la liste en cliquant sur le bouton Supprimer.

Afficher et éditer des PDF

Snow Leopard est un génie pour ouvrir, afficher, modifier et créer des fichiers PDF. J'ai déjà abordé l'ouverture des fichiers. Je vais donc parler maintenant de l'affichage et de la modification, la création de fichiers PDF étant exposée au chapitre 6.

Pour commencer, vous devez ouvrir un PDF, comme nous l'avons vu précédemment.

Annoter des PDF

Dans un PDF, vous pouvez mettre le texte en surbrillance, le souligner ou le barrer. Vous pouvez également annoter, ce qui signifie ajouter des notes ou des liens, ou encadrer une partie de la page avec un ovale ou un rectangle. La figure 7.5 vous donne un exemple d'annotations sur un document.

7.5 Annoter des PDF avec Aperçu.

Pour annoter un PDF, procédez comme suit :

1. **Sélectionnez le texte que vous voulez mettre en surbrillance à l'aide du curseur de la souris.**
2. **Sélectionnez Outils ➪ Annoter.**
3. **Sélectionnez le type d'annotation :**
   - Mettre le texte en surbrillance (⌘+Ctrl+H)
   - Barrer le texte (⌘+Ctrl+S)
   - Souligner le texte (⌘+Ctrl+U)

Pour faire d'autres annotations :

1. **Sélectionnez Outils ⇨ Annoter.**
2. **Sélectionnez le type d'annotation :**
   - Ajouter un ovale (⌘+Ctrl+O)
   - Ajouter un rectangle (⌘+Ctrl+R)
   - Ajouter une note (⌘+Ctrl+N)
   - Ajouter un lien (⌘+Ctrl+L)

Genius

Si vous annotez souvent les fichiers PDF, mémorisez les raccourcis. Ils peuvent vous faire gagner plus de temps que vous ne le pensez. Cela vaut la peine de prendre un moment pour les apprendre si vous travaillez dans un environnement où l'urgence est de mise.

Supprimer des pages d'un PDF

Il y a encore quelques années, la seule façon de supprimer ou de réorganiser les pages en PDF était d'acquérir un logiciel tiers capable d'accomplir ces tâches. Grâce à Apple, Aperçu intègre désormais ces fonctions, fournissant un niveau de service professionnel sans avoir à débourser un centime.

Pour supprimer une page d'un document en contenant plusieurs, procédez comme suit :

1. **Si la barre latérale n'est pas visible sur la droite de la fenêtre, sélectionnez Présentation ⇨ Barre latérale, ou appuyez sur ⌘+Shift+D.**
2. **Sélectionnez la page que vous désirez supprimer dans la barre latérale.** Celle-ci doit afficher les vignettes et non la table des matières ou les annotations. Pour que la barre affiche les vignettes, cliquez sur le menu déroulant en bas de la barre et sélectionnez Vignettes.
3. **Sélectionnez Édition ⇨ Supprimer (⌘+Supprimer) pour supprimer les pages du PDF.** Aperçu numérote à nouveau automatiquement votre document.
4. **Enregistrez votre PDF (⌘+S) pour enregistrer vos modifications, ou appuyez sur ⌘+Z pour annuler.**

Réorganiser les pages d'un PDF

Comme je l'ai dit précédemment, réorganiser les pages d'un PDF est impossible pour quelqu'un qui ne possède pas de logiciel tiers. Pour modifier l'ordre des pages dans un PDF, procédez comme suit :

1. **Affichez la barre latérale en appuyant sur ⌘+Shift+D.**
2. **Recherchez dans la barre la page que vous désirez déplacer.** Celle-ci doit afficher les vignettes et non la table des matières ou les annotations. Pour que la barre affiche les vignettes, cliquez sur le menu déroulant en bas de la barre et sélectionnez Vignettes.
3. **Faites glisser la page à l'emplacement voulu dans la barre latérale (figure 7.6).**
4. **Enregistrez les modifications en appuyant sur ⌘+S, ou annulez en appuyant sur ⌘+Z.**

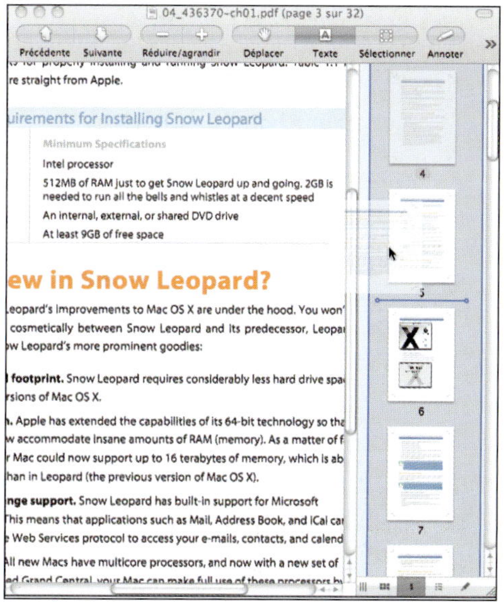

7.6 Déplacez la page vers son nouvel emplacement.

Afficher et éditer des images

Aperçu permet également de jouer le rôle d'éditeur d'images basique si vous n'en possédez pas déjà un, comme iPhoto ou Adobe Photoshop. Même s'il n'est pas capable de modifier les photos et d'ajouter des effets comme les deux autres logiciels, il peut néanmoins recadrer, effectuer des rotations et deux ou trois petites choses.

Ouvrez une image dans Aperçu, et commençons.

Le dernier scoop sur les images

La plupart des gens veulent ouvrir, afficher et peut-être modifier au minimum leurs images, mais d'autres (et vous en faites partie !) veulent avoir le contrôle de chaque élément. Vous aimez connaître les informations concernant l'appareil utilisé pour prendre la photo, le type de compression, l'ouverture, le modèle de couleur, et d'autres renseignements que seul un photographe professionnel peut apprécier.

Aperçu peut vous renseigner si vous sélectionnez simplement Outils➪Afficher l'inspecteur ou si vous appuyez sur ⌘+I lorsque l'image est ouverte. L'inspecteur affiche toutes les informations, comme vous pouvez le voir sur la figure 7.7.

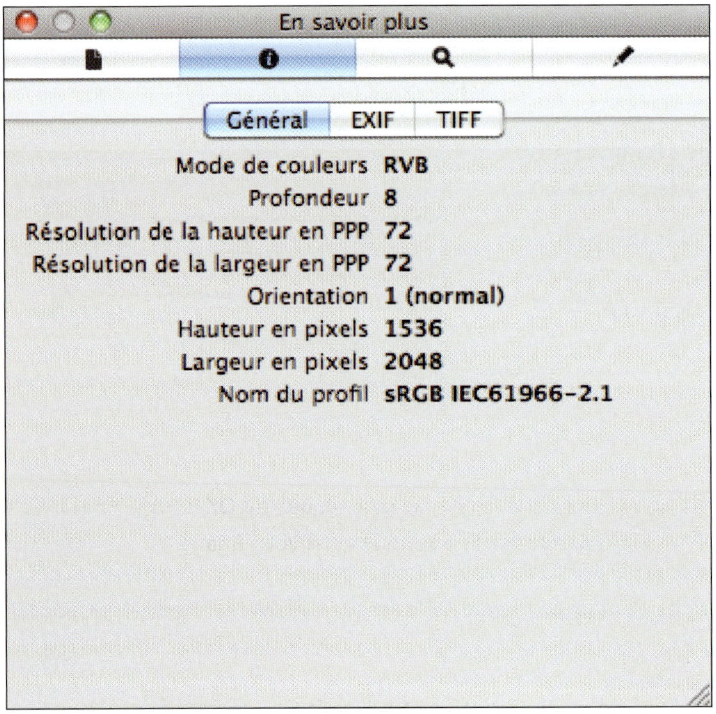

7.7 Vos images ne peuvent échapper à l'inspecteur !

Ajustement et rotation

Si une image ou une photo est trop grande, Aperçu peut facilement l'ajuster comme vous le désirez.

Pour ajuster la taille de votre image, sélectionnez Outils ➪ Ajuster la taille. La fenêtre illustrée sur la figure 7.8 s'affiche.

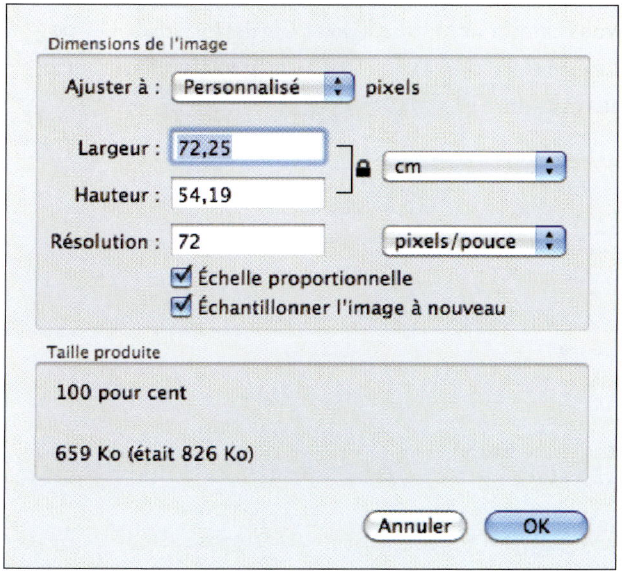

7.8 Ajustez la taille d'une image dans Aperçu.

Effectuez les modifications nécessaires de votre image puis cliquez sur OK lorsque vous avez terminé. Le tableau 7.5 présente toutes les options pouvant affecter votre image.

Tableau 7.5 Ajustements de taille

Option	Fonction
Ajuster à	Permet de choisir un paramètre de taille automatique dans le menu déroulant. Utilisez Personnalisé pour entrer la taille que vous désirez.
Largeur et hauteur	Modifie la taille de l'image.
Résolution	Modifie la qualité de l'image. Si vous augmentez la valeur, vous pouvez diminuer la qualité de l'image.
Échelle proportionnelle	Garde les dimensions de l'image intactes. Par exemple, si vous modifiez la largeur, la hauteur change en proportion.
Échantillonner l'image à nouveau	Décochez cette case si vous voulez réduire les dimensions d'un fichier sans perdre les détails de l'image.

Aperçu vous laisse également effectuer une rotation de vos images pour en modifier l'orientation. Si une photo d'une personne a été prise de travers, vous pouvez effectuer une rotation pour que le sujet ait l'air droit lorsque vous ouvrez l'image dans Aperçu.

Pour effectuer une rotation à gauche appuyez sur ⌘+L, pour effectuer une rotation à droite appuyez sur ⌘+R.

Vous pouvez aussi retourner complètement une image pour que le sujet soit à l'envers, comme sur la figure 7.9. J'ai retourné l'image verticalement pour vous donner une meilleure idée de cette fonction.

7.9 Mon chien est à l'envers sur cette photo !

Pour retourner votre image horizontalement, sélectionnez Outils ➪ Retournement horizontal ; verticalement, sélectionnez Outils ➪ Retournement vertical.

Genius

Vous pouvez aussi recadrer une image dans Aperçu. Remarquez que le curseur de la souris se transforme en viseur lorsque vous le passez au-dessus de l'image. Utilisez-le pour sélectionner une partie de l'image. Sélectionnez la partie de l'image que vous voulez garder en faisant glisser le curseur, puis appuyez sur ⌘+K et enregistrez votre nouvelle image (⌘+S).

Régler la couleur

Parfois les couleurs de vos images ne vous conviennent pas. Comment faire lorsque l'on n'est pas un spécialiste de la couleur ? Aperçu connaît la réponse ! Il peut effectivement effectuer les réglages basiques sur les couleurs.

Pour corriger les couleurs dans Aperçu, sélectionnez Outils ➪ Réglage de la couleur, ou appuyez sur ⌘+⌥+C. Les curseurs de la fenêtre Réglage de la couleur peuvent faire des merveilles (figure 7.10).

Lorsque vous déplacez les curseurs, votre image est automatiquement mise à jour et affiche les modifications effectuées.

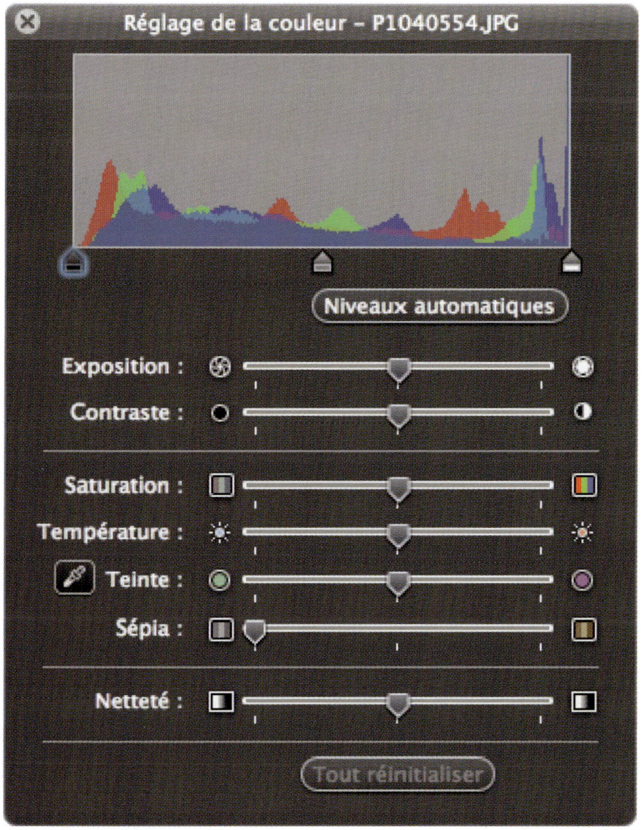

7.10 Déplacez les curseurs pour effectuer les modifications nécessaires des couleurs de votre image.

Comment m'organiser grâce à iCal et à Carnet d'adressses ?

Si votre vie est bien remplie et que vous avez besoin de l'organiser au mieux, iCal et Carnet d'adresses voleront à votre secours. iCal peut vous aider à créer des calendriers pour différents sujets, comme la famille ou le travail, et Carnet d'adresses garde précieusement tous vos contacts. Vous pouvez créer des événements dans iCal, programmer toutes les dates importantes et organiser votre planning de la journée mais aussi de la semaine, du mois et même de l'année. Carnet d'adresses vous permet d'accéder à vos contacts à partir d'autres applications comme Mail ou iChat. iCal peut aussi vous rappeler des événements programmés, vous n'aurez donc plus aucune excuse si vous oubliez un anniversaire ! Dans ce chapitre, je vais vous montrer en quoi iCal et Carnet d'adresses sont essentiels à Snow Leopard.

Créer des calendriers

Pour ouvrir iCal, sélectionnez Aller ➪ Applications dans le menu et double-cliquez sur l'icône d'iCal.

Vous pouvez créer des calendriers qui reflètent les différentes parties de votre vie : par exemple un calendrier pour le travail, un autre pour les factures et un dernier pour les événements scolaires. Créer des calendriers séparés facilite l'organisation de votre temps.

Il existe trois façons de créer un nouveau calendrier.

- **Sélectionnez Fichier ➪ Nouveau calendrier.**
- **Appuyez sur ⌘+⌥+N.**
- **Cliquez sur le bouton + situé dans le coin inférieur gauche de la fenêtre iCal.**

Ces trois méthodes permettent de créer un nouveau calendrier dans la liste Calendriers placée à gauche de la fenêtre. Nommez le calendrier en tapant son nom. Créez autant de calendriers que nécessaure avant de continuer.

Vos calendriers sont désormais prêts. Vous pouvez les gérer de différentes manières :

- **Classez les calendriers de la liste en les faisant simplement glisser dans l'ordre que vous préférez, comme sur la figure 8.1.**
- **Renommez un calendrier en y effectuant un clic-droit ou Ctrl+clic et en sélectionnant l'option Lire les informations dans le menu contextuel.** Tapez un nouveau nom dans le champ correspondant.
- **Les événements que vous entrez dans les calendriers (plus d'informations dans la suite du chapitre) s'affichent dans la couleur de leurs calendriers respectifs.** Vous pouvez modifier la couleur d'un calendrier en effectuant un clic-droit ou Ctrl+clic dans la liste et en sélectionnant l'option Lire les informations. Cliquez sur le bouton Couleur placé dans le coin supérieur droit de la fenêtre et sélectionnez une couleur dans la liste.
- **Remarquez la case placée à gauche de chaque calendrier que vous créez.** Elle indique si les événements du calendrier en question sont affichés. Désélectionner certaines cases peut faciliter la vision du calendrier si celui-ci est très chargé.
- **Créez des groupes pour classer des calendriers similaires dans la liste des calendriers.** Sélectionnez Fichier ➪ Nouveau groupe de calendriers ou appuyez sur ⌘+Shift+N, puis nommez votre nouveau groupe de calendriers. Classez ensuite les calendriers en groupes en les faisant simplement glisser dans le groupe correspondant.

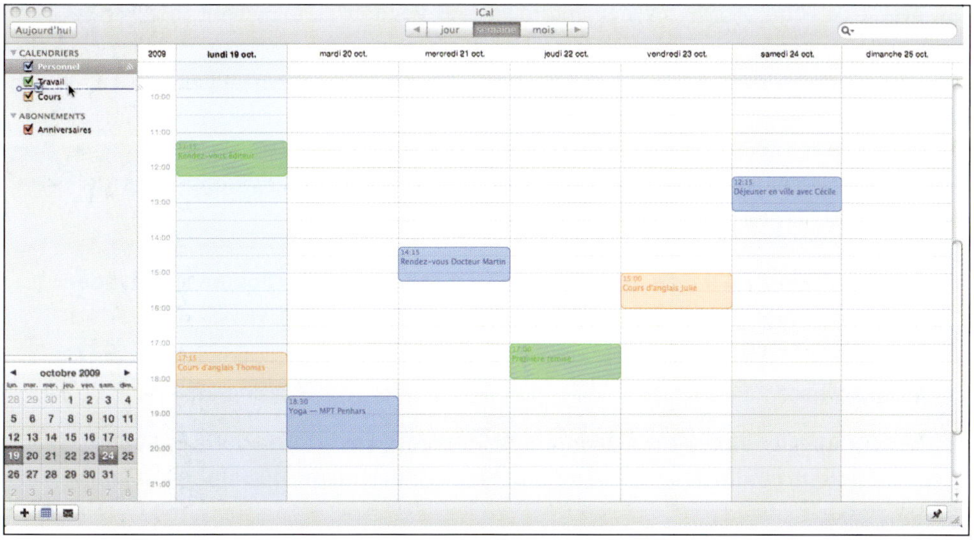

8.1 Glissez puis déposez les calendriers dans l'ordre désiré.

Genius

Vous pouvez modifier la façon dont les calendriers s'affichent dans la fenêtre iCal en cliquant sur les onglets Jour, Semaine et Mois en haut de la fenêtre. Cliquez sur les flèches à droite ou à gauche des onglets pour passer au jour, à la semaine ou au mois précédents/suivants. Si vous choisissez la présentation par jours ou par semaines, vous pouvez toujours garder un calendrier mensuel miniature dans la fenêtre en cliquant sur le bouton Afficher ou masquer le mini calendrier dans le coin inférieur gauche de la fenêtre.

Ajouter des événements

Un calendrier sans événements est aussi utile qu'une voiture sans roues, et il ne vous conduira pas bien loin. Un événement est un élément que vous ajoutez aux calendriers pour les rendre vivants. Ils représentent votre vie mais de façon organisée.

Pour créer un événement :

1. **Sélectionnez le jour où l'événement commence.**
2. **Appuyez sur ⌘+N pour créer un nouvel événement pour cette journée.**
3. **Nommez-le.**

Vous avez créé votre premier événement, mais vous voudrez certainement modifier ses paramètres avant de terminer.

Modifier les événements

Après avoir créé l'événement, certains réglages doivent être effectués. Pour modifier votre événement, procédez comme suit :

1. **Ouvrez la fenêtre d'informations de l'événement en double-cliquant sur l'événement ou en cliquant sur lui puis en pressant les touches ⌘+E.** Si l'événement n'est pas nouveau, mais que vous avez besoin de le modifier, double-cliquez simplement sur lui puis cliquez sur le bouton Modifier pour accéder à ses détails, comme sur la figure 8.2.
2. **Cliquez à droite de chaque élément dans la fenêtre des informations de l'événement pour le modifier. Le tableau 8.1 présente les éléments disponibles et leurs fonctions.**
3. **Cliquez sur Terminé.**

Tableau 8.1 Informations d'un événement

Élément	Fonction
lieu	Lieu supposé de l'événement.
jour entier	Cochez cette case si l'événement est censé durer toute la journée.
du et au	Sélectionnez les dates et les heures de début et de fin de votre événement.
répéter	Cliquez sur le menu près de cet élément si vous voulez que l'événement soit répété, s'il est récurrent comme un anniversaire ou un rendez-vous hebdomadaire.
calendrier	Déterminez à quel calendrier de la liste appartient l'événement.
alarme	Sélectionnez une alarme parmi les différents types : e-mail ; message à l'écran ou message avec son. Vous pouvez régler différentes alarmes pour chaque événement.
invités	Invitez d'autres personnes à ajouter cet événement à leur calendrier.
pièces jointes	Vous pouvez joindre des documents ou d'autres fichiers à vos événements. Par exemple, vous pouvez joindre une liste de courses à un jour de shopping en ville.
URL	Inscrivez ici l'adresse d'un site web ou d'un calendrier partagé.
remarque	Notez toute information complémentaire dont vous auriez besoin pour cette tâche.

8.2 Votre événement est prêt à être modifié.

Régler les préférences iCal

Vous pouvez modifier les préférences iCal afin de personnaliser son fonctionnement. Sélectionnez iCal ➪ Préférences pour afficher les options disponibles (voir figure 8.3).

L'onglet Général vous permet d'effectuer les modifications de base, présentées dans le tableau 8.2.

8.3 Fenêtre des préférences iCal.

Tableau 8.2 Onglet Général des préférences iCal

Paramètre	Fonction
Nombre de jours par semaine	Déterminez le nombre de jours d'une semaine normale. Le paramètre à 5 jours correspond à votre semaine de travail.
La semaine commence le	Choisissez le premier jour de la semaine.
Défiler dans la présentation par semaine par	Sélectionnez un affichage par semaines ou par jours.
La journée commence à	Décidez de l'heure à laquelle une journée type commence.
La journée se termine à	Réglez l'heure de fin d'une journée typique.
Afficher *x* heures à la fois	À utiliser en mode de présentation par jours.
Afficher l'heure des événements dans la présentation par mois	Sélectionnez cette option pour afficher les rendez-vous en mode de présentation par mois. Elle est décochée par défaut pour des raisons de place.
Afficher le calendrier des anniversaires	Sélectionnez cette option pour afficher un calendrier reprenant la liste des anniversaires de votre carnet d'adresses.
Ajouter une alarme par défaut à tous les nouveaux événements et invitations	Chaque nouvel événement ou chaque nouvelle invitation se verra attribuer une alarme qui se mettra en route à l'heure que vous spécifiez.
Synchroniser iCal avec d'autres ordinateurs et appareils via MobileMe	Si vous possédez un compte MobileMe, vous pouvez synchroniser les calendriers.

L'onglet Comptes vous permet de vous abonner aux serveurs CalDAV ou Exchange, utilisés dans certaines entreprises et organisations pour partager les calendriers entre différents utilisateurs. Pour s'abonner au serveur CalDAV de votre entreprise ou organisation, cliquez sur le bouton + situé dans le coin inférieur gauche, puis tapez les informations concernant le serveur (contactez votre département informatique si nécessaire).

L'onglet Avancé, illustré sur la figure 8.4, vous aide à régler les préférences de fuseaux horaires, des tâches, des événements, des alarmes et des invitations.

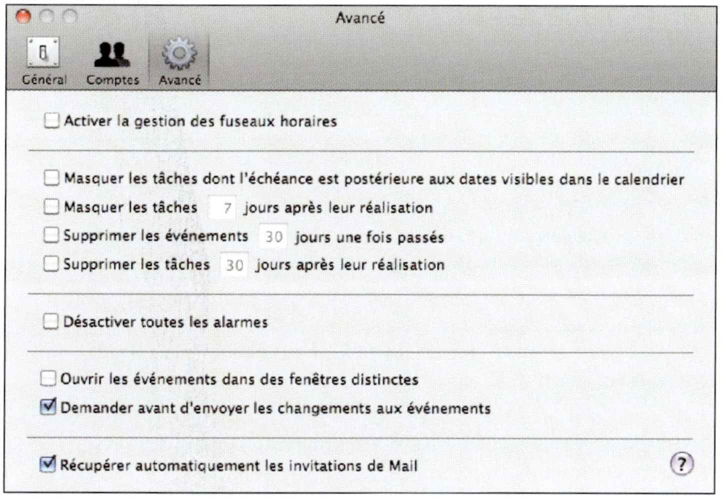

8.4 Onglet de préférences Avancé pour iCal.

Le tableau 8.3 présente les préférences Avancé disponibles pour iCal.

Tableau 8.3 Onglet Avancé des préférences iCal

Paramètre	Fonction
Activer la gestion des fuseaux horaires	Permet d'afficher votre emploi du temps dans un fuseau différent du votre. Lorsque vous cochez cette case, un menu déroulant Fuseau horaire s'affiche dans le coin supérieur droit de la fenêtre iCal. Sélectionnez le fuseau horaire approprié à partir de ce menu.
Masquer les tâches dont l'échéance est postérieure aux dates visibles dans le calendrier	Les tâches à réaliser que vous créez ne s'afficheront pas dans la liste (elles s'affichent si vous appuyez sur ⌘+⌥+T) si leur échéance est postérieure aux dates affichées dans votre calendrier.

suite

Tableau 8.3 suite

Paramètre	Fonction
Masquer les tâches *x* jours après leur réalisation	Sélectionnez le nombre de jours après lequel une tâche réalisée sera masquée.
Supprimer les événements *x* jours une fois passés	Supprime automatiquement les événements passés de vos calendriers après le nombre de jours spécifié.
Supprimer les tâches *x* jours après leur réalisation	Supprime automatiquement les tâches réalisées de la liste après le nombre de jours spécifié.
Désactiver toutes les alarmes	Empêche le déclenchement de toutes les alarmes.
Ouvrir les événements dans des fenêtres distinctes	Permet d'ouvrir les événements dans des fenêtres distinctes grâce au double-clic.
Demander avant d'envoyer les changements aux événements	Cochez cette case afin qu'iCal vous demande de confirmer l'envoi des changements que vous avez appliqués aux événements.
Récupérer automatiquement les invitations de Mail	Cochez cette case afin que les invitations aux événements de Mail s'affichent aussi dans iCal.
Supprimer les invités	Supprime les noms et les adresses des invités auxquels vous avez envoyé des invitations.

Partager les calendriers

La vie est plus facile lorsque tout le monde est sur la même longueur d'onde. Pour votre entreprise ou votre famille, iCal vous propose deux façons de partager vos calendriers : publier ou exporter votre calendrier.

Publier un calendrier

Lorsque vous publiez un calendrier, cela signifie que vous en placez une copie sur Internet ou sur un serveur local WebDAV. Les autres utilisateurs peuvent y accéder en utilisant iCal ou une autre application de calendrier, ou à partir de leur navigateur web et sur n'importe quelle plate-forme. Pour publier un calendrier :

1. **Cliquez sur le calendrier ou le groupe de calendriers que vous désirez publier dans la liste des calendriers.**
2. **Sélectionnez Calendrier ➪ Publier à partir du menu. Le menu Publier le calendrier s'affiche (voir figure 8.5).**

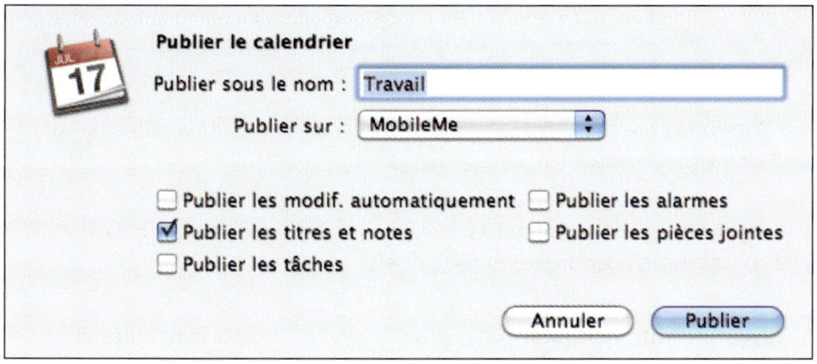

8.5 Publiez vos calendriers pour les partager sur un réseau ou sur Internet.

3. **Lorsque le menu s'ouvre, tapez un nouveau nom pour votre calendrier si vous ne voulez pas utiliser le nom par défaut.**
4. **Sélectionnez où vous désirez publier votre calendrier (votre compte MobileMe ou un serveur privé) dans le menu déroulant Publier sur.** Si vous sélectionnez un serveur privé, entrez les informations correspondantes, un nom d'utilisateur et un mot de passe.
5. **Lorsque toutes les options sont réglées selon vos préférences, cliquez sur Publier.**

Exporter un calendrier

Exporter un calendrier est une façon pratique de déplacer vos calendriers d'un ordinateur à un autre. Vous pouvez également modifier les calendriers que vous avez exportés, mais il est impossible de modifier ceux qui ont été publiés à partir d'un autre ordinateur.

Pour exporter un calendrier :

1. **Sélectionnez un calendrier ou un groupe de calendriers que vous voulez exporter à partir de la liste des calendriers.**
2. **Sélectionnez Fichier ⇨ Exporter pour ouvrir la fenêtre Enregistrer sous, comme sur la figure 8.6.**
3. **Nommez votre fichier, sélectionnez un emplacement et cliquez sur Exporter.**
4. **Partagez votre calendrier exporté en l'envoyant par e-mail ou encore en le plaçant sur un serveur.**

Genius

Le format par défaut des calendriers exportés avec iCal est le format ICS. Les fichiers ICS peuvent être importés dans presque n'importe quelle application tierce de calendrier. Ne vous inquiétez donc pas, vos amis travaillant sur Windows ou Linux pourront afficher vos calendriers. Vous pouvez aussi utiliser leurs calendriers dans iCal s'ils les exportent au format ICS.

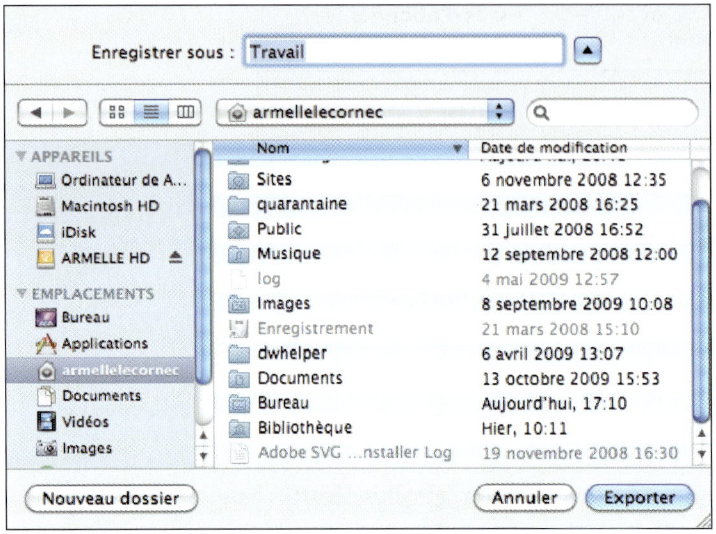

8.6 Exportez vos calendriers à partir d'iCal et vers d'autres ordinateurs.

S'abonner à un calendrier

Il va de soi que s'il est possible de publier un calendrier, il faut que ceux qui veulent le consulter puisse s'y abonner. Voici deux manières de s'abonner à un calendrier. D'abord la plus simple :

1. **Sélectionnez Calendrier ➪ S'abonner à partir du menu.**
2. **Tapez l'URL (l'adresse web) du calendrier auquel vous désirez vous abonner dans le champ URL du calendrier.**
3. **Cliquez sur le bouton S'abonner pour afficher la fenêtre des informations du calendrier, comme sur la figure 8.7.**
4. **Décidez si vous voulez supprimer les alarmes, les pièces jointes, les tâches (ce que je vous recommande de faire si vous ne connaissez pas la personne qui a créé le calendrier) et la fréquence d'actualisation automatique du calendrier au cas où son créateur effectuerait des changements.**

Trouver des calendriers sur le Web

Vous ne trouvez pas de calendriers auxquels vous abonner ? Essayez un de ces liens pour en trouver un parmi la multitude de propositions.

- **www.apple.com/downloads/macosx/calendars/**
- **http://icalshare.com/**

5. **Cliquez sur OK pour terminer le processus d'abonnement.**

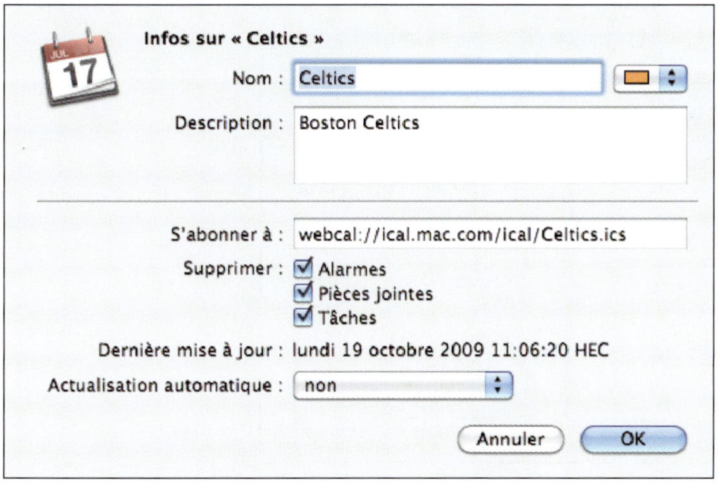

8.7 S'abonner à un calendrier avec iCal est un jeu d'enfant.

Voici une autre méthode tout aussi facile :

1. **Si quelqu'un vous envoie un lien vers son calendrier dans un e-mail, ou si vous cliquez sur un lien vers un calendrier dans une page web, iCal commence automatiquement le processus d'abonnement.**
2. **Vous pouvez vous reporter à l'étape 3 des explications précédentes pour terminer le processus.**

Imprimer les calendriers

Le concept de bureau sans papier était très en vogue dans les années 1980, mais il n'a pas réussi, heureusement, à s'implanter complètement. Parfois je préfère avoir un document imprimé en main, au lieu d'être sans arrêt scotché à mon écran. J'adore mon Mac, mais je n'y suis pas collé toute la journée. iCal vous offre la possibilité d'imprimer des calendriers pour vous ou pour d'autres utilisateurs. C'est un outil très pratique pour les bureaux et les écoles, ou n'importe quelle organisation. L'avantage des calendriers imprimés est qu'ils sont beaucoup plus utiles accrochés à la porte du frigo qu'à l'intérieur de votre ordinateur.

Pour imprimer un calendrier, procédez comme suit :

1. **Sélectionnez Fichier ➪ Imprimer.**

2. **Sélectionnez les réglages parmi les multiples options d'impression illustrées sur la figure 8.8, puis cliquez sur Continuer.** Le tableau 8.4 présente les options d'impression.
3. **Cliquez sur Imprimer pour envoyer la tâche à l'imprimante.**

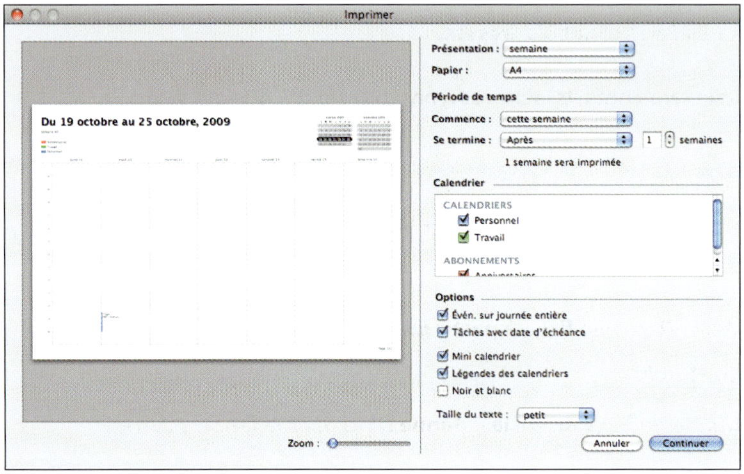

8.8 Options d'impression iCal.

Tableau 8.4 Options d'impression iCal

Option	Fonction
Présentation	Choisissez le type de présentation du calendrier dans le menu déroulant.
Papier	Sélectionnez une taille de papier pour l'impression.
Période de temps	Spécifiez la date à laquelle le calendrier doit commencer et se terminer grâce aux menus déroulants.
Calendrier	Cochez les cases correspondant aux calendriers que vous désirez intégrer.
Options	Déterminez si vous voulez imprimer les événements sur une journée entière, les tâches avec date d'échéance, le mini calendrier, les légendes des calendriers, ou si vous désirez imprimer en noir et blanc seulement.
Taille du texte	Sélectionnez la taille de la police du texte de votre calendrier imprimé.
Zoom	Faites glisser le curseur pour agrandir l'aperçu de l'impression.

Utiliser les contacts du Carnet d'adresses

Il vous est certainement déjà arrivé de chercher le numéro de téléphone et l'adresse d'un client potentiel dans plusieurs carnets ou téléphones. Apple a créé pour vous l'application Carnet d'adresses. Créer des contacts dans Carnet d'adresses permet de rassembler toutes les adresses et de faciliter l'envoi de courrier, par exemple de vos cartes de vœux.

Les contacts sont des fichiers contenant les informations concernant les gens que vous connaissez : leurs adresse, e-mail, anniversaire et photo. Commencez par ouvrir Carnet d'adresses :

1. **Sélectionnez Aller ➪ Applications.**
2. **Double-cliquez sur l'icône Carnet d'adresses.**

Cette application est inutile sans contacts, alors essayons d'en ajouter quelques-uns.

Nouvelles fiches

Une fiche contient toutes les informations d'un contact. Voici plusieurs manières de créer une nouvelle fiche :

1. **Sélectionnez Fichier ➪ Nouvelle fiche à partir du menu.**
2. **Appuyez sur les touches ⌘+N.**
3. **Cliquez sur le bouton + en dessous de la colonne Nom dans la fenêtre Carnet d'adresses.**

Chacune de ces méthodes permet de créer une nouvelle fiche vierge, comme sur la figure 8.9.

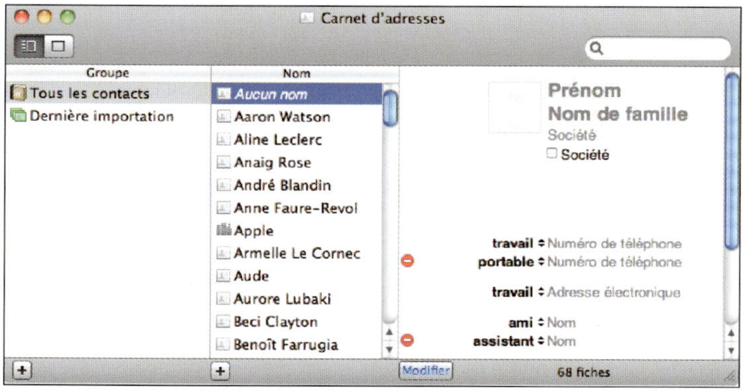

8.9 Créer une nouvelle fiche est très simple.

Commencez à taper les informations dans la fiche, en utilisant la touche Tabulation pour passer au champ disponible suivant. Si vous ne voulez pas utiliser certains champs, laissez-les vierges et ils n'apparaîtront pas une fois la fiche enregistrée. Pour ajouter de nouveaux champs, sélectionnez Fiche ➪ Ajouter un champ et sélectionnez-en un dans la liste.

Lorsque vous avez terminé d'ajouter les informations, appuyez sur ⌘+S ou cliquez sur Edit pour enregistrer. Vous pouvez modifier à tout moment les informations de la fiche en sélectionnant le nom dans la colonne Nom et en cliquant sur Edit. Le bouton Edit devient bleu en mode édition.

Genius

Vous pouvez ajouter une nouvelle vCard facilement lorsque vous en recevez une par e-mail. C'est une carte de visite numérique attachée en pièce jointe facilitant l'enregistrement des informations du contact. Dans Mail, double-cliquez simplement sur la vCard dans l'e-mail pour créer une nouvelle fiche dans Carnet d'adresses.

Nouveaux groupes

La fonctionnalité Groupe de Carnet d'adresses est très pratique et je l'utilise assez souvent. Grâce aux groupes, vous pouvez créer différentes catégories de contacts : famille, travail, amis. Comme avec les fiches, il existe différentes techniques pour créer un nouveau groupe :

1. **Appuyez sur ⌘+Shift+N.**
2. **Sélectionnez Fichier ⇨ Nouveau groupe à partir du menu.**
3. **Cliquez sur le bouton + en dessous de la colonne Groupe dans la fenêtre Carnet d'adresses.**

Assurez-vous de donner à votre groupe un nom représentatif des contacts qu'il contient. Pour ajouter des fiches à un groupe, glissez puis déposez les fiches à partir de la colonne Nom vers la colonne Groupe, comme sur la figure 8.10. Cela ne supprime pas la fiche de la colonne Nom, mais crée une copie de la fiche dans le groupe.

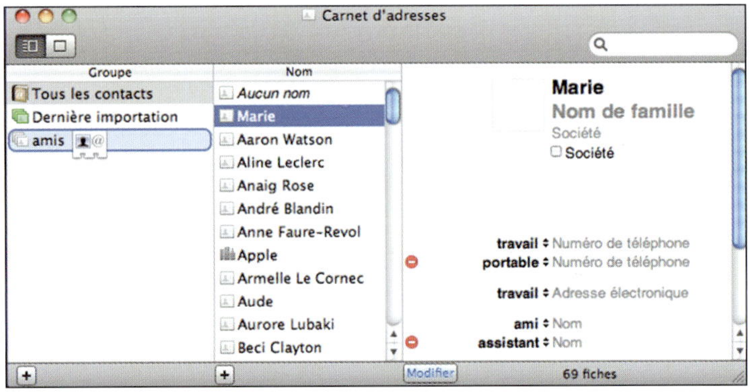

8.10 Glissez puis déposez les noms dans le groupe que vous voulez.

Genius

Il existe une technique plus rapide pour créer un groupe. Sélectionnez plusieurs fiches dans la colonne Nom en maintenant enfoncée la touche ⌘ tout en cliquant sur les noms, puis sélectionnez Fichier ⇨ Nouveau groupe à partir de la sélection.

Comment utiliser les groupes intelligents

Les groupes intelligents sont des groupes auxquels des fiches sont automatiquement ajoutées selon certains critères préalablement spécifiés. Par exemple, si vous créez un groupe intelligent recherchant des fiches contenant certains noms de famille, lorsqu'une fiche est créée avec ce nom, elle est immédiatement ajoutée à ce groupe. Pour créer un groupe intelligent, procédez comme suit :

1. **Appuyez sur ⌘+⌥+N, ou sélectionnez Fichier⇨Nouveau groupe intelligent à partir du menu.**
2. **Nommez le groupe intelligent.**
3. **Déterminez les critères auxquels les fiches du groupe doivent correspondre.**
4. **Ajouter ou supprimer des conditions en cliquant sur les boutons + et – placés à droite des conditions.**
5. **Cochez la case Mettre en évidence le groupe après une mise à jour afin que Carnet d'adresses vous informe de l'ajout d'une carte au groupe intelligent.**
6. **Cliquez sur OK pour enregistrer le nouveau groupe intelligent, ou sur Annuler pour s'en débarrasser.**

Vous pouvez changer les critères d'un groupe intelligent à tout moment, comme sur la figure 8.11, en cliquant dessus dans la colonne Groupe et en sélectionnant Modifier le groupe intelligent.

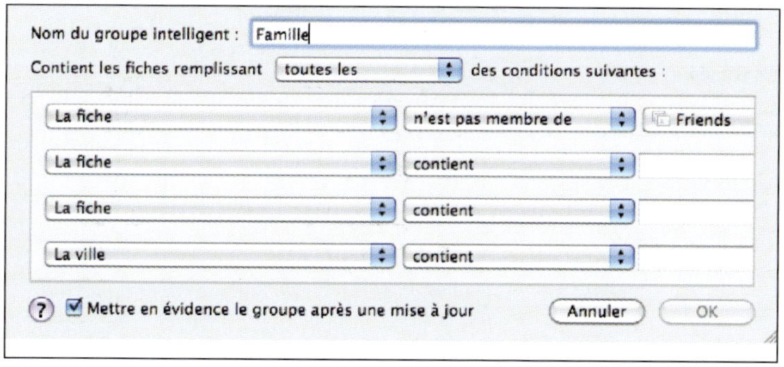

8.11 Ajoutez un soupçon d'intelligence à votre groupe.

Importer des contacts

Carnet d'adresses peut importer des fichiers créés à partir d'autres applications lorsqu'ils sont au format :

- **vCard.**
- **LDIF.**

- **fichier texte délimité par des tabulations.**
- **fichier CSV, format habituellement le plus compatible avec les autres applications.**

Consultez les autres applications pour savoir comment exporter des contacts dans ces formats.

Pour importer des contacts, procédez comme suit :

1. **Sélectionnez Fichier ➪ Importer, puis sélectionnez le format du fichier à importer.**
2. **Parcourez votre Mac pour sélectionner le fichier que vous désirez importer puis cliquez sur Ouvrir.**
   - **Si vous importez un fichier texte délimité par des tabulations ou un fichier CSV, sélectionnez le format Texte.**
   - **Si vous importez un fichier vCard contenant des contacts déjà présents dans Carnet d'adresses, vous devez choisir ce que vous voulez faire.** Comme sur la figure 8.12, vous pouvez choisir de mettre à jour la fiche originale avec les nouvelles informations, garder l'originale, garder la nouvelle ou garder les deux.

8.12 Décidez du sort de vos nouvelles vCards.

Attention

Lorsque vous importez une archive Carnet d'adresses, votre base de données Carnet d'adresses existante est remplacée et toutes les fiches sont supprimées. Carnet d'adresses vous demande de confirmer cette action. Assurez-vous d'avoir une sauvegarde de l'archive avant de continuer (voir les instructions d'exportation dans les paragraphes suivants).

Exporter des contacts

Le format de fichier préféré de Carnet d'adresses pour l'exportation des contacts est le format vCard. C'est un format standard commun à la plupart des applications qui fonctionnent comme Carnet d'adresses.

Pour exporter des vCards à partir de Carnet d'adresses, procédez comme suit :

1. **Sélectionnez les contacts que vous désirez exporter dans la colonne Groupe ou Nom.**
2. **Sélectionnez Fichier ➪ Exporter, puis sélectionnez le format vCard.**
3. **Donnez un nom à la vCard exportée, parcourez le disque dur de votre Mac pour sélectionner un emplacement puis cliquez sur Enregistrer.**

Genius

Je suis sûr que vous avez remarqué l'option Archive du carnet d'adresses dans le menu Fichier ➪ Exporter. Choisissez ce format lorsque vous voulez faire une copie de sauvegarde de votre base de données Carnet d'adresses. Je recommande vivement cette exportation après l'importation d'un nombre important de fichiers afin de vous assurer de ne pas perdre toutes vos données. Vous devriez effectuer cette sauvegarde une fois par mois.

Régler les préférences Carnet d'adresses

Comme avec la plupart des autres applications, Carnet d'adresses propose un certain nombre de préférences personnalisables. Ouvrez les préférences en sélectionnant Carnet d'adresses ➪ Préférences dans le menu, ou en appuyant sur les touches ⌘+,.

Général

Les préférences Général vous permettent de modifier les paramètres de base concernant l'apparence et le fonctionnement de l'application, comme sur la figure 8.13.

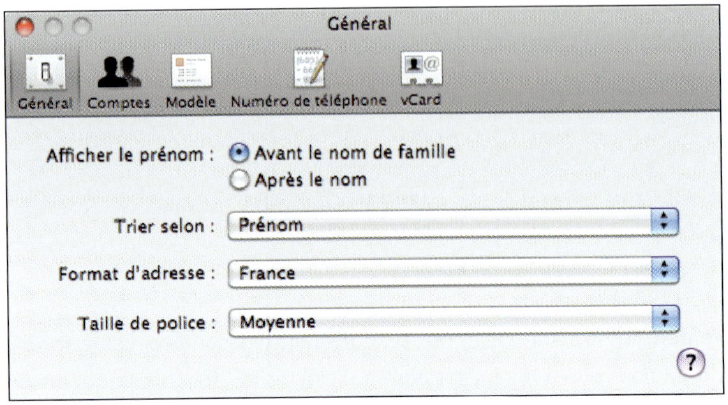

8.13 Onglet des préférences Général, à votre disposition.

Même si ces options sont assez claires, le tableau 8.5 vous en donne une brève description.

Tableau 8.5 Options des préférences Général

Option	Fonction
Afficher le prénom	Affiche le prénom du contact avant ou après le nom de famille.
Trier selon	Triez les contacts par leurs prénoms ou par leurs noms de famille.
Format d'adresse	Sélectionnez le pays correspondant au format d'adresse que vous utilisez.
Taille de police	Choisissez une taille de police par défaut pour Carnet d'adresses.

Comptes

Les préférences Comptes (voir figure 8.14) vous permettent de synchroniser les contacts avec d'autres comptes que vous pouvez avoir, comme MobileMe, et vous aident à partager votre carnet d'adresses avec d'autres personnes.

- **Cochez la case près du compte avec lequel vous voulez synchroniser les contacts.**
- **Cliquez sur l'onglet Partage puis cochez la case Partager mon carnet d'adresses pour partager votre carnet avec d'autres ordinateurs de votre réseau.**

Modèle

Utilisez les préférences Modèle, illustrées sur la figure 8.15, pour modifier les champs automatiquement affichés lors de la création de nouvelles fiches. Supprimez les champs en cliquant sur les boutons – placés à la gauche de ceux-ci, et ajoutez-en en cliquant sur le bouton + ou en choisissant un type de champ dans le menu déroulant Ajouter un champ.

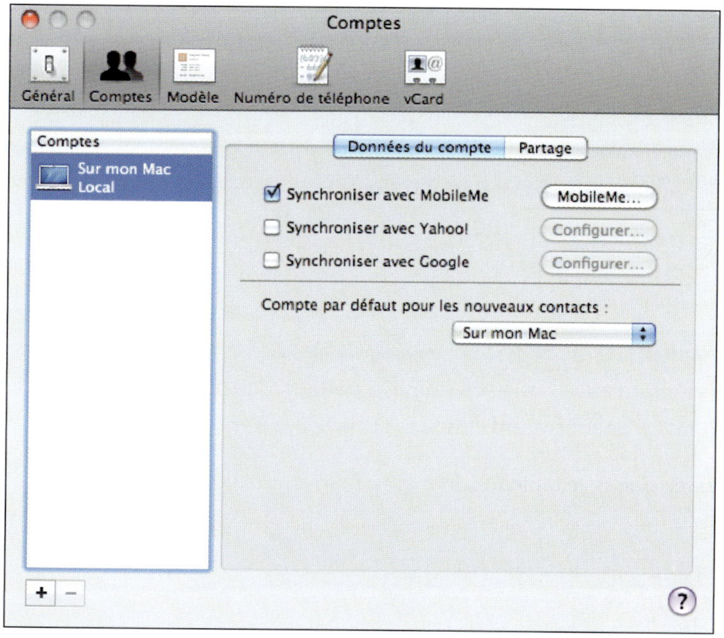

8.14 Synchronisez vos contacts avec MobileMe, Yahoo! et Google.

8.15 J'adore les préférences Modèle. Elles me permettent de personnaliser les champs des nouvelles fiches !

Numéro de téléphone

Cet onglet vous permet de modifier le format d'affichage des numéros de téléphone dans Carnet d'adresses. Vous voudrez peut-être le modifier selon votre pays ou celui de votre contact. Sélectionnez votre format à partir du menu déroulant ou créez le vôtre en cliquant sur le triangle bleu situé près du menu déroulant Formats. Cliquez ensuite sur le bouton + placé dans le coin inférieur gauche de la fenêtre.

vCard

Les options vCard vous permettent de modifier la version par défaut du format vCard dans Carnet d'adresses et de spécifier les informations que vous désirez partager lorsque vous envoyez vos vCards. Le tableau 8.6 explique les options vCard illustrées sur la figure 8.16.

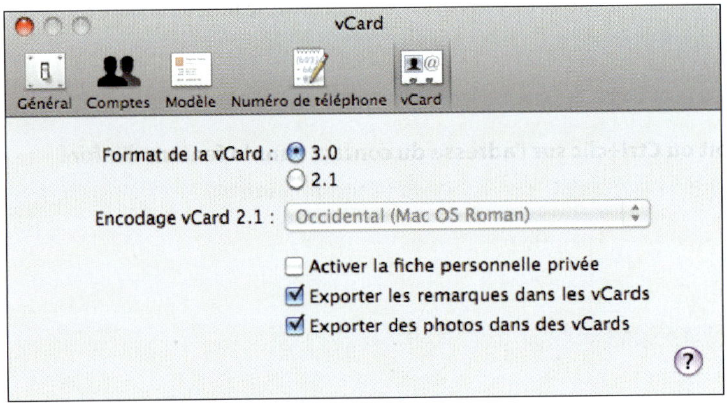

8.16 Options vCard des préférences Carnet d'adresses.

Tableau 8.6 Options vCard du Carnet d'adresses

Option	Fonction
Format de la vCard	Choisissez entre les versions 3.0 et 2.1. La version 3.0 est la version par défaut. Sélectionnez la version 2.1 si les autres personnes ont du mal à importer vos vCards.
Encodage vCard 2.1	Sélectionnez l'encodage approprié à votre langue. Les francophones choisissent généralement Occidental ((Mac OS Roman). Cette option est disponible seulement si vous sélectionnez le format vCard.
Activer la fiche personnelle privée	Vous pouvez choisir les éléments de votre vCard personnelle que vous voulez partager avec ceux à qui vous envoyez la carte. Par exemple, vous ne voudrez peut-être pas qu'ils connaissent votre e-mail ou votre adresse personnelle, mais seulement les autres champs de la carte. Lorsque vous cochez cette case, vous pouvez modifier votre vCard personnelle et désélectionner les éléments que vous ne voulez pas exporter.

Option	Fonction
Exporter les remarques dans les vCards	Cochez cette case pour intégrer les remarques que vous avez inscrites dans les vCards de vos contacts.
Exporter des photos dans des vCards	Si vous cochez cette case, vous intégrez les photos associées aux fiches lors de leur exportation.

Afficher les plans détaillés des adresses

Une fonction très pratique intégrée à Carnet d'adresses est la possibilité d'afficher les cartes associées aux adresses. Elle est très utile lorsque vous avez besoin de vous rendre chez un client et que vous n'êtes pas sûr de l'itinéraire. Regardons de plus près cette incroyable fonctionnalité :

1. **Cliquez sur la fiche dont vous avez besoin dans la colonne Nom afin d'afficher les informations.**
2. **Effectuez un clic droit ou Ctrl+clic sur l'adresse du contact dans la fenêtre d'information, puis sélectionnez Afficher l'adresse, comme sur la figure 8.17.**

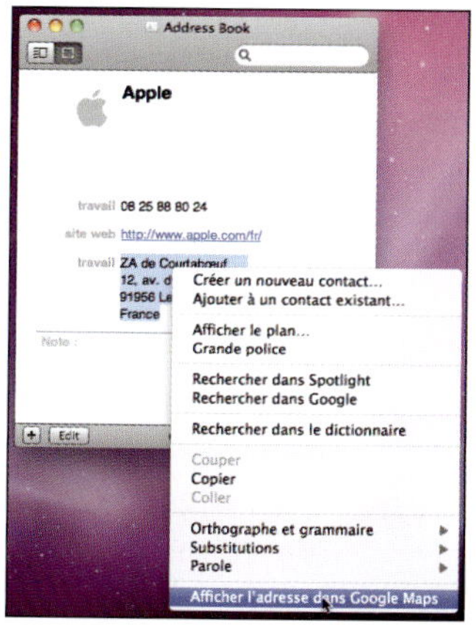

8.17 Sélectionnez Afficher l'adresse dans le menu contextuel pour obtenir un plan détaillé.

3. **Safari ouvre automatiquement une page Google Maps affichant un plan détaillé de l'adresse.** Vous pouvez même obtenir un itinéraire vers cette adresse à partir de votre lieu de départ. Carnet d'adresses et Google Maps travaillent ensemble pour vous fournir des informations exactes. C'est un plaisir d'utiliser cette fonctionnalité !

Synchroniser les contacts et les calendriers avec vos périphériques mobiles

Snow Leopard est un système d'exploitation assez convivial permettant de se connecter et d'interagir avec de nombreux appareils sans problème. Vous n'avez même pas besoin de télécharger de pilotes pour vous connecter à la plupart des appareils comme les PDA ou les téléphones portables. Snow Leopard peut se connecter à ce type d'appareils et synchroniser les informations. Il facilite ainsi la cohérence des données relatives aux contacts et aux calendriers entre les différents appareils. iSync devient l'outil de synchronisation à privilégier pour la plupart des appareils portables. Les possesseurs d'iPhone et d'iPod touch utilisent iTunes pour synchroniser leurs appareils.

Connecter un périphérique à votre Mac

Afin que votre Mac puisse se synchroniser avec un appareil, il doit d'abord être capable de communiquer avec lui. L'appareil doit pouvoir prendre en charge Snow Leopard. Ensuite, vous devez le connecter à votre Mac. Généralement, les appareils se connectent via Bluetooth ou un câble USB.

Appareils pris en charge

Il est évident que Snow Leopard est capable de prendre en charge une multitude d'appareils. Les PDA utilisant le système Palm, les téléphones portables de grandes marques et les Pocket PC sont tous capables de se synchroniser avec iSync. Pour consulter la liste des appareils, rendez-vous sur www.apple.com/macosx/features/isync/index.html

Bluetooth

La méthode la plus utilisée pour connecter un appareil à iSync est le Bluetooth. C'est un protocole de connexion sans fil utilisé principalement pour les connexions entre de petits appareils.

Avant de pouvoir synchroniser votre appareil Bluetooth, vérifiez que le Bluetooth est activé sur l'appareil et sur votre Mac. Si votre Mac est un ancien modèle, vous aurez peut-être besoin d'un adaptateur USB Bluetooth pout utiliser ce protocole. Ouvrez les préférences Système en sélectionnant le menu Pomme ➪ Préférences Système. Si vous voyez un logo Bluetooth dans la catégorie Matériel, cela signifie que votre Mac est équipé de cette technologie.

Consultez l'aide de la documentation de votre appareil pour activer la fonction Bluetooth. Pour activer la fonction Bluetooth sur votre Mac, procédez comme suit :

1. **Sélectionnez le menu Pomme ➪ Préférences Système.**
2. **Cliquez sur l'icône Bluetooth dans la catégorie Matériel.**

3. **Cochez les cases Activé et Détectable, comme sur la figure 8.18, pour activer la fonction Bluetooth et pour rendre votre Mac visible aux autres appareils fonctionnant en Bluetooth.** Ne fermez pas tout de suite les préférences Système Bluetooth !

8.18 Fenêtre des préférences Système Bluetooth.

Genius

Assurez-vous que votre appareil équipé de la technologie Bluetooth est configuré pour être détecté par votre Mac.

Ensuite, configurez votre appareil Bluetooth pour communiquer avec Snow Leopard :

1. **Si vous n'avez aucun appareil configuré pour la communication Bluetooth avec votre Mac, cliquez sur Configurer un nouvel appareil.** Sinon, cliquez sur le bouton + situé dans le coin inférieur gauche de la fenêtre des préférences Bluetooth.
2. **Dans la fenêtre d'assistant réglages Bluetooth, cliquez sur Continuer.**
3. **Sélectionnez dans la liste le type d'appareil que vous configurez, puis cliquez à nouveau sur Continuer.**
4. **Sélectionnez le nom de l'appareil et cliquez sur Continuer.** L'assistant réglages Bluetooth rassemble alors les informations de votre appareil.
5. **Lorsque cela est terminé, cliquez sur Continuer.** Ensuite, votre Mac et votre appareil vont se connecter. L'assistant réglages Bluetooth génère un mot de passe que vous devez entrer sur votre appareil pour terminer le processus. Une fois le processus de jumelage terminé, l'assistant réglages Bluetooth vous demande quels services vous voulez utiliser avec votre appareil.

6. **La seule option nécessaire pour notre chapitre est la configuration d'iSync pour transférer les contacts et les événements.** Assurez-vous que la case soit cochée, puis cliquez sur Continuer.
7. **Cliquez sur Quitter dans l'écran suivant pour terminer la procédure de configuration de l'appareil.** Vous pouvez désormais utiliser votre appareil avec iSync. Dans certains cas, iSync s'ouvre automatiquement et votre appareil s'affiche dans la fenêtre. Si ce n'est pas votre cas, je vais vous expliquer comment ajouter un appareil à iSync.

USB

iSync est également capable de communiquer avec des appareils connectés via USB. Pour connecter un appareil en USB, procédez comme suit :

1. **Fermez iSync et allumez l'appareil.**
2. **Connectez le câble USB d'un côté à l'appareil et de l'autre à votre Mac.**
3. **Ouvrez iSync et suivez les instructions suivantes dans ce chapitre.**

Attention

Apple recommande vivement de synchroniser votre appareil avec un seul ordinateur afin d'éviter les éventuels problèmes de synchronisation : perte de données, doublons ou mauvaise synchronisation.

Synchroniser avec iSync

Voici le moment de synchroniser. Ouvrez iSync :

1. **Sélectionnez Aller ➪ Applications.**
2. **Double-cliquez sur l'icône iSync pour ouvrir l'application.** La fenêtre iSync n'est pas très fournie jusqu'à ce que vous ajoutiez des appareils à synchroniser, comme sur la figure 8.19.

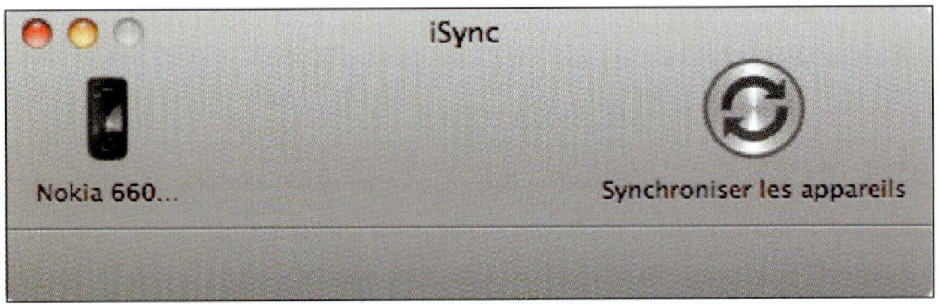

8.19 La fenêtre principale iSync est très épurée tant que vous n'ajoutez pas d'appareils à synchroniser.

Ajouter un appareil à iSync

iSync est désormais prêt à ajouter un nouvel appareil à son répertoire. Procédez comme suit :

1. **Appuyez sur ⌘+N, ou sélectionnez Appareils ➪ Ajouter un appareil à partir du menu. iSync devrait détecter n'importe quel appareil équipé du Bluetooth et configuré pour se connecter à votre Mac, ou n'importe quel appareil connecté via USB.**
2. **Double-cliquez sur votre appareil. Il s'ajoute alors à iSync, comme sur la figure 8.20.** Les options de synchronisation iSync sont présentées dans le tableau 8.7.
3. **Fermez la fenêtre Ajouter un appareil.**

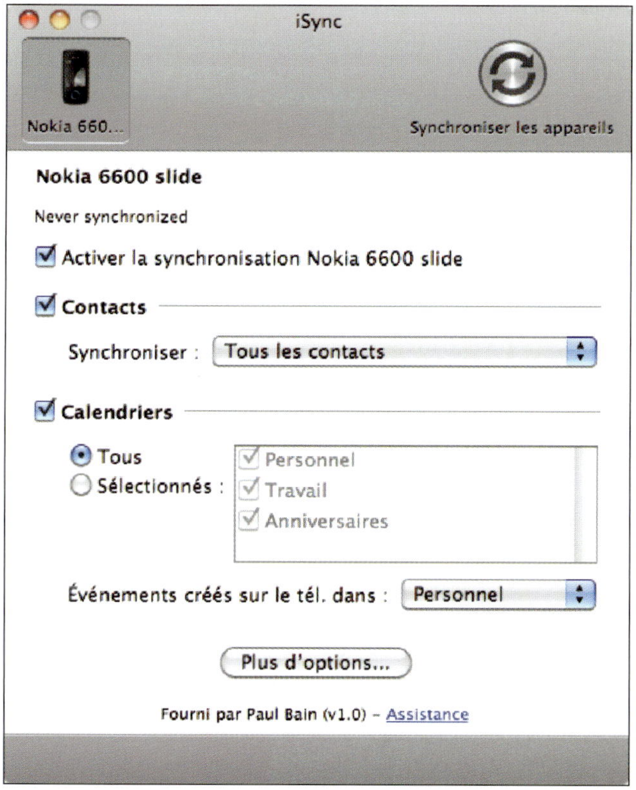

8.20 Mon téléphone portable a été ajouté à iSync.

Synchroniser vos appareils avec votre Mac

Avant de réellement commencer la synchronisation de votre appareil avec iSync, assurez-vous que toutes les options de synchronisation sont réglées selon vos préférences. Le tableau 8.7 présente les options disponibles.

Tableau 8.7 Options de synchronisation iSync

Option	Fonction
Pour la première synchronisation	Cette option est uniquement visible avant la première synchronisation de l'appareil. Choisissez de fusionner les informations de votre appareil et de votre Mac ou d'effacer les données de votre appareil avant la synchronisation.
Activer la synchronisation *appareil*	Cochez cette case pour autoriser votre Mac à synchroniser avec l'appareil en question.
Contacts	Cochez cette case pour autoriser iSync à se synchroniser les informations relatives aux contacts entre votre Mac et votre appareil. Sélectionnez les contacts à synchroniser à partir du menu déroulant Synchroniser.
Calendriers	Sélectionnez cette option pour permettre aux événements des calendriers d'être synchronisés entre votre Mac et votre appareil. Déterminez quels calendriers d'iCal vous désirez synchroniser avec votre appareil.
Événements créés sur le tél dans	Déterminez dans iCal le calendrier destiné à stocker les événements créés sur votre appareil.
Plus d'options	Ce bouton permet de régler plus d'options de synchronisation disponibles avec cet appareil. Elles peuvent concerner la synchronisation des contacts ayant uniquement un numéro de téléphone, celle des alarmes ou des événements durant une journée entière. Vous pouvez décider de synchroniser les événements avant ou après une période précise.

Lorsque les préférences de synchronisation sont réglées, cliquez sur le bouton Synchroniser les appareils dans le coin supérieur droit de la fenêtre. .iSync affiche alors une barre de progression de la synchronisation, comme sur la figure 8.21.

Si vous changez d'avis, vous pouvez arrêter le processus de synchronisation en cliquant sur le bouton Annuler la synchronisation à droite de la fenêtre.

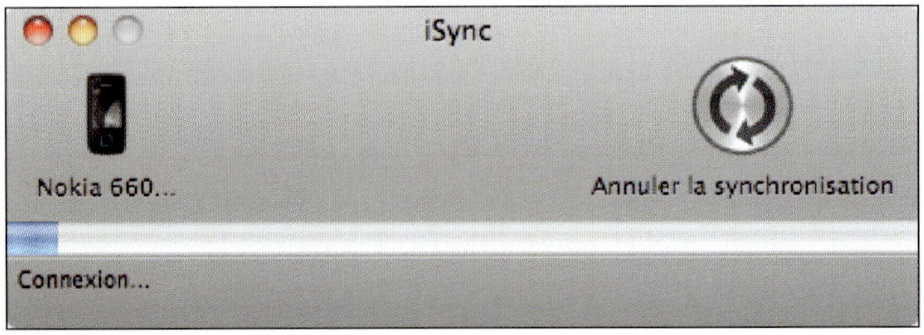

8.21 iSync met votre appareil et votre Mac sur la même longueur d'onde.

iSync vous informe lorsque la synchronisation est terminée. Vos contacts et vos événements sont maintenant synchronisés entre votre Mac et votre appareil.

Alerte de synchronisation

Vous serez alerté pendant le processus de synchronisation lorsque la quantité de données allant être modifiées sur votre Mac et sur l'appareil atteint un certain pourcentage (spécifié par vos soins dans les préférences iSync), comme sur la figure 8.22. Cette alerte vous informe simplement des éléments allant être modifiés ou ajoutés afin que vous décidiez de continuer ou non la synchronisation.

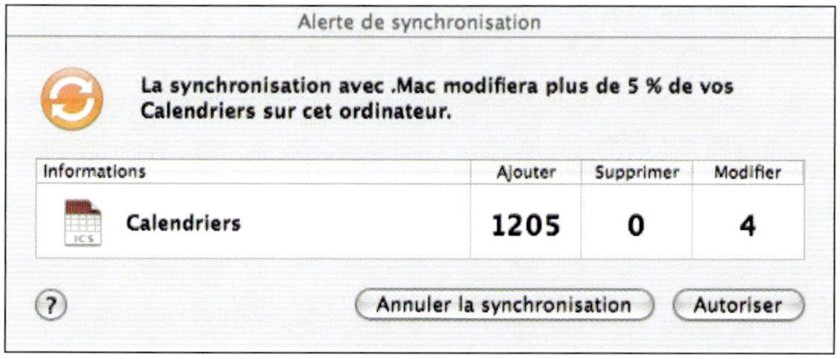

8.22 La fenêtre Alerte de synchronisation vous informe lorsque beaucoup de données sont sur le point d'être modifiées sur votre Mac et sur l'appareil avec lequel vous le synchronisez.

Synchroniser un appareil utilisant le système Palm

Synchroniser des informations avec un appareil fonctionnant sous le système Palm est un peu plus complexe que la synchronisation d'un téléphone portable standard. Vous devez installer le logiciel Palm Desktop sur votre Mac et synchroniser votre Palm avec le HotSync Manager avant d'utiliser iSync. Consultez l'aide iSync pour plus d'informations sur l'utilisation d'un appareil Palm ; sélectionnez Aide ➪ Aide iSync à partir du menu, puis recherchez Palm OS pour afficher les sujets relatifs à l'installation d'un appareil Palm.

Préférences iSync

La figure 8.23 présente la fenêtre des préférences iSync. Vous pouvez modifier ces réglages pour faire fonctionner iSync selon vos préférences et pour autoriser votre Mac à se synchroniser avec d'autres appareils.

Le tableau 8.8 donne la liste des préférences disponibles pour iSync.

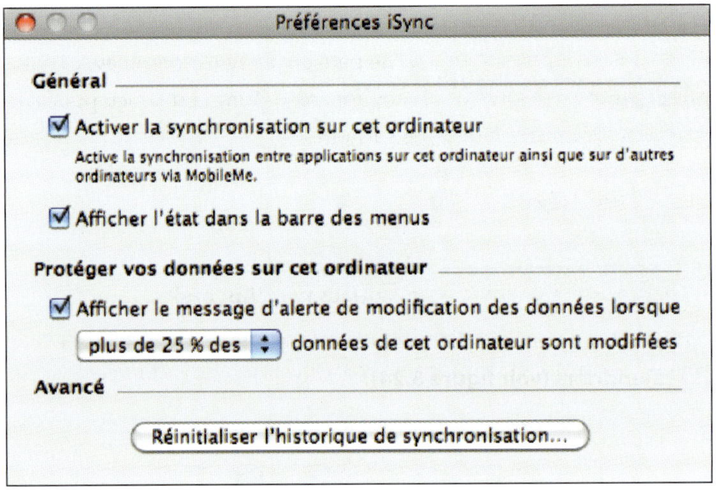

8.23 Effectuez les modifications nécessaires dans les préférences iSync.

Tableau 8.8 Préférences iSync en détail

Option	Fonction
Activer la synchronisation sur cet ordinateur	Cette option est plus que nécessaire si vous désirez synchroniser un appareil avec votre Mac. La seule bonne raison de désactiver l'option est que vous travailliez avec des applications demandant beaucoup de mémoire vive et que vous ayez besoin que votre Mac ne dépense pas inutilement ses ressources de mémoire.
Afficher l'état dans la barre des menus	Cette option permet d'afficher l'icône iSync dans la barre des menus afin que vous puissiez démarrer ou surveiller facilement la synchronisation.
Afficher le message d'alerte de modification des données lorsque *x* pour cent des données de cet ordinateur sont modifiées	Précisez le pourcentage à partir duquel vous désirez qu'iSync affiche le message d'alerte.
Réinitialiser l'historique de synchronisation	Ce bouton permet de réinitialiser les paramètres de synchronisation pour chaque application que votre Mac utilise pour synchroniser des données, comme Mail, iCal, iSync et .Mac. Effectuez la réinitialisation si vous connaissez des problèmes de synchronisation avec un appareil.

Attention

Lorsque vous réinitialisez l'historique de synchronisation, tous les paramètres par défaut de synchronisation dans Snow Leopard et ses applications sont restaurés. Si vous modifiez les paramètres avant de réinitialiser l'historique, recommencez.

Synchroniser un iPhone ou un iPod touch avec iTunes

Il existe des appareils portables (et non des moindres) qui ne peuvent se synchroniser avec iSync : l'iPhone et l'iPod touch d'Apple. Si vous possédez l'un de ces appareils, iTunes est conçu pour synchroniser vos calendriers et vos contacts. Suivez les étapes suivantes :

1. **Connectez votre appareil à votre Mac.**
2. **Ouvrez iTunes.**
3. **Cliquez sur le nom de votre appareil dans la liste au-dessous d'Appareils.**
4. **Cliquez sur l'onglet Informations pour afficher les paramètres de synchronisation pour les contacts et les calendriers (voir figure 8.24).**

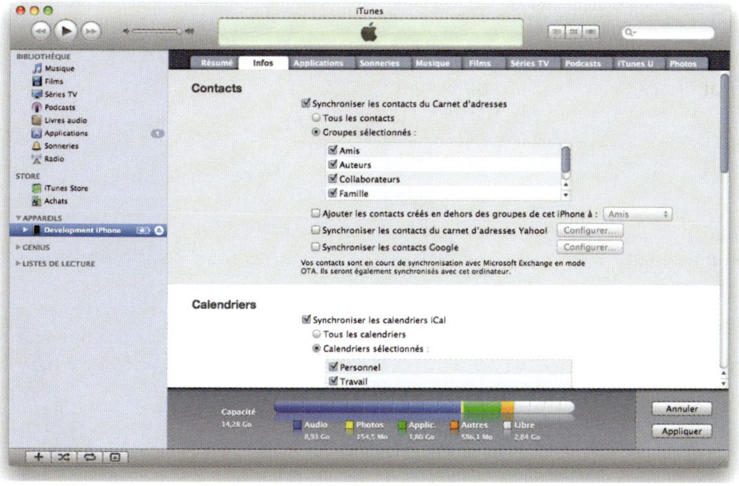

8.24 iTunes permet de synchroniser votre iPhone ou votre iPod touch avec vos contacts et vos calendriers.

5. **Cochez les cases Synchroniser les contacts du Carnet d'adresses et Synchroniser les calendriers d'iCal.**
6. **Cliquez sur Appliquer dans le coin inférieur droit puis sur Synchroniser.**

iTunes vous informe lorsque le processus de synchronisation est terminé.

Comment naviguer sur le Web grâce à Safari ?

Depuis la télévision, aucun autre média n'a eu autant d'influence sur la vie des gens qu'Internet. Pour beaucoup de personnes, relever ses e-mails ou surfer sur le Web est une habitude, au même titre que se lever le matin. Snow Leopard intègre la troisième version du meilleur navigateur web : Safari. Safari est un navigateur rapide comme l'éclair et compatible avec les standards du Web. Il satisfera sans problème les plus exigeants. La plupart des utilisateurs connaissant les bases de la navigation sur le Web, nous passerons tout de suite à l'utilisation et la personnalisation de Safari.

Régler les préférences Safari

Les paramètres les plus importants de Safari sont ses préférences. Elles dictent à Safari comment naviguer en temps normal mais aussi dans certaines circonstances plus particulières. Dans cette partie du chapitre, je vais aborder en détail les préférences afin que vous puissiez en profiter au maximum et personnaliser votre navigation sur le Web.

Général

Le tableau 9.1 présente les options disponibles dans le panneau Général des préférences Safari, illustrées sur la figure 9.1.

Tableau 9.1 Onglet Général des préférences

Option	Description
Navigateur web par défaut	Sélectionnez votre navigateur par défaut sur votre Mac, si vous en avez installé d'autres comme Firefox ou Opera. Heureusement, il n'existe plus de version d'Internet Explorer pour Mac, encore une victoire de Snow Leopard !
Les nouvelles fenêtres s'ouvrent avec	Choisissez si vous voulez que les nouvelles fenêtres s'ouvrent sur la page d'accueil, une page vide, les signets, ou la page de la dernière fenêtre.
Les nouveaux onglets s'ouvrent avec	Choisissez d'ouvrir les nouveaux onglets avec Top Sites (plus de détails sur Top Sites plus loin dans ce chapitre), la page d'accueil, une page vide, la dernière page ou les signets.
Page d'accueil	Tapez l'URL (l'adresse) du site Internet que vous voulez définir en tant que page d'accueil. Cliquez sur Utiliser la page active pour que le site web que vous êtes en train d'afficher devienne votre page d'accueil.
Supprimer les éléments de l'historique	Supprimer les éléments de l'historique après la période de temps spécifiée.
Enregistrer les fichiers téléchargés sur	Sélectionnez le dossier dans lequel les fichiers téléchargés seront enregistrés.
Effacer la liste des téléchargements	Safari garde un historique des fichiers que vous téléchargez. Cette option vous permet de sélectionner la fréquence de suppression de la liste.
Ouvrir automatiquement les fichiers « fiables »	Cochez cette case afin que Safari ouvre automatiquement certains types de fichiers, comme les images disque et les archives zippées, lorsque leur téléchargement est terminé.
Ouvrir les liens depuis les applications	Choisissez d'ouvrir les liens à partir d'autres applications, comme votre client e-mail, dans une nouvelle fenêtre ou dans un nouvel onglet.

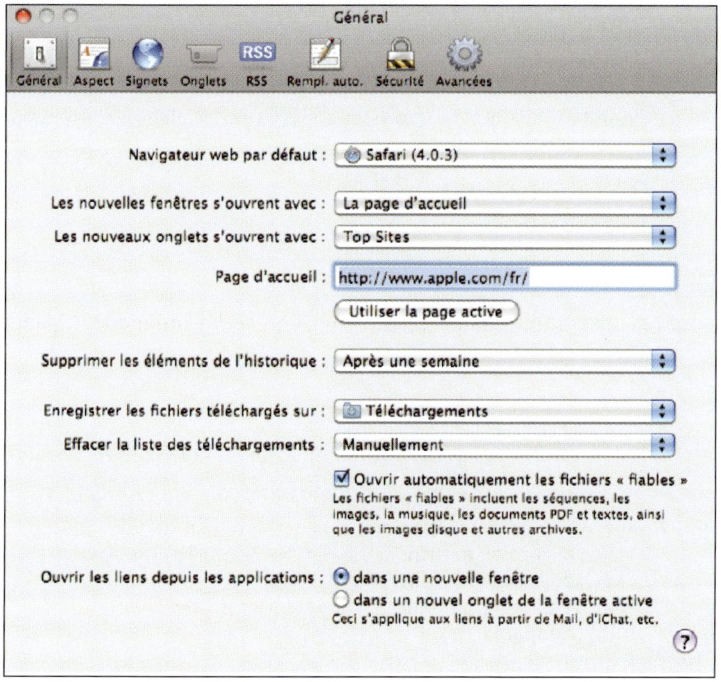

9.1 Options Général de Safari.

Aspect

Le panneau Aspect, illustré sur la figure 9.2, vous permet de choisir les polices utilisées par Safari pour afficher le texte dans une fenêtre. Cliquez sur les boutons Sélectionner pour choisir une police si celles qui sont proposées par défaut (Times et Courier) ne vous plaisent pas.

Si vous êtes du genre pressé (ou si vous utilisez une connexion par modem) et que vous ne voulez pas des images qui parent la plupart des sites, désélectionnez la case Afficher les images à l'ouverture de la page. Les pages s'ouvriront sans afficher les images.

9.2 Panneau Aspect de la fenêtre des préférences Safari.

Signets

Les choix du panneau Signets (voir figure 9.3) vous permettent d'intégrer les liens de Top Sites, de Carnet d'adresses, des pages de démarrage des appareils utilisant le protocole Bonjour dans votre barre de signets, dans le menu Signets ou dans vos collections.

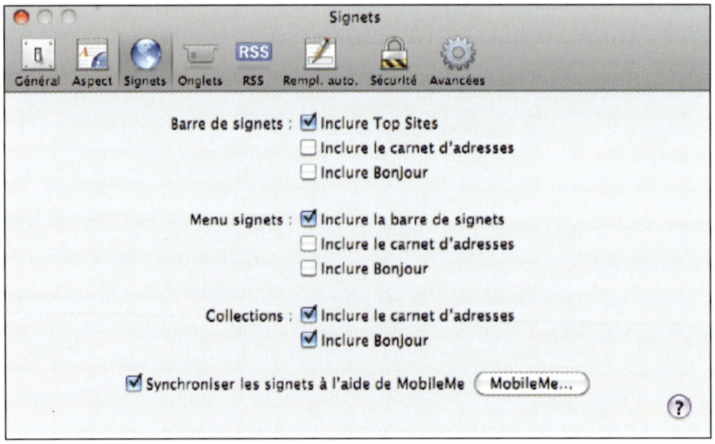

9.3 Le panneau des préférences Signets peut vous aider à gérer vos signets.

Si vous avez plusieurs Mac et un compte MobileMe, vous pouvez synchroniser vos signets Safari en sélectionnant la case Synchroniser les signets à l'aide de MobileMe.

Onglets

Le panneau Onglets (voir figure 9.4) vous permet d'indiquer à Safari comment il doit ouvrir de nouveaux onglets, ou encore s'il peut fermer plusieurs onglets en même temps sans vous demander de confirmation.

Une liste des raccourcis clavier vous est donnée pour vous aider à ouvrir facilement de nouveaux onglets et de nouvelles fenêtres.

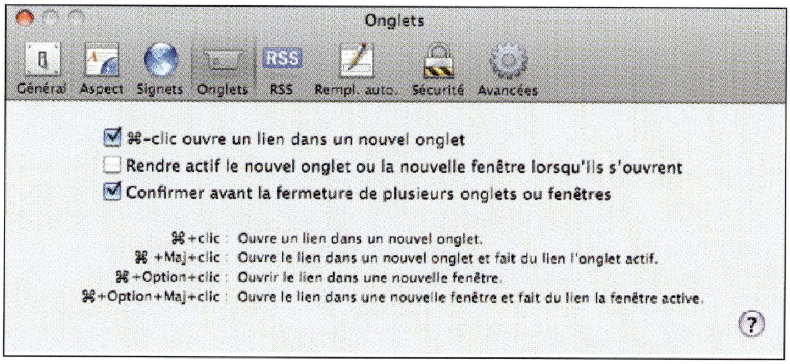

9.4 Indiquez à Safari comment utiliser les onglets dans le panneau des préférences Onglets.

RSS

La figure 9.5 présente les options disponibles dans le panneau des préférences RSS et le tableau 9.2 vous en donne une courte description.

Tableau 9.2 Options des préférences Flux RSS

Option	Description
Lecteur RSS par défaut	Si vous avez téléchargé d'autres lecteurs RSS, vous pouvez désigner l'un d'eux comme lecteur par défaut pour votre Mac .
Mettre à jour automatiquement les articles dans	Safari peut vous indiquer qu'un site a mis à jour son contenu en affichant le nombre de nouveaux articles dans la barre de signets, dans le menu Signets ou dans les deux.
Rechercher automatiquement les mises à jour	Déterminez la fréquence à laquelle Safari doit vérifier les mises à jour des flux RSS auxquels vous avez souscrit.
Marquer tous les articles comme lus	Choisissez de marquer les articles comme lus après avoir visionné la page RSS ou après avoir cliqué sur le lien. L'option Mettre en surbrillance les articles non lus permet de les rendre plus visibles.
Supprimer les articles	Décidez de la fréquence de suppression des articles. Cliquez sur Supprimer pour effacer instantanément tous les articles.

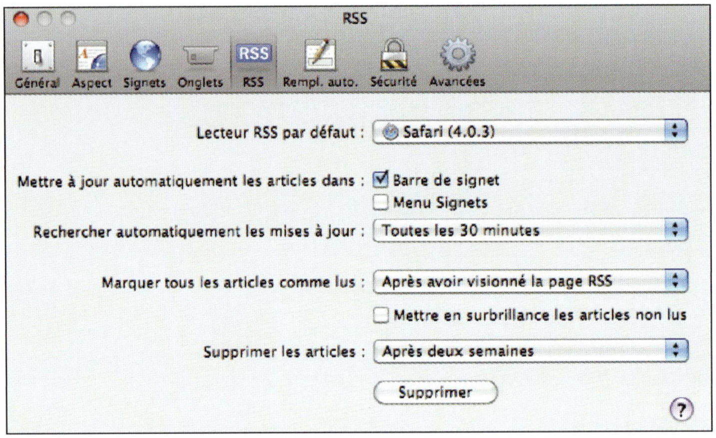

9.5 Options d'affichage des flux RSS dans Safari.

Remplissage automatique

Safari utilise la fonction Remplissage automatique pour réutiliser les informations que vous inscrivez dans les formulaires des sites web lorsque vous en avez besoin à nouveau. Voici les options disponibles (voir figure 9.6) :

- **Utiliser les informations de mon carnet d'adresses.** Cette option permet à Safari d'utiliser les informations vous concernant dans l'application Carnet d'adresses. Cliquez sur Modifier pour ouvrir Carnet d'adresses et changer vos informations.
- **Noms et mots de passe d'utilisateurs.** Sélectionnez cette option afin que Safari enregistre les noms et mots de passe d'utilisateurs que vous utilisez pour vous identifier sur les sites web sécurisés. Je ne vous recommande pas d'activer cette option si la sécurité est importante pour vous. Cliquez sur Modifier pour afficher la liste des sites web et des noms d'utilisateurs utilisés.
- **Autres formulaires.** Safari garde en mémoire les informations que vous inscrivez dans les champs des sites web, comme les formulaires d'application en ligne ou les adresses d'itinéraires. Le bouton Modifier vous permet d'afficher tous les sites sur lesquels vous avez entré des informations.

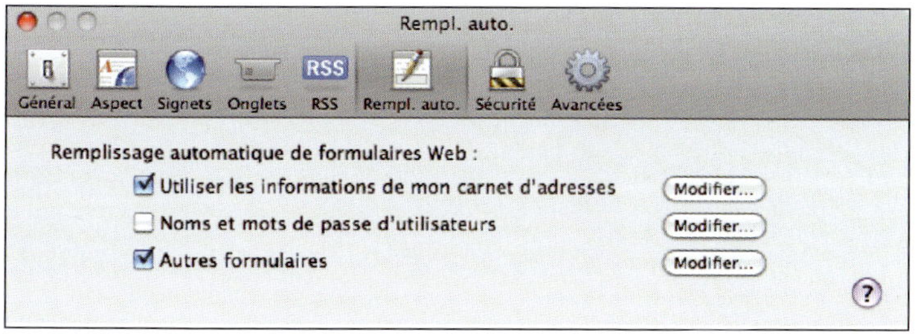

9.6 La fonction Remplissage automatique vous aide à entrer rapidement des informations dans les champs des sites web.

Sécurité

Le tableau 9.3 vous donne la liste des options disponibles dans le panneau Sécurité, illustré sur la figure 9.7.

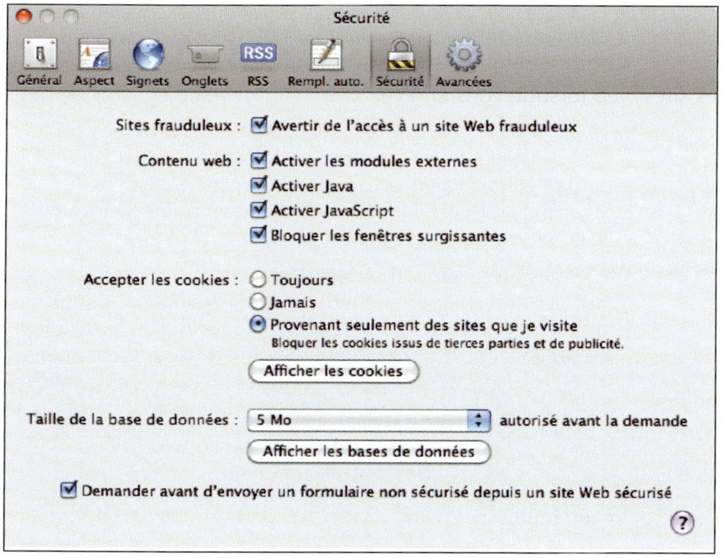

9.7 Sécurisez au mieux vos expéditions sur le Web.

Note

L'un des défauts de Safari est sa capacité à ouvrir les fenêtres surgissantes de certains sites et à en bloquer d'autres. Avec Safari, c'est tout ou rien : vous activez le blocage ou non. Certains sites utilisent ces fenêtres pour de bonnes raisons (certains diront que toutes les fenêtres sont légitimes, mais ce n'est pas le débat ici), vous devez donc désactiver temporairement le blocage et le réactiver juste après.

Tableau 9.3 Options Sécurité pour Safari

Option	Description
Sites frauduleux	Cochez cette case afin que Safari vous prévienne lorsqu'un site peut être frauduleux.
Contenu web	Les plug-in aident Safari à afficher certains types de contenu sur les sites, comme les fichiers vidéo ou audio. De nombreux sites utilisent également Java et JavaScript pour les éléments interactifs. Cochez les cases près des différentes options pour permettre à Safari de les utiliser et enrichir votre navigation. Activez l'option Bloquer les fenêtres surgissantes pour éviter que celles-ci ne polluent vos sites.
Accepter les cookies	Les cookies sont des fichiers texte utilisés sur certains sites pour vous identifier ou suivre vos habitudes de navigation. Il vaut mieux sélectionner l'option Provenant seulement des sites que je visite. Cliquez sur Afficher les cookies pour voir les cookies enregistrés par Safari.
Taille de la base de données	Certains sites vous permettent de créer et de modifier des documents en ligne et utilisent de la place sur votre disque dur pour stocker ces documents. Utilisez ce menu déroulant pour allouer un espace déterminé sur votre disque dur pour ce genre de tâches. Cliquez sur Afficher les bases de données pour voir la liste des bases enregistrées par Safari.
Demander avant d'envoyer un formulaire non sécurisé à partir d'un site Web sécurisé	Lorsque vous activez cette option, Safari vous avertit que vous êtes sur le point d'envoyer des informations confidentielles dans un formulaire non sécurisé à partir d'un site supposé sécurisé.

Options avancées

Les options Accès universel du panneau Avancées (voir figure 9.8) permettent aux utilisateurs d'afficher le texte dans une taille de caractères plus grande et d'utiliser la touche Tabulation pour naviguer entre les éléments d'un site sans l'aide de la souris.

Le menu déroulant Feuilles de style vous laisse choisir votre propre feuille de style lorsque vous parcourez le web.

Cliquez sur Modifier les réglages près de l'option Proxies pour autoriser votre Mac à accéder à Internet à travers le coupe-feu. Il faudra peut-être demander à votre département informatique quels réglages proxy utiliser si vous êtes sur un réseau d'entreprise.

L'option Afficher le menu Développement dans la barre des menus permet d'afficher le menu Développement utilisé principalement par les programmeurs pour tester leurs pages web.

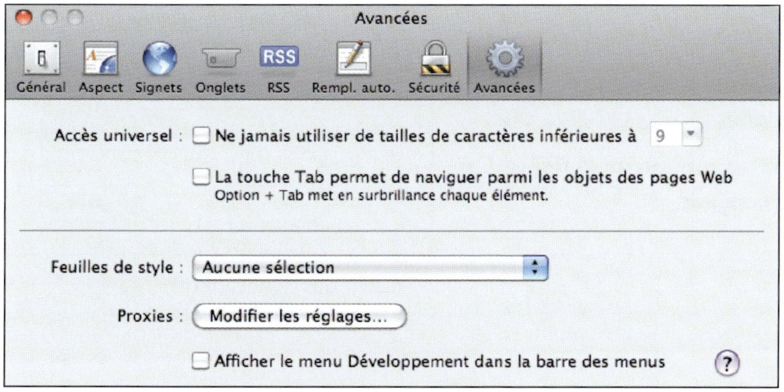

9.8 Panneau des préférences Avancées dans Safari.

Ce site ne s'ouvrira pas avec Safari !

Parfois, les développeurs web appliquent des limites aux navigateurs qui accèdent à leurs sites. Par exemple, si le développeur affiche une préférence personnelle pour Internet Explorer. Heureusement, cette pratique a tendance à disparaître avec l'utilisation croissante des navigateurs comme Safari ou Firefox. Vous ne rencontrerez sans doute pas ce problème. Vous pouvez néanmoins passer outre :

1. **Activez le menu Développement en sélectionnant Afficher le menu Développement dans le panneau des préférences Avancées de Safari.**
2. **Sélectionnez Développement ⇨ Agent d'utilisateur.**
3. **Dans la liste, sélectionnez la version du navigateur que vous désirez émuler.** Safari peut même faire semblant d'être un navigateur sur un PC Microsoft Windows.
4. **Rechargez la page web récalcitrante et vous devriez pouvoir l'afficher.**

Utiliser les signets

Les signets sont des liens de vos sites web préférés que vous créez afin de pouvoir y accéder plus facilement et plus rapidement. Pour créer un signet, procédez comme suit :

1. **Sélectionnez Signets ➪ Ajouter un signet, ou appuyez sur ⌘+D.**
2. **Nommez votre signet.**
3. **Sélectionnez un emplacement pour enregistrer le signet.**
4. **Cliquez sur Ajouter, comme sur la figure 9.9, pour créer le signet.**

9.9 Créez des signets pour accéder rapidement à vos sites préférés sur le Web.

Organiser les signets

Comme les jouets dans une chambre d'enfant, les signets peuvent très vite devenir envahissants s'ils ne sont pas organisés. Pour ouvrir la fenêtre des signets, comme sur la figure 9.10, sélectionnez Signets ➪ Afficher tous les signets, appuyez sur ⌘+⌥+B ou cliquez simplement sur l'icône en forme de livre ouvert dans la barre des signets.

La liste des signets est placée à gauche de la fenêtre (sous la barre des signets) et présente vos collections de signets. Chaque collection peut contenir des sous-dossiers ainsi que des signets.

Vous pouvez organiser vos signets dans la fenêtre des signets :

- **Rangez les signets dans une collection.** Sélectionnez la collection que vous désirez organiser puis rangez les signets dans l'ordre dans lequel vous voulez qu'ils apparaissent en les faisant glisser vers leur position finale.
- **Rangez les dossiers de signets dans l'ordre que vous voulez.** Faites glisser le dossier de signets que vous voulez déplacer vers sa nouvelle position dans la liste des signets.
- **Créez de nouvelles collections.** Cliquez sur le bouton + situé sous la colonne de gauche pour créer une nouvelle collection de signets, puis nommez-la.
- **Créez des sous-dossiers dans les collections.** Sélectionnez la collection à laquelle vous désirez ajouter un sous-dossier. Cliquez sur le bouton + situé sous la colonne de droite et nommez le sous-dossier.

- **Modifiez le nom ou l'adresse d'un signet.** Sélectionnez la collection contenant le signet que vous désirez modifier. Effectuez un clic-droit ou Ctrl+clic sur le signet, puis sélectionnez soit Modifier le nom, soit Modifier l'adresse.
- **Supprimez un signet ou une collection.** Effectuez un clic-droit ou Ctrl+clic sur l'élément que vous désirez supprimer puis sélectionnez Supprimer dans la liste.

Genius

Safari propose une méthode encore plus simple pour créer un signet. Faites simplement glisser l'adresse de la page dans le champ d'adresse vers la barre des signets, nommez-la puis cliquez sur OK.

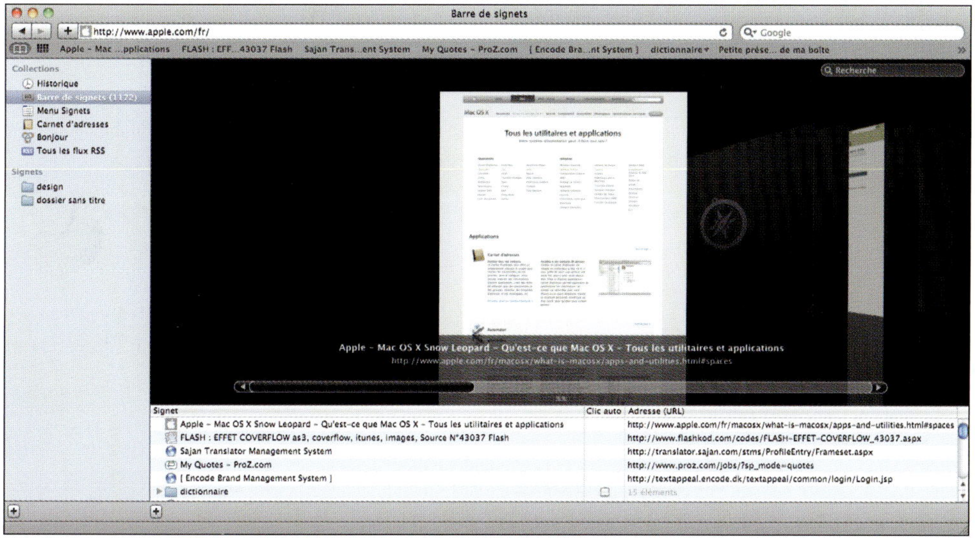

9.10 Signets prêts à être organisés.

Genius

Vous pouvez garder les dossiers de signets dans la barre des signets pour accéder plus rapidement à certains sites. Apple vous fournit déjà les dossiers Informations et Divers dans la barre de signets. Vous pouvez les essayer pour découvrir les avantages de cette fonctionnalité.

Importer et exporter des signets

La plupart des navigateurs permettent d'exporter une liste de leurs signets afin de les sauvegarder ou de les utiliser dans un autre navigateur. Pour importer des signets dans Safari, procédez comme suit :

1. **Sélectionnez Fichier ➪ Importer des signets.**
2. **Parcourez votre Mac à l'aide de la fenêtre Importer des signets et sélectionnez le fichier de signets que vous désirez importer.**
3. **Sélectionnez-le puis cliquez sur Importer.** La fenêtre Signets s'ouvre automatiquement et affiche la liste des signets importés afin de les organiser.

Pour exporter des signets à partir de Safari, procédez comme suit :

1. **Sélectionnez Fichier ➪ Exporter des signets.**
2. **Nommez votre fichier de signets dans la fenêtre Exporter des signets.**
3. **Parcourez votre Mac pour sélectionner un emplacement d'enregistrement puis cliquez sur Enregistrer.**

Personnaliser la fenêtre principale

Vous pouvez personnaliser votre navigation en effectuant certaines modifications de la fenêtre principale de Safari. Il existe plusieurs options pour rendre Safari plus efficace :

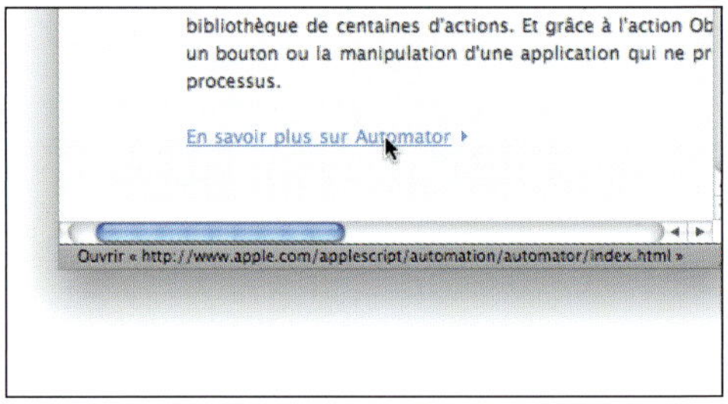

9.11 Affichage de l'URL d'un lien dans la barre d'état en bas d'une fenêtre Safari.

- **Masquez ou affichez la barre d'état en bas de la fenêtre de Safari, qui affiche les informations concernant l'adresse d'un lien (voir figure 9.11), le nombre d'éléments à charger d'une page et plus encore.** Cliquez sur le menu Présentation et choisissez Masquer ou Afficher la barre d'état.
- **Vous pouvez choisir d'afficher la barre des signets en cliquant sur le menu Présentation et en sélectionnant Masquer ou Afficher la barre des signets.**

- **Si vous en avez assez du champ d'URL en haut de votre navigateur, cliquez sur le menu Présentation puis sélectionnez Masquer la barre d'outils.** Faites-la réapparaître en cliquant sur Afficher la barre d'outils.
- **Ajoutez ou supprimez des éléments de la barre d'outils en cliquant sur Présentation puis Personnaliser la barre d'outils.** Dans la fenêtre (voir figure 9.12), faites glisser les éléments que vous désirez ajouter dans la barre d'outils et déposez-les à leur place. Pour supprimer un élément de la barre d'outils, faites-le simplement glisser hors de la fenêtre Safari et il disparaîtra en fumée.

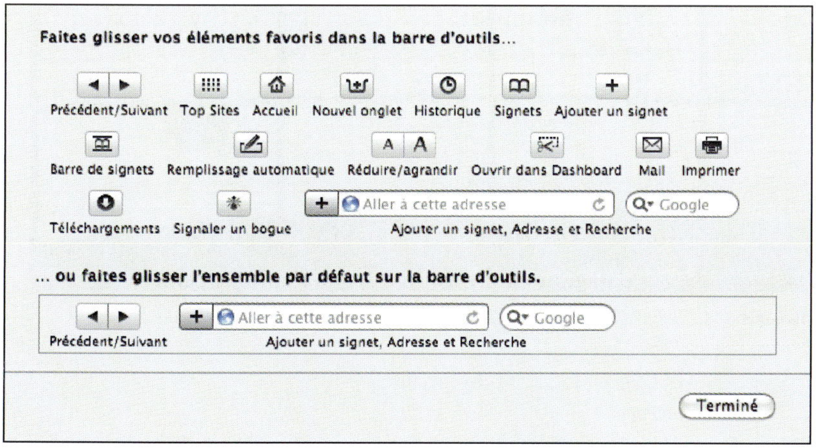

9.12 Personnalisez la barre d'outils en ajoutant vos éléments préférés ou en supprimant ceux dont vous n'avez pas besoin.

Genius

Vous pouvez réorganiser les éléments de votre barre d'outils avec une facilité propre à Mac OS X. Maintenez enfoncée la touche ⌘ puis faites glisser un élément sur la barre d'outils pour le déplacer. Les autres éléments de la barre d'outils se rangent automatiquement en fonction de la nouvelle position de l'élément.

Afficher vos pages préférées avec Top Sites

Top Sites est une nouvelle fonctionnalité de la version 4 de Safari permettant d'afficher un aperçu des sites web que vous fréquentez le plus souvent et représentative d'Apple : design cool et facilité d'utilisation. Pour afficher votre Top Sites, comme sur la figure 9.13, cliquez sur le bouton Top Sites sur la gauche de la barre des signets. Pour visiter un site, cliquez simplement sur sa page dans la fenêtre Top Sites.

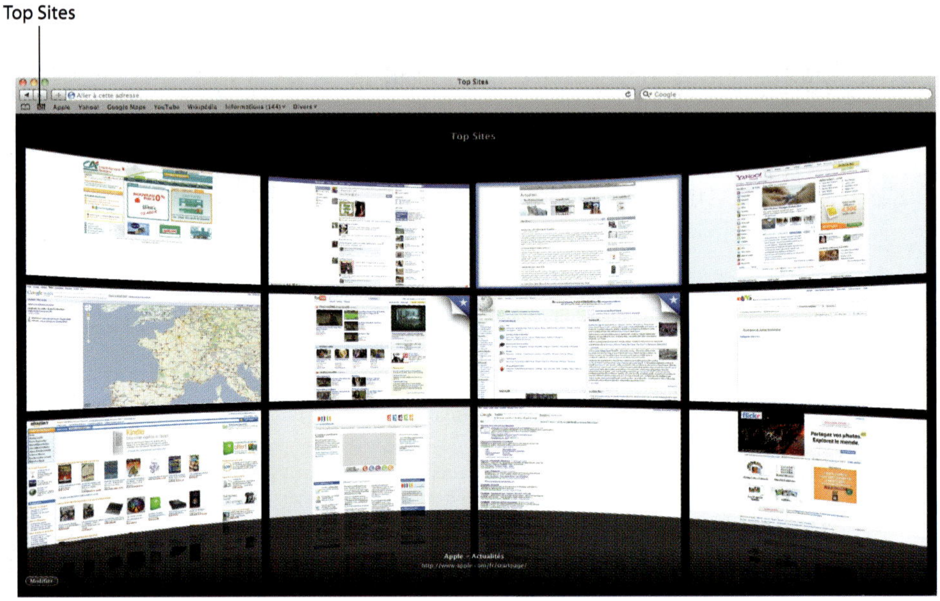

9.13 Top Sites affiche vos sites web préférés sur une grille soignée en trois dimensions.

Voici quelques astuces pour profiter pleinement de Top Sites :

- **Consultez l'historique des sites que vous avez récemment visités en cliquant sur Rechercher dans l'historique.**
  - **Safari affiche les sites récemment visités à l'aide du Cover Flow (voir figure 9.14).** Faites glisser le curseur pour vous déplacer dans l'historique.
  - **Tapez une partie du nom du site dans le champ Rechercher pour le trouver immédiatement.**
  - **Cliquez sur Effacer l'historique pour supprimer la liste des sites précédemment consultés.**

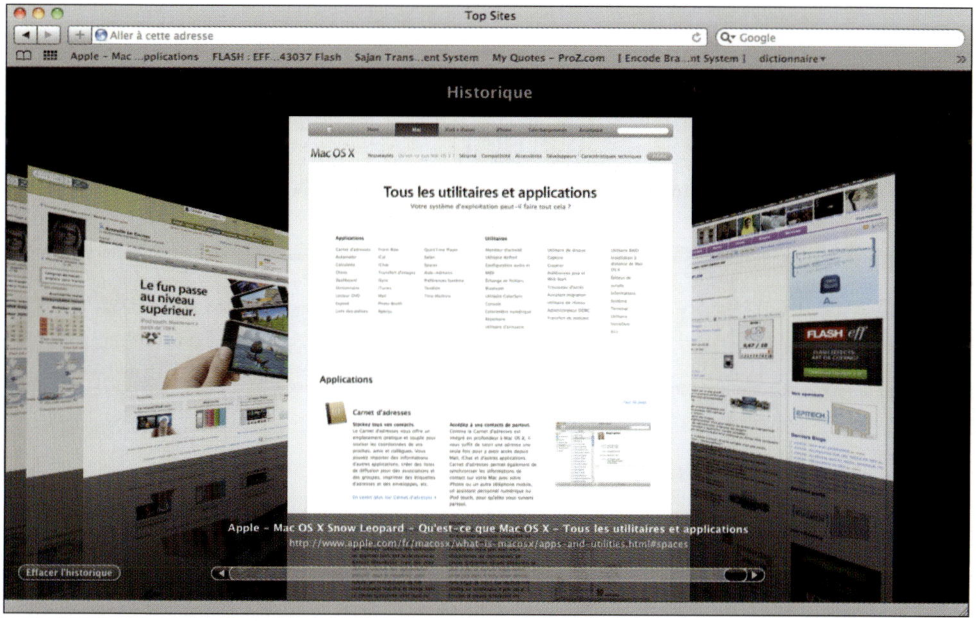

9.14 Cover Flow vous aide à afficher les sites récemment consultés.

- **Cliquez sur Modifier pour organiser les sites de la page Top Sites, comme sur la figure 9.15.**
  - **Cliquez sur la croix dans le coin supérieur gauche d'une page pour supprimer celle-ci de Top Sites.**
  - **Sélectionnez la punaise pour garder un site de façon permanente dans Top Sites.**
  - **Déterminez la taille des sites en cliquant sur les boutons Petite, Moyenne ou Grande dans le coin inférieur droit de la fenêtre.**
  - **Réorganisez la position des sites sur la page en les faisant glisser vers une autre position.**
  - **Cliquez sur Terminé lorsque vous avez fini d'organiser votre page Top Sites.**

9.15 Le bouton Modifier permet d'organiser très facilement les sites sur votre page Top Sites.

Navigation privée

Êtes-vous du genre à ne pas laisser les autres s'occuper de vos affaires ? Vous voulez être tranquille lorsque vous naviguez sur le Web ? Ou bien vous êtes un espion qui ne veut pas que l'on découvre les sites qu'il a visités ? Avec Safari, vous êtes bien tombé ! La navigation privée est une fonction de Safari empêchant quiconque d'utiliser votre Mac pour savoir quelles pages vous avez visitées pendant votre session. Pour activer la navigation privée, procédez comme suit :

1. **Sélectionnez Safari ➪ Navigation privée.**
2. **Cliquez sur OK pour activer la navigation privée, comme sur la figure 9.16.**

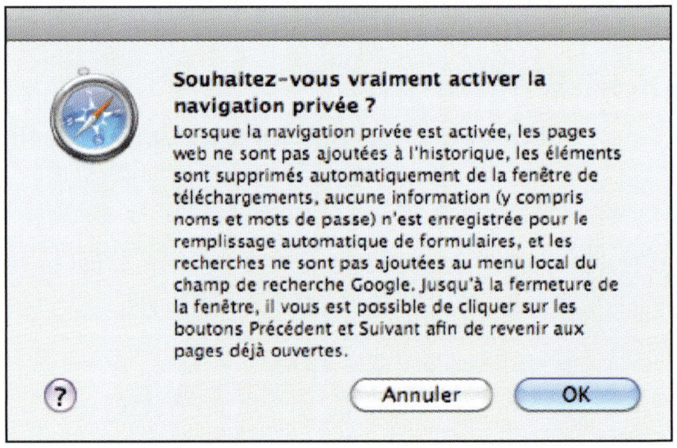

9.16 Activez la navigation privée pour plus d'intimité.

Note

Pour quitter la navigation privée, sélectionnez-la à nouveau dans le menu Safari et assurez-vous de fermer toutes les fenêtres que vous avez ouvertes (pas les onglets mais la fenêtre active). Si vous ne fermez pas la fenêtre, quelqu'un d'autre peut utiliser les boutons Précédent et Suivant pour afficher les sites que vous avez visités.

Afficher les flux RSS

De nombreux sites qui modifient fréquemment leur contenu propose une méthode alternative pour afficher celui-ci : le RSS. Les pages RSS (Really Simple Syndication) affichent seulement les titres des articles les plus récents du site, ainsi que les premières lignes pour vous donner une idée du sujet. Lorsque vous cliquez sur le titre, le site contenant l'article s'ouvre alors.

Chaque fois que Safari détecte un site utilisant le RSS, il affiche une icône RSS bleue dans le coin droit de la barre d'adresse. Cliquez sur cette icône pour afficher la page RSS du site, comme sur la figure 9.17.

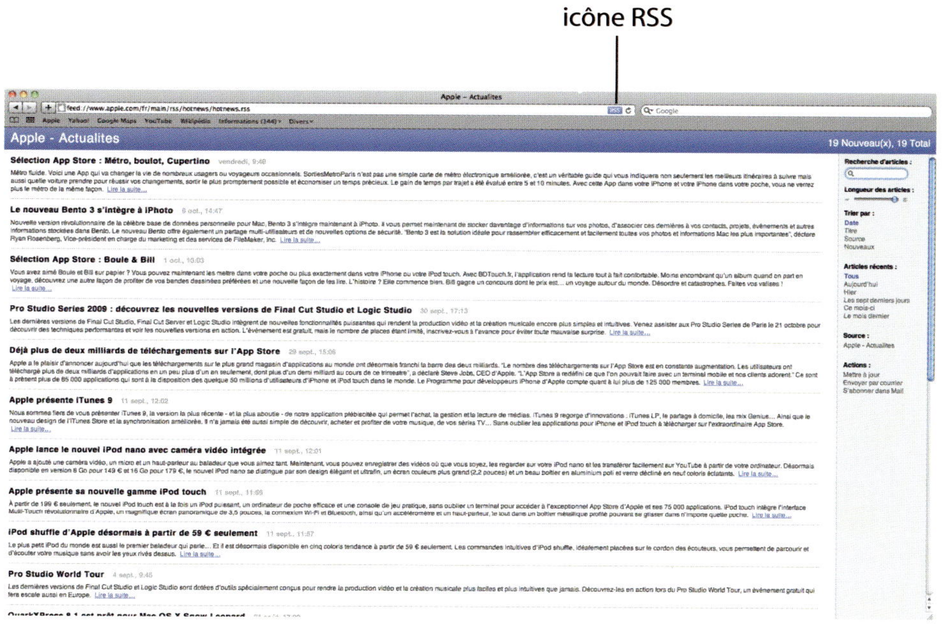

9.17 Le RSS est un bon moyen d'obtenir un aperçu rapide des dernières nouvelles de vos sites préférés.

Afficher les fichiers Windows Media

Regarder des vidéos sur le Web est devenu de plus en plus fréquent. Deux des formats les plus populaires pour visualiser la vidéo sont QuickTime et Windows Media. Snow Leopard intègre déjà QuickTime, mais il est impossible de visualiser les fichiers Windows Media sans installation supplémentaire. Ne vous inquiétez pas, les composants Windows Media pour QuickTime, par Flip4Mac, résolvent votre problème. Voici comment obtenir les composants WMV (Windows Media) :

1. **Allez sur www.microsoft.com/mac/products/flip4mac.mspx et cliquez sur le lien approprié pour télécharger l'image disque des composants WMV.** Safari ouvre automatiquement le programme d'installation, comme sur la figure 9.18.
2. **Cliquez sur Continuer puis acceptez la licence.**
3. **Sélectionnez le disque dur de votre Mac comme disque d'installation puis cliquez sur Continuer.**
4. **Cliquez sur Installer et tapez le nom d'utilisateur et le mot de passe du compte administrateur pour commencer l'installation.** Lorsque la mention Installation réussie s'affiche, vous avez terminé et vous pouvez désormais afficher les fichiers Windows Media sur votre Mac.

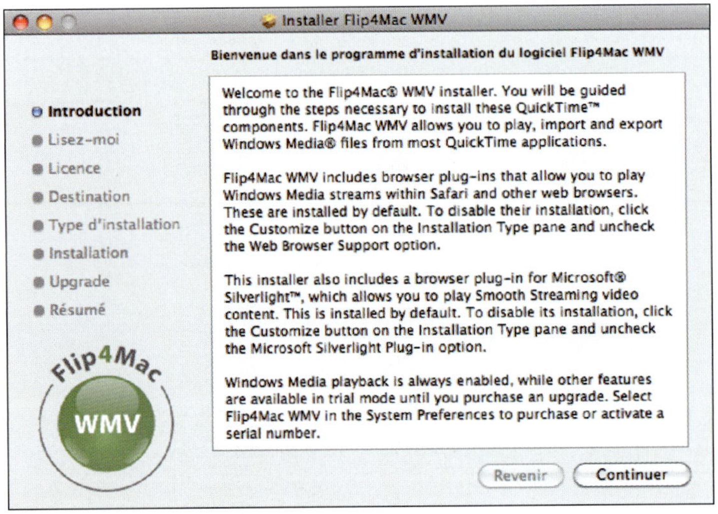

9.18 Quelques étapes seulement avant de pouvoir visualiser les fichiers Windows Media dans Snow Leopard.

Note

Les composants WMV fonctionneront avec n'importe quel navigateur installé sur votre Mac, pas seulement Safari. Aucune autre manipulation n'est à effectuer sur les autres navigateurs pour afficher les fichiers Windows Media.

Rechercher du texte dans un site

Parfois, vous recherchez seulement un mot ou une expression dans une page, mais elle contient tellement d'informations qu'il vous faudrait la journée pour les trouver. Safari propose une fonction pratique pour trouver du texte dans une page web et pointer ce que vous recherchez. Pour rechercher du texte dans une page web, procédez comme suit :

1. **Appuyez sur ⌘+F pour ouvrir le champ Rechercher près du coin supérieur droit de la fenêtre.**
2. **Tapez le terme ou l'expression dans le champ (dans notre exemple, Apple) et Safari commence immédiatement à rechercher, comme sur la figure 9.19.**
3. **Safari affiche le nombre de résultats correspondant à votre recherche à gauche du champ de recherche.** La page est grisée et les occurrences de la recherche sont mises en surbrillance.

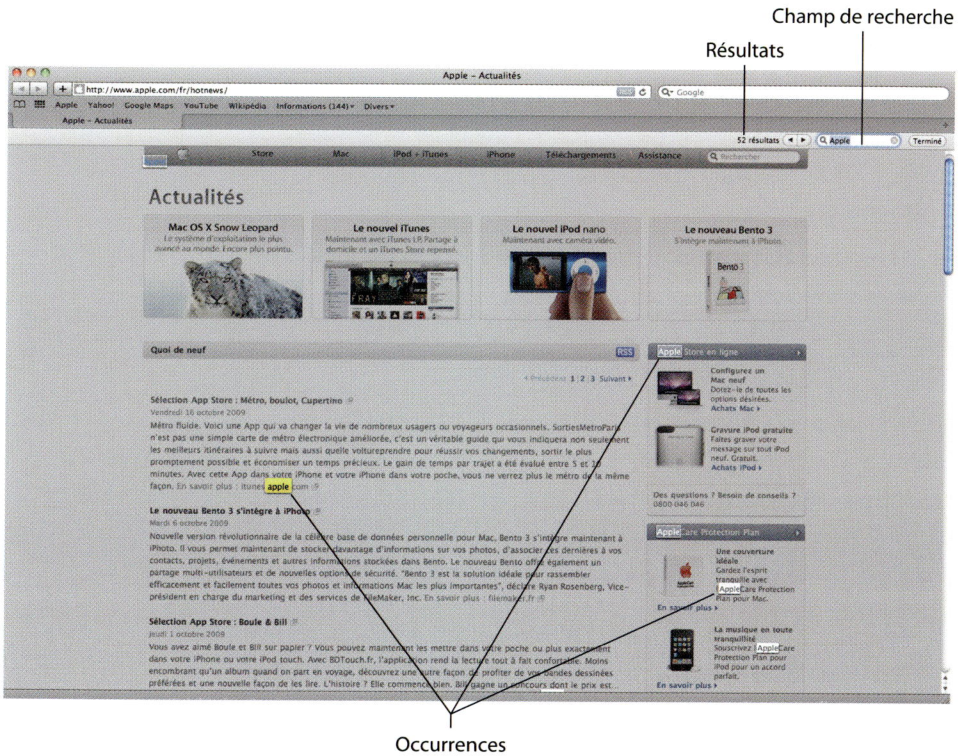

9.19 Safari grise la page et met en surbrillance les occurrences de la recherche, ici, le mot Apple.

4. **Cliquez sur les flèches gauche et droite pour passer d'un résultat à l'autre.**
5. **Cliquez sur le bouton Terminé près du champ de recherche lorsque vous avez fini.**

Dépannage de Safari

Safari peut rendre votre navigation très plaisante, mais personne n'est parfait. Il peut parfois rencontrer des problèmes, même si la plupart du temps ce n'est pas de sa faute. Regardons de plus près certains des problèmes les plus fréquents lorsque vous surfez sur le Web avec Safari, étudions les causes et essayons de rectifier le tir.

Une page web ne s'ouvre pas

Il peut y avoir plusieurs raisons :

- **La page peut être temporairement suspendue.** Si c'est le cas, réessayez plus tard.
- **Votre connexion Internet a été interrompue.** Même en étant sur le Web quelques secondes auparavant, vous pouvez avoir perdu la connexion.
- **Le cache du site est corrompu.** Si c'est le cas, votre navigateur essaie d'ouvrir le cache corrompu au lieu de réactualiser le site. Pour régler ce problème, essayez de vider le cache et de recharger le site. Sélectionnez Safari ➪ Vider le cache à partir du menu, puis choisissez Vider.
- **Assurez-vous que vous avez entré l'adresse correcte du site web.** Cela m'a joué des tours plus d'une fois !

Impossible de télécharger

Parfois, lorsque vous cliquez sur un lien dans un site, le fichier lié ne semble pas se télécharger (vous ne pouvez pas le trouver sur votre Mac) ou il ne se télécharge effectivement pas. Vous pouvez afficher les fichiers téléchargés ou en cours de téléchargement en sélectionnant Fenêtre ➪ Téléchargements. La fenêtre Téléchargements affiche une liste des fichiers téléchargés, comme sur la figure 9.20. Voici quelques éléments à vérifier lorsque ce problème arrive :

- **Dans la fenêtre Téléchargements, vérifiez que le téléchargement du fichier est présent dans la liste pour savoir si Safari a essayé de le télécharger.**
- **Si vous voyez le fichier dans la fenêtre, mais que vous ne pouvez pas le trouver sur votre Mac, cliquez sur la loupe à droite du nom du fichier.**

- **Si le lien ne télécharge tout simplement pas un fichier, contactez l'administrateur du site web.** Le lien vers le fichier est peut-être rompu ou manquant.

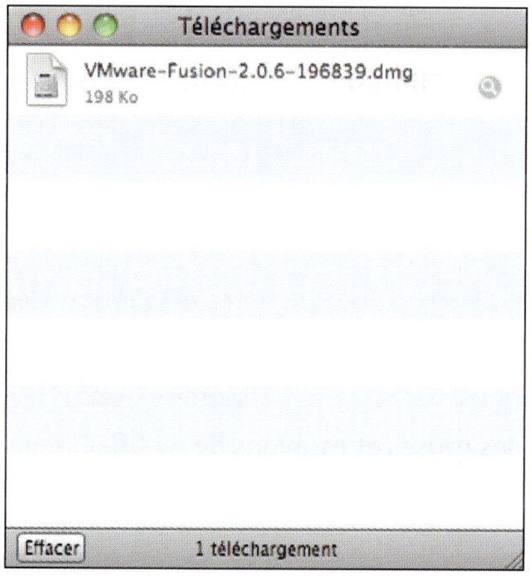

9.20 Liste des fichiers récemment téléchargés.

Les téléchargements ne s'ouvrent pas

Parfois le fichier que vous téléchargez ne s'ouvre pas. Que faire ? Voici quelques suggestions :

- **Le fichier est-il complètement téléchargé ?** Si ce n'est pas le cas, arrêtez le téléchargement et recommencez.
- **Essayez de télécharger à nouveau le fichier au cas où il aurait été corrompu pendant le téléchargement.**
- **Le format de certains fichiers que vous téléchargez n'est pas pris en charge nativement par Mac OS X.** Vérifiez le type de fichier (l'extension à la fin du fichier l'indique) et recherchez sur Google le logiciel susceptible d'ouvrir ce type de fichier sur un Mac.

Le remplissage automatique ne fonctionne pas

Cette fonctionnalité est très pratique, mais elle peut devenir agaçante lorsqu'elle ne fonctionne pas correctement.

- **Assurez-vous que le remplissage automatique est activé en sélectionnant Safari ➪ Préférences et en cliquant sur l'onglet Remplissage automatique.** Cochez les cases correspondant à chacune des options que vous désirez utiliser.
- **L'information requise n'a peut-être pas été entrée auparavant.** Dans ce cas, inscrivez l'information à nouveau.

Les images ne s'affichent pas correctement

Vous êtes en train de surfer et soudain la page n'affiche aucune image. Dans certains cas, ce n'est pas très grave, mais dans d'autres, cela peut devenir problématique (comment acheter un nouveau Mac sans le voir ?). Voici quelques pistes :

- **Safari ne sait peut-être pas qu'il doit afficher les images.** Sélectionnez Safari ➪ Préférences, puis cliquez sur l'onglet Aspect. Cochez la case Afficher les images à l'ouverture de la page.
- **Les liens vers les images du site sont peut-être manquants ou rompus.** Contactez le webmaster du site.

Comment rester connecté grâce à Mail ?

Mail est l'application e-mail simple de Snow Leopard, néanmoins bien supérieure à la plupart des autres clients e-mail que j'ai utilisés par le passé. La version précédente de Mail était déjà très performante, mais avec Snow Leopard, elle a pris une bonne longueur d'avance. La prise en charge intégrée de Microsoft Exchange Server rend cette nouvelle version de Mail très attractive.

Présentation générale

Mail est une application très simple et la plupart de ses outils sont bien visibles et faciles d'accès. La figure 10.1 présente la fenêtre principale de Mail afin de vous familiariser avec ses fonctionnalités.

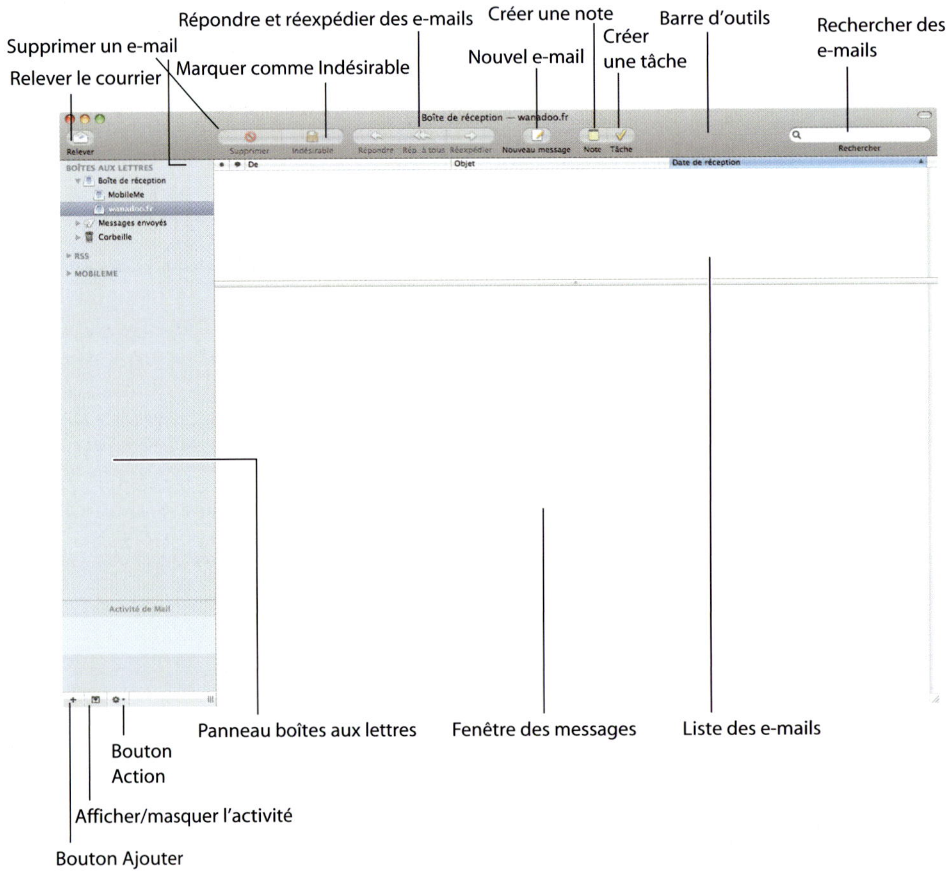

10.1 Affichage par défaut de la fenêtre principale de Mail.

Le tableau 10.1 explique certaines des fonctionnalités disponibles dans la fenêtre principale. Toutes les autres seront abordées plus en détail tout au long du chapitre.

Tableau 10.1 Fonctionnalités de la fenêtre principale de Mail

Fonctionnalité	Description
Indésirable	Vous recevrez certainement un jour des e-mails indésirables. Ces e-mails sont des messages que vous ne voulez pas recevoir : de la publicité ou des messages de votre cousin éloigné venant d'apprendre que vous avez gagné au loto. Sélectionnez le message en question dans la liste des e-mails, puis cliquez sur le bouton Indésirable pour le marquer de façon permanente en tant que message indésirable. Ainsi, les futurs e-mails de cet expéditeur seront automatiquement placés dans le dossier Indésirable.
Rechercher	Tapez le terme de votre recherche dans le champ, et Mail trouvera tous les e-mails contenant ce terme.
Panneau boîte aux lettres	Contient toutes les boîtes aux lettres créées dans Mail. Cliquez sur une boîte aux lettres pour afficher son contenu.
Bouton Ajouter (symbole +)	Cliquez sur ce bouton pour créer rapidement une nouvelle boîte aux lettres, une nouvelle boîte aux lettres intelligente ou pour ajouter un flux RSS.
Afficher ou masquer	Cliquez pour afficher ou masquer la fenêtre d'activité de Mail, qui affiche une barre de progression lorsqu'il envoie ou reçoit du courrier.
Bouton Action	Sélectionnez une boîte aux lettres dans le panneau, puis cliquez sur le bouton Action (il ressemble à une petite roue dentée) pour effectuer les actions proposées dans le menu déroulant correspondant à la boîte. Le bouton Action fonctionne aussi aves les flux RSS.
Liste des mails	Affiche les e-mails de la boîte aux lettres que vous avez sélectionnée dans le panneau boîte aux lettres.
Affichage des messages	Affiche le contenu de l'e-mail que vous avez sélectionné dans la liste des e-mails.

Personnaliser la barre d'outils

La barre d'outils rassemble les contrôles de Mail, mais vous n'êtes pas seulement limité aux contrôles par défaut. Vous pouvez modifier facilement les contrôles selon vos préférences :

1. **Sélectionnez Présentation ➪ Personnaliser la barre d'outils.**
2. **Dans la liste des nombreux contrôles (illustrée sur la figure 10.2), sélectionnez ceux que vous désirez ajouter dans la barre d'outils.**
3. **Faites glisser les contrôles que vous désirez ajouter à la barre d'outils et déposez-les à l'emplacement voulu.** Vous pouvez aussi réorganiser les contrôles à l'aide de la

même technique glisser-déposer. L'avantage est que tous les autres contrôles laissent la place au nouveau.

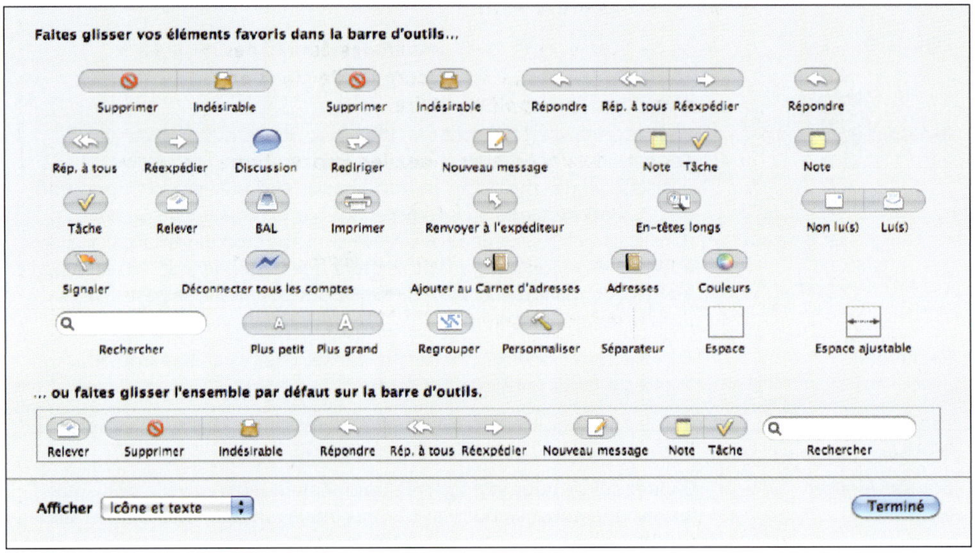

10.2 Une pléthore d'outils à utiliser.

4. **Supprimez les contrôles de la barre d'outils en les faisant glisser hors de la fenêtre.** Ils disparaissent en fumée !

5. **Cliquez sur Terminé lorsque vous avez terminé la personnalisation.**

Gérer les comptes e-mail

Si vous n'avez pas de compte e-mail, Mail ne fera que prendre de la place sur votre disque dur et ne vous servira à rien. Lorsque vous vous engagez auprès d'un fournisseur d'accès à Internet, il doit vous fournir toutes les informations dont vous avez besoin pour ajouter un compte e-mail à Mail. Assurez-vous d'avoir toutes les informations nécessaires avant de commencer à utiliser Mail.

Configuration automatique

La première fois que vous démarrez Mail, l'écran de bienvenue vous demandera de configurer un compte, comme sur la figure 10.3.

10.3 Écran de bienvenue de Mail.

Pour configurer un compte, procédez comme suit :

1. **Inscrivez un nom pour le compte.**
2. **Tapez l'adresse e-mail que vous utiliserez pour ce compte.**
3. **Tapez le mot de passe de votre compte e-mail.**
4. **Cliquez sur Créer, et Mail fait le reste du travail pour vous !**

Vous pouvez aussi configurer des comptes automatiquement. Observez les étapes suivantes :

1. **Sélectionnez Mail ⇨ Préférences, ou appuyez sur ⌘+,.**
2. **Cliquez sur le bouton Comptes dans la fenêtre des préférences pout ouvrir le panneau Comptes (voir figure 10.4).**
3. **Cliquez sur le bouton + situé dans le coin inférieur gauche pour ajouter un compte.**

4. **Inscrivez les informations requises dans la fenêtre Ajouter un compte, cochez la case Configurer automatiquement le compte, puis cliquez sur Créer.**

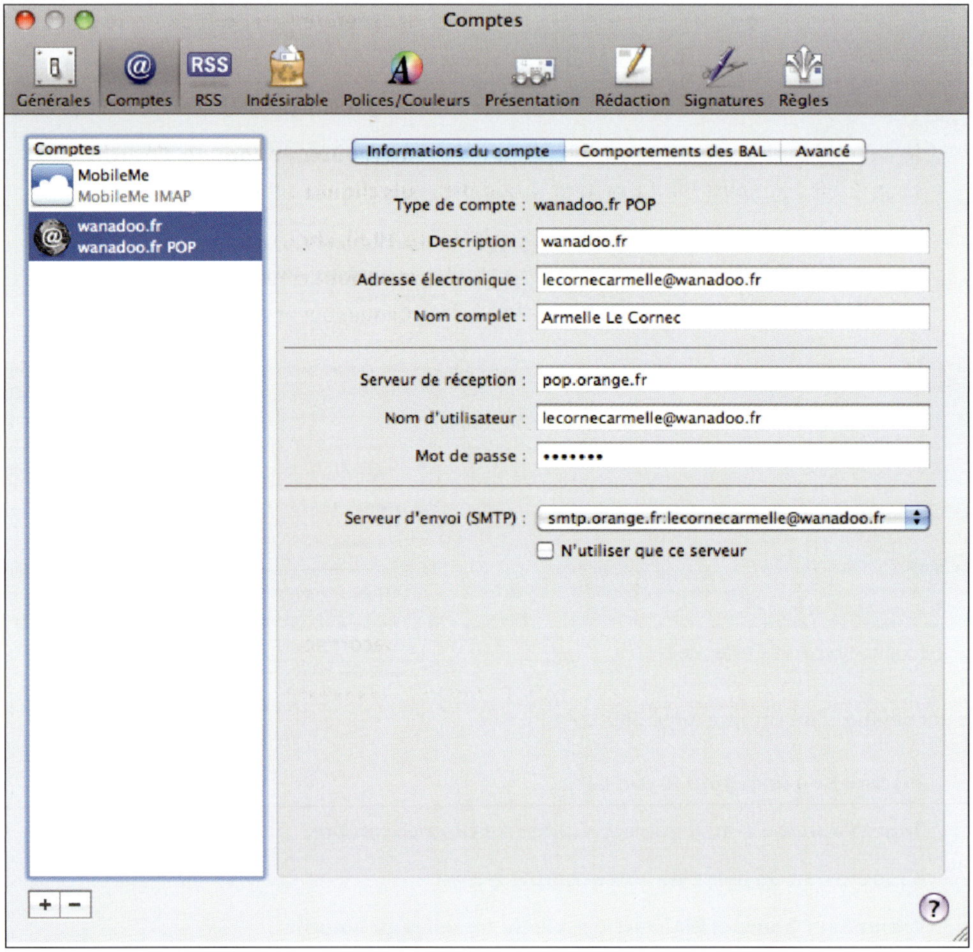

10.4 Panneau Comptes des préférences Mail.

Configuration manuelle

Mail prend en charge les comptes e-mail POP, IMAP et Exchange. Vous pouvez ajouter n'importe lequel de ces comptes manuellement si vous le préférez. Demandez à votre administrateur réseau ou à votre fournisseur d'accès votre type de compte et les paramètres dont vous avez besoin pour configurer votre compte.

Pour créer manuellement un nouveau compte, voici comment procéder :

1. **Sélectionnez Mail ➪ Préférences, ou appuyez sur⌘+,.**
2. **Cliquez sur le bouton Comptes dans la fenêtre des préférences pour ouvrir le panneau Comptes.**
3. **Cliquez sur le bouton + situé dans le coin inférieur gauche pour ajouter un compte.**
4. **Inscrivez les informations requises dans la fenêtre Ajouter un compte, décochez la case Configurer automatiquement le compte, puis cliquez sur Continuer.**
5. **Dans la fenêtre Serveur de réception (voir figure 10.5), choisissez votre type de compte (dans mon cas, POP) et inscrivez les informations données par votre fournisseur d'accès ou votre administrateur réseau.** Cliquez sur Continuer.

10.5 Informations requises pour la réception d'e-mails.

6. **Dans la fenêtre Serveur d'envoi, tapez une description de votre serveur SMPT et choisissez un serveur d'envoi (voir figure 10.6) nécessaire pour envoyer des e-mails à d'autres personnes.** Cochez la case Activer l'authentification si un nom d'utilisateur et un mot de passe sont requis par votre fournisseur, puis inscrivez les informations dans les champs correspondants. Cliquez sur Continuer.

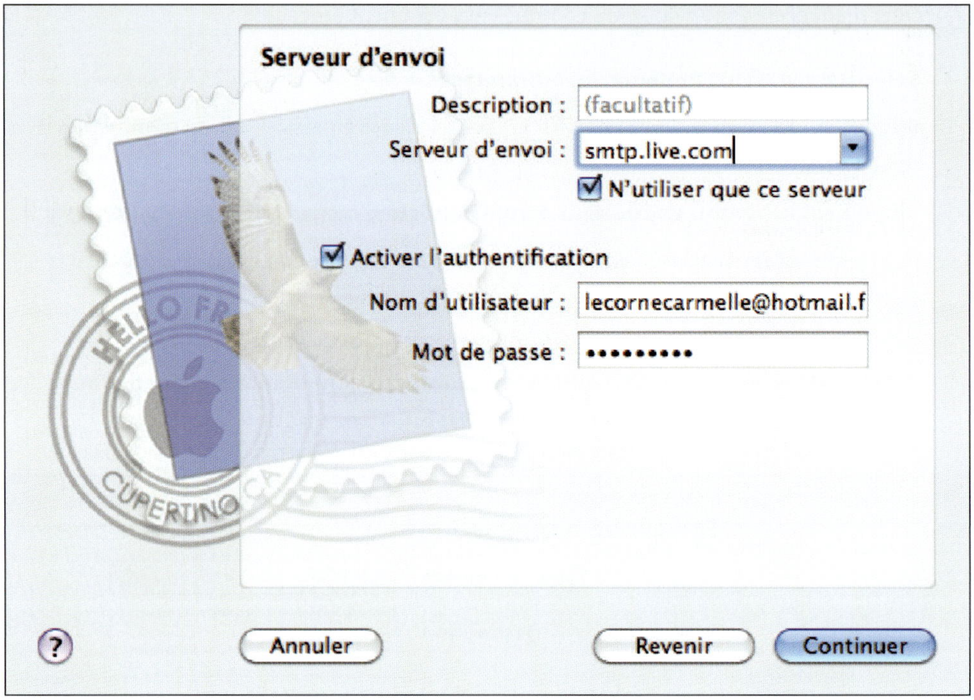

10.6 Après avoir inscrit les informations nécessaires, vous aurez bientôt terminé la configuration de votre compte.

7. **Cochez la case Se connecter au compte en ligne pour utiliser tout de suite votre compte, puis cliquez sur Créer.**

Écrire un e-mail

Composer votre propre e-mail et l'envoyer à votre destinataire est un jeu d'enfant avec Mail. Entrez dans ce moment historique en respectant les étapes suivantes :

1. **Cliquez sur le bouton Nouveau message dans la barre d'outils.**
2. **Dans la fenêtre Nouveau message, tapez l'adresse e-mail de la personne à laquelle vous désirez envoyer le message dans le champ À, comme sur la figure 10.7.** Pour envoyer une copie de cet e-mail à d'autres personnes, tapez leurs adresses dans le champ Cc.
3. **Inscrivez le sujet de votre e-mail dans le champ Objet.**
4. **Cliquez sur le bouton Personnaliser situé sur la gauche, puis sélectionnez d'autres champs, comme Priorité, pour qu'ils s'affichent dans la fenêtre Nouveau message.**

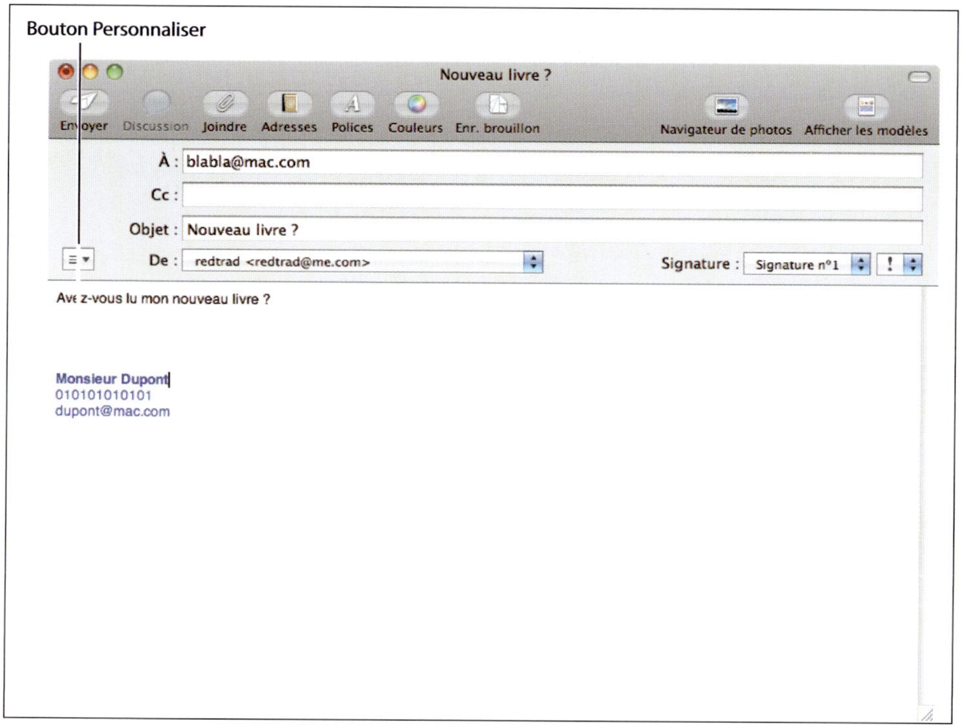

10.7 Mise en forme d'un parfait e-mail.

5. **Tapez le contenu de votre e-mail puis cliquez sur le bouton Envoyer situé dans le coin supérieur gauche.**

6. **Félicitez-vous d'appartenir à la communauté des utilisateurs d'Internet.**

Genius

Comme la barre d'outils de la fenêtre principale de Mail, celle de la fenêtre Nouveau message peut être modifiée selon vos désirs. Dans une fenêtre Nouveau message, sélectionnez Présentation ⇨ Personnaliser la barre d'outils, pour réorganiser, supprimer ou ajouter les différents éléments.

Utiliser les modèles

L'une des fonctionnalités les plus cool de Mail dans Snow Leopard est la possibilité de personnaliser les e-mails grâce aux modèles. Les modèles sont des e-mails préconfigurés fournis par Apple avec Mail. Cette fonction peut transformer n'importe quel e-mail en une création incroyable. Pour utiliser les modèles, procédez comme suit :

1. **Ouvrez une fenêtre Nouveau message.**

2. **Cliquez sur le bouton Afficher les modèles dans la barre d'outils.**

3. **Parcourez les thèmes listés à gauche du champ Modèles (sous le champ Objet et juste au-dessus de la fenêtre du contenu de l'e-mail), puis sélectionnez le modèle qui convient à votre message.**
4. **Personnalisez le contenu de votre e-mail en y glissant vos propres images à la place de celles qui sont proposées par défaut, et tapez votre propre texte dans les champs de texte.**

Joindre des pièces

Parfois vous voulez envoyer par e-mail une photo ou un document accompagnant votre message. Ces ajouts sont appelés pièces jointes. Voici comment ajouter une pièce jointe à votre e-mail :

1. **Ouvrez une fenêtre Nouveau message et inscrivez-y les adresses de vos destinataires.**
2. **Cliquez sur le bouton Joindre dans la barre d'outils.**
3. **Recherchez sur votre fidèle Mac le fichier que vous désirez joindre, sélectionnez-le puis cliquez sur le bouton Choisir.** Si vous envoyez une photo située dans la bibliothèque iPhoto ou Photo Booth, cliquez sur le bouton Navigateur de photos dans la barre d'outils, faites glisser la photo à partir de cette fenêtre, puis déposez-la dans le corps de l'e-mail, comme sur la figure 10.8.
4. **Envoyez votre e-mail en cliquant sur le bouton Envoyer dans la barre d'outils.**

10.8 Glissez puis déposez votre photo dans l'e-mail.

Préservez l'anonymat de vos destinataires

Parfois, lorsque vous envoyez un e-mail à plusieurs destinataires, vous avez besoin de garder leurs noms et leurs adresses secrets. Cette technique, appelée, Copie carbone invisible, ou Cci, est très simple à appliquer :

1. **Ouvrez une fenêtre Nouveau message.**
2. **Cliquez sur le bouton Personnaliser et sélectionnez Champ Cci.**
3. **Entrez l'adresse des destinataires dans le champ Cci, ce qui masquera l'identité des personnes à qui vous enverrez l'e-mail.**

Mise en page

Ajoutez un peu de piment à votre message en personnalisant les polices et les couleurs. Pour mettre en page un e-mail, procédez comme suit :

1. **Ouvrez une fenêtre Nouveau message.**
2. **Tapez le texte de votre e-mail.**
3. **Sélectionnez le texte que vous désirez modifier.**
4. **Cliquez sur le bouton Polices dans la barre d'outils, puis sélectionnez la police que vous voulez utiliser.** Vous pouvez modifier la police et la taille, souligner le texte, changer la couleur, ajouter une ombre au texte et la modifier, et même effectuer une rotation.

Recevoir un e-mail, y répondre et le réexpédier

Normalement votre boîte de réception relève automatiquement vos e-mails toutes les minutes, mais vous pouvez aussi le faire manuellement de différentes manières :

- **Cliquez sur le bouton Relever dans la barre d'outils.**

Note

Vous n'avez pas besoin de travailler dans Mail pour voir qu'un e-mail est arrivé. Mail doit néanmoins être actif, bien sûr. L'icône Mail dans le Dock affiche un cercle rouge contenant le nombre d'e-mails non lus afin que vous puissiez voir facilement que vous avez un nouveau message.

- **Appuyez sur les touches ⌘+Shift+N.**
- **Sélectionnez Boîte aux lettres (BAL) ➪ Relever le courrier, puis sélectionnez le compte que vous désirez vérifier.**

Lors de la réception d'un e-mail, ce dernier s'affiche dans la boîte de réception du compte auquel il a été envoyé. Il apparaît dans la liste des mails en lettres grasses, avec un point bleu à gauche du champ De. La boîte de réception affiche également un ovale bleu clair avec le nombre d'e-mails non lus. Cliquez simplement sur l'e-mail dans la liste pour le lire dans la fenêtre des messages.

Pour répondre à un e-mail ou le réexpédier, procédez comme suit :

1. **Sélectionnez l'e-mail auquel vous désirez répondre dans la liste des mails.**
2. **Cliquez sur le bouton Répondre pour répondre à la personne qui vous a envoyé l'e-mail. Le bouton Répondre à tous permet d'envoyer un message à tous les destinataires de l'e-mail, et le bouton Réexpédier d'envoyer cet e-mail à d'autres.**
3. **Tapez votre texte ou ajoutez une pièce jointe à votre message.**
4. **Cliquez sur le bouton Envoyer dans la barre d'outils.**

Organiser les boîtes aux lettres

Je vais vous montrer comment utiliser les boîtes aux lettres pour organiser votre courrier, les notes pour garder en mémoire les choses importantes et les tâches pour effectuer des listes de tâches.

Boîtes aux lettres

Les boîtes aux lettres permettent d'organiser vos e-mails, chaque compte pouvant avoir plusieurs boîtes. Le tableau 10.2 vous fournit une liste des différents types de boîtes aux lettres.

Tableau 10.2 Fonctions des boîtes aux lettres standard

BAL	Description
Boîte de réception	Stocke les messages reçus sur votre compte e-mail.
Brouillons	Parfois vous voulez enregistrer un e-mail que vous avez tapé afin de l'envoyer plus tard. Le dossier Brouillons permet de le sauvegarder jusqu'à son envoi.
Messages envoyés	Garde une copie des messages que vous avez envoyés.
Corbeille	Stocke les messages supprimés jusqu'à ce que vous les effaciez définitivement.
Indésirable	Les messages marqués en tant qu'indésirables sont stockés dans cette boîte, ne viennent plus perturber votre activité et peuvent être triés plus tard.

Sauvegardez ces boîtes !

Il est toujours judicieux de garder une copie de sauvegarde de vos e-mails au cas où Mail, Snow Leopard ou pire, votre Mac, connaîtrait un problème. Vous pouvez restaurer vos e-mails perdus à leur place si vous faites des sauvegardes régulières de vos boîtes.

Pour sauvegarder une boîte aux lettres :

1. **Sélectionnez la boîte que vous désirez enregistrer.**
2. **Sélectionnez BAL⇨Archiver la boîte aux lettres.**
3. **Sélectionnez le dossier dans lequel vous voulez enregistrer l'archive de la boîte, puis cliquez sur Choisir.**
4. **Une archive de la boîte aux lettres est créée dans le dossier au format MBOX.**

Pour restaurer une boîte aux lettres, procédez comme suit :

1. **Sélectionnez Fichier⇨Importer des boîtes aux lettres.**
2. **Sélectionnez le bouton radio près de Apple Mail et cliquez sur Continuer.**
3. **Parcourez votre Mac pour trouver la boîte aux lettres archivée que vous désirez restaurer, sélectionnez-la puis cliquez sur Choisir.**

Créer des boîtes personnalisées et intelligentes

Mail vous permet de créer vos propres boîtes aux lettres selon vos besoins personnels. Vous pouvez personnaliser vos boîtes en les nommant suivant ce qu'elles contiennent ou par thème (par exemple « Factures »), ou vous pouvez aussi utiliser les Boîtes aux lettres intelligentes. Une boîte aux lettres intelligente vous permet de déterminer les règles qu'elle doit suivre. Par exemple, vous pouvez configurer une boîte aux lettres intelligente qui déplace automatiquement un e-mail provenant d'une personne en particulier.

Pour créer une boîte aux lettres personnalisée, procédez comme suit :

1. **Cliquez sur le bouton + situé dans le coin inférieur gauche de la fenêtre Mail, puis sélectionnez Nouvelle boîte.**
2. **Dans la fenêtre Nouvelle boîte aux lettres, illustrée sur la figure 10.9, sélectionnez un emplacement pour cette nouvelle boîte.**
3. **Nommez la boîte aux lettres puis cliquez sur OK.** La nouvelle boîte aux lettres apparaît dans le panneau Boîtes aux lettres à gauche de la fenêtre Mail.

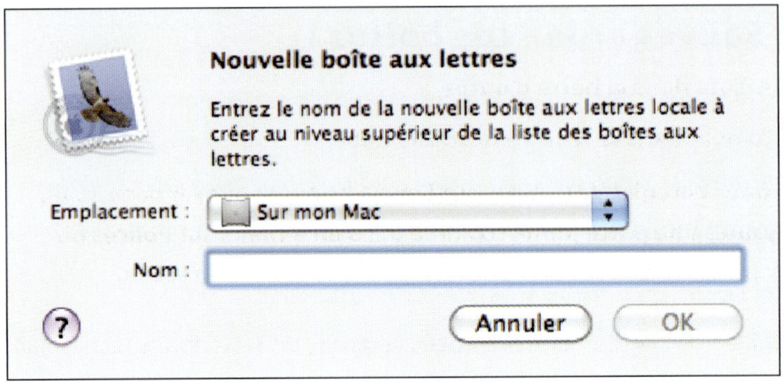

10.9 Créez une nouvelle boîte aux lettres.

Voici comment configurer une nouvelle boîte aux lettres intelligente (j'adore ça) :

1. **Cliquez sur le bouton + situé dans le coin inférieur gauche de la fenêtre Mail, puis sélectionnez Nouvelle boîte aux lettres intelligente.**
2. **Dans la fenêtre qui s'affiche (voir figure 10.10), nommez votre nouvelle boîte.**

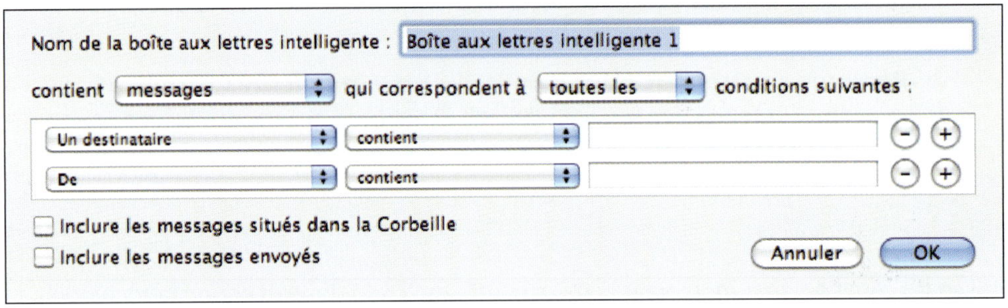

10.10 Créez une boîte aux lettres intelligente afin de vous organiser et gagner du temps.

3. **Sélectionnez le futur contenu de la boîte en déterminant les critères auxquels les éléments devront correspondre.**
4. **Définissez les critères des éléments que la boîte devra contenir ou non.** Cliquez sur le bouton + à droite pour ajouter un nouveau critère ou sur le bouton – pour le supprimer.
5. **Décidez d'inclure ou non les messages de la corbeille ou les messages envoyés.**
6. **Cliquez sur OK pour créer une nouvelle boîte aux lettres intelligente.**

Notes et tâches

Mail offre la possibilité de créer des notes afin de pouvoir griffonner vos idées au fur et à mesure, et de les enregistrer dans Mail ou de les envoyer à quelqu'un via e-mail.

Pour créer une note, procédez comme suit :

1. **Cliquez sur le bouton Note dans la barre d'outils.**
2. **Tapez le contenu de la note dans la fenêtre Nouvelle note.**
3. **Cliquez sur Terminé pour enregistrer la note, sur Envoyer pour l'envoyer par e-mail, sur Joindre pour y ajouter une pièce jointe (comme dans un e-mail), sur Polices ou Couleurs pour éditer le texte ou sur Tâche pour transformer la note en tâche.**

Les tâches sont des choses que vous avez à faire. Vous pouvez garder un suivi de vos tâches dans Mail. Il existe deux manières de créer une tâche :

- **Cliquez sur le bouton Tâche dans la barre d'outils puis tapez les informations nécessaires, comme le titre de la tâche ou la date d'échéance.**
- **Sélectionnez du texte dans un message ou dans une note, comme un numéro de colis que vous devez suivre ou une réunion à laquelle vous devez assister, puis cliquez sur le bouton Tâche dans la barre d'outils.**

Vous pouvez accéder facilement aux notes et aux tâches dans le panneau des boîtes aux lettres, sous la catégorie Rappels, comme sur la figure 10.11.

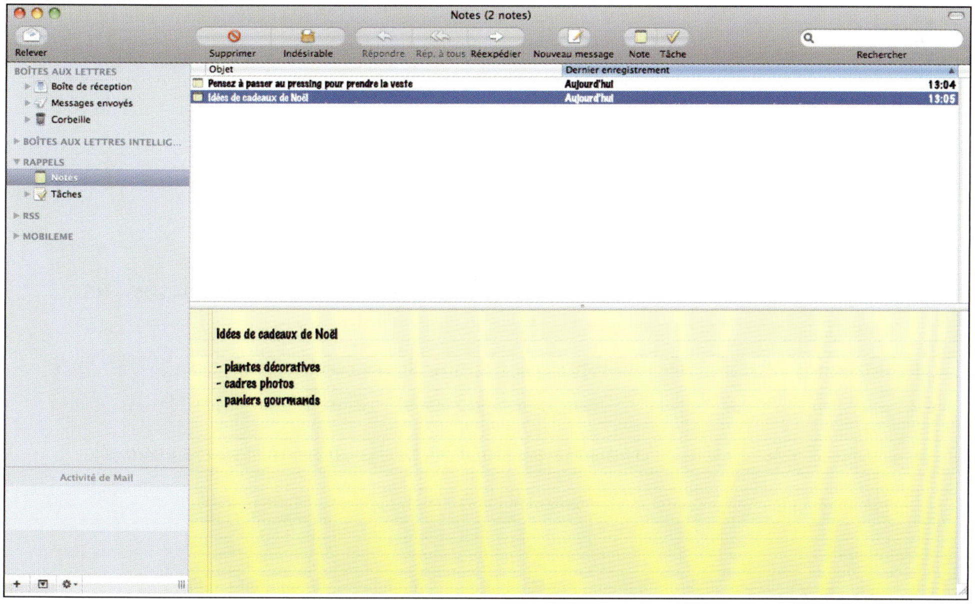

10.11 Cliquez sur Notes ou Tâches pour afficher la liste correspondante.

Utiliser les flux RSS

Le RSS (Really Simple Syndication) est utilisé sur les sites Web qui mettent à jour leur contenu régulièrement, notamment les nouveaux sites Web. Ces sites utilisent un flux RSS pour prévenir de leurs mises à jour. Mail, dans Snow Leopard, peut servir de lecteur RSS, ce qui signifie que vous pouvez l'utiliser pour suivre les nouveaux articles publiés sur vos sites favoris. J'adore cette fonctionnalité et l'utilise au lieu d'avoir une application tierce, car je n'ai qu'une seule application à ouvrir.

Pour utiliser les flux RSS dans Mail, procédez comme suit :

1. **Trouvez l'adresse de la page RSS du site que vous désirez suivre.** Lorsque vous utilisez Safari en tant que navigateur, il est très facile de détecter si un site utilise un flux RSS : vous voyez les lettres RSS à droite de l'adresse dans le champ Adresse de Safari.
2. **Cliquez sur le bouton + situé dans le coin inférieur gauche de la fenêtre Mail, puis sélectionnez Ajouter des flux RSS.**
3. **Sélectionnez le bouton radio Spécifier l'adresse URL du flux, comme sur la figure 10.12.**
4. **Tapez l'adresse du flux (ou effectuez un copier-coller à partir du champ d'adresse de votre navigateur) dans le champ correspondant.**

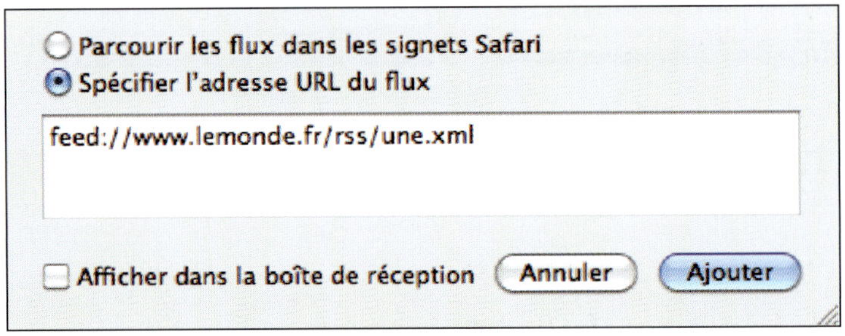

10.12 Ajouter un flux RSS dans Mail.

5. **Cliquez sur Ajouter.** Le flux s'affiche sous la catégorie RSS dans le panneau des boîtes aux lettres.
6. **Cliquez sur le flux dans ce panneau pour afficher les dernières publications.**
7. **Si le fragment d'article vous intrigue, cliquez sur En savoir plus pour ouvrir l'article en entier dans Safari.**

Dépannage de Mail

Il peut arriver de rencontrer certains problèmes. Le plus commun avec Mail est l'impossibilité de recevoir ou d'envoyer des e-mails. Les deux derniers paragraphes de ce chapitre y sont consacrés.

Impossible d'envoyer des messages

Parfois il vous est impossible d'envoyer des messages. Cela peut être dû au fait que le bouton Envoyer est grisé, vous pouvez également recevoir un message d'erreur vous informant que vous ne pouvez pas vous connecter au serveur SMTP de votre fournisseur d'accès. Voici quelques solutions lorsque vous êtes confronté à cette situation décourageante :

- **Si vous avez accès à Internet, ouvrez Safari et vérifiez que vous pouvez charger une page web.** Si vous n'y parvenez pas, sélectionnez le menu Pomme ➪ Préférences Système ➪ Réseau et vérifiez votre connexion.
- **Vérifiez les paramètres SMTP de votre compte.**
  1. **Sélectionnez Mail ➪ Préférences.**
  2. **Cliquez sur le bouton Comptes puis sélectionnez le compte avec lequel vous rencontrez des difficultés.**
  3. **Assurez-vous que le serveur d'envoi (SMTP) est correctement paramétré.**
  4. **Si votre serveur SMTP n'est pas configuré, consultez votre fournisseur d'accès au sujet des paramètres.**
- **Assurez-vous que vous avez les dernières mises à jour de Snow Leopard.** Sélectionnez le menu Pomme ➪ Mise à jour de logiciels et installez les mises à jour disponibles.

Impossible de recevoir des messages

Vous commencez à vous sentir seul ? Peut-être parce que vous n'avez pas reçu récemment d'e-mails de vos amis ou de votre famille. Ne désespérez pas, vérifiez d'abord que Mail est capable de recevoir des e-mails.

- **Votre compte est-il connecté ?** Si ce n'est pas le cas, vous ne pouvez pas recevoir de nouveaux messages. Pour savoir si votre compte est déconnecté, il suffit de voir si une icône d'avertissement s'affiche à droite de la barre latérale, comme sur la figure 10.13. Pour reconnecter votre compte, cliquez sur l'icône et sélectionnez l'option Connecter tous les comptes.
- **Êtes-vous bien connecté à Internet ?** Assurez-vous de l'être.
- **Envoyez-vous un message pour tester les paramètres de connexion.** Vérifiez auprès de votre fournisseur d'accès que vous utilisez les bons paramètres pour votre compte.
- **Le nom de votre boîte aux lettres est-il grisé ?** Si c'est le cas, sélectionnez Fenêtre ⇨ Diagnostic de connexion, puis suivez les instructions pour les comptes rencontrant des difficultés à se connecter à votre fournisseur d'accès.

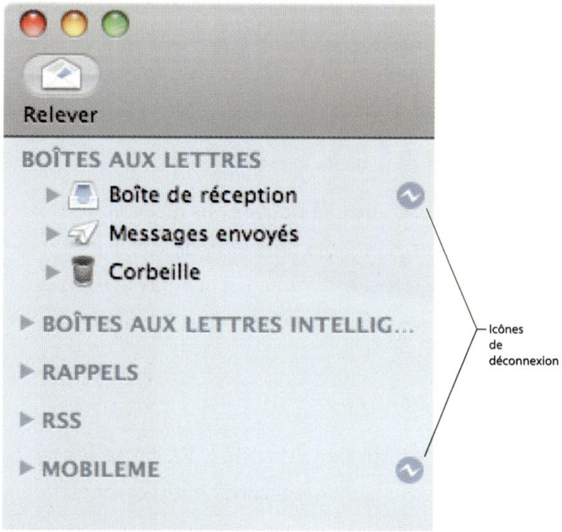

10.13 Le compte est déconnecté si une icône d'avertissement s'affiche.

Quelles sont les meilleures fonctions d'iTunes ?

Je dois absolument avoir cette musique ! Et ces films. Sans oublier les émissions de télévision et les podcasts ! Aujourd'hui, nous voulons du spectacle immédiat, abordable, mobile et de préférence numérique. Snow Leopard peut répondre à tous ces besoins grâce à un petit outil astucieux appelé iTunes. Depuis sa sortie en 2001, iTunes fait partie des instruments qui contribuent à nous divertir. Lorsque vous possédez en plus un iPod ou un iPhone, iTunes devient absolument nécessaire. Heureusement, cette application est aussi intuitive et simple que tous les autres logiciels de votre Mac, vous en deviendrez vite accro !

Présentation générale

iTunes peut répondre à la plupart de vos besoins en termes de divertissement numérique si vous savez utiliser ses menus, ses boutons et ses fonctionnalités. Cette partie, à propos des commandes, et la suivante, sur les préférences iTunes, vous apprendront à devenir un utilisateur expert d'iTunes en un clin d'œil.

Comprendre l'interface d'iTunes

La figure 11.1 présente l'interface par défaut d'iTunes et désigne les nombreux boutons et menus. Le tableau 11.1 décrit ces derniers et vous donne un aperçu des possibilités d'iTunes.

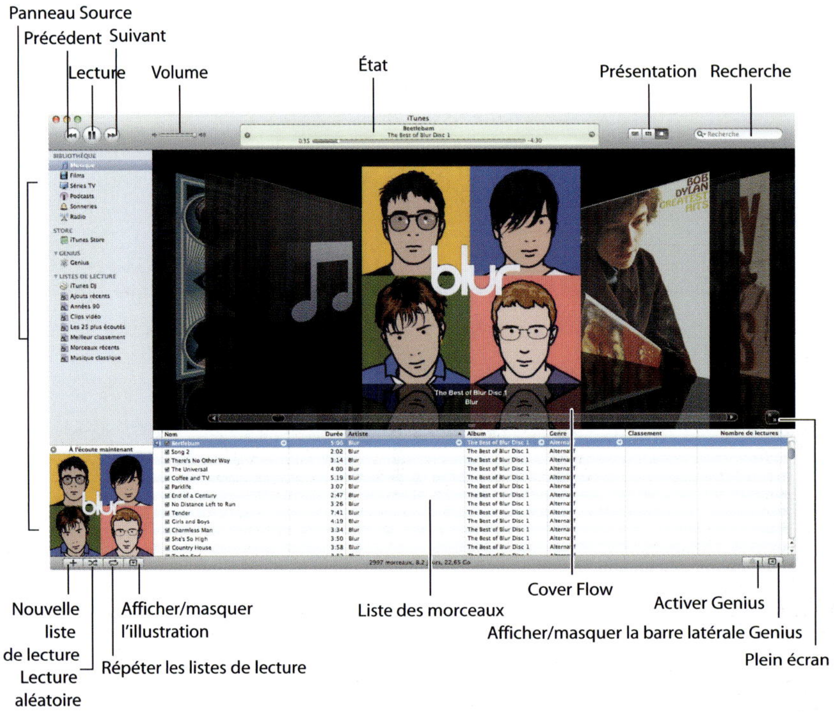

11.1 iTunes, votre centre de divertissement personnel.

Tableau 11.1 Fonctionnalités d'iTunes

Élément	Description
Bibliothèque	Liste de tous les éléments disponibles dans iTunes.
Store	Cliquez ici pour accéder à iTunes Store.

Élément	Description
Listes de lecture	Listes de lecture et listes de lecture intelligentes que vous avez créées.
Illustration d'album/ lecteur vidéo	Affiche l'illustration de l'album que vous êtes en train d'écouter ou permet de regarder des vidéos.
Cover Flow	Faites glisser le curseur pour passer d'une couverture d'album à une autre en mode Cover Flow.
Activer Genius	Cliquez sur ce bouton pour activer la liste de lecture Genius.
Afficher/masquer la barre latérale Genius	Masque ou affiche la barre latérale Genius à droite de la fenêtre iTunes.
Plein écran	Permet de passer iTunes en mode plein écran.
Recherche	Tapez du texte pour rechercher des éléments dans votre bibliothèque iTunes, comme le nom d'une chanson ou de l'artiste qui l'interprète.
Présentation	Choisissez d'afficher les éléments sous forme de liste, par albums ou à l'aide du Cover Flow.
État	Affiche l'état des chansons en cours de lecture, des CD en cours de gravure ou des éléments en cours de copie.

Mode Plein écran

J'ai mes habitudes et je préfère la présentation standard dans iTunes. Cependant, je commence à comprendre pourquoi certains préfèrent le mode Plein écran. Ce mode vous permet d'afficher iTunes sur tout l'écran, avec un minimum de contrôles, comme sur la figure 11.2.

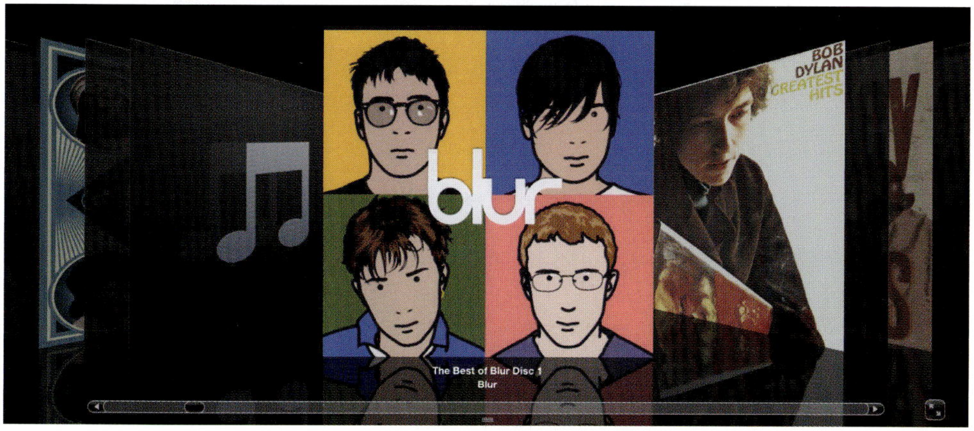

11.2 iTunes s'affiche sur tout l'écran en mode Plein écran.

Note

iTunes peut aussi être utilisé en mode mini-lecteur, version miniature de la fenêtre iTunes. Pour activer le mini-lecteur, cliquez sur le bouton vert situé dans le coin supérieur gauche de la fenêtre iTunes. Cliquez à nouveau sur le bouton vert pour accéder à l'interface complète d'iTunes.

Régler les préférences iTunes

Les préférences iTunes vous permettent d'indiquer au logiciel comment il doit fonctionner avec vous, les iPod, les iPhone et avec Apple TV. Examinons-les de plus près, car elles déterminent comment iTunes répond au mieux à vos besoins. Pour commencer, sélectionnez iTunes ➪ Préférences.

Général

L'onglet Général vous permet de choisir quels éléments s'affichent dans le panneau Source, comment iTunes doit réagir à l'insertion d'un CD dans votre Mac, ou s'il doit rechercher automatiquement les mises à jour logicielles.

Lecture

Les préférences Lecture, illustrées sur la figure 11.3, déterminent la manière dont la musique et les vidéos sont lues par iTunes.

Genius

Il vaut mieux cocher la case Correcteur de son. Cela vous évite d'avoir de grandes différences de volume entre deux morceaux et de vous abimer les oreilles. Cette option lisse même tous les niveaux de volume des éléments de votre bibliothèque afin d'empêcher ce phénomène.

Partage

Les préférences Partage déterminent si vous pouvez voir les bibliothèques iTunes partagées des autres utilisateurs de votre réseau et éventuellement comment vous désirez partager la vôtre. Vous pouvez partager votre bibliothèque iTunes avec cinq autres ordinateurs maximum de votre réseau à condition qu'ils aient le même sous-réseau que votre Mac. Même si vous pouvez écouter de la musique et lire des vidéos partagées d'autres ordinateurs de votre réseau, il est impossible de les ajouter à votre bibliothèque iTunes.

Store

Vous pouvez décider de la manière dont iTunes gère vos achats. Il est possible de choisir de télécharger les éléments en un clic ou d'acheter de façon plus traditionnelle en utilisant le panier.

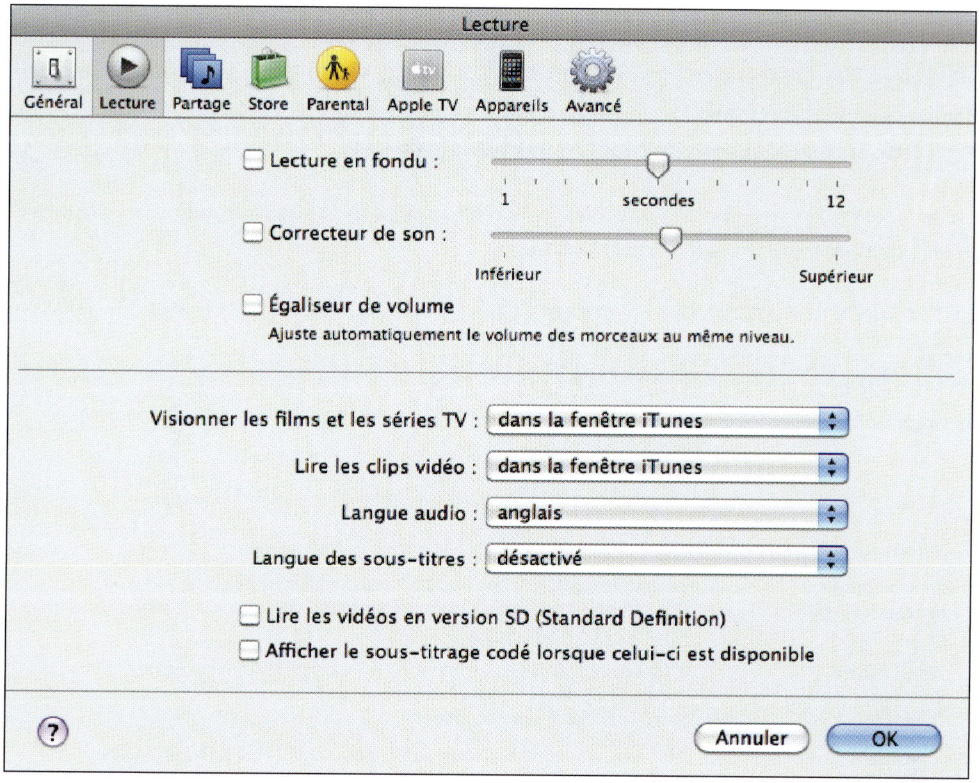

11.3 Les préférences Lecture vous permettent d'écouter de la musique et de regarder des films ou des émissions de télévision comme vous le voulez.

Parental

La plupart des parents n'aiment pas l'idée que leurs enfants aient un accès illimité à tout ce qui se trouve sur Internet, alors pourquoi cela serait différent avec iTunes ? Les préférences Parental permettent à papa et maman de décider des limites à placer sur le contenu d'iTunes pour leurs enfants.

Apple TV

Les préférences Apple TV vous aident tout simplement à vous synchroniser avec l'appareil Apple TV. Vous pouvez régler iTunes pour qu'il détecte automatiquement les Apple TV à son ouverture.

Appareils

Le panneau des préférences Appareils affiche la liste des iPod et iPhone sauvegardés sur votre Mac. Sélectionnez Empêcher la synchronisation automatique des iPod et iPhone si vous désirez éviter cette action chaque fois que vous connectez ces appareils.

Consultez la documentation de votre iPhone ou iPod au sujet de la synchronisation avec iTunes et du changement des paramètres à l'aide d'iTunes.

Avancé

Les préférences Avancé permettent d'effectuer les réglages les plus intéressants (voir figure 11.4). Le tableau 11.2 présente certaines des fonctionnalités les plus importantes de chaque onglet.

Tableau 11.2 Fonctions disponibles dans les préférences Avancé

Option	Description
Emplacement du dossier iTunes Media	Permet de choisir de sauvegarder votre musique importée à un autre emplacement que celui qui est désigné par défaut, c'est-à-dire le dossier Musique de votre compte utilisateur.
Laisser iTunes organiser le dossier iTunes Media	Je recommande vivement de sélectionner cette option, qui permet à iTunes d'organiser le dossier Musique, au lieu de placer les morceaux n'importe comment dans le dossier.
Copier dans le dossier iTunes Media les fichiers ajoutés à la bibliothèque	Effectue une copie du fichier audio dans votre dossier iTunes lorsque vous l'ajoutez à votre bibliothèque. Vous pouvez désélectionner cette option si vous ne voulez pas avoir plusieurs copies du même fichier dans votre système. Personnellement, je préfère garder une copie dans mon dossier iTunes et supprimer l'original.
Taille de la mémoire tampon	Réglez cette option sur Grande si vous rencontrez des arrêts de lecture lorsque vous écoutez de la musique ou regardez des films en streaming sur Internet.
Utiliser iTunes pour la lecture sur Internet	Cliquez sur Définir si vous voulez qu'iTunes devienne le lecteur audio et vidéo par défaut sur Internet.
Réinitialiser tous les avertissements	Ce bouton réactive tous les avertissements donnés par iTunes. Par exemple, si vous avez commandé à iTunes d'arrêter de vous demander de confirmer votre achat, vous pouvez effacer cet ordre.
Laisser le mini-lecteur au premier plan	Sélectionnez cette option pour garder le mini-lecteur au premier plan devant les autres fenêtres.
Laisser la fenêtre du film au premier plan	Cochez cette case pour garder les films en cours de lecture devant les autres fenêtres.
Afficher les animations en mode plein écran	Permet de régler la taille par défaut des effets visuels en mode plein écran, super !
Regrouper les compilations pendant l'exploration	Cette option permet de regrouper les morceaux d'une compilation au lieu de les classer par artiste.

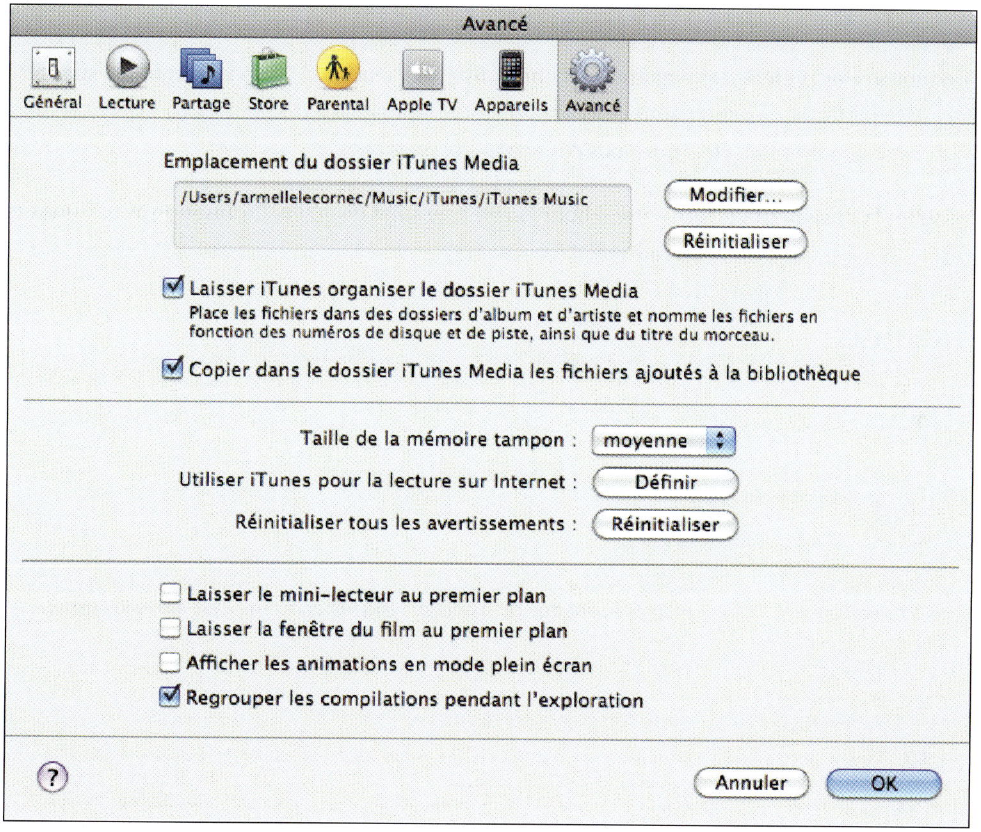

11.4 Onglet Avancé des préférences iTunes.

Organiser et lire le contenu

iTunes est une application inutile si vous n'y ajoutez pas de contenu. Elle excelle également dans l'organisation de ce même contenu. Cette partie va vous apprendre rapidement à importer votre propre musique à partir de CD ou de fichiers et à utiliser iTunes Store pour trouver et ajouter du contenu à votre collection.

Importer de la musique

Apporter de la musique à iTunes est la première étape. Apple rend ridiculement facile l'importation de CD et de fichiers audio enregistrés sur d'autres ordinateurs ou disques.

Importer automatiquement à partir d'un CD

Lorsque vous insérez un CD dans votre Mac, il vous demande si vous voulez importer son contenu dans iTunes, comme sur la figure 11.5. Cliquez sur Oui pour importer automatiquement tout le contenu de votre CD dans iTunes.

Votre contenu tout juste importé apparaît désormais dans votre bibliothèque.

11.5 Une fenêtre de confirmation s'affiche lorsque vous insérez un CD audio.

Importer des fichiers audio

iTunes vous permet d'importer des fichiers audio enregistrés sur d'autres supports, comme un disque dur ou un autre ordinateur de votre réseau. Pour importer des fichiers audio :

1. **Appuyez sur ⌘+O.**
2. **Parcourez votre Mac ou votre réseau pour sélectionner les fichiers que vous désirez importer à partir de la fenêtre Ajouter à la bibliothèque.**
3. **Sélectionnez les fichiers audio puis cliquez sur Ouvrir.**

La nouvelle musique est désormais disponible dans votre bibliothèque.

Créer des listes de lecture

Vous pouvez créer des listes de lecture avec les morceaux de votre bibliothèque. Les listes de lecture sont des compilations de morceaux que vous rangez dans l'ordre que vous voulez. Voici comment créer une liste de lecture :

1. **Appuyez sur ⌘+N. Une liste de lecture appelée Liste sans titre s'affiche dans la partie Listes de lecture du panneau Source.**
2. **Donnez un nom à votre nouvelle liste de lecture.** Je crée une liste de lecture des morceaux de Ray Charles.
3. **Recherchez les éléments que vous désirez ajouter à votre liste de lecture dans votre bibliothèque, puis glissez et déposez-les sur le nom de la nouvelle liste, comme sur la figure 11.6.**

11.6 Ajout de morceaux à ma nouvelle liste de lecture.

Configurer les listes de lecture Genius

iTunes peut créer des listes de lecture de morceaux qui vont bien ensemble à l'aide de ceux qui sont déjà présents dans votre bibliothèque. Cette liste de lecture Genius utilise les informations anonymes de votre bibliothèque pour créer la liste. iTunes utilise également votre liste de lecture Genius pour vous suggérer des morceaux similaires sur iTunes Store. Respectez les étapes suivantes :

1. **Ouvrez la barre latérale Genius, comme sur la figure 11.7, en cliquant sur le bouton Afficher/masquer la barre latérale Genius, situé dans le coin inférieur droit de la fenêtre iTunes.**
2. **Cliquez sur Activer Genius pour activer la fonctionnalité.** Vous aurez besoin de vous identifier sur iTunes Store.
3. **Sélectionnez une chanson dans votre bibliothèque iTunes.**
4. **Cliquez sur le bouton Genius placé dans le coin inférieur droit (comme sur la figure 11.7) pour créer une liste de lecture basée sur le morceau que vous avez choisi.** Affichez la liste en cliquant sur Genius en dessous de la catégorie Liste de lecture à gauche de la fenêtre iTunes.

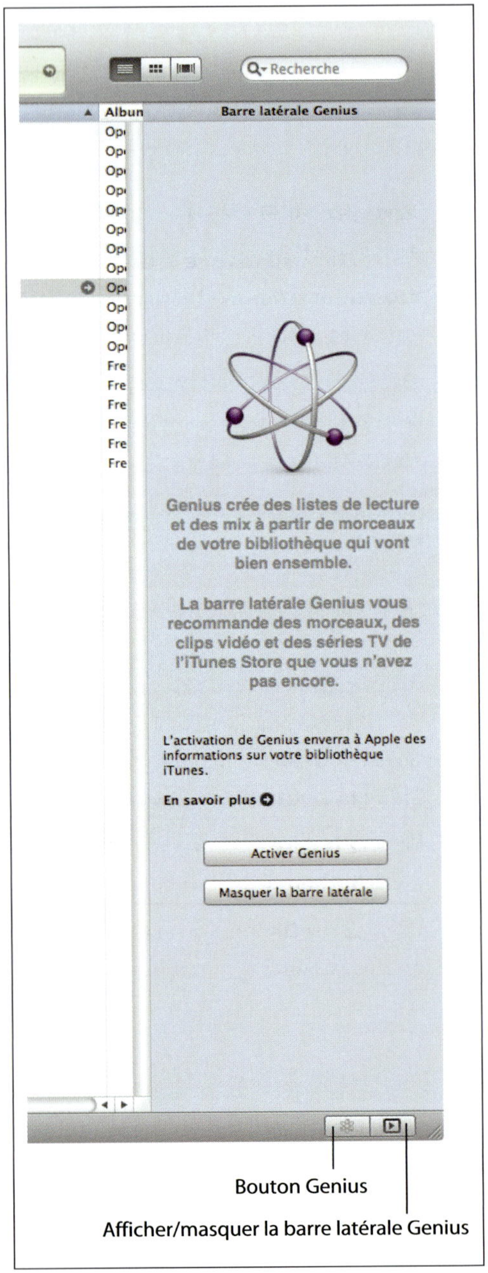

11.7 La barre latérale Genius vous explique le fonctionnement des listes de lecture Genius, vous permet d'activer cette fonction et d'afficher les morceaux suggérés dans iTunes Store.

Utiliser les listes intelligentes

Les listes de lecture intelligentes ajoutent automatiquement des morceaux selon les critères que vous spécifiez. iTunes intègre déjà quelques listes de lecture intelligentes, comme Ajouts récents ou Morceaux récents. Pour créer une nouvelle liste de lecture intelligente, procédez comme suit :

1. **Appuyez sur ⌘+⌥+N.**
2. **Entrez les critères que la liste de lecture intelligente doit suivre pour l'ajout de morceaux.** Sur la figure 11.8, je crée une nouvelle liste intelligente qui ajoutera tous les morceaux interprétés par le groupe Blur.

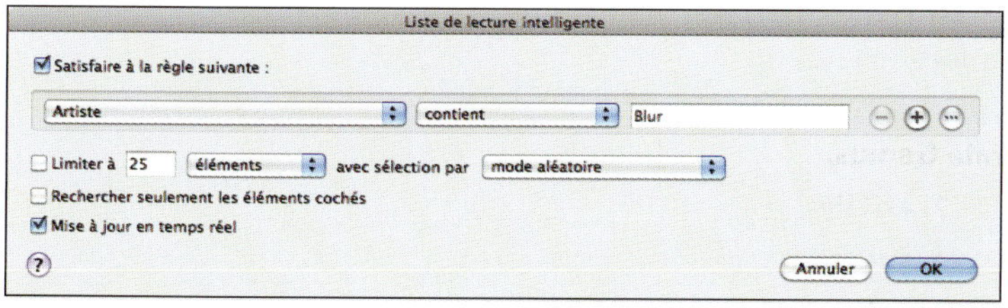

11.8 Créer une nouvelle liste de lecture intelligente.

3. **Ajoutez des critères supplémentaires en cliquant sur le bouton + situé sur la droite de la fenêtre ou cliquez sur le bouton – pour en supprimer. Sélectionnez l'option Mise à jour en temps réel pour que la liste vérifie à chaque fois que vous ajoutez un élément à votre bibliothèque si celui-ci correspond aux critères.**
4. **Cochez la case Rechercher seulement les éléments cochés pour qu'iTunes inclue à la bibliothèque seulement les morceaux cochés.**
5. **Cliquez sur OK lorsque vous avez terminé. Votre liste de lecture intelligente s'alimente elle-même selon vos critères.**

Graver un CD

J'aime plusieurs styles de musique, et j'apprécie de pouvoir créer mes propres albums et de les graver sur des CD. C'est très simple :

1. **Créez une liste de lecture et ajoutez-y la musique que vous désirez graver sur un CD.**
2. **Faites un clic droit ou Ctrl+clic sur la liste que vous voulez graver, puis sélectionnez Graver la liste de lecture sur un disque, comme sur la figure 11.9.**
3. **Insérez un CD vierge dans votre Mac, et iTunes s'occupe du reste !**

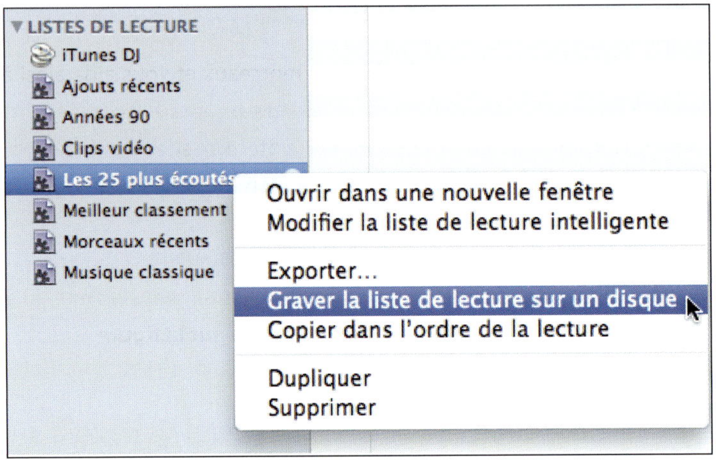

11.9 Gravez une liste de lecture sur un CD.

Imprimez votre musique

Le temps où vous écriviez à la main les noms des morceaux sur les pochettes vierges des CD est révolu ! iTunes vous permet de créer des pochettes de CD personnalisées, des listes de morceaux ou des listes d'albums en un clin d'œil. Respectez les étapes suivantes :

1. **Sélectionnez la liste de lecture, l'artiste ou l'album que vous voulez imprimer.**
2. **Appuyez sur ⌘+P pour ouvrir la fenêtre Imprimer.**
3. **Choisissez d'imprimer une pochette de CD, une liste de morceaux ou une liste d'albums.**
4. **Sélectionnez l'un des thèmes disponibles.**
5. **Cliquez sur le bouton Imprimer situé dans le coin inférieur gauche.**
6. **Choisissez l'imprimante vers laquelle vous désirez envoyer la tâche, puis cliquez sur Imprimer.**

Gérer les informations des fichiers audio

iTunes vous permet de gérer les informations contenues dans les morceaux et vous aide ainsi à organiser votre bibliothèque et à trouver facilement un morceau. Les onglets Infos, Vidéo, Tri, Options, Paroles et Illustration de la fenêtre d'informations vous permettent de spécifier le compositeur du morceau, l'album auquel ce dernier appartient, l'année, et bien plus encore, comme les paroles ou l'illustration de l'album.

1. **Sélectionnez un morceau dans la bibliothèque.**
2. **Appuyez sur ⌘+I pour ouvrir la fenêtre des informations, comme sur la figure 11.10.**

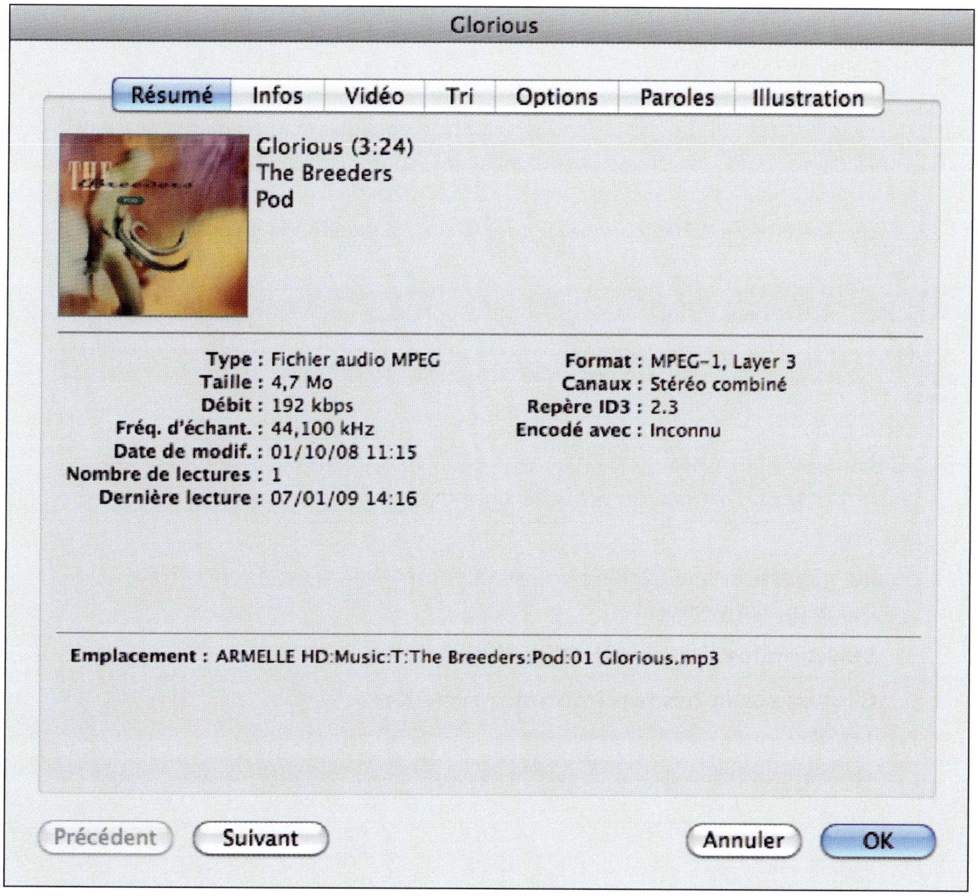

11.10 Modifiez les informations du morceau dans la fenêtre.

3. **Cliquez sur l'un des onglets en haut de la fenêtre pour modifier les informations qu'il contient.**
4. **Cliquez sur OK lorsque vous avez terminé.**

Ajouter des illustrations d'album

Il est possible d'ajouter des illustrations d'album à vos fichiers audio dans iTunes. Sélectionnez le menu Avancé puis Obtenir les illustrations d'album. iTunes scanne automatiquement votre bibliothèque et ajoute des illustrations à vos morceaux. Vous devez vous identifier auprès d'iTunes pour effectuer cette action, ce qui est très facile. iTunes vous demande de créer un compte si vous n'êtes pas déjà connecté. Un compte iTunes permet à Apple d'avoir accès à vos informations de facturation et de livraison, et de déverrouiller les fichiers que vous avez achetés sur iTunes.

Écouter la radio

Internet regorge de stations de radio, de tous les genres possibles et imaginables. iTunes est heureux de vous faire partager ces radios en streaming. Respectez les étapes suivantes :

1. **Sélectionnez Radio dans le panneau Source situé à gauche de la fenêtre iTunes.**

Note

Vous devez être connecté à Internet pour utiliser les fonctionnalités de radio dans iTunes.

2. **Sélectionnez une musique ou un genre dans la liste disponible (comme sur la figure 11.11) puis cliquez sur la flèche à gauche pour afficher les différentes stations.**
3. **Double-cliquez sur une station pour commencer à écouter son contenu en streaming sur votre Mac.**

Genius

Vous pouvez sauvegarder les liens vers vos stations de radio préférées sur Internet afin d'y accéder facilement à partir de votre bibliothèque, au lieu de parcourir les différentes catégories. Faites glisser tout simplement le nom de la station de radio et déposez-le dans le dossier Musique de votre bibliothèque. Pour écouter une station, double-cliquez sur son nom.

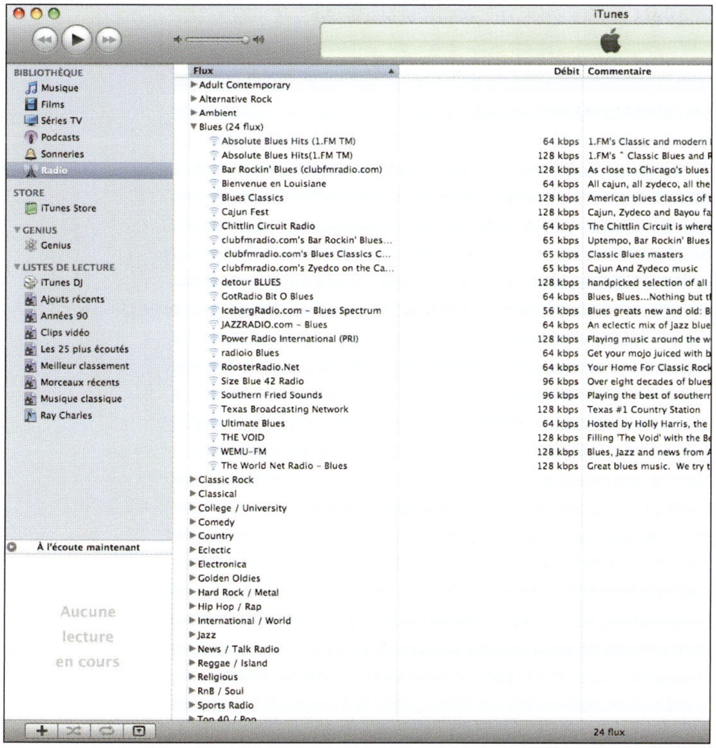

11.11 Une multitude de stations de radio sont disponibles.

Sauvegarder votre bibliothèque

La plupart des gens amassent une énorme quantité de musique et de vidéos après avoir utilisé iTunes pendant un certain temps. Personne ne veut perdre cette source de divertissement et recommencer sa bibliothèque à zéro. Il existe deux façons de sauvegarder votre bibliothèque iTunes. Copiez simplement votre dossier iTunes sur un autre ordinateur ou disque dur, ou sauvegardez les fichiers sur des CD ou DVD.

Pour copier votre dossier iTunes :

1. **Ouvrez une fenêtre Finder et cliquez sur le nom de votre compte dans la barre latérale à gauche de la fenêtre.**
2. **Sélectionnez votre dossier Musique.**

3. **Faites glisser votre dossier iTunes vers un autre disque dur ou ordinateur pour commencer à le copier, comme sur la figure 11.12.**

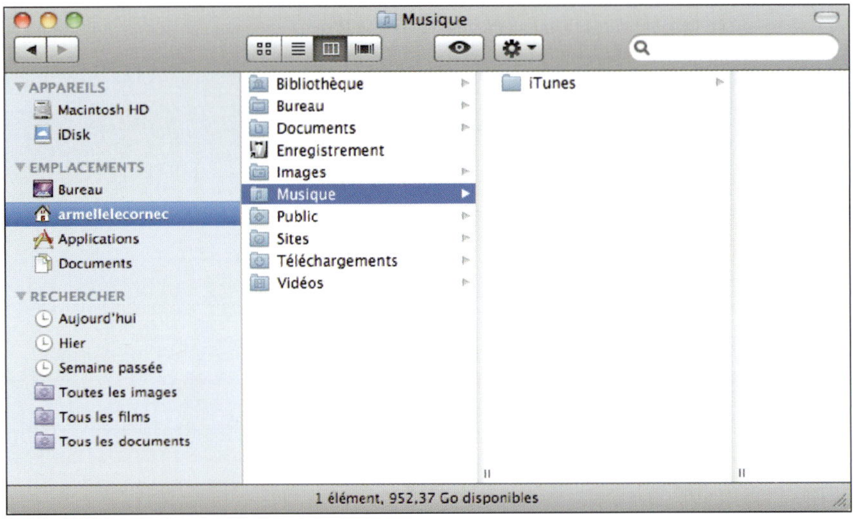

11.12 Le dossier iTunes contient les fichiers de votre bibliothèque, à moins que vous n'ayez spécifié un emplacement différent dans les préférences iTunes.

4. **Si quelque chose devait arriver à votre bibliothèque iTunes, copiez simplement le dossier de sauvegarde du dossier iTunes dans votre répertoire de départ pour le restaurer.** Vous pouvez perdre les fichiers que vous avez ajoutés depuis votre dernière sauvegarde, mais c'est moins embêtant que de tout perdre.

Pour sauvegarder sur CD ou DVD, procédez comme suit :

1. **Sélectionnez Fichier ➪ Bibliothèque ➪ Sauvegarder sur disque à partir du menu iTunes.**
2. **Décidez si vous voulez sauvegarder toute votre bibliothèque iTunes ou seulement les éléments que vous avez achetés sur iTunes Store (voir figure 11.13).**
3. **Cliquez sur Suivant.**
4. **Insérez un CD ou un DVD vierge pour commencer la sauvegarde.**
5. **ITunes vous demandera d'insérer un nouveau disque.** Le nombre de disque requis dépend de la taille de votre bibliothèque et si vous sauvegardez sur CD ou DVD (bien sûr les DVD peuvent contenir plus de données que les CD, alors privilégiez cette option si possible).
6. **Pour restaurer vos sauvegardes, sélectionnez Fichier ➪ Bibliothèque ➪ Sauvegarder sur disque, puis Restaurer.**

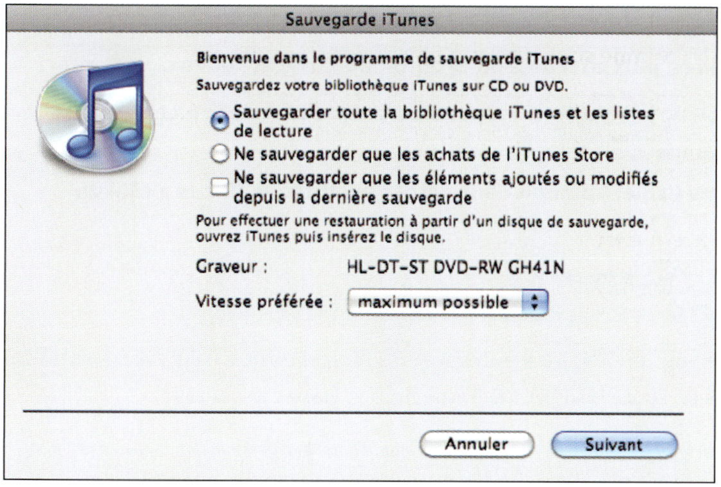

11.13 Choisissez les fichiers de votre bibliothèque que vous désirez sauvegarder.

Convertir les formats audio

Parfois vous voulez utiliser les fichiers audio sur un autre appareil ou les partager avec quelqu'un d'autre. Dans certains cas, votre appareil, ou celui de la personne avec laquelle vous voulez partager les fichiers, ne peut ouvrir certains formats de fichier. Vous pouvez créer une copie de vos fichiers audio dans un autre format que celui d'origine. Respectez les étapes suivantes :

1. **Sélectionnez iTunes ➪ Préférences.**
2. **Cliquez sur l'onglet Général puis sur Réglages d'importation pour ouvrir la fenêtre correspondante, comme sur la figure 11.14.**

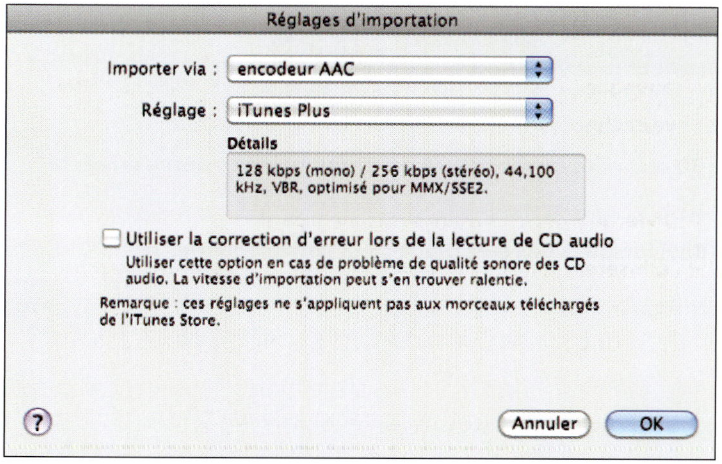

11.14 Sélectionnez un nouveau format pour importer les fichiers dans iTunes.

3. **Choisissez un format à partir du menu déroulant Importer via puis cliquez sur OK.**
4. **Sélectionnez les fichiers, puis effectuez un clic droit ou Ctrl+clic sur eux.**
5. **Sélectionnez Création de la version *x*, *x* représentant le format de fichier que vous avez sélectionné à l'étape 3.**
6. **La nouvelle version du fichier apparaît dans votre bibliothèque iTunes à côté du morceau original.**

Créer des sonneries pour votre iPhone

Vous pouvez créer des sonneries pour votre iPhone avec les morceaux que vous avez achetés sur iTunes Store, mais cela vous en coûte environ 1 €. Respectez les étapes suivantes :

Note

Vous devez être connecté à Internet pour créer une sonnerie.

1. **Sélectionnez iTunes ➪ Préférences.**
2. **Cliquez sur l'onglet Général puis cochez la case Sonneries.**
3. **Sélectionnez la chanson que vous voulez utiliser à partir de la bibliothèque.**
4. **Sélectionnez Créer une sonnerie à partir du menu Store.**
5. **iTunes ouvre une nouvelle fenêtre en bas de la fenêtre principale, comme sur la figure 11.15.**

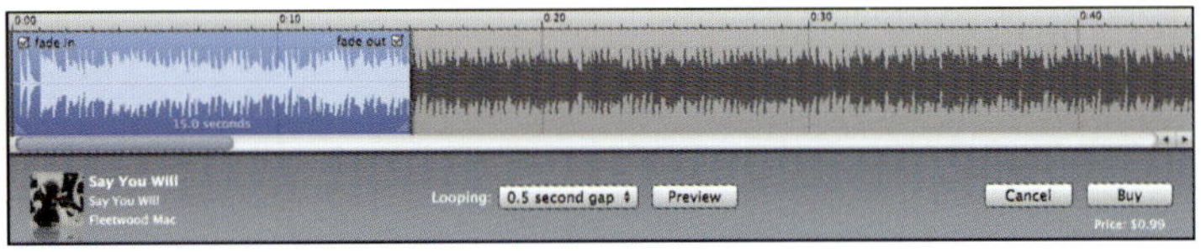

11.15 Déterminez la partie du morceau à utiliser pour votre sonnerie iPhone.

6. **Sélectionnez jusqu'à 30 secondes du morceau à partir duquel vous désirez créer la sonnerie.**
7. **Cliquez sur Acheter (Buy) lorsque vous êtes prêt à créer votre sonnerie.**

Utiliser iTunes Store

iTunes Store est une boutique en ligne pour la musique, les films, les émissions de télévision et les podcasts en tout genre. De nouveaux éléments sont ajoutés en permanence sur iTunes Store. Une fois que vous l'aurez essayé, vous deviendrez accro tout comme moi. Pour accéder à iTunes Store, cliquez sur l'icône iTunes Store dans le panneau Source, comme sur la figure 11.16.

11.16 Attention, iTunes Store rend vite accro !

Note Vous devez être connecté à Internet pour utiliser iTunes Store. Le haut débit est préférable.

Les catégories d'éléments que vous pouvez obtenir à partir d'iTunes Store sont répertoriées à gauche du site. Le tableau 11.3 présente les différentes options offertes par Apple.

Tableau 11.3 Éléments disponibles en téléchargement ou à acheter sur iTunes Store

Élément	Description
Musique	Téléchargez des morceaux individuels ou des albums entiers.
Films	Vous pouvez louer ou acheter un film à partir de la version américaine ou anglaise d'iTunes Store.
Séries TV	Regardez votre série quand vous le voulez.
Clips vidéo	Affichez les aperçus des clips de vos chansons préférées et achetez-les.
Livres audio	Achetez des livres audio entiers et écoutez-les sur votre Mac, iPod ou iPhone.
Podcasts	Les podcasts sont des émissions radio ou vidéo téléchargeables auxquelles vous pouvez vous abonner. Je ne jure que par mes podcasts préférés !
App Store	Trouvez un tas d'applications cool à utiliser sur votre iPhone ou iPod touch.

Rechercher de la musique

Vous pouvez parcourir votre vaste bibliothèque de musique ou faire comme moi : effectuer une recherche. Lorsque vous avez une idée de ce que vous recherchez, c'est la méthode la plus rapide.

1. **Sur la page d'accueil d'iTunes Store, cliquez sur Recherche avancée à droite.**
2. **Sélectionnez Musique dans le menu déroulant Recherche avancée.**
3. **Tapez les informations qui pourraient vous aider à trouver ce que vous recherchez dans les champs Artiste, Compositeur, Morceau et Album (voir figure 11.17).**

4. **Cliquez sur Recherche pour rechercher les éléments correspondant à vos critères.**

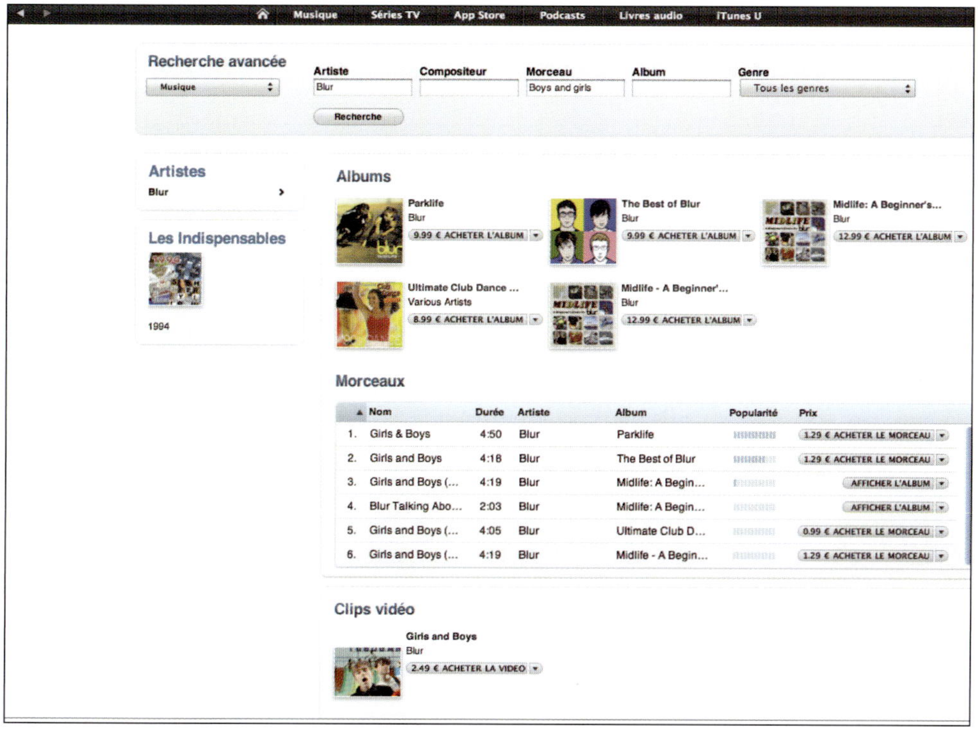

11.17 La recherche avancée est la manière la plus rapide de trouver des éléments sur iTunes Store.

S'abonner à un podcast

Les podcasts sont des enregistrements audio et vidéo que vous pouvez télécharger et écouter/voir pendant votre temps libre. Il existe des podcasts pour tous les goûts : débats, émissions comiques, scientifiques et plus encore. Pour vous abonner à votre podcast préféré, procédez comme suit :

1. **Cliquez sur le lien Podcasts sur la page d'accueil d'iTunes Store.**
2. **Recherchez vos podcasts préférés en parcourant les différentes catégories, la liste des meilleurs podcasts ou en effectuant une recherche avancée.**
3. **Lorsque vous avez trouvé un podcast qui vous plaît, cliquez dessus pour afficher sa page, comme sur la figure 11.19.**

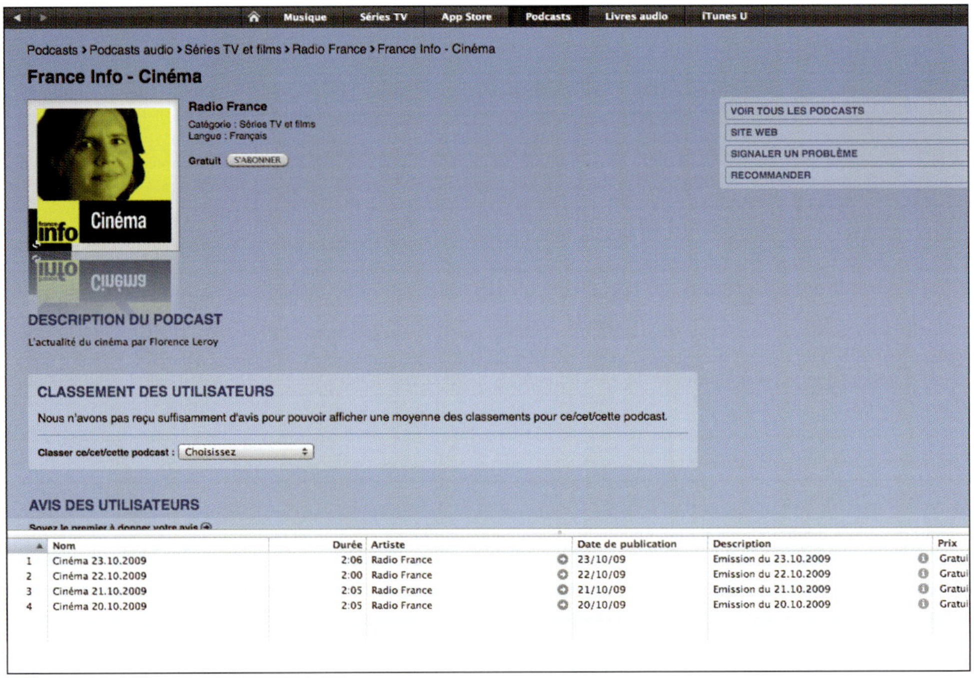

11.19 La page d'un podcast sur iTunes Store résume le contenu du podcast et fournit la liste des épisodes les plus récents.

4. **Cliquez sur S'abonner pour qu'iTunes télécharge automatiquement les nouveaux épisodes du podcast.**
5. **Sélectionnez Podcasts dans le panneau Source pour afficher la liste des podcasts auxquels vous êtes abonnés et pour les ouvrir.**

Note

Vous pouvez aussi synchroniser des podcasts avec votre iPhone, iPod touch ou iPod afin de les écouter ou les voir lorsque vous n'êtes pas chez vous. Consultez la documentation fournie avec votre appareil à propos de la synchronisation avec iTunes.

Apprendre avec iTunes U

Vous n'avez pas besoin d'être inscrit dans une prestigieuse université pour pouvoir assister aux cours. iTunes U vous propose les cours en ligne des plus grandes institutions au monde, et gratuitement ! Respectez les étapes suivantes :

1. **Cliquez sur le lien iTunes U sur la page d'accueil d'iTunes Store.**
2. **Parcourez les différentes catégories, les établissements et les téléchargements les plus populaires pour trouver le contenu auquel vous vous intéressez (voir figure 11.20).**

11.20 Certaines des institutions les plus prisées proposent leurs cours sur iTunes U.

3. **Cliquez sur le lien de l'institution ou sur le cours que vous désirez voir.**
4. **Cliquez sur le bouton Obtenir les pistes du cours audio ou vidéo.**
5. **Les téléchargements des cours seront disponibles dans la catégorie Podcasts du panneau Source.** Affichez ou écoutez-les comme n'importe quel podcast.

Snow Leopard et la photographie numérique

Dans notre monde numérique d'aujourd'hui, vous ne pouvez pas avoir d'ordinateur, Mac ou autre, sans l'utiliser pour stocker ou partager des images. Heureusement, Snow Leopard propose plusieurs façons de vous amuser avec la photographie numérique. L'application Photo Booth, bien que fonctionnelle, a été conçue à ce propos : prenez des photos, mais aussi des vidéos, ajoutez-y des effets spéciaux, et intégrez vos propres arrière-plans personnalisés. Comme Apple aime rendre votre vie numérique toujours plus facile, Snow Leopard prend en charge la plupart des appareils photo et des scanners. Transfert d'images, intégré à Snow Leopard, permet de transférer vos images à partir de vos appareils et d'importer des fichiers à l'aide de votre scanner.

Présentation de Photo Booth

Apple a intégré dans nos Mac les photomatons où nous avions l'habitude de nous entasser avec nos amis. Même si cette application est très simple, certaines fonctionnalités méritent d'être éclaircies. Lorsque j'achète un nouvel appareil, je suis de ceux qui aiment lire les instructions et connaître le fonctionnement de tous les boutons. D'où mon insistance à vous apprendre les fonctionnalités de Photo Booth que j'ai indiquées pour vous sur la figure 12.1.

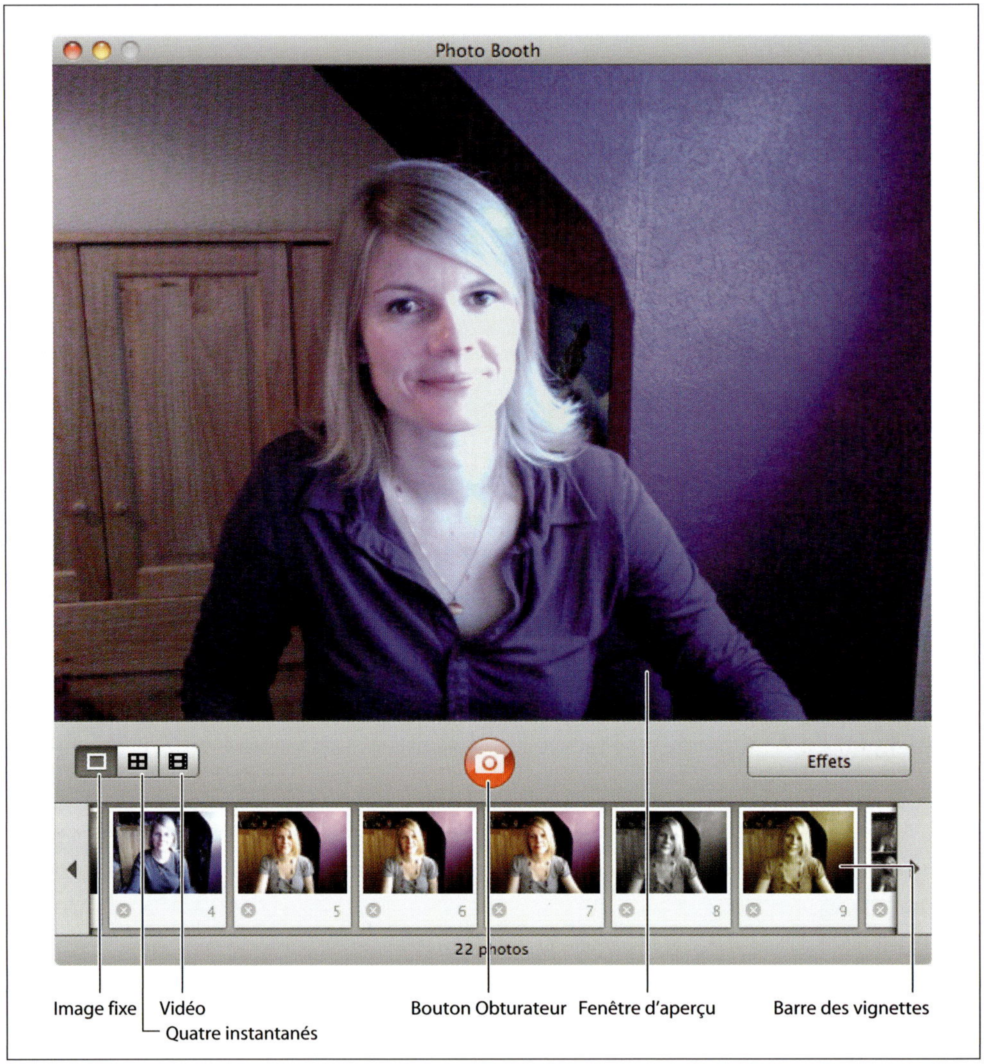

12.1 Fenêtre principale de Photo Booth en mode Prise de vue.

Prendre un instantané

N'importe quelle prise de vue avec Photo Booth est considérée comme un instantané, que ce soit une photo ou une vidéo. Il est possible de prendre trois types d'instantanés : une image fixe, une série de quatre instantanés (beaucoup plus amusant que vous ne le pensez) ou une séquence vidéo (voir figure 12.1). Utilisez les boutons situés dans le coin inférieur gauche, sous la fenêtre d'aperçu, pour sélectionner le type d'instantané que vous désirez prendre.

Image fixe

Les images fixes sont extrêmement faciles à prendre :

1. **Cliquez sur le bouton Image fixe dans le coin inférieur gauche, sous la fenêtre d'aperçu.**
2. **Positionnez-vous dans le champ de la caméra de votre Mac afin d'être visible dans la fenêtre d'aperçu.**
3. **Cliquez sur le bouton Obturateur.**
4. **Photo Booth lance le compte à rebours de trois secondes, émet un flash et prend la photo.** Voilà !

Prendre quatre instantanés

Cela vous permet de créer une série de différentes poses. Voici comment procéder :

1. **Cliquez sur le bouton Quatre instantanés dans le coin inférieur gauche, sous la fenêtre d'aperçu.**
2. **Positionnez-vous dans le champ de la caméra de votre Mac afin d'être visible dans la fenêtre d'aperçu.**
3. **Cliquez sur le bouton Obturateur pour lancer le compte à rebours.** Prenez votre première pose avant le premier flash !
4. **Après le premier flash, changez immédiatement de position et continuez ainsi pour les autres prises.** Vous disposez d'une seule seconde entre chaque instantané, soyez rapide !
5. **Lorsque les quatre instantanés sont pris, vous pouvez voir l'aperçu de vos images, comme sur la figure 12.2.**

12.2 Un aperçu s'affiche dans la fenêtre afin que vous puissiez admirer votre œuvre.

Enregistrer une vidéo

La nouvelle fonctionnalité de Photo Booth est l'enregistrement de vidéos. Pour ce faire, procédez comme suit :

1. **Cliquez sur le bouton Plan vidéo dans le coin inférieur gauche, sous la fenêtre d'aperçu.**
2. **Positionnez-vous dans le champ de la caméra de votre Mac afin d'être visible dans la fenêtre d'aperçu.**

3. **Cliquez sur le bouton Obturateur pour lancer le compte à rebours.**
4. **Commencez votre vidéo après le flash.**
5. **Lorsque vous avez terminé, cliquez sur le bouton Arrêter.**

Afficher vos photos

Tous vos instantanés sont stockés dans la barre des vignettes en bas de la fenêtre de Photo Booth. Vous pouvez les faire défiler en utilisant les flèches gauche et droite placées des deux côtés de la barre.

Pour afficher un instantané, cliquez dessus dans la barre des vignettes. Il s'affiche alors dans la fenêtre d'aperçu.

Pour retrouver un instantané sur votre Mac, cliquez dessus dans la barre des vignettes, puis appuyez sur ⌘+R pour ouvrir une fenêtre Finder affichant l'emplacement exact de l'instantané sur le disque dur.

Genius

Vous pouvez accéder à vos instantanés sans ouvrir Photo Booth. Photo Booth les enregistre dans le dossier Photo Booth, situé dans le dossier Images de votre répertoire (Disque dur/Utilisateurs/*votre nom d'utilisateur*/Images/Photo Booth).

Utiliser les effets spéciaux

Vous n'avez vu que la partie immergée de l'iceberg Photo Booth. Cette application est capable d'accomplir des choses que l'on ne pouvait espérer des vieux photomatons : ajouter des effets incroyables et des arrière-plans !

Effets de photo

Voici comment utiliser les effets spéciaux en tant que filtres ou distorsions de vos instantanés :

1. **Positionnez-vous dans le champ de la caméra de votre Mac afin d'être visible dans la fenêtre d'aperçu.**
2. **Cliquez sur le bouton Effets pour afficher les effets de filtre, comme sur la figure 12.3.**
3. **Cliquez sur la flèche droite près du bouton Effets pour afficher les effets de distorsion, comme sur la figure 12.4.**
4. **Sélectionnez l'effet que vous désirez utiliser en cliquant dessus, puis appuyez sur le bouton Obturateur pour prendre la photo.**

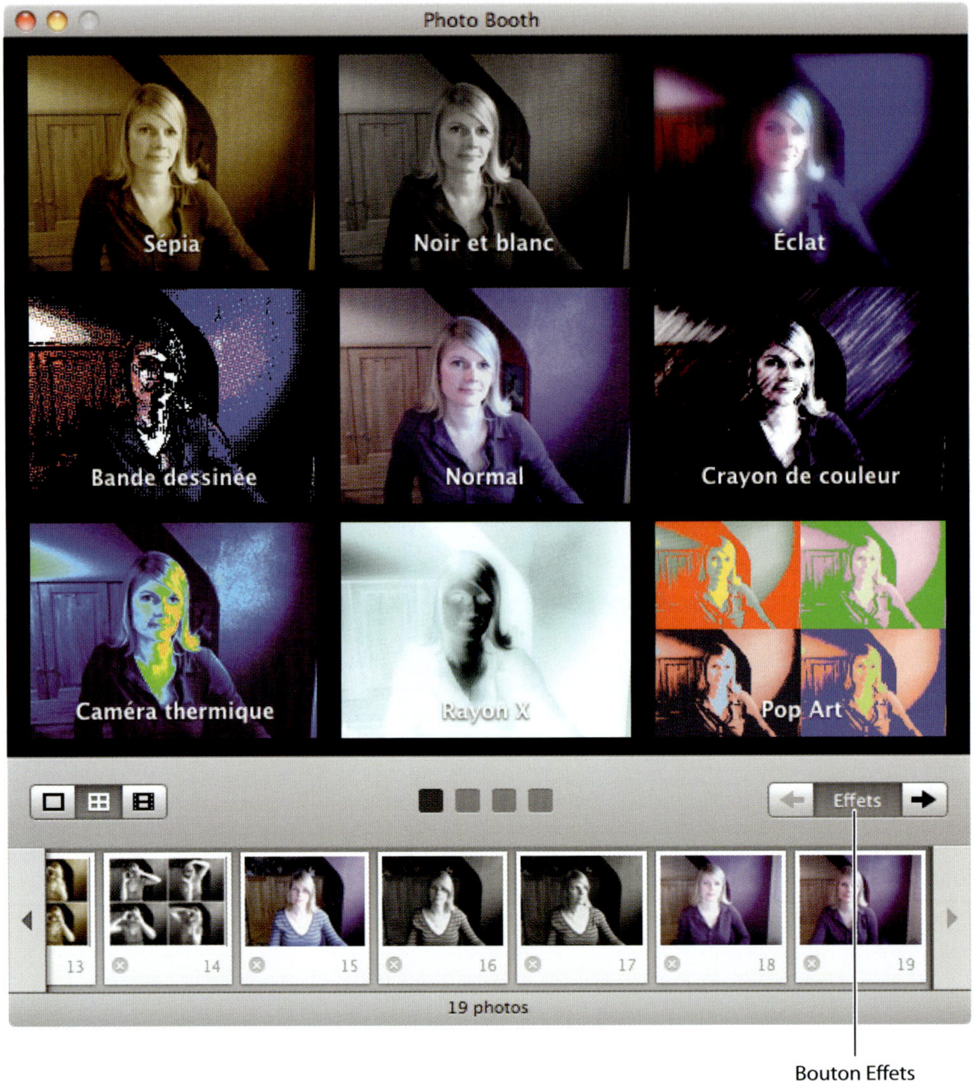

12.3 Voici les effets de filtre disponibles dans Photo Booth. Vous adorerez l'effet Rayon X !

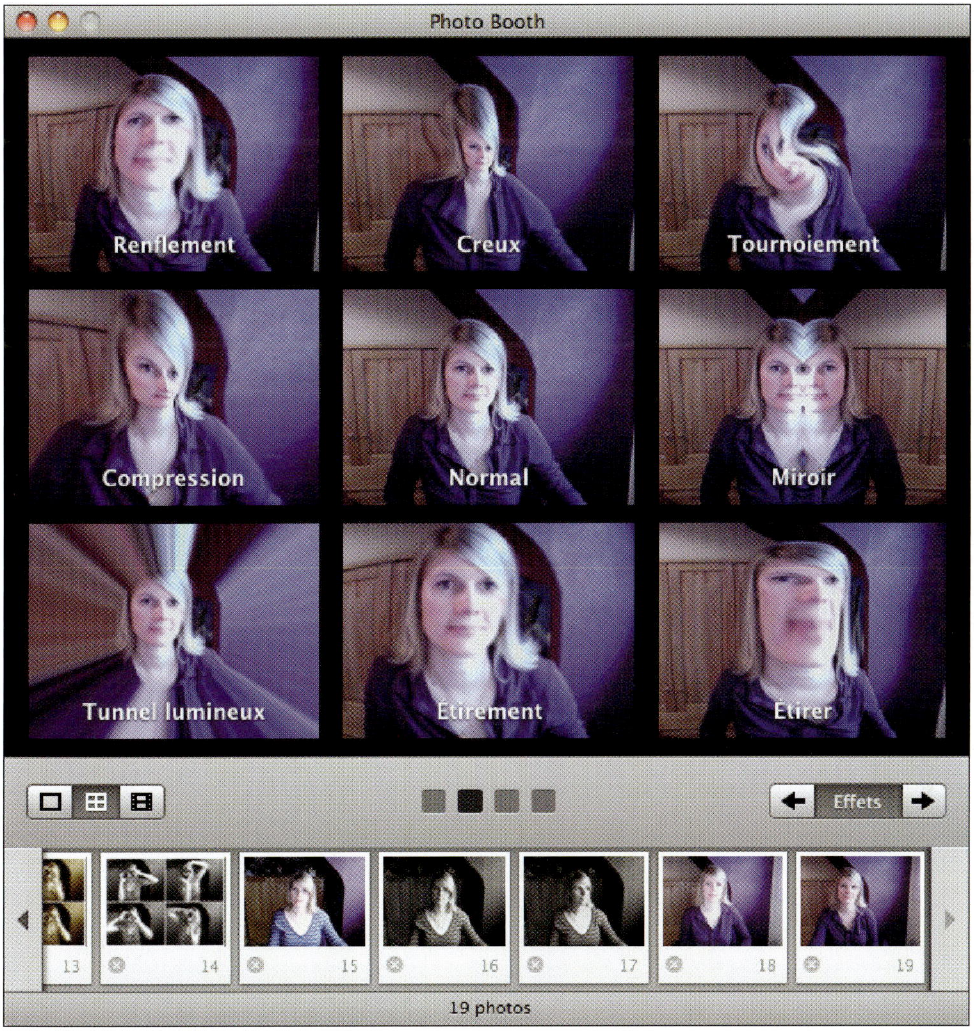

12.4 Les effets de distorsion sont vraiment amusants.

Arrière-plans de vidéo

Les arrière-plans de vidéo sont faciles à utiliser. Vous pouvez placer une vidéo d'un endroit exotique derrière vous afin d'avoir l'air d'y être vraiment. Impressionnez votre famille et vos amis en créant une vidéo de vous devant la tour Eiffel, nageant au milieu de poissons exotiques ou encore volant à travers les nuages.

1. **Positionnez-vous dans le champ de la caméra de votre Mac afin d'être visible dans la fenêtre d'aperçu.**
2. **Cliquez sur le bouton Effets.**

3. **Cliquez deux fois sur la flèche droite près du bouton Effets jusqu'aux arrière-plans vidéo.**
4. **Sélectionnez l'arrière-plan que vous désirez utiliser.**
5. **Sortez du cadre lorsque l'on vous le demande jusqu'à ce que l'arrière-plan choisi s'affiche dans la fenêtre d'aperçu.**
6. **Revenez dans le cadre et cliquez sur le bouton Obturateur pour lancer la vidéo, comme sur la figure 12.5.**

12.5 Les cheveux ne sont même pas mouillés !

Ajouter un arrière-plan personnalisé

La fonction que je préfère dans Photo Booth est la possibilité d'utiliser mes propres photos et vidéos en tant qu'arrière-plan. Pour créer un arrière-plan personnalisé, procédez comme suit :

1. **Cliquez sur le bouton Effets, puis sur la flèche droite trois fois pour afficher la fenêtre des arrière-plans personnalisés.**
2. **Faites glisser une photo ou une vidéo à partir du Finder, d'iPhoto ou d'iMovie dans une des fenêtres Arrière-plan.**
3. **Sélectionnez le nouvel arrière-plan pour votre photo ou vidéo.**

Utiliser vos photos et vos vidéos

Que faire de tous ces superbes instantanés ? Vous pouvez, par exemple, les enregistrer dans iPhoto, les envoyer par e-mail à votre famille ou vos amis, ou les utiliser pour vous représenter lors d'une session de chat en ligne.

Dans la barre des vignettes, cliquez sur l'instantané sur lequel vous voulez travailler. Remarquez sur la figure 12.6 que lorsque vous ouvrez un instantané en mode aperçu, plusieurs icônes s'affichent en dessous de la fenêtre d'aperçu. Le tableau 12.1 explique la fonction de chaque icône.

Tableau 12.1 Utiliser vos instantanés Photo Booth

Icône	Action
Courrier électronique	Ouvre l'application Mail et crée automatiquement un nouvel e-mail contenant l'instantané. Tapez l'adresse e-mail de votre destinataire et cliquez sur Envoyer.
iPhoto	Démarre iPhoto (s'il est installé ; iPhoto ne fait pas partie de Snow Leopard mais de la suite iLife d'Apple) et importe automatiquement la photo à partir de Photo Booth.
Image du compte	Ouvre automatiquement le panneau Comptes des préférences Système, sélectionne votre compte utilisateur et remplace votre image de compte par celle que vous avez choisie dans Photo Booth.
Image du contact	Ouvre iChat et modifie la photo qui s'affiche lorsque vous chattez avec d'autres personnes.

12.6 Les icônes vous aidant à utiliser vos instantanés apparaissent lorsque vous cliquez sur une des vignettes.

Imprimez vos instantanés

Vous pouvez imprimer vos instantanés à partir de Photo Booth comme avec n'importe quelle autre application. Pour imprimer un instantané, procédez comme suit :

1. **Sélectionnez Fichier⇨Imprimer, ou appuyez sur ⌘+P.**
2. **Lorsque la boîte de dialogue Imprimer s'affiche, sélectionnez une des options dans le panneau Photo Booth.** Vous pouvez imprimer votre photo normalement ou sur une page d'épreuves (soit différentes tailles de la même photo sur la même page ou huit photos de la même taille).

Utiliser Transfert d'images

Transfert d'images est un incroyable outil qui peut vous étonner par sa polyvalence. Grâce à lui, il vous est possible d'accomplir les actions suivantes :

- **Transférer des images à partir de votre appareil photo numérique et vers lui.**
- **Supprimer les images de votre appareil.**
- **Scanner et importer des images avec votre scanner.**
- **Partager votre appareil photo ou votre scanner avec d'autres utilisateurs de votre réseau.**
- **Rechercher les appareils partagés sur votre réseau.**

Pour ouvrir Transfert d'images, appuyez sur ⌘+Shift+A à partir du Finder, recherchez Transfert d'images dans la fenêtre du Finder et double-cliquez sur son icône. Vous serez informé si aucun appareil photo ou scanner n'est connecté à votre Mac lorsque vous démarrez Transfert d'images. Si cela est votre cas, lisez le paragraphe suivant sur la manière de connecter un appareil.

Note

Vous vous demandez peut-être pourquoi iPhoto, logiciel de retouche et d'organisation de photos d'Apple, n'est pas abordé dans ce livre. iPhoto fait partie de la suite iLife, vendue séparément de Snow Leopard. Étant essentiellement concentré sur Snow Leopard, je ne parlerai que de Transfert d'images.

Connecter votre appareil

Si vous ne l'avez pas encore fait, connectez votre appareil à votre Mac selon les recommandations du fabricant (bien souvent par USB). Si Transfert d'images est déjà ouvert, il devrait afficher automatiquement une fenêtre lorsque vous connectez un appareil photo ou un scanner.

Si plusieurs appareils sont connectés à votre Mac, vous pouvez choisir l'appareil que vous désirez utiliser en le sélectionnant dans le menu Appareils.

Genius

Transfert d'images est assez polyvalent pour importer aussi des films et des fichiers MP3, si votre appareil a la capacité d'enregistrer de tels fichiers.

Utiliser un appareil photo numérique

Un appareil photo numérique est comme une fenêtre sur le monde qui vous entoure. Il vous permet de garder tous vos souvenirs. Cependant, les cartes mémoire utilisées par l'appareil pour stocker vos précieux clichés ne sont pas illimitées en termes d'espace et doivent être vidées de leur contenu de temps en temps. Parfois, vous voulez au contraire transférer vos photos vers votre carte mémoire. C'est à ce moment que Transfert d'images fait son entrée.

Transférer vos images à partir de votre appareil et vers lui

Comme nous l'avons vu précédemment dans ce chapitre, lorsque vous connectez votre appareil à votre Mac quand Transfert d'images est déjà ouvert et actif (comme sur la figure 12.7), vous avez alors accès à votre appareil.

- **Le menu déroulant Connecter cet appareil ouvre vous permet de choisir l'application qui s'ouvre automatiquement lorsque l'appareil est connecté à votre Mac.**
- **Cochez la case Partager l'appareil pour autoriser d'autres applications à accéder à l'appareil.**
- **Cliquez sur le bouton Liste ou Icônes (voir figure 12.7) en bas de la fenêtre pour modifier les options de présentation.**
- **Utilisez les boutons de rotation (voir figure 12.7) pour faire tourner les images comme vous le désirez avant de les télécharger.**

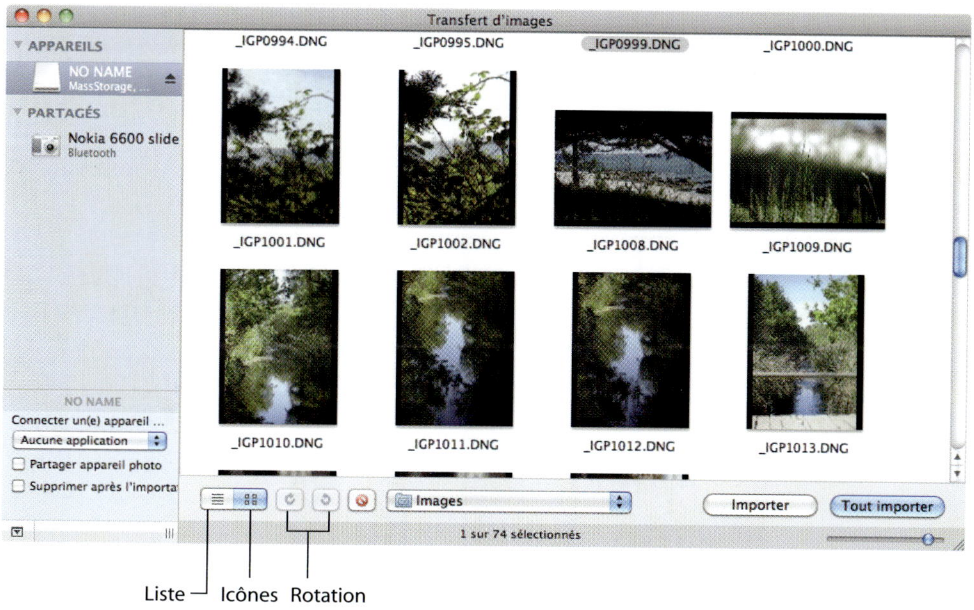

12.7 Ces options vous permettent de contrôler votre appareil.

Importer ou Importer tout

Cliquez sur Importer tout pour télécharger toutes les photos et tous les fichiers de votre appareil. En revanche, si vous désirez télécharger seulement quelques fichiers, ce n'est pas la meilleure option.

Pour importer seulement certains fichiers, procédez comme suit :

1. **Cliquez sur le fichier que vous désirez télécharger à partir de la fenêtre Transfert d'images.** Pour sélectionner plusieurs fichiers, maintenez enfoncée la touche ⌘ tout en effectuant votre sélection, comme sur la figure 12.8.
2. **Cliquez sur Importer pour effectuer le transfert.** Les fichiers que vous avez importés se trouvent dans le dossier Images de votre répertoire de départ.

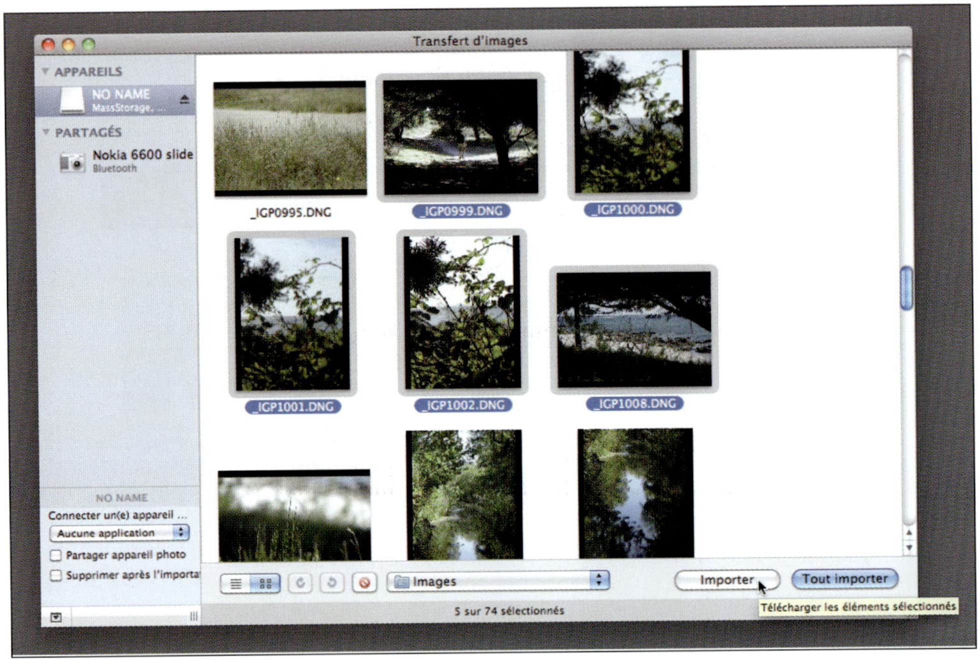

12.8 Sélectionnez seulement les images que vous désirez télécharger, au lieu de toutes les importer.

Transférer vers votre appareil

Une fonction très pratique de Transfert d'images est la possibilité de transférer aussi des fichiers vers votre appareil. Pour ce faire, respectez les étapes suivantes :

1. **Sélectionnez le fichier que vous voulez transférer vers votre appareil.** Positionnez correctement la fenêtre de Transfert d'images afin que vous puissiez voir à la fois le contenu de votre appareil et le fichier que vous transférez.
2. **Faites glisser les fichiers que vous désirez déplacer vers l'appareil dans la fenêtre de Transfert d'images, comme sur la figure 12.9.** Si vous ne pouvez déposer les fichiers dans la fenêtre, c'est sans doute parce que votre appareil ne prend pas en charge cette fonctionnalité, ou bien que la carte mémoire est pleine (car j'en ai fait l'expérience).

Le fichier est désormais copié sur votre appareil et l'original reste intact.

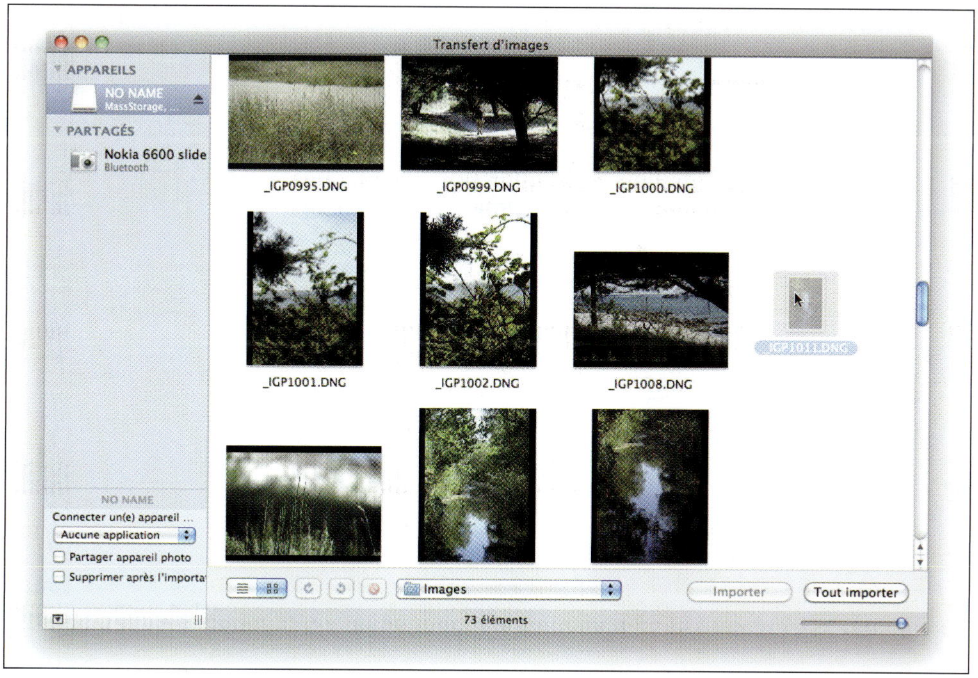

12.9 Votre appareil ne sera-t-il pas surpris de recevoir des fichiers au lieu d'en envoyer ?

Supprimer des images de votre appareil

Parfois vous voulez supprimer seulement certaines images sur votre appareil numérique, mais cela peut vite devenir une corvée. Transfert d'images est spécialement adapté à cette tâche ! Pour supprimer seulement certains fichiers, procédez comme suit :

1. **Sélectionnez les fichiers que vous désirez supprimer de votre appareil.** Maintenez enfoncée la touche ⌘ tout en cliquant sur les fichiers.
2. **Cliquez sur le bouton Supprimer en bas de la fenêtre.**
3. **Cliquez sur OK pour confirmer la suppression ou sur Annuler pour arrêter.**

Supprimer les yeux rouges

Transfert d'images est une très bonne application, mais si vous avez besoin de retoucher vos photos, d'enlever les yeux rouges ou de recadrer l'image par exemple, il vous faudra un autre logiciel. iPhoto est parfait pour ce genre de tâches et il permet également d'organiser et de partager vos photos. Vous pouvez vous le procurer auprès d'Apple avec la suite d'applications iLife.

Utiliser un scanner

Votre Mac peut utiliser Transfert d'images pour importer des images et des documents à l'aide d'un scanner. Pour commencer, connectez tout simplement votre scanner.

Note

Vous devez installer le logiciel de votre scanner avant de connecter ce dernier à votre Mac. Le logiciel est certainement sur un CD, mais c'est aussi une bonne idée de se rendre sur le site web du fabricant pour éventuellement télécharger les pilotes mis à jour.

Scanner une image

Après que vous avez connecté votre scanner, Transfert d'images devrait s'ouvrir automatiquement. Si ce n'est pas le cas, ouvrez le dossier Applications sur votre disque dur et double-cliquez sur l'icône de Transfert d'images, puis sélectionnez le scanner dans la liste. Placez l'élément que vous désirez numériser contre la vitre du scanner si c'est un scanner à plat, ou dans le bac d'alimentation dans le cas d'un scanner à alimentation automatique. Les festivités commencent maintenant !

Utiliser les options de Transfert d'images

La fenêtre de numérisation par défaut qui s'affiche alors propose quelques options de base pour numériser votre document vers votre Mac, comme sur la figure 12.10.

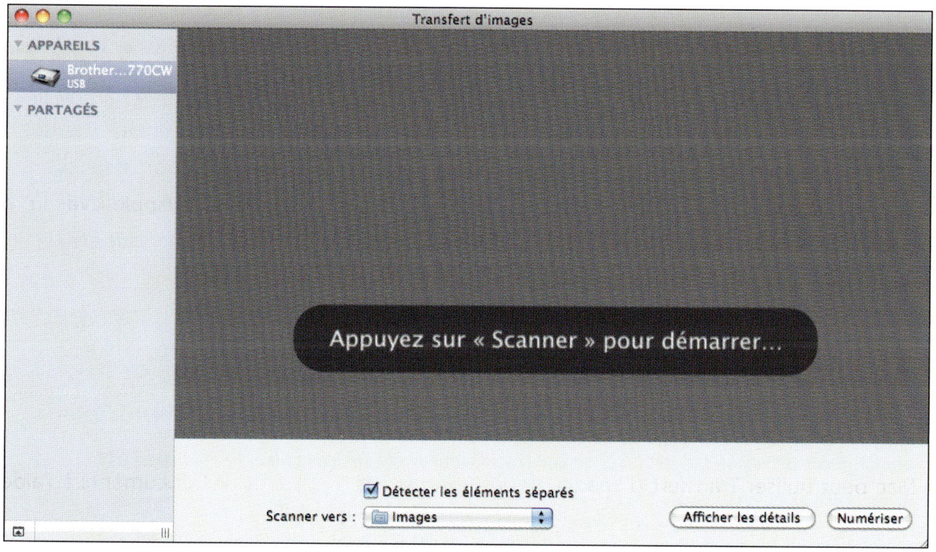

12.10 Fenêtre de numérisation par défaut de Transfert d'images et ses options.

Pour numériser un élément à l'aide de ces options, procédez comme suit :

1. **Sélectionnez le scanner dans la liste des appareils à gauche de la fenêtre de numérisation.**
2. **Sélectionnez le type de scanner que vous utilisez à partir du menu déroulant Unité.** La plupart d'entre vous possèdent un scanner à plat.
3. **Cochez la case Détecter les images distinctes afin que Transfert d'images détecte automatiquement le contenu de la page à numériser, comme du texte ou des images.**
4. **Choisissez un emplacement pour stocker le fichier numérisé dans le menu déroulant Numériser dans.**
5. **Cliquez sur le bouton Numériser lorsque vous êtes prêt.** Une fois la numérisation terminée, votre document se trouve à l'emplacement que vous avez spécifié à l'étape 4.

Utiliser les options du logiciel de votre scanner

Le logiciel de votre scanner propose peut-être d'autres options non disponibles dans la fenêtre standard de numérisation de Transfert d'images. Pour accéder à ces fonctionnalités, procédez comme suit :

1. **Sélectionnez le scanner dans la liste des appareils à gauche de la fenêtre, puis cliquez sur le bouton Afficher les détails, situé dans le coin inférieur droit, pour afficher les options de votre scanner (figure 12.11).**
2. **Sélectionnez le type de scanner que vous utilisez dans le menu déroulant Mode de numérisation.**
3. **Choisissez le type d'image que vous allez numériser dans le menu déroulant Type.**
4. **Décidez du nombre de bits à utiliser pour la numérisation (plus le nombre est élevé, mieux c'est).**
5. **Sélectionnez la résolution que vous désirez utiliser dans le menu déroulant.** Elle influence grandement la qualité de l'image. Encore une fois, plus celle-ci est élevée, plus la taille de vos fichiers le sera également.
6. **Déterminez la taille et l'orientation de votre image.**
7. **Sélectionnez l'emplacement sur votre Mac où vous désirez enregistrer les images numérisées à l'aide du menu Numériser dans.**
8. **Nommez le fichier puis sélectionnez le format.**
9. **Votre scanner dispose peut-être d'autres options, comme Correction de l'image, Masque flou, etc.** Si c'est le cas, effectuez les modifications que vous jugez nécessaires.
10. **Si vous utilisez un scanner à alimentation automatique, appuyez simplement sur Numériser pour commencer à numériser les pages et ne passez pas aux étapes suivantes.** Si vous possédez un scanner à plat, passez à l'étape 11.

11. **Cliquez sur Aperçu pour afficher un aperçu de l'élément sur la vitre.**

12. **Sélectionnez la partie de l'aperçu que vous désirez numériser à l'aide de la souris, puis cliquez sur Numériser.**

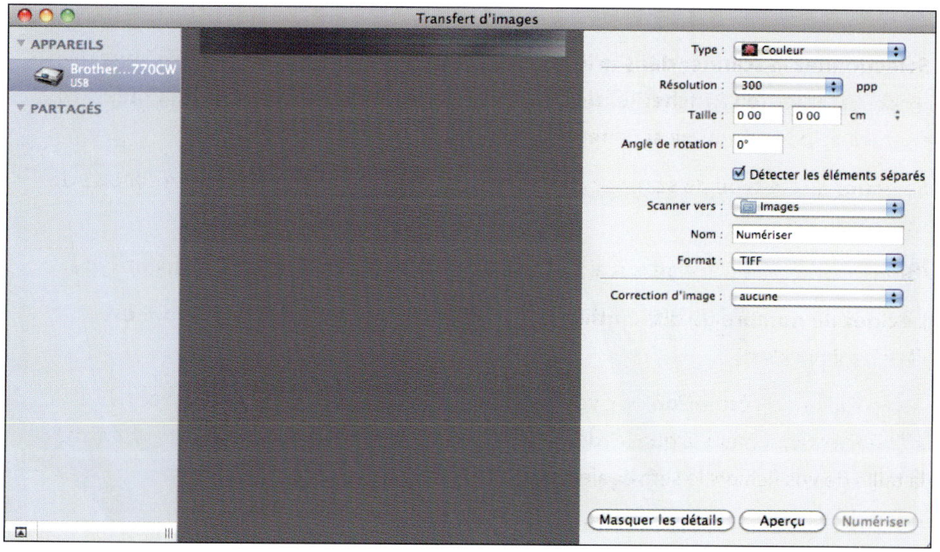

12.11 Vous aurez plus de contrôle sur la qualité de vos numérisations en utilisant le logiciel fourni par votre fabricant.

Comment partager des fichiers et d'autres éléments ?

Apple a appris à Snow Leopard à partager, et ce dernier le fait mieux que n'importe quel autre système d'exploitation. En fait, aucun autre système n'est aussi convivial envers ses concurrents que Snow Leopard. Que votre réseau soit constitué de PC Windows, d'ordinateurs Linux ou entièrement de Mac, Snow Leopard est heureux de serrer la main de ses voisins. Vous pouvez partager des fichiers, des dossiers, des imprimantes et même votre connexion Internet grâce à divers protocoles réseau.

Préférences Système Partage

Les préférences Système Partage représentent le point de départ. Elles vous permettront d'activer et de configurer tous les types de partage. Sélectionnez le menu Pomme ➪ Préférences Système puis cliquez sur l'icône Partage pour ouvrir la fenêtre des préférences Partage, illustrée sur la figure 13.1.

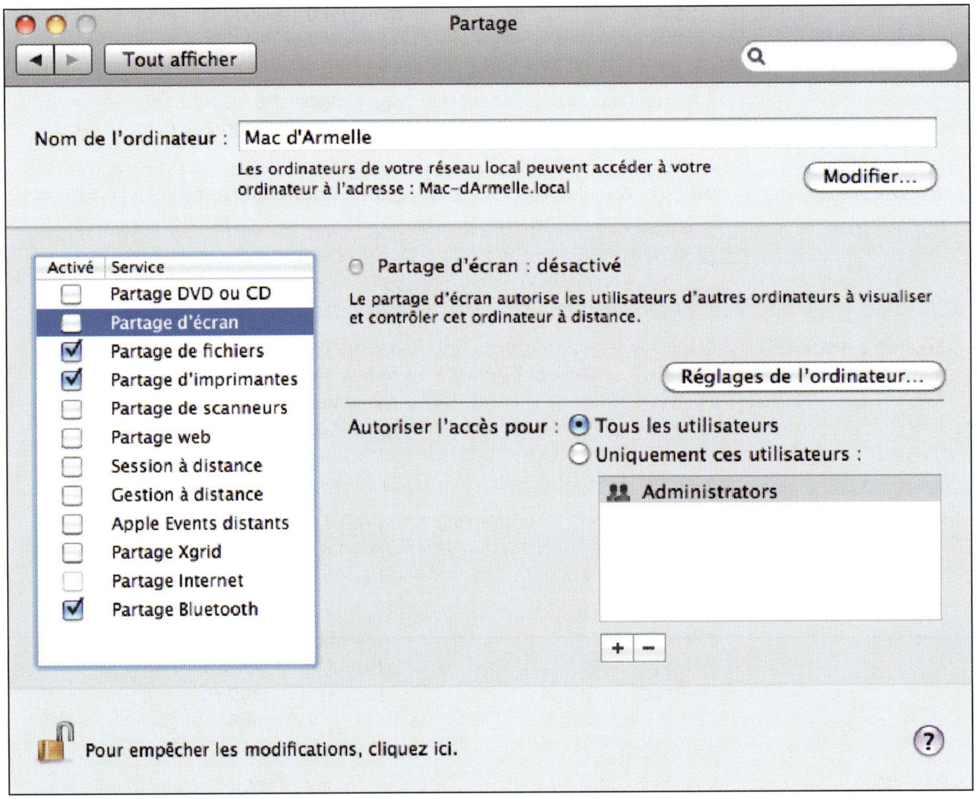

13.1 Indiquez à Snow Leopard comment partager.

Pour commencer : Si le champ Nom de l'ordinateur est vierge en haut du panneau Partage, tapez un nom pour votre ordinateur. Les autres utilisateurs peuvent voir votre ordinateur sous ce nom sur le réseau.

Votre Mac est capable de partager un grand nombre d'éléments différents, mais certains ne sont pas aussi importants que d'autres. Pour cette raison, le tableau 13.1 vous présente rapidement chaque option de partage, le reste du chapitre étant dédié aux points qui requièrent le plus d'attention.

Tableau 13.1 Préférences Partage

Type de partage	Description
Partage DVD ou CD	Sélectionnez cette option pour autoriser les autres ordinateurs à se connecter à distance et à utiliser le lecteur optique de votre Mac. Cette option est utile si vous avez un ordinateur non équipé d'un lecteur optique intégré, comme le MacBook Air. Vous pouvez partager le lecteur optique de l'un de vos Mac afin que l'ordinateur puisse l'utiliser.
Partage d'écran	Utilisez cette fonctionnalité pour autoriser les utilisateurs d'autres ordinateurs à accéder à distance à votre Mac afin qu'ils puissent voir votre écran sur le leur. Ils peuvent aussi déplacer et ouvrir des éléments, comme les dossiers et les applications, sur votre ordinateur.
Partage de fichiers	Donnez accès aux autres utilisateurs aux dossiers de votre Mac que vous partagez. Nous verrons ce sujet plus en détail plus loin dans ce chapitre.
Partage d'imprimantes	Permet de partager les imprimantes pour lesquelles vous avez créé une liste d'impression (préférences Imprimantes et fax). Voir dans ce chapitre.
Partage web	Vous pouvez créer et stocker des pages web sur votre Mac. Sélectionnez cette option pour autoriser d'autres personnes à accéder à ces pages web quels que soient leur navigateur ou leur ordinateur. Les adresses des sites web de votre ordinateurs s'affichent une fois que l'option est activée.
Session à distance	Sélectionnez cette option pour autoriser les utilisateurs des autres ordinateurs à accéder à distance à votre Mac via le protocole SSH dans Terminal. Même si vous pouvez restreindre l'accès à certains utilisateurs, je ne vous recommande pas d'utiliser cette option pour des raisons de sécurité, sauf si cela vous est demandé par le département informatique de votre entreprise. Voir au chapitre 15 sur l'utilisation de Terminal.
Gestion à distance	Si vous ou vos administrateurs réseau utilisez Apple Remote Desktop pour accéder à votre ordinateur à distance, vous devez activer l'option Gestion à distance. Plus de détails plus loin dans ce chapitre.
Apple Events distants	Autorisez les applications et les utilisateurs des autres ordinateurs à envoyer des Événements Apple à votre Mac. Les Événements Apple sont des commandes ordonnant à votre Mac d'effectuer une action, comme imprimer ou supprimer un fichier. Je ne recommande pas d'utiliser cette option, sauf si vous savez vraiment ce que vous faites et que vous avez confiance en les autres utilisateurs de votre réseau.
Partage Xgrid	Sélectionnez cette option si vous désirez autoriser un serveur Xgrid de votre réseau à utiliser à distance la puissance de traitement de votre Mac. Les grands laboratoires informatiques utilisent cette configuration pour des tâches de traitement énormes. Utiliser la puissance de traitement d'autres ordinateurs sur le réseau peut accélérer ces tâches. Si vous ne savez pas ce qu'est un serveur Xgrid, vous n'avez pas besoin d'activer cette option, sauf si votre département informatique vous le demande.
Partage Internet	Partagez la connexion Internet de votre Mac avec les autres ordinateurs via Ethernet, AirPort ou FireWire. Cela est très pratique si un seul Mac a accès physiquement à Internet à la maison ou au bureau. Si vous activez cette option, vérifiez le type de connexion à utiliser pour le partage.
Partage Bluetooth	Utilisez la connexion Bluetooth de votre Mac pour communiquer avec d'autres appareils, puis cochez cette case pour partager les fichiers. Plus d'informations sur le Bluetooth plus loin dans ce chapitre.

Utiliser Bonjour avec Windows et Snow Leopard

Snow Leopard utilise un protocole réseau appelé Bonjour permettant une connexion sans effort entre les appareils fonctionnant sous ce protocole. Il ne requiert aucune configuration. Les appareils se détectent tout simplement les uns les autres sur le réseau. Bonjour est intégré à Snow Leopard et j'ai le plaisir de vous annoncer qu'Apple a également développé Bonjour pour Windows. Constatez par vous-même comme la communication entre Mac OS X et Windows peut être simple en téléchargeant Bonjour à partir de www.apple.com/downloads/macosx/apple/windows/bonjourforwindows.html et en l'installant pour Windows.

Partage de fichiers

Le partage de fichiers est ce à quoi les gens pensent en premier lorsque l'on parle de partage. Snow Leopard vous laisse déterminer quels fichiers et quels volumes vous désirez partager sur votre Mac, et vous pouvez choisir qui peut accéder à ces éléments. Cochez la case Partage de fichiers pour activer la fonctionnalité sur votre Mac, comme sur la figure 13.2.

Ajouter des dossiers partagés et des utilisateurs

La fenêtre Dossiers partagés donne la liste des dossiers de votre disque configurés pour partager des fichiers. Pour ajouter des dossiers à cette liste, procédez comme suit :

1. **Cliquez sur le bouton + situé en dessous de la fenêtre Dossiers partagés.**
2. **Parcourez votre Mac et sélectionnez le dossier que vous voulez partager.**
3. **Cliquez sur Ajouter pour commencer à partager des fichiers dans ce dossier.**

Ensuite, vous devez spécifier les utilisateurs pouvant accéder aux dossiers que vous partagez. Respectez les étapes suivantes :

1. **Cliquez sur le bouton + placé sous la fenêtre Utilisateurs.**
2. **Sélectionnez un groupe d'utilisateurs dans la liste du panneau de gauche puis, dans le panneau de droite, choisissez un utilisateur avec lequel vous désirez partager un dossier en particulier, comme sur la figure 13.3.**

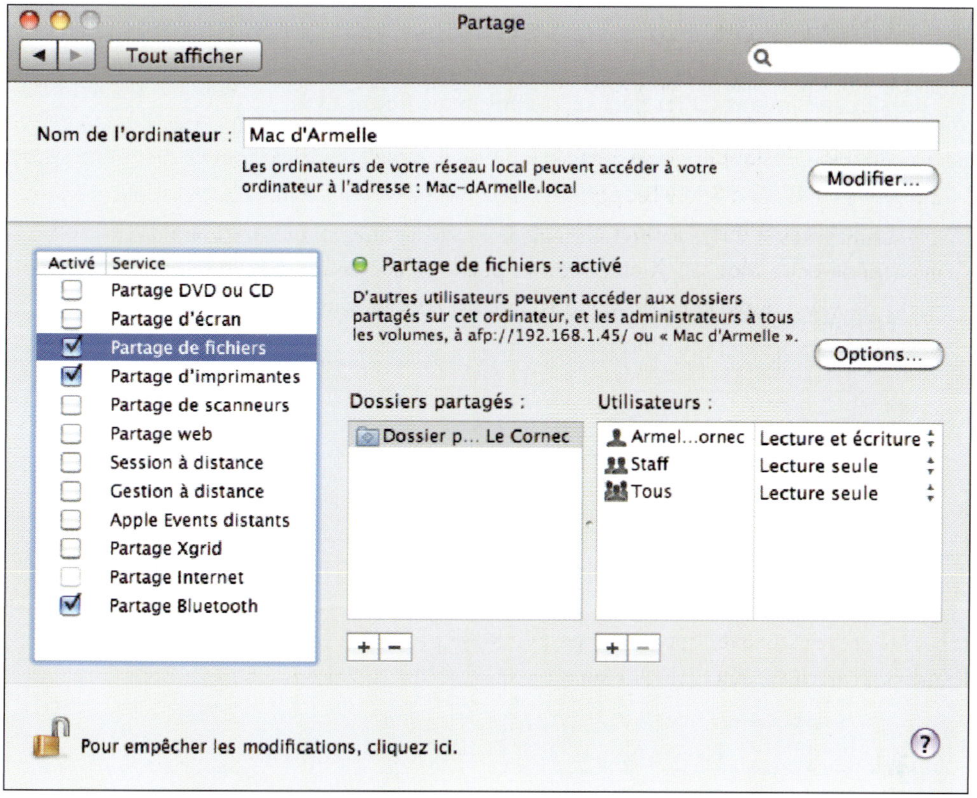

13.2 Il est toujours intéressant de partager.

13.3 Cliquez sur l'utilisateur avec lequel vous voulez partager votre dossier.

3. **Cliquez sur Choisir pour ajouter l'utilisateur dans la liste des utilisateurs autorisés.**
4. **Choisissez le nom de l'utilisateur dans la liste et attribuez-lui le niveau d'accès au dossier en cliquant sur les flèches, comme sur la figure 13.4.**
   - **Lecture et écriture.** L'utilisateur est autorisé à modifier et supprimer les fichiers du dossier partagé, et à y copier de nouveaux fichiers.
   - **Lecture seule.** L'utilisateur peut seulement voir et ouvrir les fichiers partagés du dossier.
   - **Écriture seulement (boîte de dépôt).** Les utilisateurs sont seulement autorisés à copier des fichiers dans le dossier, ils ne peuvent voir les fichiers du dossier ni les ouvrir.

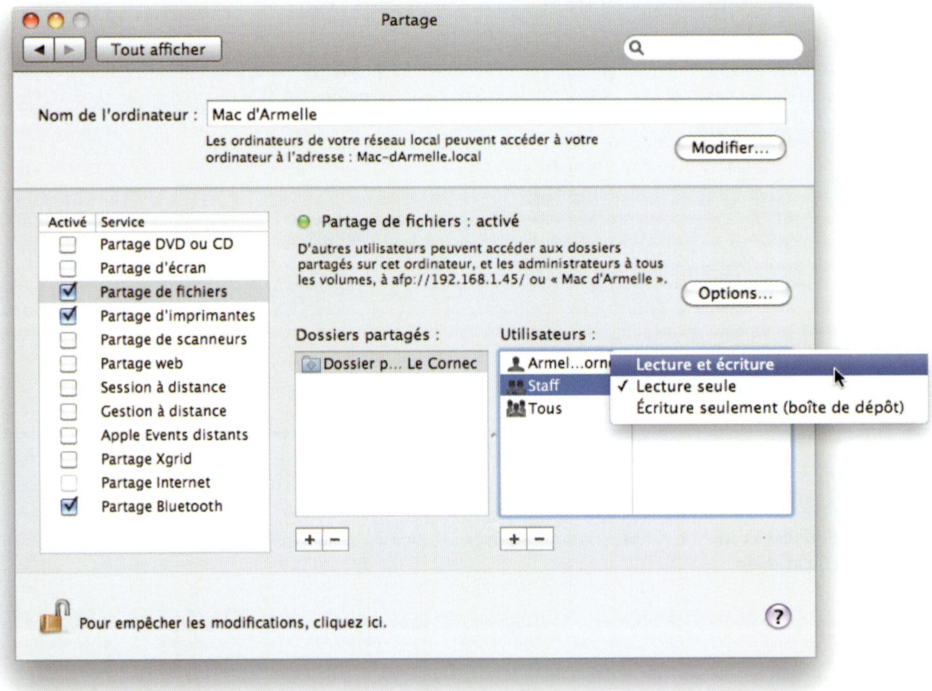

13.4 Attribuer le niveau d'accès à un dossier partagé à un utilisateur.

Vous pouvez déplacer les dossiers ou les utilisateurs en les sélectionnant et en cliquant sur les boutons – placés sous chaque fenêtre.

Activer les protocoles de partage

Snow Leopard dispose de capacités de partage très avancées et peut utiliser plusieurs protocoles. Cliquez sur Options dans le coin inférieur droit du panneau Partage de fichiers pour afficher les protocoles disponibles (voir figure 13.5). Le tableau 13.2 vous expose chaque protocole.

Cochez les cases correspondant aux protocoles que vous désirez activer, ce qui permet de partager des éléments avec les utilisateurs de votre réseau fonctionnant sous les mêmes protocoles.

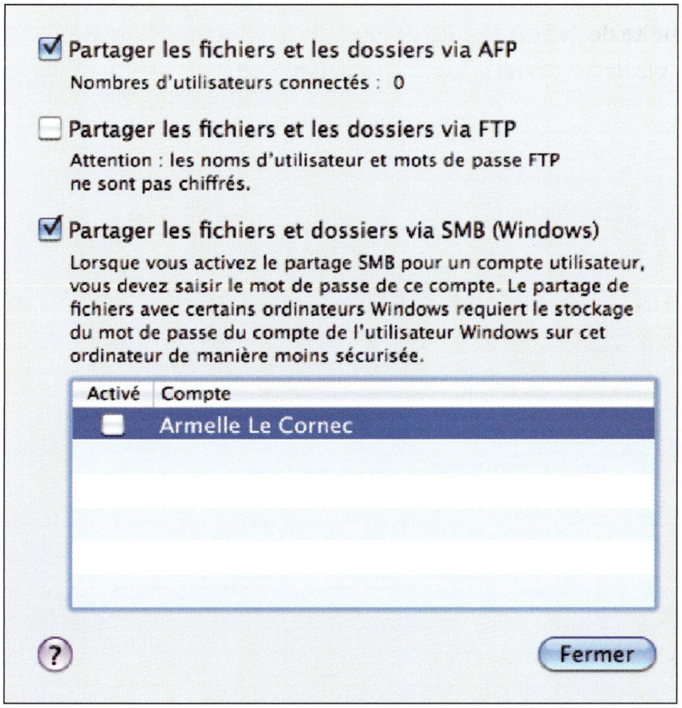

13.5 Cochez les cases des protocoles que vous désirez utiliser pour partager vos fichiers.

Tableau 13.2 Protocoles de partage de fichiers

Protocole	Description
AFP	Protocole de partage Apple : ancien protocole réseau utilisé par Snow Leopard pour communiquer avec les anciens réseaux AppleTalk.
FTP	Protocole de transfert de fichiers : protocole TCP/IP fréquemment utilisé pour transférer des fichiers entre des appareils sur un réseau ou par Internet.
SMB	Server Message Block, autrefois appelé Microsoft Windows Network par les utilisateurs Windows. Il permet à Snow Leopard de travailler sur un réseau de type Windows. Cochez les cases correspondant aux comptes que vous désirez activer pour le partage. Vous devez taper un mot de passe pour chaque compte que vous activez.

Partage d'imprimantes

Lorsque vous partagez une imprimante à partir de votre Mac, vous ne la partagez pas physiquement mais vous partagez la file d'impression que vous avez créés pour l'imprimante dans les préférences Système Imprimantes et fax. Les clients envoient des tâches d'impression sur votre Mac, et non directement à l'imprimante. C'est à votre Mac de transmettre la tâche à l'imprimante après l'avoir reçue. Cochez la case Partage d'imprimantes pour activer l'option dans Snow Leopard (voir figure 13.6).

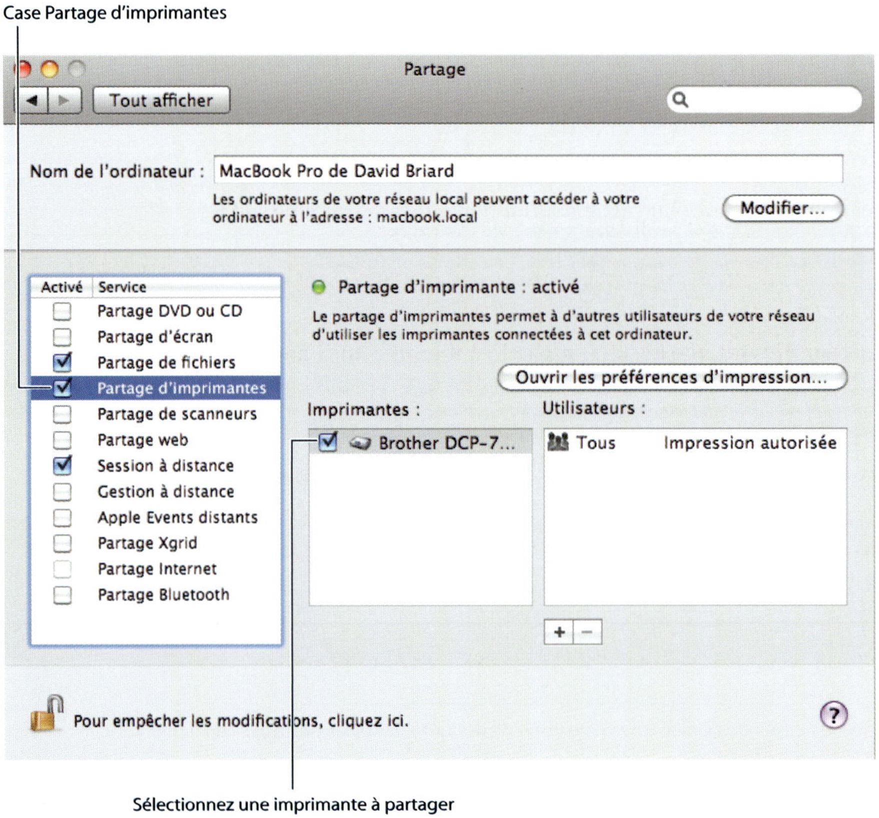

13.6 Partagez les imprimantes installées sur votre Mac à l'aide de la fonction Partage d'imprimantes.

Partage avec les utilisateurs Mac OS X

Vous n'avez pas grand-chose à faire en ce qui concerne le partage d'imprimantes avec d'autres utilisateurs Mac OS X. Cochez simplement la case près de l'imprimante que vous désirez partager dans le panneau Partage d'imprimantes, et l'imprimante sera alors visible aux utilisateurs lorsqu'ils voudront ajouter une imprimante. Voir le chapitre 6 pour l'ajout d'une imprimante.

Partage avec les utilisateurs Windows

Pour partager n'importe quelle imprimante installée sur votre Mac avec d'autres ordinateurs fonctionnant sous Windows, procédez comme suit :

1. **Cochez la case près de l'imprimante que vous désirez partager dans le panneau Partage d'imprimantes, comme sur la figure 13.6.**
2. **Activez le partage de fichiers en cochant la case Partage de fichiers dans la liste.**
3. **Cliquez sur Options dans le panneau Partage de fichiers.**
4. **Cochez la case Partager les fichiers et les dossiers via SMB (Windows).**
5. **Sélectionnez les comptes qui auront accès à l'imprimante et tapez leurs mots de passe.**

Pour ajouter une imprimante à un PC sous Windows, procédez comme suit :

1. **Dans le panneau de configuration, ouvrez le panneau Imprimantes et télécopieurs si vous utilisez XP ou le panneau Imprimantes sous Vista.**
2. **Cliquez sur Ajouter une imprimante et installez une imprimante réseau.** Consultez votre documentation Windows pour installer une imprimante réseau si vous ne savez pas comme le faire.
3. **Sélectionnez le pilote d'imprimante générique Postscript pendant l'installation, même si l'imprimante n'est pas PostScript.** Ceux qui comprennent le fonctionnement des pilotes d'imprimantes PostScript se demandent peut être pourquoi, mais voici la raison : Lorsqu'un PC envoie une tâche d'impression, Snow Leopard traduit automatiquement le code PostScript généré par le PC dans un code compris par l'imprimante. Cela prouve une fois de plus la supériorité de Snow Leopard.

Gestion à distance

Note

L'utilisateur Windows doit être identifié en tant qu'administrateur sur son PC pour installer l'imprimante partagée.

Lorsque vous cochez la case Gestion à distance, on vous demande de configurer le niveau d'accès des utilisateurs des autres ordinateurs à votre Mac, comme sur la figure 13.7. Les options parlent d'elles-mêmes.

Après avoir activé la gestion à distance, vous pouvez ajouter des utilisateurs locaux à la liste d'accès. Respectez les étapes suivantes :

1. **Cliquez sur le bouton + situé en dessous de la liste d'accès.**
2. **Parcourez la liste des utilisateurs disponibles et sélectionnez ceux que vous désirez ajouter.**
3. **Configurez les options d'accès pour les utilisateurs comme vous l'avez fait lorsque vous avez activé la gestion à distance.** Ces options peuvent être modifiées à tout moment en cliquant sur Options.

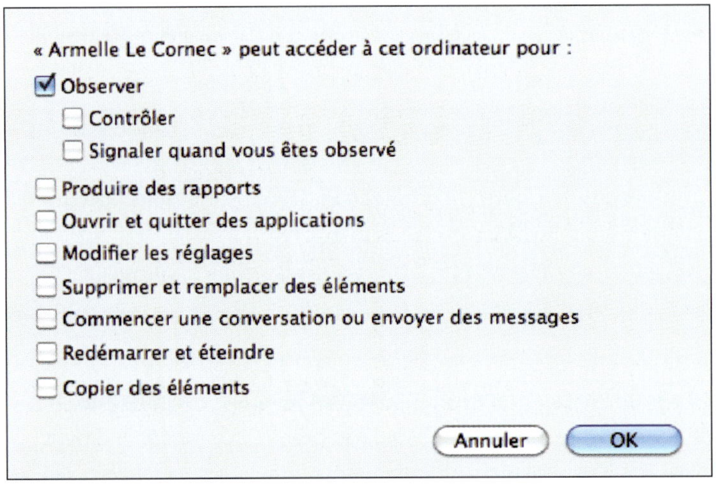

13.7 Décidez de ce que les utilisateurs peuvent faire après qu'ils ont accédé à votre Mac.

Partage Bluetooth

La fonction Partage Bluetooth, illustrée sur la figure 13.8, vous permet de configurer la façon dont votre Mac interagit et de partager des fichiers avec les autres appareils fonctionnant en Bluetooth.

Pour commencer, vous devez activer le Bluetooth sur votre Mac pour partager des fichiers avec d'autres appareils utilisant ce protocole. S'il n'est pas déjà activé, procédez comme suit :

1. **Cliquez sur les préférences Bluetooth pour ouvrir le panneau des préférences Bluetooth.**
2. **Cochez les cases Activé et Détectable.**
3. **Cliquez sur la flèche précédent dans le coin supérieur droit du panneau pour revenir au panneau Partage.**

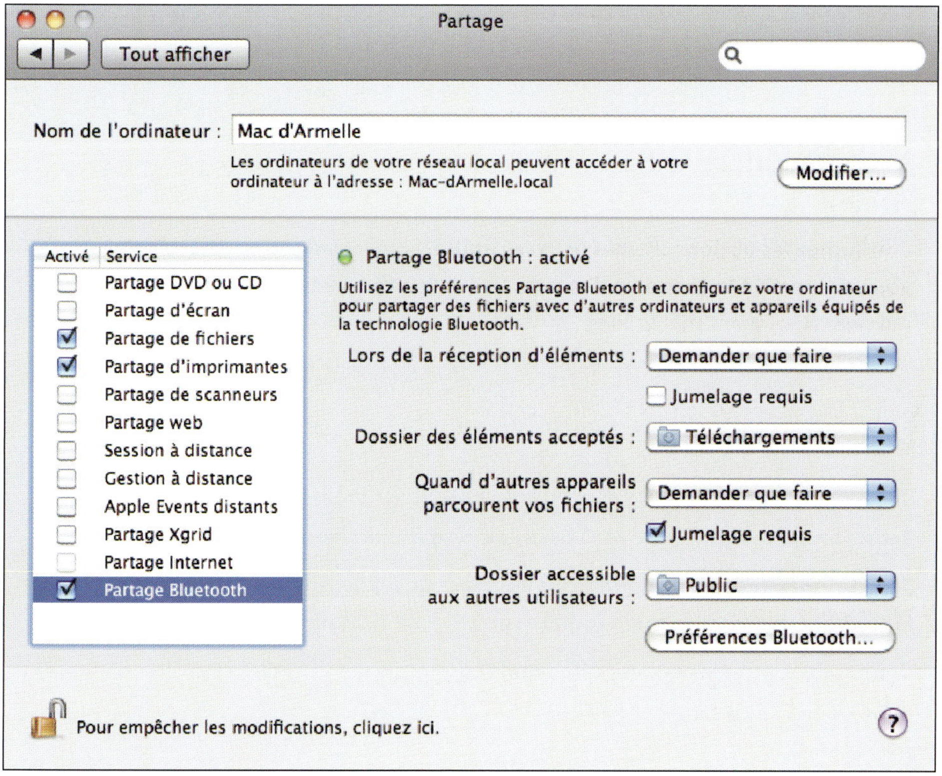

13.8 Options de partage Bluetooth.

Le tableau 13.3 présente brièvement les options disponibles dans le panneau Partage Bluetooth.

Tableau 13.3 Options Partage Bluetooth

Option	Fonctions
Lors de la réception d'éléments	Décidez du comportement de votre Mac lorsqu'un autre appareil en Bluetooth essaie de lui envoyer un élément. Sélectionnez la case Jumelage requis pour qu'un mot de passe soit demandé avant tout échange.
Dossier des éléments acceptés	Configurez le dossier par défaut des fichiers envoyés par d'autres appareils.
Quand d'autres appareils parcourent vos fichiers	Déterminez le comportement de votre Mac lorsqu'un autre appareil Bluetooth parcourt les dossiers partagés. Sélectionnez la case Jumelage requis pour qu'un mot de passe soit demandé avant tout échange.
Dossier accessible aux autres utilisateurs	Configurez le dossier par défaut sur votre Mac accessible aux utilisateurs des autres appareils Bluetooth.

Note Vous devez jumeler un appareil avec votre Mac pour pouvoir échanger des fichiers. Voyez le chapitre 8 pour le jumelage des appareils Bluetooth à l'aide de l'assistant réglages Bluetooth.

Utilitaire Échange de fichiers Bluetooth

L'utilitaire Échange de fichiers Bluetooth vous permet de parcourir les autres appareils Bluetooth et d'échanger avec eux des fichiers. Ouvrez Échange de fichiers Bluetooth en appuyant sur ⌘+Shift+U dans le Finder, puis double-cliquez sur l'icône Échange de fichiers Bluetooth.

Envoyer un fichier à partir de votre Mac

Pour envoyer un fichier à partir de votre Mac vers un autre appareil Bluetooth :

1. **Sélectionnez Fichier ➪ Envoyer un fichier, ou appuyez sur ⌘+O.**
2. **Sélectionnez le fichier que vous désirez envoyer puis cliquez sur Envoyer.**
3. **Sélectionnez l'appareil auquel vous voulez envoyer le fichier à partir de la liste de la fenêtre Envoyer un fichier, comme sur la figure 13.9, puis cliquez sur Envoyer.**
4. **L'appareil récepteur peut vous demander de confirmer l'envoi.** Le transfert est terminé lorsque l'autre appareil a reçu toutes les données.

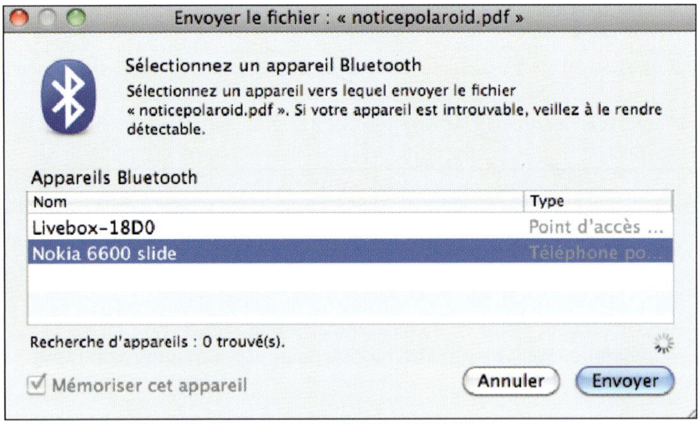

13.9 Sélectionnez l'appareil auquel vous désirez envoyer un fichier à partir de la liste des appareils disponibles.

Explorer un autre appareil Bluetooth

Vous pouvez parcourir un autre appareil Bluetooth pour rechercher les fichiers que vous désirez copier, ou pour envoyer des fichiers à partir de votre Mac à un emplacement spécifique sur l'appareil. Respectez les étapes suivantes :

1. **Sélectionnez Fichier ➪ Parcourir le contenu de l'appareil, ou appuyez sur ⌘+Shift+O.**
2. **Sélectionnez l'appareil dont vous désirez parcourir le contenu à partir de la liste Appareils Bluetooth et cliquez sur Parcourir.**
3. **Explorez les dossiers de l'appareil à partir de la fenêtre Parcours (voir figure 13.10).**
4. **Si vous envoyez un fichier, ouvrez le dossier dans lequel vous désirez placer le fichier sur l'appareil, puis cliquez sur Envoyer.** Sélectionnez dans votre Mac le fichier que vous voulez envoyer puis cliquez sur Envoyer.
5. **Si vous voulez obtenir un fichier à partir de l'appareil, sélectionnez-le puis cliquez sur Recevoir.** Nommez le fichier, sélectionnez un emplacement et cliquez sur enregistrer.
6. **Vous pouvez aussi supprimer un fichier sur un appareil Bluetooth en le sélectionnant et en cliquant sur le bouton Effacer situé dans le coin supérieur droit de la fenêtre Parcours.**

13.10 Parcourir les répertoires ou les dossiers de mon téléphone portable.

Comment automatiser mon Mac ?

Que diriez-vous si votre Mac pouvait accomplir vos tâches quotidiennes automatiquement ? C'est plutôt tentant ? Snow Leopard est conçu pour vous rendre la vie plus facile grâce à l'automatisation et à son application Automator. Ce dernier utilise des actions (ou étapes) pour créer des processus que vous pouvez activer à n'importe quel moment pour effectuer des tâches répétitives rapidement et facilement. Snow Leopard peut également vous aider à faire le ménage sur votre Mac grâce à Time Machine, nouvel utilitaire de sauvegarde de Mac OS X. Time Machine peut littéralement vous faire remonter le temps et retrouver les données que vous auriez perdues.

Présentation d'Automator

Il est utile de connaître un peu Automator avant d'essayer de créer des processus et des actions. Ouvrez Automator en appuyant sur ⌘+Shift+A dans le Finder, puis double-cliquez sur l'icône d'Automator. Lorsque Automator s'ouvre, sélectionnez un modèle dans la fenêtre de départ, comme sur la figure 14.1.

14.1 Sélectionnez un modèle dans la liste pour passer à l'étape suivante.

Pour cet exemple, choisissez Processus et cliquez sur Choisir. Vous vous trouvez désormais dans la fenêtre principale d'Automator. La figure 14.2 vous indique les principales fonctionnalités et le tableau 14.1 vous donne une brève description de chacune.

Tableau 14.1 Descriptions des éléments de la fenêtre d'Automator

Élément	Description
Colonne Bibliothèque	Donne la liste des applications et des autres éléments disponibles à partir desquels vous pouvez choisir une action.
Colonne Action	Présente la liste des actions disponibles pour chaque application ou élément de la colonne Bibliothèque.
Panneau Processus	Il vous permet d'organiser vos actions dans l'ordre où elles doivent être effectuées.

Élément	Description
Fenêtre Description	Affiche une brève explication de l'action sélectionnée.
Exécuter	Exécute le processus en cours.
Arrêter	Arrête le processus en cours d'exécution.
Étape	Cliquez sur Étape pour passer l'étape du processus en cours d'exécution.
Enregistrer	Enregistre les événements de votre clavier et de votre souris pour vous aider à créer des actions personnalisées.
Explorateur de données	Permet de parcourir votre Mac pour rechercher des photos, des fichiers audio ou vidéo que vous voudriez intégrer dans vos processus.

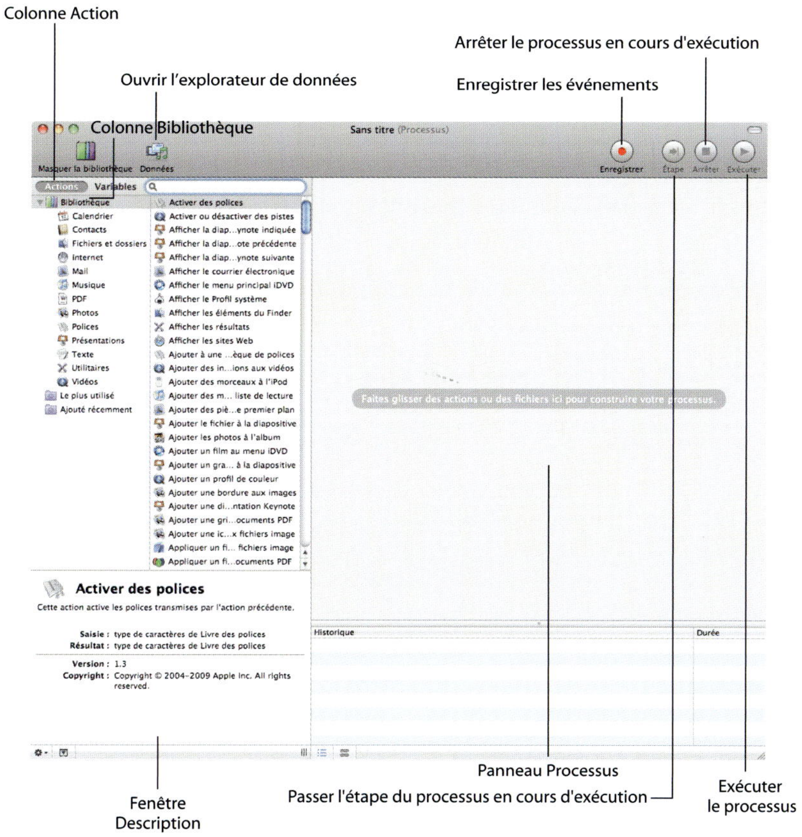

14.2 Fenêtre principale d'Automator où se déroule toute l'action.

Utiliser les processus

Les processus sont des groupes d'actions destinés à vous aider à accomplir une tâche. Lorsque vous exécutez un processus, les actions qui le composent sont effectuées dans l'ordre. Le résultat, ou la sortie de l'action précédente, devient l'entrée de l'action suivante, et ainsi de suite jusqu'à ce que le processus soit terminé.

Créer un processus

Créer un processus est beaucoup plus simple que vous ne le pensez. Pour vous aider, j'ai créé un nouveau processus à votre intention vous que vous allez reproduire étape par étape. Voici ce que je veux faire à l'aide de mon nouveau processus :

1. **Premièrement, je veux renommer les images que j'ai enregistrées à partir de mon appareil photo à l'aide de Transfert d'images et les enregistrer dans un nouveau dossier appelé Nouvelles images.** Mon appareil photo ajoute « IMG » au début de chaque nouveau fichier et les numérote ensuite dans l'ordre. J'aimerais que les noms des fichiers soient un peu plus descriptifs. Automator est l'outil parfait pour cette tâche.
2. **Une fois que mes fichiers sont renommés, je voudrais les ouvrir dans Aperçu pour les vérifier.**
3. **Ensuite, je désirerais que les images soient automatiquement imprimées pour garder un tirage papier de chacune d'entre elles.**
4. **Enfin, je voudrais les envoyer par e-mail à mes amis et à ma famille.**

Commençons à créer ce processus :

Note

Comme je viens de le dire, mon appareil enregistre automatiquement les images avec un préfixe « IMG », c'est donc la convention que j'utiliserai dans ce bref tutoriel. Vous pouvez ajuster le paramètre de l'étape 3 pour qu'il corresponde au préfixe par défaut de votre appareil photo.

1. **Indiquez à Automator sur quels fichiers vous désirez agir.** Sélectionnez Fichiers et dossiers dans la colonne Bibliothèque puis faites glisser Rechercher des éléments du Finder dans le panneau Processus, comme sur la figure 14.3.
2. **Choisissez Autre dans le menu déroulant Rechercher et sélectionnez Bureau dans la partie gauche de la fenêtre.** Cliquez sur le bouton Nouveau dossier, nommez le dossier Nouvelles images, puis cliquez sur Choisir.

3. **Dans la partie réservée aux critères, laissez tel quel le menu déroulant Toutes les, modifiez le menu Un contenu sur l'option Le nom, ne changez pas le menu contient, et inscrivez enfin** IMG **dans le champ de texte.** Vous êtes en train d'indiquer à Automator que vous recherchez les fichiers dont le nom commence par IMG.
4. **Dites à Automator que vous voulez renommer les éléments du dossier Nouvelles images.** Sélectionnez Fichiers et dossiers dans la colonne Bibliothèque puis faites glisser Renommer les éléments du Finder dans le panneau Processus, sous l'action Rechercher des éléments du Finder. Une fenêtre d'avertissement s'ouvre. Cliquez sur Ne pas ajouter.

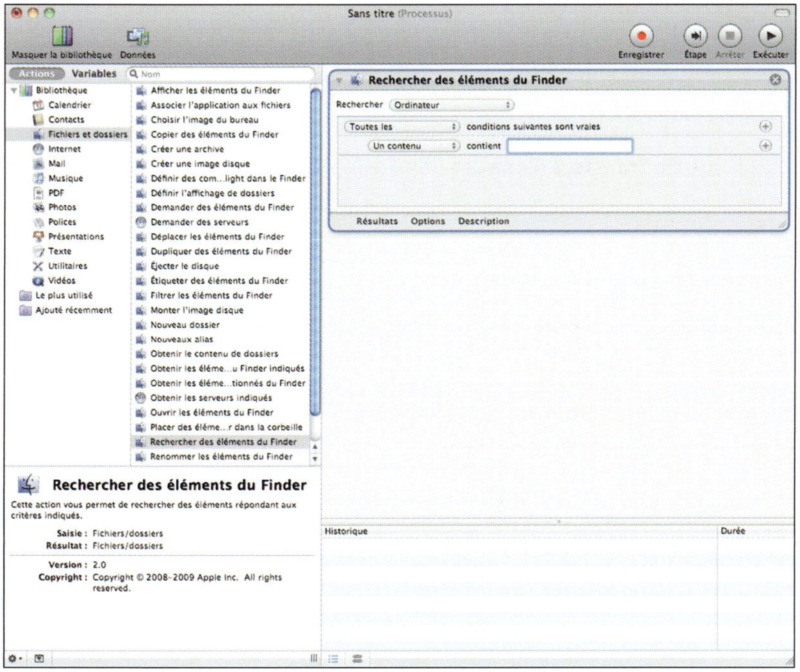

14.3 Ajouter des actions à mon nouveau processus.

5. **Sélectionnez Rendre séquentiel dans le premier menu déroulant, ainsi que le bouton radio nouveau nom de l'option Ajouter le n° à, puis inscrivez le nom que vous désirez ajouter au début de chacun de vos fichiers dans le champ de texte.** J'ai utilisé *photosdwight*, comme sur la figure 14.4. Automator renomme ainsi dans l'ordre tous les fichiers commençant par « IMG » par le préfixe *photosdwight*, suivi d'un numéro.
6. **Ajoutez la date à laquelle les fichiers ont été importés sur votre Mac à la fin du nom de vos fichiers.** Sélectionnez Fichiers et dossiers dans la colonne Bibliothèque puis faites glisser Renommer les éléments du Finder dans le panneau Processus, en dessous de l'action Renommer les éléments du Finder. Cliquez sur Ne pas ajouter. Les critères par défaut (voir figure 14.4) sont appropriés et ne doivent pas être modifiés pour cet exemple.

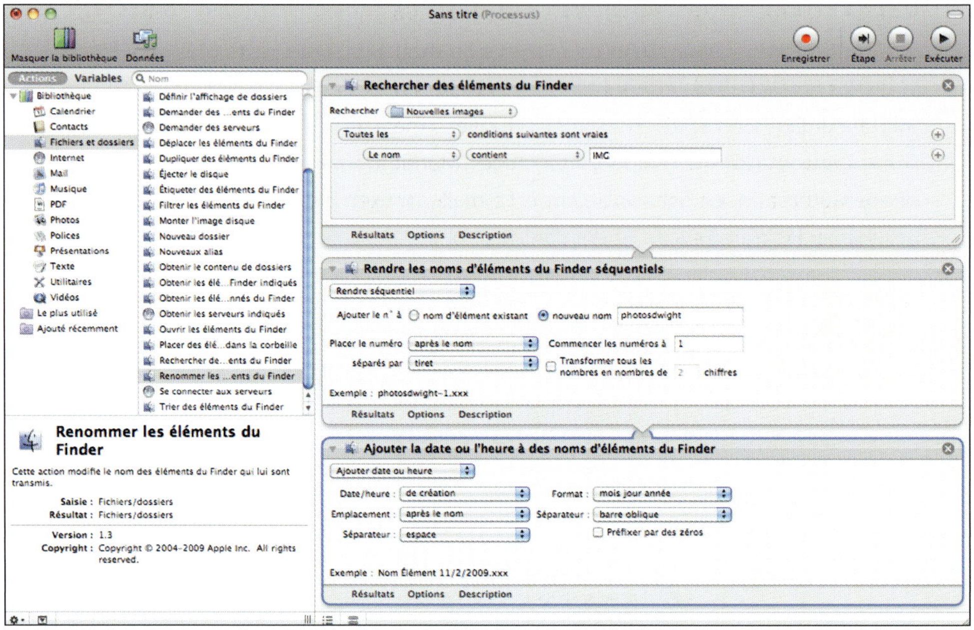

14.4 Renommer mes fichiers.

7. **Je veux que mes images renommées s'ouvrent dans l'application Aperçu pour les visualiser.** Sélectionnez Photos dans la colonne Bibliothèque puis faites glisser Ouvrir les images dans Aperçu dans le panneau Processus, en dessous de la seconde action Renommer les éléments du Finder. Automator démarrera ainsi l'application Aperçu (si elle n'est pas déjà active) et affichera automatiquement les nouvelles images.

Note

Lorsque vous glissez de nouvelles actions dans le panneau Processus, les actions déjà présentes se déplacent légèrement jusqu'à ce que vous déposiez les plus récentes. Cela montre combien il est facile de repositionner les actions d'un processus en les déplaçant tout simplement dans l'ordre dont vous avez besoin.

8. **Demandez à Automator d'imprimer automatiquement des tirages papier de vos photos.** Sélectionnez Photos dans la colonne Bibliothèque puis faites glisser Imprimer des images dans le panneau Processus, en dessous de l'action Ouvrir les images dans Aperçu. Effectuez les réglages nécessaires. Par exemple, j'ai choisi de centrer et d'ajuster mes images, comme sur la figure 14.5.

9. **Indiquez à Automator d'ouvrir Mail et de créer un nouveau message en joignant automatiquement les nouvelles images à l'e-mail. Il ne vous reste plus qu'à inscrire les adresses des destinataires et à appuyer sur Envoyer.** Sélectionnez Mail dans la colonne Bibliothèque puis faites glisser Nouveau message Mail dans le panneau Processus, sous l'action Imprimer des images. Mentionnez les éléments que vous désirez ajouter automatiquement à votre nouvel e-mail, par exemple l'adresse ou l'objet, comme sur la figure 14.5.

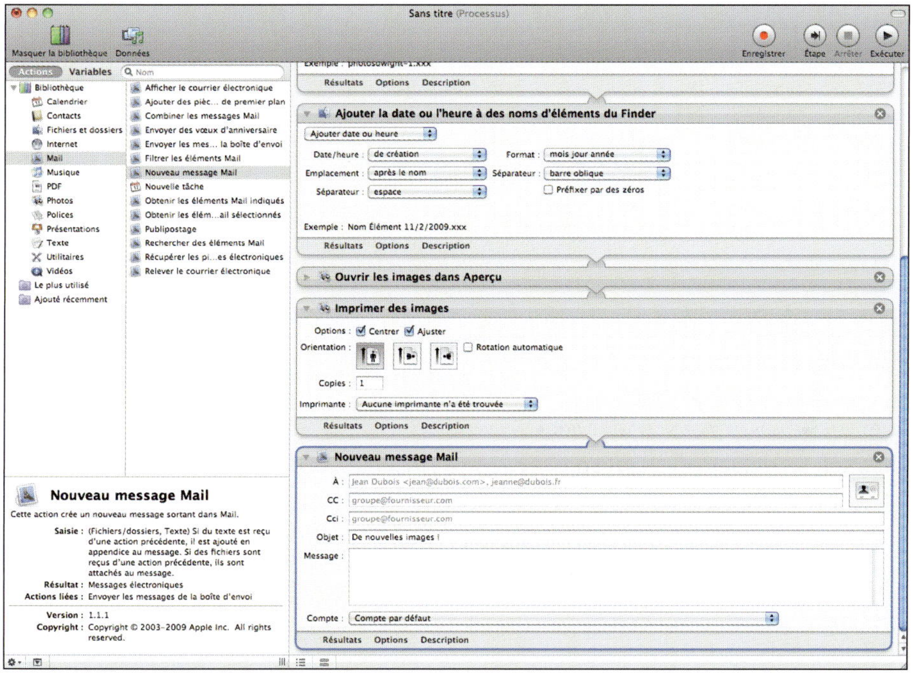

14.5 Automator imprime vos images et crée automatiquement un nouvel e-mail contenant ces dernières.

10. **Cliquez sur le bouton Exécuter, situé dans le coin supérieur droit, pour lancer le processus.** Automator effectue les actions et vous avertit des éventuels problèmes.

Enregistrer vos processus

Vous voudrez certainement enregistrer vos processus pour ne pas avoir à les créer à chaque fois que vous en avez besoin, ce qui rendrait Automator inefficace. Vous pouvez enregistrer vos processus en tant que processus, applications ou modules. Le tableau 14.2 vous donne une courte description de chaque type.

Tableau 14.2 Manières d'enregistrer vos processus

Enregistrer sous	Description
Processus	Enregistre simplement les actions que vous avez regroupées dans le processus. Vous pouvez ouvrir le processus dans Automator pour l'exécuter ou le modifier.
Application	Enregistrer un processus en tant qu'application le transforme en un document. Double-cliquez sur l'application du processus pour la lancer comme n'importe quelle autre application.
Services, Scripts, Processus d'impression, Action de dossier, Alarme iCal, Module de Transfert	Votre processus est enregistré en tant que module spécifique de l'application (par exemple Finder, iCal ou Transfert d'images) qui permet d'effectuer les tâches.

Pour enregistrer votre processus en tant que nouveau processus, nouvelle application ou nouveau module :

1. **Appuyez sur ⌘+Shift+S.**
2. **Nommez votre processus.** Choisissez un emplacement et un type de format dans le menu déroulant Format de fichier.
3. **Cliquez sur le bouton Enregistrer.**

Pour enregistrer un processus existant que vous venez de modifier, appuyez sur ⌘+S.

Enregistrer vos actions

La fonctionnalité la plus pratique dans Automator pour Snow Leopard est la possibilité de créer des actions personnalisées basées sur les événements clavier et souris. Automator peut enregistrer ces événements et les exécuter dans un processus.

Réservé aux développeurs et aux programmeurs !

Les programmeurs qui écrivent leurs propres AppleScripts ou les développeurs qui créent leurs applications seront heureux de savoir qu'ils peuvent développer leurs actions selon leurs besoins. Xcode, API (interface de programmation) distribuée par Apple avec Snow Leopard, fournit tous les outils dont les programmeurs ont besoin.

Vous pouvez télécharger les créations de certains de ces programmeurs sur www.apple.com/downloads/macosx/automator/

Pour commencer la création de votre action personnalisée, respectez les étapes suivantes :

1. **Ouvrez un processus, puis appuyez sur le bouton Enregistrer situé dans le coin supérieur droit.**
2. **Effectuez les étapes nécessaires à votre action.**
3. **Cliquez sur le bouton Arrêter (voir figure 14.6) lorsque vous avez terminé.**
4. **Cliquez sur le bouton Exécuter pour tester vos nouvelles actions.**
5. **Modifiez les actions dans la liste en supprimant celles qui ne sont pas nécessaires, en modifiant le délai de chaque action ou encore la vitesse de lecture.**
6. **Enregistrez votre action en tant que processus, application ou module.**

Note

Pour enregistrer vos actions, vous devez activer l'accès aux périphériques d'aide. Sélectionnez le menu Pomme ⇨ Préférences Système, Accès universel, puis l'option Activer l'accès pour les périphériques d'aide.

Note

Avant de commencer l'enregistrement, vérifiez que votre Mac est configuré correctement selon les actions qu'il doit effectuer. Si vous utilisez une application dans votre action, vous devez l'ouvrir avant de commencer votre enregistrement.

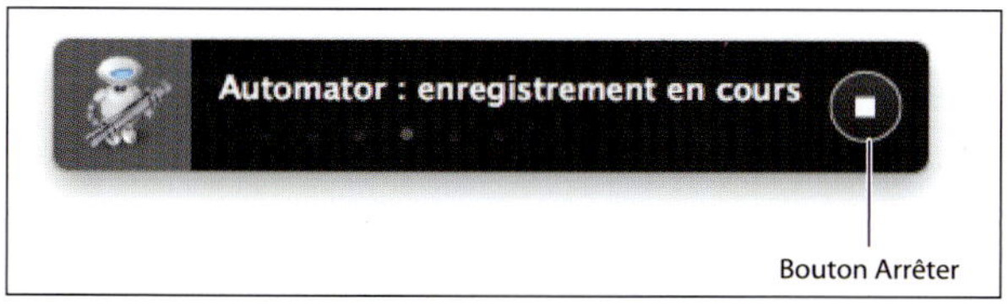

14.6 Automator continue d'enregistrer vos actions jusqu'à ce que vous appuyiez sur le bouton Arrêter.

Découvrir Time Machine

L'une des fonctionnalités dont Apple est le plus fier est Time Machine. Des utilitaires de sauvegarde de qualité ont effectivement été développés par des entreprises tierces, mais Apple en a conçu un qui les dépasse largement par sa simplicité et par la facilité de restauration des informations.

Time Machine enregistre votre système en arrière-plan pendant que vous travaillez. La sauvegarde initiale peut prendre un certain temps, car Time Machine doit enregistrer tout votre disque dur (encore une fois, je vous rappelle que vous pouvez continuer de travailler en même temps).

Après cette première sauvegarde, Time Machine continue de sauvegarder automatiquement les fichiers que vous modifiez toutes les heures. Comme il ne sauvegarde que les fichiers modifiés, les sauvegardes sont beaucoup plus rapides.

Pourquoi il est important de sauvegarder vos fichiers

J'ai voulu dédier une petite partie de ce chapitre à la sauvegarde de votre ordinateur. Votre Mac contient tellement de souvenirs précieux et de documents importants que vous ne pouvez tout simplement pas penser qu'il durera toujours (je sais, même les Mac peuvent connaître des problèmes, comme nous le verrons au chapitre 17). Laissez de côté iLife pendant quelques instants et dépensez quelques euros dans un disque dur externe pour faire fonctionner Time Machine. Vous ne regretterez jamais d'avoir sauvegardé vos données.

Configuration matérielle requise avec Time Machine

Time Machine peut sauvegarder vos données via les quatre configurations suivantes :

- **Un volume réseau, comme un serveur.** À privilégier pour les réseaux importants.
- **Un disque dur externe, que je recommande.** Assurez-vous que la capacité de volume du disque dur est assez importante pour enregistrer toutes les données du disque dur de votre Mac.
- **Une clé USB.** Assurez-vous que la capacité de la clé est assez importante pour enregistrer toutes les données du disque dur.
- **Une partition de votre disque dur, si celui-ci est effectivement partitionné.** Vous pouvez partitionner votre disque dur en plusieurs parties à l'aide de l'utilitaire de disque, et faire ainsi croire à votre ordinateur que vous possédez plusieurs disques durs. Je ne vous recommande pas cette configuration, car si votre disque dur connaît un problème, vous perdrez toutes les données, même en les ayant sauvegardées.

Time Capsule d'Apple

Time Capsule est à la fois un routeur de réseau sans fil, comme une borne AirPort, et un point de sauvegarde central pour tous les Mac fonctionnant sous Snow Leopard et utilisant Time Machine. Time Capsule sauvegarde automatiquement tous les fichiers sur tous vos Mac, sans fil et en arrière-plan, sans que vous ayez à connecter un disque dur externe à votre Mac. C'est un outil de sauvegarde très performant, et je vous le recommande vivement. Consultez la page www.apple.com/fr/timecapsule/

Configurer un disque de sauvegarde

Différentes étapes sont nécessaires pour commencer avec Time Machine : vous devez formater votre disque dur, puis indiquer à Time Machine qu'il peut utiliser le disque pour ses sauvegardes.

Formater un disque dur

Vous devez formater n'importe quel disque que vous connectez à votre Mac avant de pouvoir l'utiliser avec Time Machine. Pour formater le disque, procédez comme suit (lisez attentivement le paragraphe Attention avant de continuer) :

1. **Ouvrez l'utilitaire de disque en appuyant sur ⌘+Shift+U, puis en double-cliquant sur son icône.**
2. **Connectez votre disque à votre Mac.**
3. **Sélectionnez le disque dans la liste placée à gauche de la fenêtre Utilitaire de disque.**
4. **Sélectionnez l'onglet Effacer en haut de la fenêtre, comme sur la figure 14.7.**
5. **Réglez le format de volume sur Mac OS X étendu (journalisé).**
6. **Cliquez sur le bouton Effacer puis une fois encore dans la fenêtre de vérification.**
7. **Une fois que le formatage est terminé, cliquez sur le bouton Éjecter dans la barre d'outils de l'utilitaire de disque et déconnectez votre disque dur de votre Mac.**

Attention

Si vous avez déjà utilisé votre disque dur, vérifiez que vous avez copié les données avant de le formater. Une fois que le processus de formatage est lancé, toutes les informations de votre disque sont perdues.

Informer Time Machine à propos du disque de sauvegarde

Lorsque vous connectez pour la première fois votre disque dur à votre Mac (vous devrez peut-être le formater d'abord), Time Machine détecte sa présence et vous demande si vous désirez l'utiliser pour les sauvegardes. Si vous répondez oui, Time Machine configure tous les paramètres automatiquement. Dans la plupart des cas, cela convient parfaitement et vous ne devez pas y revenir. Time Machine fait son travail.

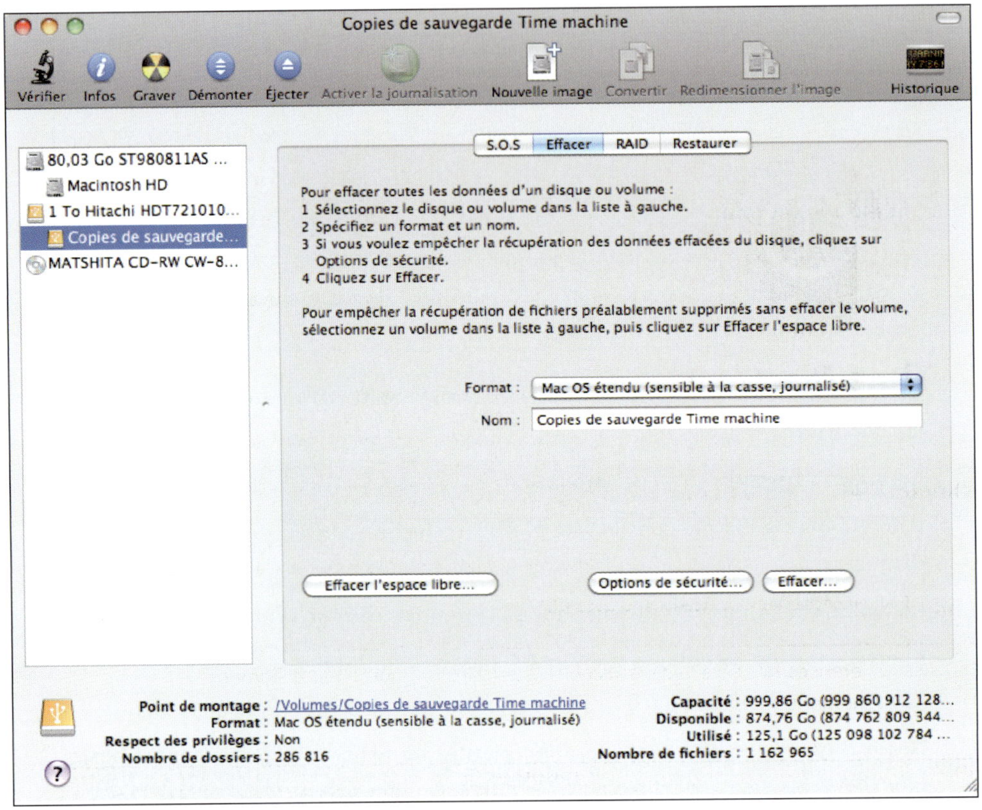

14.7 Cliquez sur l'onglet Effacer et sélectionnez le format de volume pour rendre votre disque dur compatible avec Time Machine.

Vous vous demandez sans doute quels sont les cas où vous devez répondre non. Si vous avez déjà utilisé le disque dur ou si vous voulez le partitionner et que vous ne voulez pas que Time Machine prenne toute la place. Pour configurer manuellement votre disque dur, procédez comme suit :

1. **Ouvrez les préférences Time Machine (voir figure 14.8) en sélectionnant le menu Pomme ➪ Préférences Système, puis en cliquant sur l'icône Time Machine.**
2. **Cliquez sur Choisir un disque de sauvegarde.**
3. **Sélectionnez un disque dur puis cliquez sur le bouton Sélectionner.**
4. **Time Machine commence l'estimation de sa première sauvegarde (voir figure 14.9).**
5. **Si vous voulez que Time Machine commence automatiquement la sauvegarde de tout votre système, asseyez-vous confortablement et détendez-vous.** Cependant, si vous voulez qu'il sauvegarde seulement une partie de votre disque dur, cliquez sur le bouton Désactivé/Activé à gauche du panneau des préférences Time Machine, puis suivez les instructions données dans la prochaine partie du chapitre.

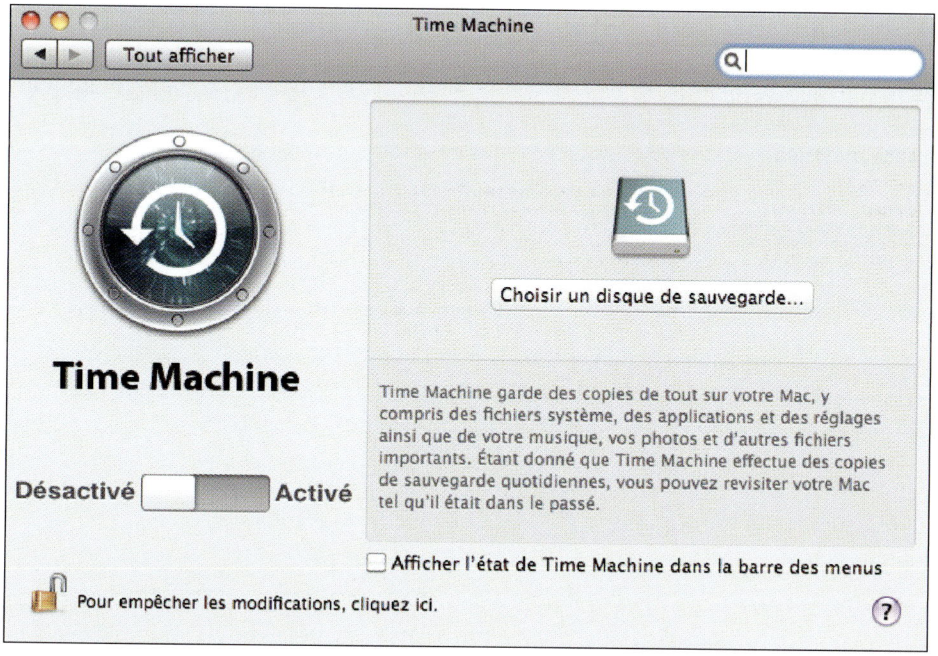

14.8 Les préférences Time Machine vous permettent de configurer manuellement son fonctionnement.

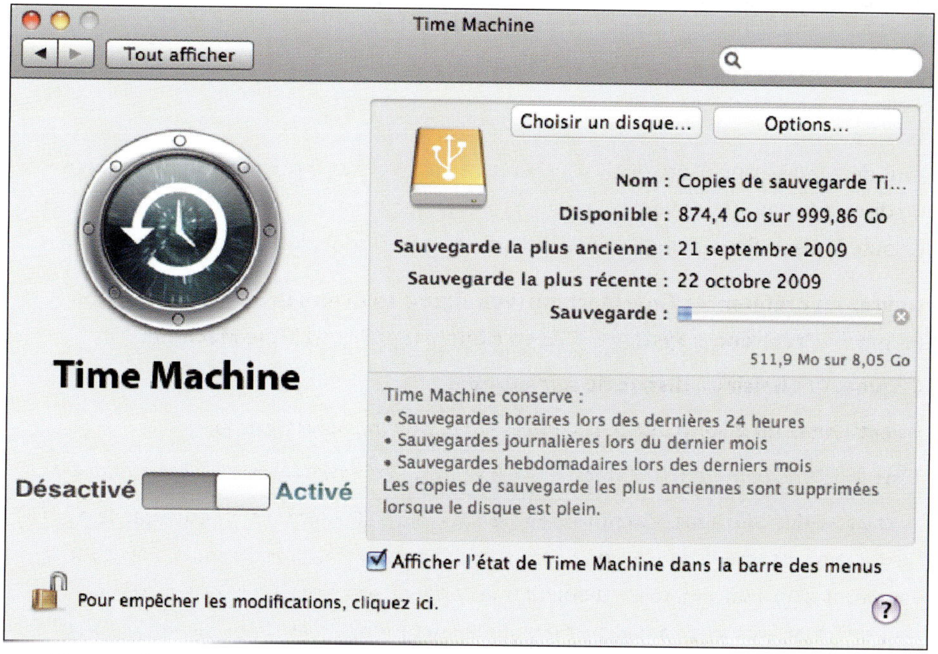

14.9 Time Machine commence l'estimation de sa première sauvegarde.

Sélectionner les fichiers à sauvegarder

Il peut y avoir plusieurs raisons pour lesquelles vous ne voulez pas sauvegarder tous les fichiers de votre Mac : vous n'avez plus assez d'espace sur votre disque dur de sauvegarde ou simplement vous ne voulez pas enregistrer toutes les données de chaque utilisateur. Quelle que soit la raison, ne vous inquiétez pas, car je vais vous montrer comment exclure certaines informations de vos sauvegardes. Respectez les étapes suivantes :

1. **Assurez-vous que Time Machine est désactivé afin qu'il ne commence pas un processus de sauvegarde pendant que vous choisissez les éléments que vous ne voulez pas sauvegarder.** Cliquez simplement sur le bouton Activé/Désactivé.
2. **Cliquez sur Options au milieu du panneau des préférences.**
3. **Cliquez sur le bouton + dans le coin inférieur gauche du panneau Ne pas sauvegarder.**
4. **Sélectionnez dans votre Mac les dossiers et les fichiers que vous désirez exclure du processus de sauvegarde, puis cliquez sur le bouton Exclure pour les ajouter à la liste, comme sur la figure 14.10.** Vérifiez la taille estimée de la sauvegarde pour savoir si votre disque de sauvegarde est capable de stocker toutes les données. Cliquez sur Terminé lorsque vous avez fini.

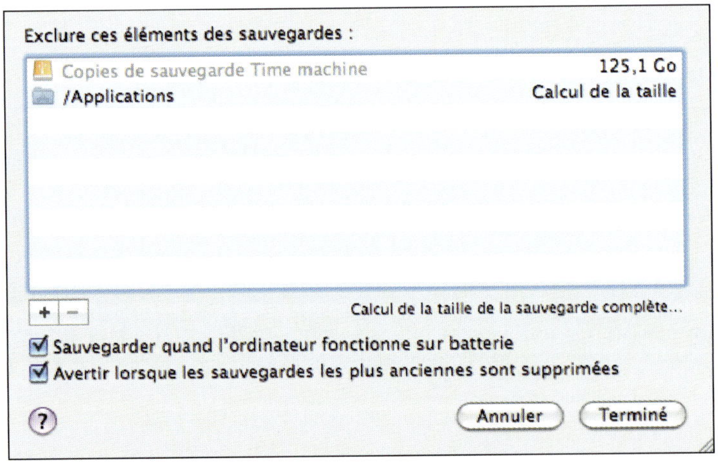

14.10 Vous pouvez exclure des fichiers de la sauvegarde de Time Machine.

Utiliser les sauvegardes

Comme je l'ai déjà mentionné, le processus de sauvegarde est effectué en arrière-plan, mais cela ne signifie pas que vous ne pouvez pas vérifier ce qu'il se passe. Vous pouvez même interrompre et reprendre la sauvegarde en cours. Ouvrez les préférences Time Machine pour visualiser la progression de la procédure de sauvegarde.

Sauvegarde manuelle

Vous n'avez pas besoin d'attendre que Time Machine lance la sauvegarde de votre système, vous pouvez démarrer ce processus quand vous le voulez. Respectez les étapes suivantes :

1. **Sélectionnez le menu Pomme ➪ Préférences Système, et cliquez sur l'icône Time Machine.**
2. **Sélectionnez la case Afficher l'état de Time Machine dans la barre des menus.**
3. **Assurez-vous que Time Machine est activé.** Si ce n'est pas le cas, appuyez sur le bouton Activé/Désactivé.
4. **Cliquez sur l'icône Time Machine dans la barre des menus.**
5. **Sélectionnez Sauvegarder maintenant, comme sur la figure 14.11.**

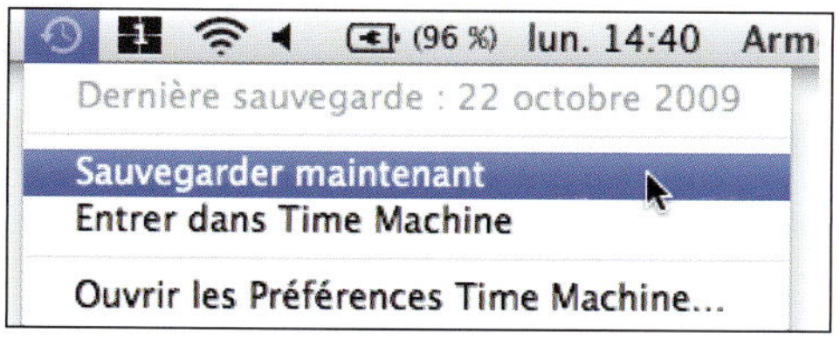

14.11 Sélectionnez Sauvegarder maintenant pour enregistrer vos données immédiatement.

Attention

Lorsque vous sélectionnez manuellement les fichiers à sauvegarder, vous n'avez peut-être pas envie de sauvegarder les fichiers de préférences et les autres éléments nécessaires à Time Machine pour restaurer votre Mac s'il venait à tomber en panne.

Interrompre et reprendre une sauvegarde

Si nécessaire, vous pouvez interrompre et reprendre le processus de sauvegarde :

1. **Cliquez sur l'icône Time Machine dans la barre des menus.**
2. **Sélectionnez Arrêter la sauvegarde.**

Pour reprendre une sauvegarde, procédez comme suit :

1. **Cliquez sur l'icône Time Machine dans la barre des menus.**
2. **Sélectionnez Sauvegarder maintenant.** Votre sauvegarde devrait recommencer à l'endroit où vous l'avez interrompue.

Genius

Utilisez l'icône de Time Machine dans le Dock pour commencer une sauvegarde, l'interrompre ou la reprendre, pour ouvrir les préférences Time Machine ou parcourir les autres disques Time Machine. Effectuez un clic droit ou Ctrl+clic sur l'icône dans le Dock pour afficher le menu.

Récupérer des informations à partir de Time Machine

Maintenant que vous savez comment sauvegarder votre système, vous devez apprendre à restaurer les informations dont vous avez besoin. Voyons maintenant comment restaurer des fichiers, ou le disque dur tout entier.

Restaurer des fichiers

Time Machine vous permet de restaurer des fichiers ou des dossiers que vous auriez perdus où dont vous voudriez les anciennes versions. Pour ce faire, procédez comme suit :

1. **Ouvrez Time Machine en cliquant sur son icône dans le Dock, ou appuyez sur ⌘+Shift+A puis double-cliquez sur son icône dans le dossier Applications.**
2. **Time Machine s'ouvre et affiche une fenêtre Finder, comme sur la figure 14.12.**
3. **Utilisez la frise chronologique à droite de l'écran, ou les flèches, pour naviguer dans le temps et retrouver l'élément dont vous avez besoin.**
4. **Parcourez les fichiers dans la fenêtre Finder pour trouver l'élément à restaurer.**
5. **Sélectionnez l'élément dans la fenêtre Finder, puis cliquez sur le bouton Restaurer dans le coin inférieur droit de la fenêtre Time Machine.** Le fichier est renvoyé au moment présent, dans votre système, et Time Machine se ferme. Vous admettrez que c'est l'une des fonctionnalités les plus cool que vous ayez vues sur un ordinateur !

Restaurer le disque entier

La capacité de Time Machine à restaurer le disque dur entier vaut à elle seule la peine de passer à Snow Leopard. Économisez un temps précieux en ne réinstallant pas le système d'exploitation, ni les applications que vous aviez sur votre système. Pour restaurer un disque :

14.12 Voyagez dans le temps !

1. **Connectez votre disque de sauvegarde à votre Mac.**
2. **Démarrez votre Mac à l'aide du disque d'installation de Snow Leopard.**
3. **Dans l'application d'installation, sélectionnez Utilitaires ➪ Restaurer le système à partir d'une sauvegarde, puis cliquez sur Continuer.**
4. **Choisissez votre disque dur de sauvegarde, puis sélectionnez la sauvegarde avec laquelle vous désirez restaurer votre ordinateur.**
5. **Respectez les instructions qui suivent jusqu'à la fin du processus de restauration.** Celui-ci peut prendre un certain temps, mais pas autant que si vous repreniez de zéro.

Supprimer des fichiers des sauvegardes Time Machine

Comment supprimer des fichiers sauvegardés au lieu de les restaurer ? Rien de plus simple :

1. **Ouvrez Time Machine puis utilisez la fenêtre Finder et la frise pour trouver l'élément que vous désirez supprimer de la sauvegarde.**
2. **Sélectionnez le fichier ou le dossier que vous voulez effacer.**
3. **Cliquez sur le menu Action dans la barre d'outils du Finder et sélectionnez Supprimer la sauvegarde.** Pour vous débarrasser de toutes les occurrences de cet élément dans Time Machine, sélectionnez Supprimer toutes les sauvegardes.

Que faire avec les commandes UNIX dans Terminal ?

Sous la magnifique enveloppe du léopard bat le cœur d'une véritable bête UNIX ! Ne soyez pas effrayé, car UNIX se nourrit de cette peur. UNIX est le système d'exploitation à l'origine de Mac OS X, il fournit une fiabilité et une stabilité éprouvées incomparables. La plupart des actions que vous effectuez dans Snow Leopard en cliquant à l'aide de la souris ou en tapant un raccourci clavier sont des commandes UNIX qui peuvent être facilement exécutées via une ligne de commande. Les utilisateurs Windows et Linux connaissent bien ce concept de ligne de commande, contrairement à la plupart des utilisateurs Mac qui ne se sont jamais aventurés sur ce terrain. Je vais essayer de dissiper vos inquiétudes dans ce chapitre, et présenter aux lecteurs les plus expérimentés l'interface en ligne de commande de Snow Leopard.

Bricoler avec Terminal

Terminal est la porte vers le monde de la ligne de commande d'UNIX. Avant de considérer que vous êtes un pro de Mac OS X, vous devez avoir au moins une fois tenté certaines commandes UNIX de base. Pour revenir au bon vieux temps de la ligne de commande, ouvrez Terminal :

1. **Cliquez sur le menu Aller et sélectionnez Utilitaires, ou sur ⌘+Shift+U.**
2. **Double-cliquez sur l'icône de Terminal pour ouvrir une nouvelle fenêtre Terminal, comme sur la figure 15.1.**

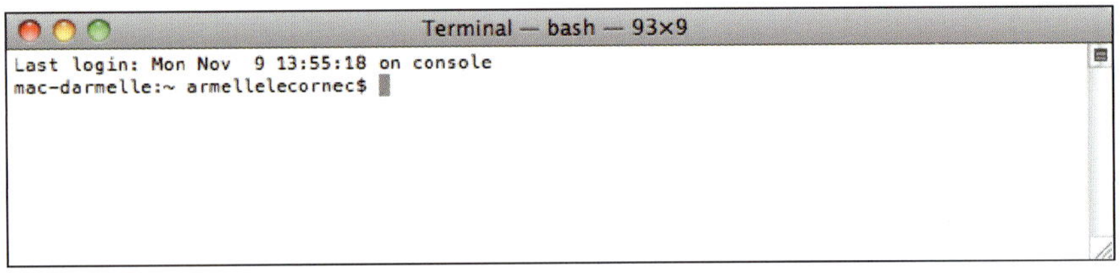

15.1 Voici à quoi ressemblait l'informatique avant l'apparition des interfaces utilisateur graphiques.

Préférences Terminal

Terminal, comme les autres applications, peut être modifié selon vos besoins. Cliquez sur le menu Terminal et choisissez Préférences (ou appuyez sur ⌘+,) pour ouvrir la fenêtre des préférences.

Démarrage

Lorsque vous ouvrez pour la première fois Terminal, une nouvelle fenêtre s'affiche automatiquement. Les options de démarrage dans la fenêtre des préférences (voir figure 15.2) vous permettent de définir l'état de Terminal au démarrage.

- **Au démarrage, ouvrir :** Choisissez les réglages à utiliser pour la nouvelle fenêtre ou pour ouvrir un groupe de fenêtres (plus d'informations au cours de ce chapitre).
- **Ouvrir les shells avec :** Choisissez d'ouvrir Terminal avec le shell par défaut, appelé bash, ou avec un autre. Un shell est un logiciel qui permet à l'utilisateur d'interagir avec les services UNIX et qui fournit les commandes pouvant être exécutées. Vous pouvez télécharger et installer d'autres shells UNIX à partir d'Internet. Pour utiliser un autre shell que bash, sélectionnez le bouton radio commande (chemin d'accès complet) et tapez le chemin de l'emplacement du shell.

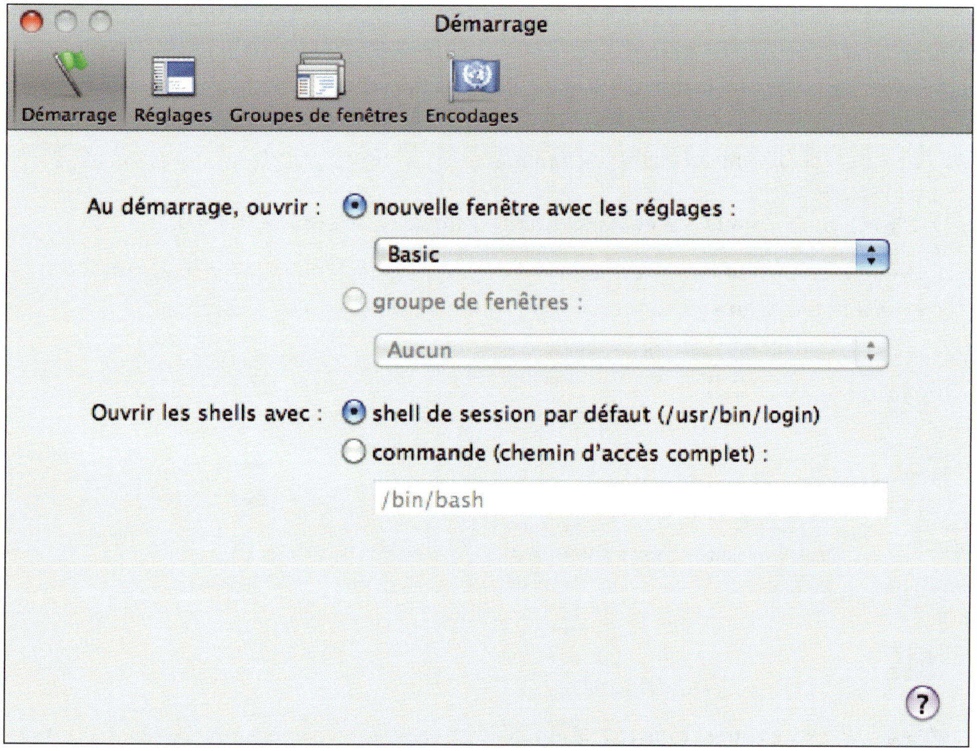

15.2 Déterminez la façon dont Terminal doit agir au démarrage.

Genius

Si vous utilisez beaucoup Terminal (vous êtes officiellement un geek), vous devriez garder un raccourci dans le Dock. Ainsi, le confort de la ligne de commande est à portée de main. J'utilise Mac OS X depuis des années et j'aime garder Terminal près de moi. On ne sait jamais quand une irrésistible envie de chmod, mkdir ou ping peut vous prendre !

Réglages

La partie Réglages, illustrée sur la figure 15.3, vous permet de paramétrer l'apparence et le comportement des fenêtres Terminal. Le tableau 15.1 vous donne une brève description de chaque onglet et des modifications disponibles.

La liste à gauche de la fenêtre des réglages contient les réglages préconfigurés de fenêtre à votre disposition. Sélectionnez votre réglage par défaut en cliquant dessus puis sur le bouton Par défaut. Ajoutez ou supprimez les réglages enregistrés en cliquant sur les boutons + ou – .

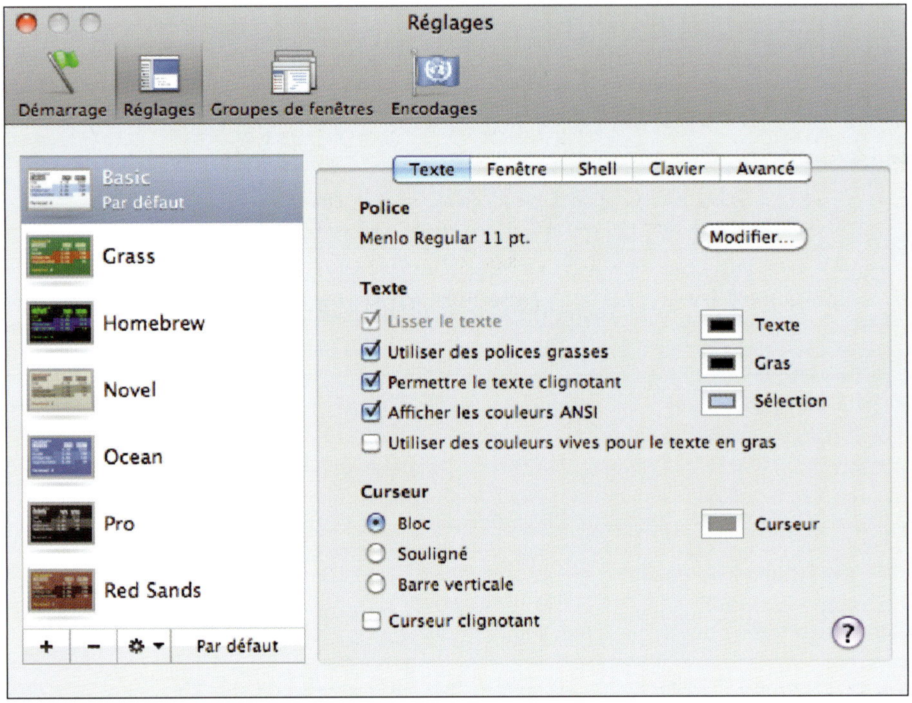

15.3 Même les geeks peuvent customiser leur environnement de travail !

Tableau 15.1 Options disponibles dans les onglets Réglages

Onglet	Options disponibles
Texte	Modifiez l'apparence du texte, y compris la police utilisée et les couleurs de certains types de textes. Vous pouvez aussi contrôler l'affichage du curseur.
Fenêtre	Paramétrez le titre par défaut des fenêtres et les autres informations apparaissant dans la barre de titre, comme la dimension de la fenêtre ou le nom du processus en cours. Choisissez la couleur d'arrière-plan par défaut des fenêtres, la taille par défaut des nouvelles fenêtres et définissez la limite de défilement.
Shell	Pour exécuter une commande au démarrage de shell et indiquer à Terminal comment se comporter lorsqu'un utilisateur sort d'un shell et s'il doit demander à l'utilisateur de confirmer la fermeture de la fenêtre.
Clavier	Attribuez des commandes à des raccourcis clavier pour entrer des commandes encore plus rapidement.
Avancé	Modifiez l'émulation, les cloches et le codage des caractères.

Groupes de fenêtres

La figure 15.4 présente l'onglet Groupes de fenêtres vous permettant de supprimer, d'imprimer et d'exporter des groupes de fenêtres. Les groupes de fenêtres sont utiles pour les utilisateurs qui ouvrent plusieurs fenêtres et leur permettent d'exécuter plusieurs tâches pendant leurs sessions Terminal.

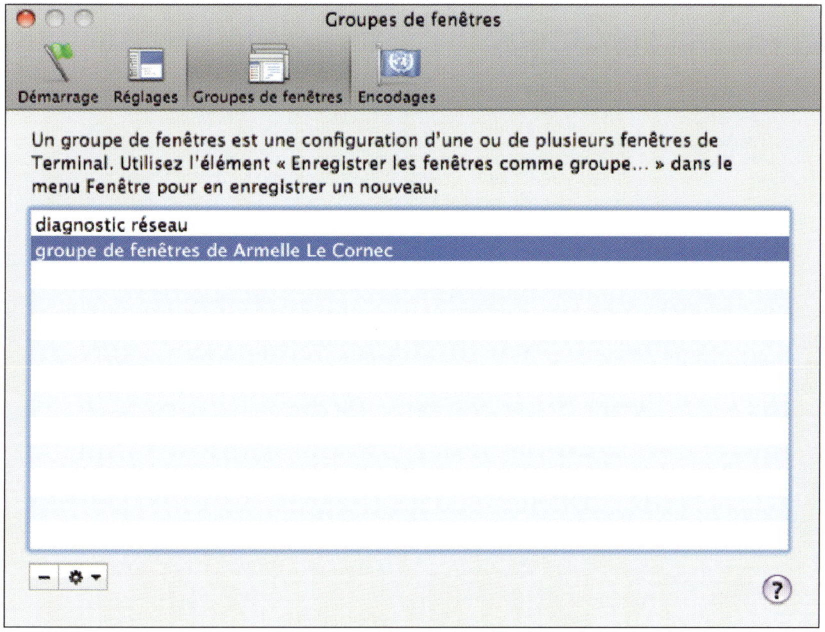

15.4 Supprimez, importez et exportez des groupes de fenêtres.

Créer des groupes de fenêtres permet à Terminal de garder chaque fenêtre intacte, afin qu'elle soit dans le même état lorsque vous l'ouvrez à nouveau. Pour créer un groupe de fenêtres, procédez comme suit :

1. **Ouvrez les fenêtres dans lesquelles vous travaillerez et vérifiez qu'elles sont configurées au bon format.**
2. **Choisissez le menu Fenêtre et sélectionnez Enregistrer les fenêtres comme groupe.**
3. **Donnez un nom au groupe de fenêtres, comme « Diagnostic réseau », et cliquez sur le bouton Enregistrer.** Cochez la case dans la fenêtre Enregistrer le groupe de fenêtres pour que le groupe se charge automatiquement au démarrage de Terminal.

Encodages

La figure 15.5 présente l'onglet Encodages. Ces options vous permettent d'activer et de désactiver les encodages de caractères internationaux afin que Terminal puisse afficher les caractères internationaux.

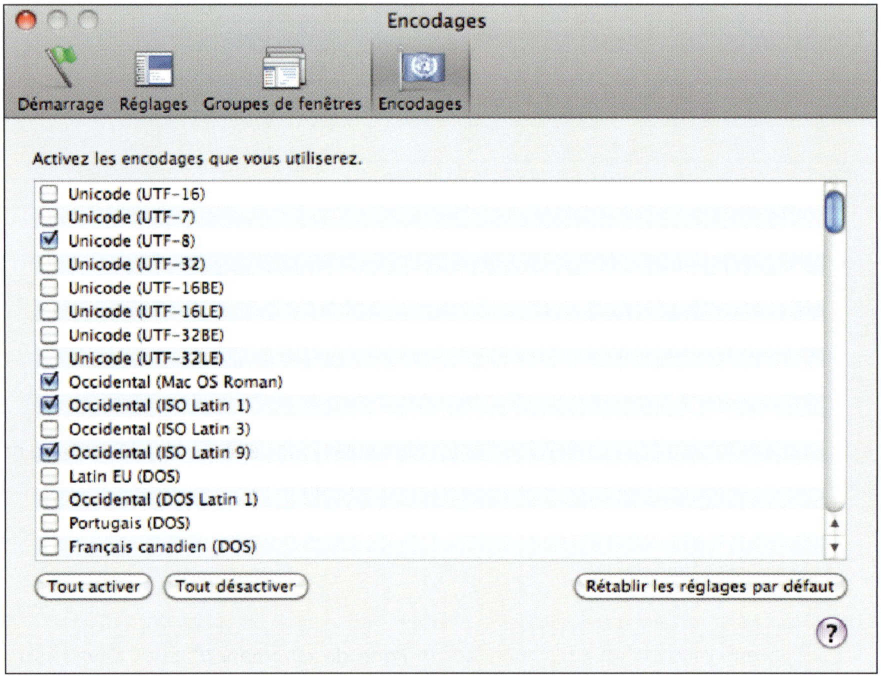

15.5 Sélectionnez les encodages de caractères que Terminal peut utiliser.

Onglets

Certains utilisateurs préfèrent avoir plusieurs fenêtres Terminal ouvertes en même temps. Je préfère quant à moi avoir une seule fenêtre avec plusieurs onglets, comme sur la figure 15.6.

Pour créer un nouvel onglet, procédez comme suit :

1. **Sélectionnez Shell ➪ Nouvel Onglet.**
2. **Sélectionnez le réglage pour le nouvel onglet.** Par exemple, choisissez Basic pour avoir l'interface par défaut.

Fermez un onglet en cliquant sur la croix dans le coin supérieur gauche de l'onglet.

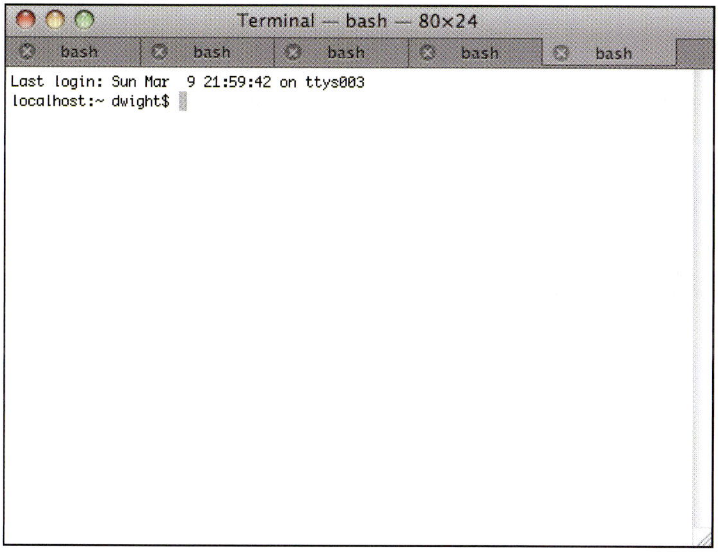

15.6 Les onglets dans Terminal.

Vous pouvez aussi enregistrer des onglets en tant que groupe de fenêtres en sélectionnant Fenêtre ➪ Enregistrer les fenêtres comme groupe et donnez-leur un nom.

Entrer des commandes UNIX

Pour naviguer efficacement dans un CLI (interface en ligne de commande), vous devez comprendre comment UNIX appréhende la structure de vos fichiers et de vos dossiers sur votre disque dur. UNIX appelle chaque dossier de votre Mac un répertoire et reconnaît les disques en tant que volumes. Le plus haut niveau de votre disque de démarrage est aussi connu sous le nom de répertoire racine et est représenté par une barre oblique (/).

Utiliser un CLI

Commençons à regarder comment se servir d'UNIX en ouvrant une nouvelle fenêtre.

1. **Sélectionnez Shell ➪ Nouvelle fenêtre.**
2. **Sélectionnez le réglage pour la nouvelle fenêtre.**

Lorsque vous affichez une fenêtre Terminal, elle ouvre votre répertoire utilisateur, représenté par un ~ (tilde). Pour aller dans un autre répertoire, tapez le chemin dans la ligne de commande. Pour aller dans le répertoire racine de votre disque dur, tapez simplement **cd /** puis appuyez sur Entrée (cd signifiant « changer de répertoire »). Pour revenir à votre répertoire courant, tapez **cd ~** et appuyez sur Entrée.

Allez dans un sous-répertoire peut être un peu plus compliqué. Les répertoires sont séparés par des barres obliques lorsque vous tapez le chemin. Par exemple, tapez le chemin suivant pour aller au dossier Utilitaires sur votre disque dur, puis appuyez sur Entrée.

```
cd/Applications/Utilities
```

Commandes principales

Vous pouvez faire ce que vous voulez de Snow Leopard à l'aide de Terminal, comme vous le feriez avec une souris. Taper des commandes dans le CLI permet d'exécuter différentes fonctions : effectuer un diagnostic de votre réseau ou afficher la liste des éléments d'un répertoire. Entrer et exécuter une commande ne demande que de la taper et d'appuyer sur Entrée.

Le tableau 15.2 propose la liste des principales commandes UNIX et donne une courte explication de leurs fonctions.

Tableau 15.2 Principales commandes UNIX

Commande	Fonction
ls	Liste les fichiers du répertoire courant.
ls –a	Liste tous les fichiers du répertoire courant, y compris les fichiers cachés.
cd	Change de répertoire. Tapez cette commande suivie du chemin du répertoire où vous désirez vous rendre.
man	Affiche la page de manuel d'une commande.
su	Signifie « super utilisateur » et active temporairement le compte utilisateur racine (voir plus loin dans ce chapitre). Tapez **su** suivi de la commande que vous désirez effectuer en tant que super utilisateur, puis appuyez sur Entrée. Entrez le mot de passe du compte racine.
mv	Déplace ou renomme un fichier. Tapez **mv** suivi du nom du fichier (et dans certains cas du chemin du fichier) que vous désirez déplacer, puis entrez le chemin et le nom du fichier de destination. Un nouveau fichier est créé dans le nouvel emplacement et supprime l'original.
rm	Supprime un fichier. Entrez la commande suivie du chemin et du nom du fichier que vous désirez supprimer.
rm –r	Supprime un répertoire et tout son contenu. Pour utiliser cette commande, tapez **rm –r *nom de répertoire*** (ou*nom de répertoire* est le nom du répertoire que vous désirez supprimer), puis appuyez sur Entrée.
pwd	Affiche le chemin du répertoire dans lequel vous êtes en train de travailler.
cp	Copie un fichier. Tapez **cp** suivi du chemin et du nom du fichier que vous désirez copier, puis entrez le chemin et le nom du fichier vers lequel vous voulez copier. Un nouveau fichier est créé dans le nouvel emplacement, mais l'original est aussi conservé.
mkdir	Crée un nouveau répertoire. Tapez **mkdir**, suivi du chemin et du nom du nouveau répertoire.

Commande man

Il existe des centaines de commandes UNIX disponibles dans Snow Leopard, et chacune d'entre elles dispose de plusieurs options qui étendent ses fonctionnalités. Il semble évident que je ne puis vous expliquer les fonctions de toutes les commandes dans ce livre. Il existe néanmoins une commande UNIX qui permet de vous apprendre les autres commandes : man. Dans une fenêtre Terminal, tapez **man**, suivi du nom de la commande à propos de laquelle vous voulez des informations, puis appuyez sur Entrée pour voir la page de manuel de cette commande. Une page de manuel d'un commande décrit la commande, ses fonctions et les options disponibles.

Lorsque vous ouvrez la page de manuel d'une commande, vous pouvez seulement voir quelques lignes sur la page. Pour vous déplacer dans la page de manuel :

1. **Appuyez sur les flèches haut et bas de votre clavier pour passer d'une ligne à l'autre.**
2. **Appuyez sur la barre d'espace pour aller à la page suivante.**
3. **Appuyez sur Q pour sortir de la page de manuel.**

Voici le super utilisateur !

Il existe un compte très spécial que vous pouvez utiliser à la fois dans Terminal et dans Snow Leopard et qui est supérieur à tous les autres comptes : le compte super utilisateur, ou compte racine. Le compte racine permet d'avoir le dernier mot sur tous les autres comptes du système, même sur les comptes administrateur.

Apple cache ce compte puissant pour une bonne raison. Si vous utilisez le compte racine et que vous faites une bêtise au mauvais moment, vous pouvez complètement planter votre Mac. En fait, le compte racine est désactivé par défaut dans Snow Leopard. Cependant, vous pouvez faire des choses avec le compte racine que vous ne pouvez effectuer avec les autres comptes administrateur, comme accéder aux dossiers des autres utilisateurs. Si vous êtes particulièrement courageux, vous pouvez activer le compte racine en procédant comme suit :

1. **Sur votre disque dur, allez dans Système/Bibliothèque/CoreServices.**
2. **Double-cliquez sur l'icône Utilitaire d'annuaire.**
3. **Lorsque l'Utilitaire d'annuaire s'ouvre, cliquez sur le verrou situé dans le coin inférieur gauche de la fenêtre, puis tapez votre nom de compte administrateur ainsi que votre mot de passe.**
4. **Sélectionnez Édition puis Activer l'utilisateur root.**

Le mot de passe par défaut du compte racine est vierge. Pour modifier le mot de passe :

1. **Sélectionnez Édition ➪ Modifier le mot de passe root à partir du menu.**
2. **Tapez un mot de passe dans le champ correspondant (voir figure 15.7) puis une seconde fois dans le champ Confirmation.** Cliquez sur OK lorsque vous avez fini.

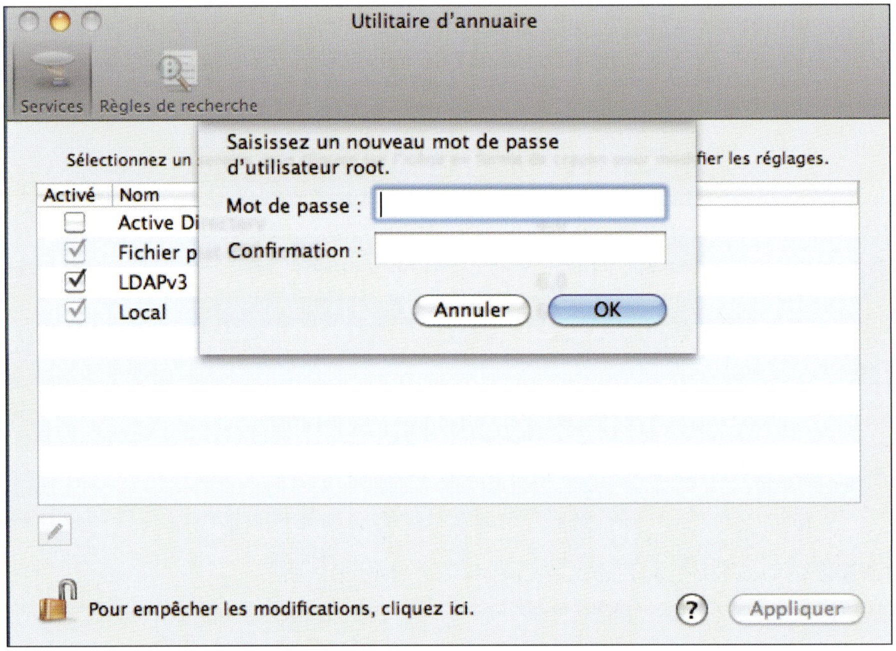

15.7 Créez un mot de passe pour le compte racine ou super utilisateur.

Étendre les possibilités de Snow Leopard grâce à X11

La version d'UNIX de Snow Leopard, Darwin, est entièrement conforme et certifiée UNIX. Elle peut donc compiler et exécuter toute la gamme des applications UNIX. Il existe des milliers d'applications et beaucoup d'entre elles utilisent des interfaces utilisateur graphiques que vous pouvez exécuter en même temps que vos applications Mac OS X grâce à X11, aussi connu sous le nom de X Window System. X11 est une installation optionnelle qui peut être effectuée à l'aide de votre disque d'installation de Snow Leopard. Apple a des ressources en ligne excellentes sur X11. Apprenez à l'utiliser pour étendre votre expérience de Snow Leopard sur http://developer.apple.com/opensource/tools/runningX11.html.

OpenOffice.org et Fink comptent parmi les applications X11.

Astuces UNIX pour Snow Leopard

Il existe plusieurs manières de personnaliser la façon dont vous travaillez avec votre Mac. Certaines sont moins évidentes que les préférences Système. C'est à ce moment que Terminal entre en scène, en vous fournissant un accès à l'intérieur même de Mac OS X.

Chacune des commandes suivantes requiert l'application Terminal, alors vous pouvez l'ouvrir dès maintenant. Appuyez bien sur Entrée après chaque ligne que vous tapez pour exécuter la commande.

Passer le Dock en 2D

Beaucoup d'utilisateurs Mac sont toujours nostalgiques du Dock en 2D des versions précédentes de Mac OS X (voir figure 15.8). Vous pouvez enfin le retrouver grâce à cette simple astuce UNIX.

```
defaults write com.apple.dock no-glass -boolean YES
killall Dock
```

15.8 Le Dock apparaît en 2-D lorsque vous exécutez cette commande.

Ajouter un message à la fenêtre d'identification

Vous pouvez personnaliser la fenêtre d'ouverture de session avec votre propre message à l'aide de Terminal et d'un peu de savoir-faire.

```
sudo defaults write /Library/Preferences/com.apple.loginwindow LoginwindowText
   "Votre message"
```

Tapez votre mot de passe de compte utilisateur pour exécuter la commande.

Modifier le format des captures

Le format par défaut des captures d'écran est le PNG, mais vous pouvez modifier ce format avec une simple commande dans Terminal.

```
defaults write com.apple.screencapture type jpg
```

Remarquez la présence du type de format, ici jpg, à la fin de la ligne. Vous pouvez entrer n'importe quel type de format (tant que celui-ci est pris en charge par Snow Leopard).

Activer l'affichage du chemin dans le Finder

J'aime savoir où je me trouve dans le répertoire du disque dur lorsque je parcours le Finder. Il existe plusieurs techniques pour cela, mais ma préférée est d'afficher le chemin en haut de la fenêtre du Finder, comme sur la figure 15.9.

```
defaults write com.apple.finder _FXShowPosixPathInTitle -bool YES
```

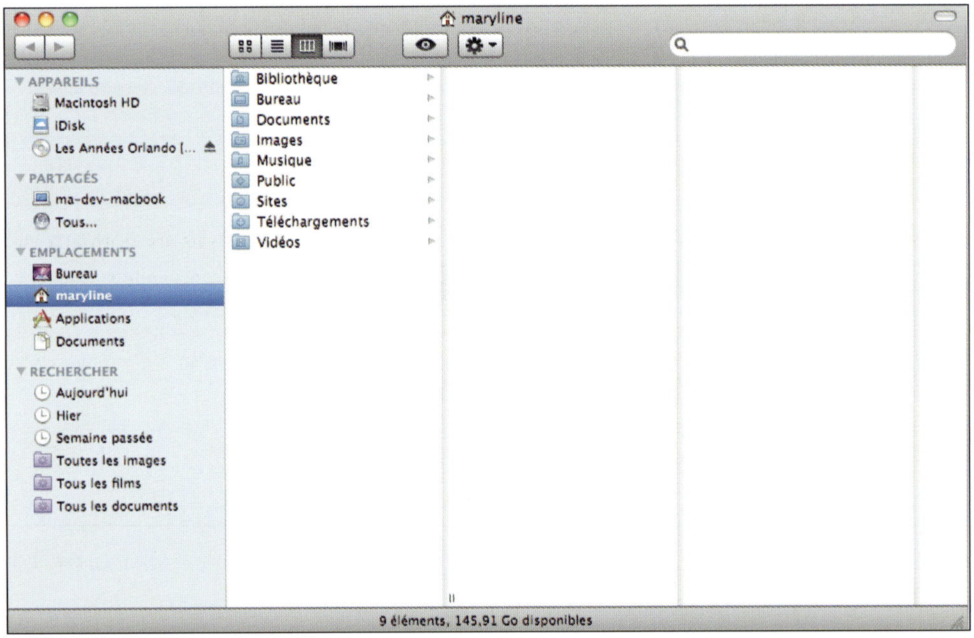

15.9 Cette commande permet d'afficher le chemin du répertoire en haut de la fenêtre du Finder.

Utiliser des icônes transparentes pour les applications masquées

Voici comment faire pour que le Dock affiche les applications masquées avec une icône transparente.

```
defaults write com.apple.Dock showhidden -bool YES
killall Dock
```

Activer le défilement double

Cette astuce place deux flèches de chaque côté de la barre de défilement, ce qui vous permet d'utiliser moins souvent la souris.

```
defaults write "Apple Global Domain" AppleScrollBarVariant DoubleBoth
```

Mettre un économiseur d'écran en fond d'écran

Cela vous plairait d'avoir un fond d'écran animé ? Cette commande vous permet d'utiliser un économiseur d'écran en tant que fond d'écran.

```
/System/Library/Frameworks/ScreenSaver.framework/Resources/ScreenSaverEngine.
   app/Contents/MacOS/ScreenSaverEngine -background
```

Plus d'informations à propos d'UNIX

UNIX ajoute une autre dimension à Snow Leopard que beaucoup d'utilisateurs normaux ne connaîtront jamais, mais croyez-moi, il existe des trésors cachés dans UNIX qui valent la peine d'être découverts. Voici plusieurs ressources supplémentaires pour en apprendre un peu plus sur UNIX et sur la façon dont utiliser les commandes et les applications avec vos applications et utilitaires Mac OS X.

- **www.apple.com/macosx/technology/unix.html**
- **http://images.apple.com/macosx/pdf/L355785C_UNIX_TB.pdf**
- **www.apple.com/opensource/**
- **http://developer.apple.com/opensource/**
- **www.unix.org**

Ces liens sont actifs au moment où je rédige ce livre. Internet regorge d'informations sur UNIX, ne vous privez donc pas.

Comment installer Windows sur mon Mac ?

Maintenant que tous les nouveaux Mac sont équipés de processeurs Intel, vous pouvez installer Windows XP ou Vista sur votre Mac comme sur n'importe quel autre PC basé Intel. Si vous switchez d'un ordinateur Windows vers le monde merveilleux de Mac, garder Windows sur votre Mac peut rendre la transition un peu moins radicale. Cependant, si vous êtes comme tous les autres convertis que je connais, plus vous serez à l'aise avec Snow Leopard et moins vous démarrerez avec Windows

Comprendre Boot Camp

Boot Camp est simplement un outil fourni avec Snow Leopard qui vous aide à installer Windows de Microsoft sur votre Mac. C'est un utilitaire très simple, mais qui accomplit de grandes tâches :

- **Partitionner votre disque dur.**
- **Démarrer à partir du disque d'installation de Windows.**
- **Installer les pilotes dont vous avez besoin dans Windows pour utiliser le matériel de votre Mac, comme la webcam intégrée (si vous en avez une).**

Avantages d'installer Microsoft Windows

Si vous êtes un adepte de Mac depuis longtemps, vous douterez certainement du titre de cette partie. Néanmoins, les utilisateurs de Windows comprendront probablement les avantages d'avoir Windows à portée de main. Voici certains des avantages les plus évidents :

- **Certaines entreprises utilisent des logiciels fonctionnant seulement sous Windows.** Si vous travaillez pour l'une d'entre elles mais que vous insistez pour avoir un Mac, vous pouvez profiter du meilleur des deux systèmes.
- **Ceux qui passent de Windows à Mac ont certainement beaucoup de logiciels fonctionnant seulement sous Windows (y compris des jeux) et qu'ils ne veulent pas jeter à la poubelle.** Boot Camp permet de les garder.
- **Il est extrêmement rare, mais cela peut arriver, de visiter un site web qui ne fonctionne qu'avec Windows.** Ces sites ne sont plus inaccessibles aux utilisateurs Mac.
- **Certains nouveaux utilisateurs Mac ont des imprimantes qui ne fonctionnent qu'avec Windows (même si cela devient de plus en plus rare).** Installer Windows permet de garder l'imprimante ainsi que tous ses consommables (toner et encre).

Ce dont vous avez besoin pour installer Windows

Voici la configuration requise pour pouvoir installer Windows sur votre Mac :

- **Au moins 10 Go d'espace disponible sur votre disque dur.**
- **Votre Mac doit être équipé d'un processeur Intel.**
- **Vous devez installer toutes les mises à jour disponibles pour votre Mac.** Exécutez Mise à jour de logiciels (sélectionnez le menu Pomme ⇨ Mise à jour de logiciels), ou allez sur le site web de support d'Apple et sélectionnez le modèle de votre Mac pour trouver les mises à jour disponibles pour votre ordinateur.

- **Un disque d'installation de Mac OS X Snow Leopard.**
- **Au moins 1 Go de mémoire si vous installez Windows Vista.**
- **Un disque d'installation Windows.** Vous pouvez installer les éditions Windows XP Familiale ou Professionnel, Windows Vista Familiale Basique, Premium, Professionnel ou Intégrale.

Note

Vous devez installer une version 32 bits de Windows, sauf si vous possédez un Mac Pro ou un MacBook Pro sorti à partir de 2008 sur lequel vous pouvez installer une version 64 bits. Si vous installez Windows XP, cela doit être le Service Pack 2. Vous ne pouvez pas installer les versions précédentes et faire la mise à jour. Le disque d'installation doit contenir le Service Pack 2.

Genius

Si votre disque d'installation Windows XP ne contient pas le Service Pack 2, tapez dans Google « slipstream Windows XP Service Pack 2 disc » pour trouver différents sites contenant les instructions pour créer un disque d'installation démarrable intégrant le Service Pack 2.

Utiliser Boot Camp pour installer Windows

Ouvrez l'Assistant Boot Camp :

1. **À partir du Finder, appuyez sur ⌘+Shift+U pour ouvrir le dossier Utilitaires.**
2. **Double-cliquez sur l'icône de l'Assistant Boot Camp pour afficher une fenêtre similaire à celle de la figure 16.1.**
3. **Cliquez sur Imprimer le Guide d'installation et de configuration si vous avez une imprimante.** Ce guide peut être utile, imprimez-le si vous le pouvez.
4. **Cliquez sur Continuer.**

Attention

Le Guide d'installation et de configuration est nécessaire pour continuer dans ce chapitre. Ce chapitre est un bref aperçu de l'installation de Windows et non un guide complet. Le Guide de configuration contient 26 pages d'informations dont vous aurez besoin pour continuer l'installation. Si vous ne pouvez l'imprimer, ouvrez-le sur le site web de support d'Apple sur un autre Mac (www.apple.com/support/bootcamp/).

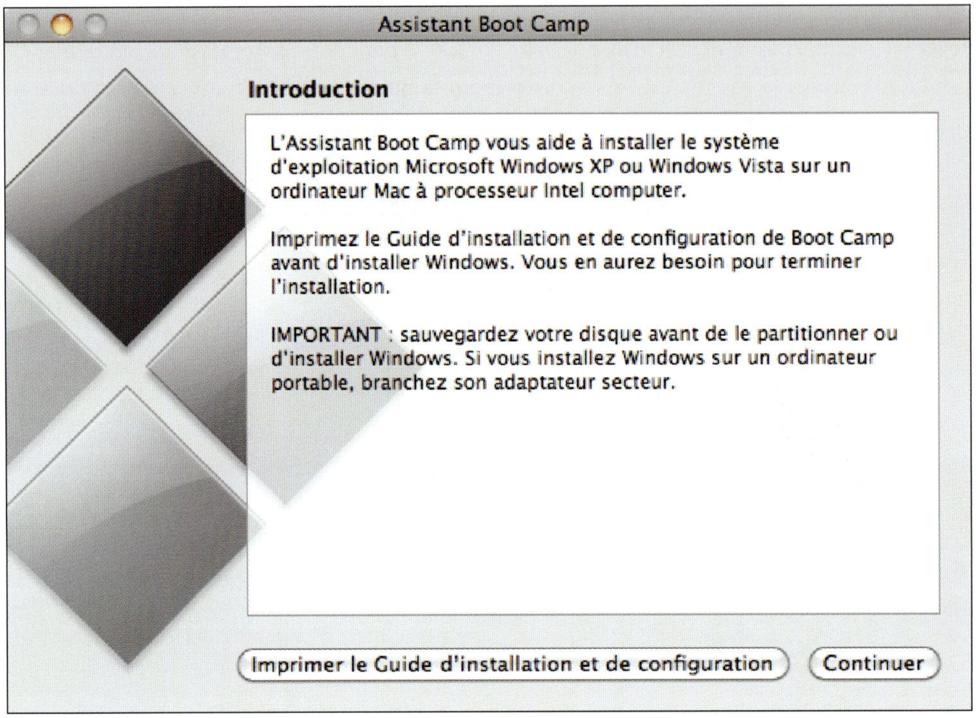

16.1 Assistant Boot Camp.

Partitionner votre disque dur

L'Assistant Boot Camp va maintenant vous aider à partitionner le disque dur de votre Mac. Partitionner votre disque revient à diviser votre disque en deux parties afin que Snow Leopard pense que deux disques durs sont installés au lieu d'un seul. Une partition sera utilisée exclusivement pour Windows, alors choisissez bien l'espace disque que vous allez lui allouer, car vous ne pourrez pas reprendre cet espace pour l'utiliser avec votre Mac.

Note

Si vous avez déjà partitionné votre disque dur, une fenêtre va vous demander si vous voulez créer ou supprimer une partition Windows ou démarrer l'installation de Windows. Comme vous voulez installer Windows dans ce chapitre, choisissez Démarrer l'installation de Windows puis Continuer.

Vous devez maintenant décider de l'espace que vous voulez allouer à Windows sur le disque dur de votre Mac. Je ne peux vous recommander une taille précise, car cela dépend entièrement de vos besoins. Vista demande au moins 16 Go d'espace disque pour l'installation et XP au moins

2 Go. N'oubliez pas que vous aurez besoin de place pour installer d'autres applications et pour stocker des fichiers. Pour diviser le disque, faites glisser le petit point entre les deux boîtes Mac OS X et Windows vers la gauche ou vers la droite pour augmenter ou diminuer la taille de chaque partition, comme sur la figure 16.2.

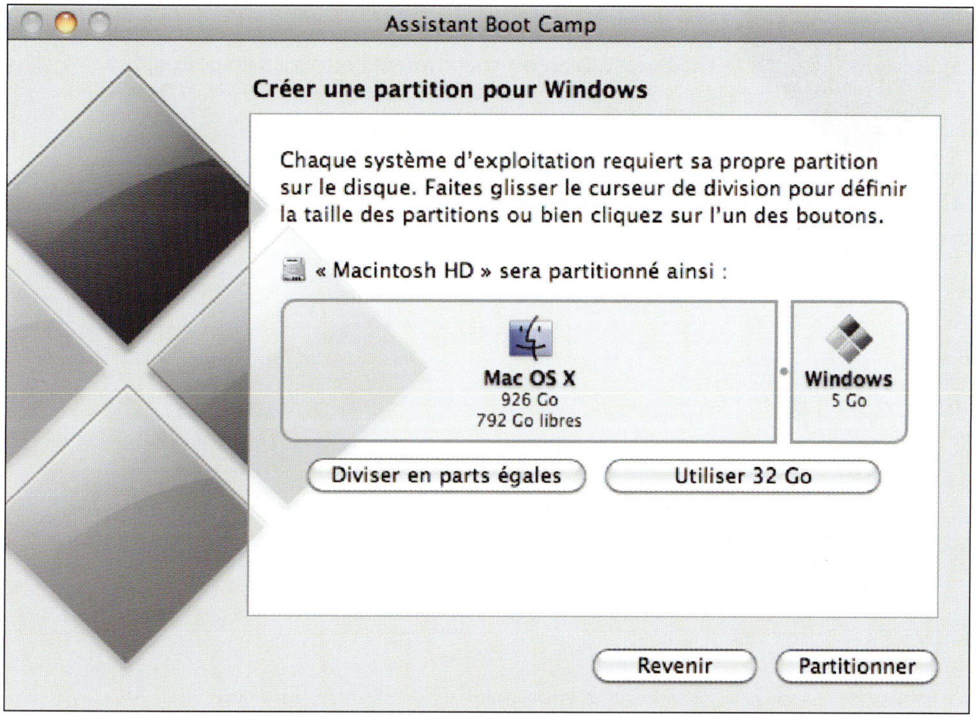

16.2 Partitionnez votre disque pour laisser de la place à Windows sur votre Mac.

Si vous avez beaucoup d'applications Windows à installer, vous devriez choisir Diviser en parts égales. Cliquez sur Utiliser 32 Go si vous voulez automatiquement allouer cet espace à la partition Windows. Vous devriez le faire si vous utilisez le format FAT lorsque vous installez Windows et que vous avez besoin de l'espace maximum que ce format permet. Respectez les étapes suivantes :

1. **Déterminez la taille de votre partition Windows puis cliquez sur Partitionner.** L'Assistant Boot Camp vérifie votre disque dur et les éventuels problèmes, puis poursuit le processus.
2. **Lorsque la partition de votre disque dur est terminée, l'Assistant Boot Camp vous demande d'insérer le disque d'installation de Window.** Insérez le disque et cliquez sur Démarrer l'installation, comme sur la figure 16.3.

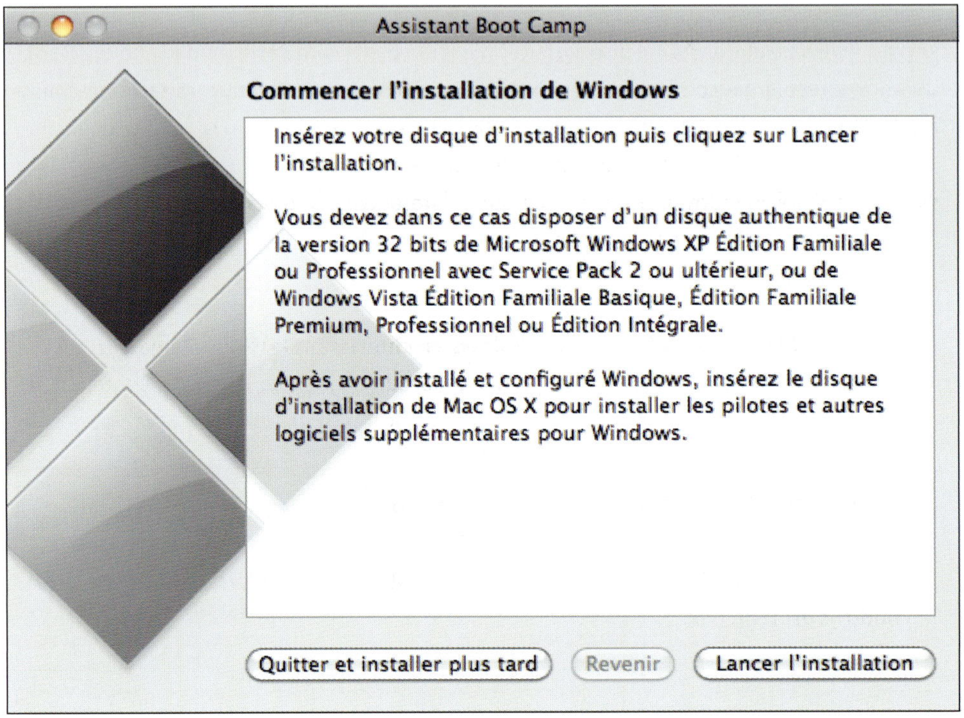

16.3 Cliquez sur Démarrer l'installation pour commencer à installer Windows.

Installation de Windows

Votre Mac devrait avoir démarré à partir du disque d'installation de Windows.

1. **Suivez les instructions sur votre ordinateur pour l'installation de Windows (gardez un œil sur le Guide d'installation et de configuration de Boot Camp).**
2. **On vous demandera à un moment donné sur quelle partition vous voulez installer Windows.** Assurez-vous de choisir celle qui s'appelle BOOTCAMP ! Sinon, cela peut vous conduire à un échec total.
3. **Sélectionnez le format de la partition Windows (NTFS ou FAT32).** Si vous installez Vista, vous n'avez pas le choix et devez sélectionner NTFS. Si vous installez XP, le format FAT32 vous permet de transférer facilement les fichiers entre les partitions Mac et Windows, car Snow Leopard peut lire les fichiers au format FAT32 mais pas au format NTFS.
4. **Une fois que Windows est installé, votre Mac redémarre sur Windows.**

N'ayez pas peur de demander de l'aide !

Lorsque vous démarrez pour la première fois votre Mac sur Windows après l'installation Boot Camp, la fenêtre Boot Camp s'affiche. Utilisez cette ressource ! C'est une mine d'informations sur l'utilisation de votre Mac et de son matériel, par exemple le clavier, avec le logiciel Windows. Il existe quelques différences entre les matériels Mac et PC, mais cela n'est vraiment pas compliqué si vous lisez l'Aide.

5. **Éjectez le disque d'installation de Windows en choisissant le menu Démarrer dans le coin inférieur gauche puis Mon ordinateur.** Cliquez sur le volume contenant le disque d'installation de Windows puis cliquez sur Éjecter ce disque dans les Tâches Système (coin supérieur gauche de la fenêtre).
6. **Insérez votre disque d'installation de Snow Leopard. Le programme d'installation de Boot Camp s'exécute.** Suivez les instructions à l'écran et n'annulez jamais pendant l'installation ! N'oubliez pas de lire le guide ! Votre Mac redémarre lorsque l'installation de Windows est terminée.

Note

Si un message s'affiche vous informant que le logiciel n'a pas obtenu le logo Windows, cliquez sur Continuer.

Note

Si vous utilisez un MacBook Air, vous avez besoin d'installer les pilotes Windows et Boot Camp à l'aide d'un disque dur externe compatible directement connecté à votre ordinateur.

Sélectionner un disque de démarrage

Maintenant que deux systèmes d'exploitation sont installés sur votre Mac, vous devez choisir le système par défaut : Snow Leopard ou Windows ? Vous pouvez facilement sélectionner un des deux disques et passer d'un système à l'autre.

À partir de Windows

Pour sélectionner un disque de démarrage à partir de Windows, procédez comme suit :

1. **Cliquez sur le menu Démarrer et sélectionnez Panneau de configuration.**
2. **Choisissez l'affichage classique pour afficher tous les panneaux installés.**
3. **Double-cliquez sur l'icône Boot Camp.**
4. **Sous l'onglet Disque de démarrage, comme sur la figure 16.4, sélectionnez le système d'exploitation que vous désirez démarrer par défaut, puis cliquez sur OK.** Cliquez sur Redémarrer si vous voulez le faire immédiatement.

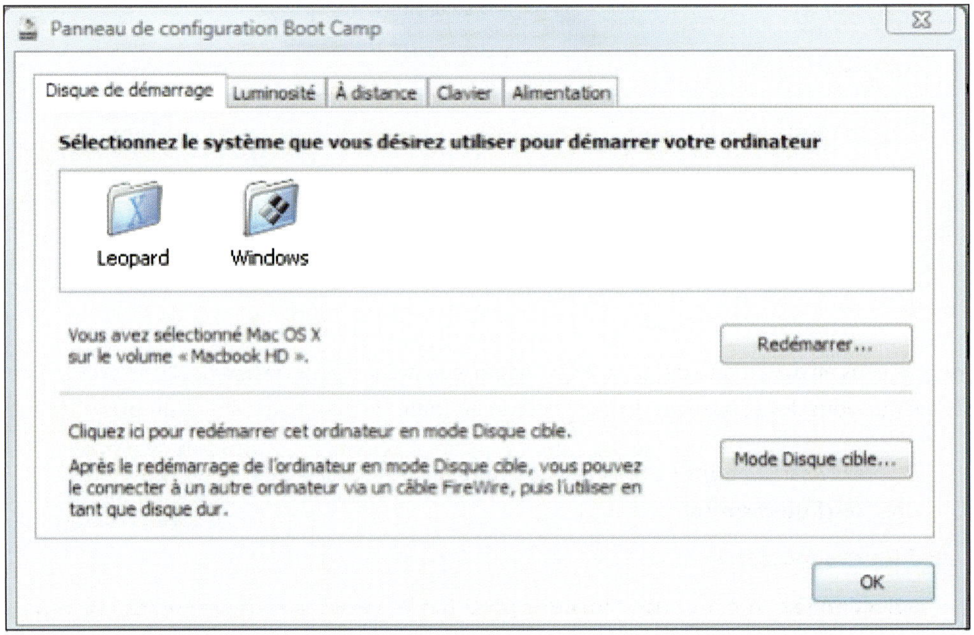

16.4 Panneau de configuration Boot Camp dans Windows.

À partir de Snow Leopard

Pour sélectionner un disque de démarrage à partir de Snow Leopard, procédez comme suit :

1. **Sélectionnez le menu Pomme ⇨ Préférences Système.**
2. **Cliquez sur l'icône Démarrage.**
3. **Sélectionnez le système d'exploitation que vous désirez utiliser par défaut dans la liste, comme sur la figure 16.5.** Fermez les préférences Système sauf si vous désirez redémarrer votre Mac immédiatement, dans ce cas cliquez sur Redémarrer.

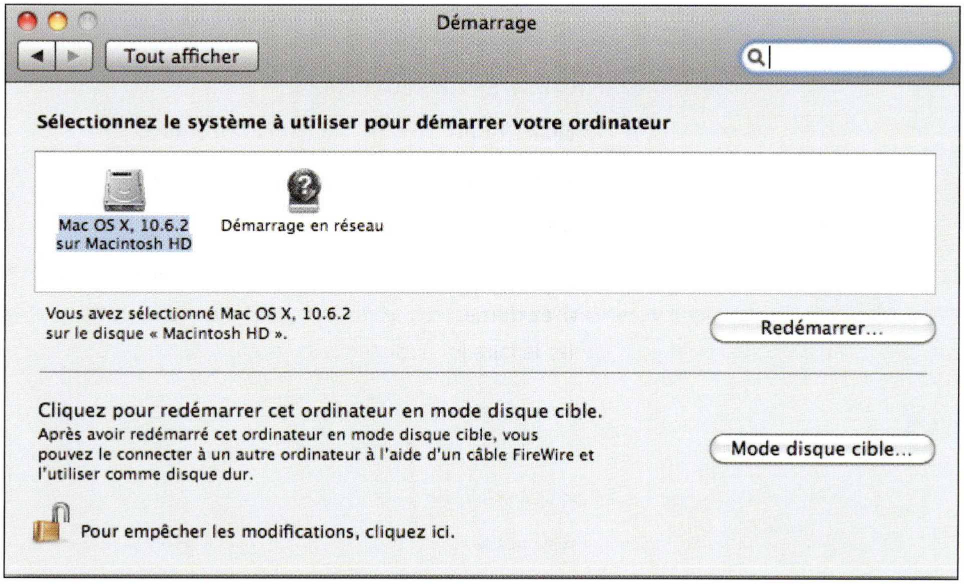

16.5 Sélectionnez la partition de disque à partir de laquelle vous voulez démarrer par défaut.

Désinstaller Windows de votre Mac

Lorsque vous en avez marre de la place que prend le système d'exploitation de Microsoft sur votre disque dur, vous devez savoir comment l'enlever en toute sécurité. Rien de plus simple :

1. **Ouvrez l'Assistant Boot Camp en appuyant sur ⌘+Shift+U à partir du Finder et double-cliquez sur son icône.**
2. **Cliquez sur Continuer.**
3. **Sélectionnez Créer ou supprimer une partition Windows puis cliquez sur Continuer.**

Attention

Si vous supprimez votre partition Windows, tout son contenu sera définitivement perdu. Si vous avez des fichiers ou documents importants sur cette partition, sauvegardez-les avant de restaurer votre disque dur.

4. **Cliquez sur Restaurer (voir figure 16.6) pour supprimer complètement la partition Windows et restaurer votre disque dur Mac en une seule partition.**

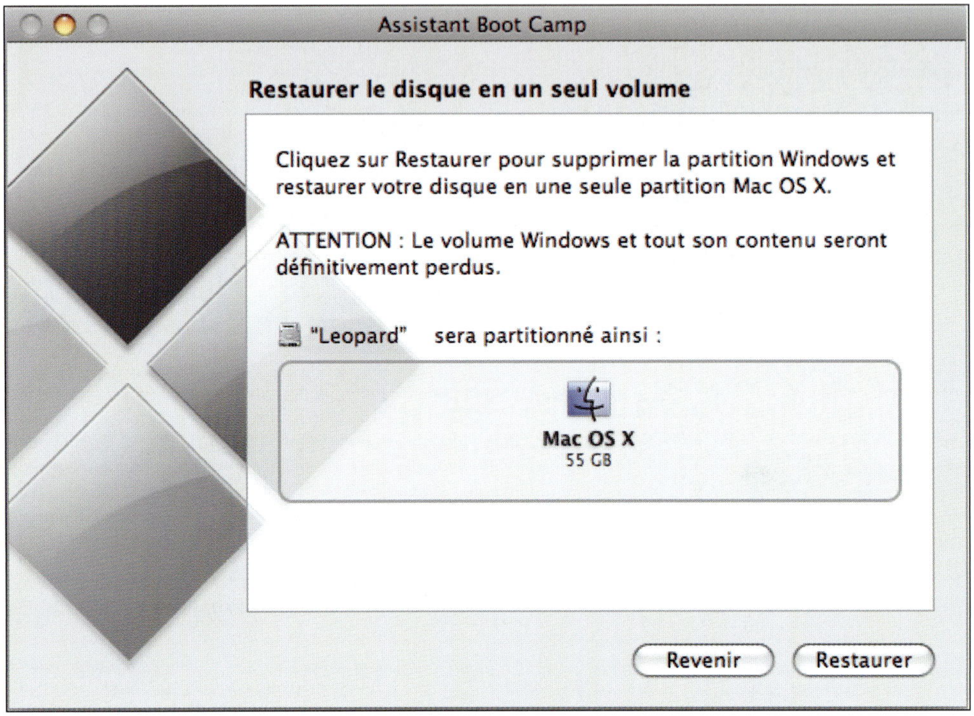

16.6 Restaurez facilement votre disque dur en une partition simple.

Une autre méthode pour faire fonctionner Windows sur votre Mac

Vous serez sans doute heureux d'apprendre qu'il existe une autre façon d'installer et d'exécuter Windows et d'autres systèmes d'exploitation sur votre Mac sans avoir à partitionner votre disque dur. Le plus gros défaut de la méthode Boot Camp est d'allouer une taille fixe à la partition Windows. Vous ne pouvez ni l'augmenter ni la diminuer, elle peut ainsi constituer une perte d'espace sur votre disque dur si vous n'utilisez pas toute la partition, ou elle peut être au contraire trop petite pour contenir toutes vos données. Le second inconvénient est que Boot Camp n'autorise que l'installation de Windows XP ou Vista. Il est impossible d'installer des versions plus anciennes de Windows ou Linux. Heureusement il existe une autre méthode : la virtualisation. Cette technique vous permet d'installer simultanément plusieurs systèmes d'exploitation Intel sur votre Mac (autant que votre disque dur peut en contenir) et de les exécuter en même temps dans Mac OS X. Je vais vous présenter quelques-uns des logiciels permettant de réaliser ce rêve. Ces applications vous aident à créer des machines virtuelles se comportant comme des disques durs virtuels sur lesquels vous pouvez installer des systèmes d'exploitation. Ces machines virtuelles ont accès au matériel de votre ordinateur et s'exécutent à une vitesse presque native. Le grand avantage des machines virtuelles est qu'elles peuvent être étendues ou limitées selon la taille des données qu'elles contiennent, ce qui vous permet d'économiser votre espace disque.

Note

Je n'ai aucune préférence particulière pour l'un de ces logiciels. Chacun d'entre eux présente ses avantages et ses inconvénients, selon vos propres besoins. Les deux logiciels payants proposent des versions d'essai et le troisième logiciel est gratuit, il n'y a donc aucune raison que vous ne les essayiez pas tous les trois pour déterminer lequel vous correspond le mieux.

Parallels Desktop pour Mac

Parallels Desktop pour Mac, développé par Parallels, fut la première option de virtualisation viable pour les Mac équipés de processeurs Intel. La dernière variante , la version 4 (à l'heure de la rédaction de ce livre), contient de nombreuses nouvelles fonctionnalités très puissantes, comme la possibilité d'accéder aux appareils entre les systèmes d'exploitation, la prise en charge du système 64 bits, et est jusqu'à 50 % plus performante que la version précédente, ce qui permet d'exécuter plusieurs machines virtuelles en même temps plus efficacement que par le passé (voir figure 16.7).

Pour plus d'informations, et pour télécharger une version d'essai de Parallels Desktop pour Mac, allez sur www.parallels.com/products/desktop

16.7 Parallels Desktop pour Mac en action.

VMWare Fusion

VMWare Fusion, présenté sur la figure 16.8, est l'œuvre de VMWare et l'une des applications de virtualisation les plus fiables sur le marché PC et Linux depuis des années. En 2007, VMWare a décidé qu'il était temps d'appliquer son savoir-faire en matière de virtualisation à la plate-forme Mac. Une concurrence féroce s'est alors installée (du point de vue du consommateur) avec Parallels. Les deux entreprises ont fait d'énormes progrès en essayant de se surpasser l'une l'autre. Cette concurrence a conduit VMWare à connaître des améliorations significatives entre les versions 1 et 2 (version la plus courante à l'heure de la rédaction de cet ouvrage). Les fonctionnalités comme le mode de présentation Unity (la possibilité d'exécuter les programmes Windows comme s'ils étaient des applications natives de Mac) et le partage des données (vous pouvez glisser-déposer les fichiers entre les deux systèmes d'exploitation) font de VMWare une option totalement viable pour tous ceux qui ont besoin d'exécuter plusieurs systèmes sur leur Mac.

Pour en savoir plus sur VMWare Fusion et pour télécharger une version d'essai, allez sur http://vmware.com/products/fusion

16.8 VMWare Fusion exécutant Windows XP sur Mac OS X.

VirtualBox

Si vous voulez utiliser Parallels Desktop pour Mac ou VMWare Fusion, vous devrez dépenser un peu d'argent. Ne vous inquiétez pas, car il existe une autre possibilité. En fait, Sun Microsystems vous propose une option très pratique qui prend non seulement en charge plusieurs systèmes d'exploitation mais qui est aussi gratuite : VirtualBox. VirtualBox ne présente certes pas tous les avantages des deux autres applications, mais si vous avez seulement besoin d'exécuter Windows, Linux ou n'importe quel autre système basé Intel sur Mac OS X, VirtualBox (voir figure 16.9) peut suffire. Allez sur le site www.virtualbox.org

16.9 VirtualBox exécutant Internet Explorer dans Mac OS X.

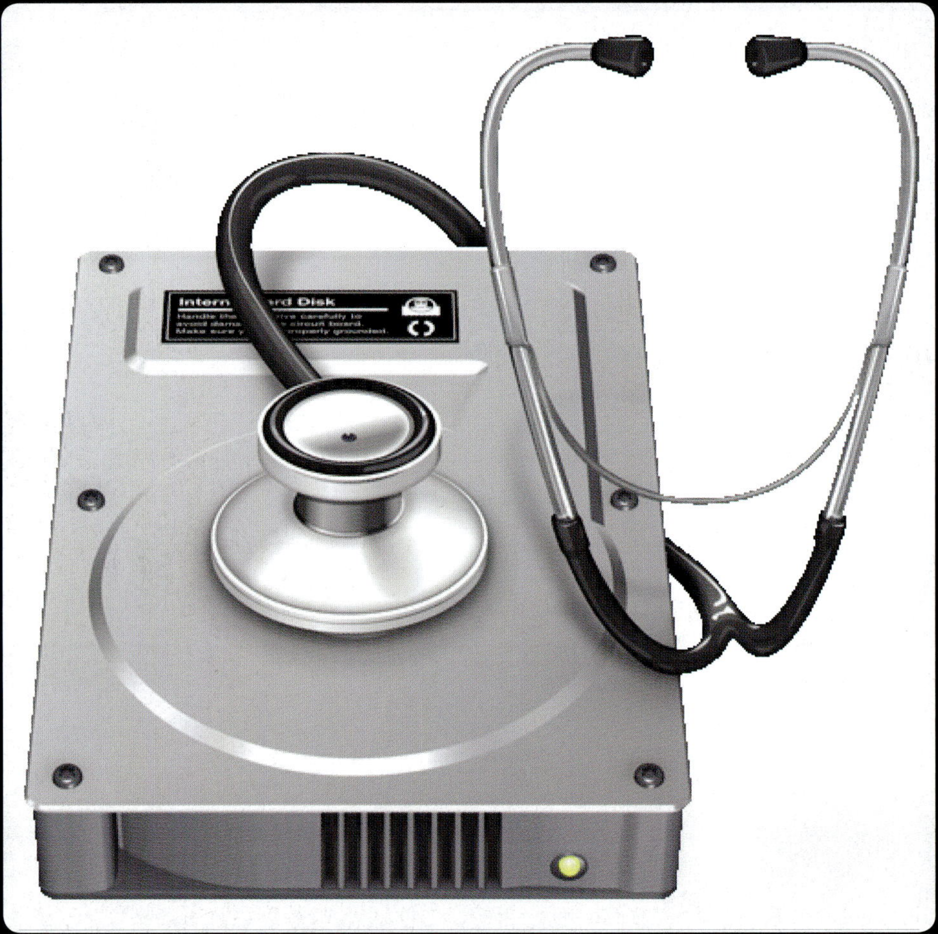

Les ordinateurs Mac ont la réputation d'être extrêmement fiables, mais rien n'est éternel, pas même la technologie de Cupertino. Ce chapitre vous propose de vous aider à résoudre certains problèmes pouvant éventuellement se présenter.

Résoudre les problèmes

Si vous lisez ce livre, c'est que vous êtes probablement un utilisateur confirmé et que vous maîtrisez certainement les bases. Cependant, tout chapitre sur le dépannage doit commencer par rappeler ces bases.

Redémarrer votre Mac

La plupart des problèmes que vous connaîtrez sur votre Mac sont assez simples à résoudre. En fait, la solution qui permet de résoudre beaucoup de difficultés est de redémarrer votre Mac. Tous les utilisateurs d'ordinateur ont déjà dû redémarrer leur machine un jour. Cela doit être votre premier recours lorsque vous remarquez qu'il se passe des choses anormales. Pour redémarrer votre Mac, procédez comme suit :

1. **Sélectionnez le menu Pomme ⇨ Redémarrer.**
2. **Snow Leopard vous demande de confirmer (voir figure 17.1).** Cliquez sur Redémarrer pour redémarrer votre ordinateur.

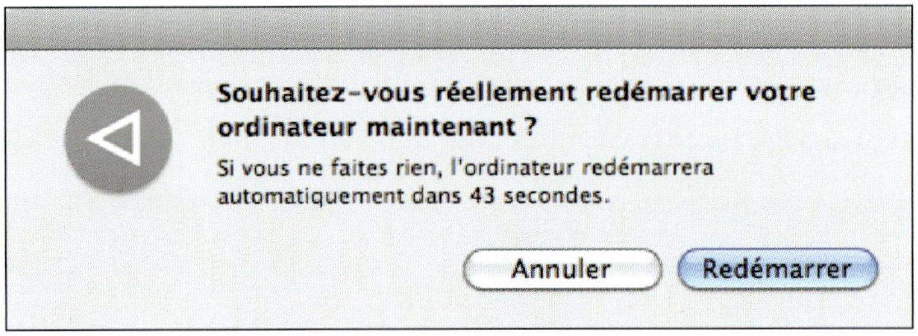

17.1 Cliquez sur Redémarrer pour résoudre la plupart des problèmes.

Avec un peu de chance, vos inquiétudes auront disparu lorsque votre Mac aura redémarré. Sinon, le reste de ce chapitre devrait vous aider à dissiper vos problèmes.

Sauvegarder votre Mac

Je ne peux qu'insister sur l'importance de sauvegarder vos informations avant de continuer plus loin dans ce chapitre. Sauvegarder vos fichiers empêche de perdre l'ensemble de vos données si quelque catastrophe devait arriver à votre Mac, et vous offre une certaine tranquillité d'esprit par la même occasion. J'ai appris à sauvegarder mes fichiers à force d'expérience et j'espère vous empêcher de connaître le même cauchemar que moi.

Le chapitre 14 traitait de l'utilisation de Time Machine afin de garder un disque dur externe de sauvegarde automatiquement mis à jour de vos fichiers. Même si Time Machine permet d'avoir facilement des sauvegardes, ce n'est pas la seule méthode.

- **Achetez un logiciel de sauvegarde.** Pourquoi dépenser de l'argent durement gagné dans un logiciel de sauvegarde alors que Time Machine est intégré à Snow Leopard ? Time Machine est un très bon utilitaire, mais il ne suffit peut être pas à certains utilisateurs. Voici certaines applications tierces que j'ai personnellement testées :
  - **Intego Personal Backup (ma solution préférée en ce moment).** Allez sur www.intego.com/personalbackup pour plus d'informations et pour télécharger une version d'essai.
  - **Carbon Copy Cloner, par Bombich Software.** Cette application a été éprouvée depuis très longtemps sur la plate-forme Mac. Plus de renseignements sur www.bombich.com/software/ccc.html
  - **Retrospect.** Autre utilitaire de sauvegarde efficace que j'utilise depuis Mac OS 8. Téléchargez une version d'essai sur www.retrospect.com/products/software/retroformac/ Vous y trouverez même une comparaison avec Time Machine.
- **Sauvegardez à l'ancienne : manuellement.** Connectez simplement un disque dur externe, installez un disque interne, utilisez une clé USB, ou connectez-vous à un autre ordinateur, puis copiez vos fichiers.

Effectuer les mises à jour

La cause de vos problèmes vient peut-être d'un bug dans votre système d'exploitation ou dans vos logiciels. Vérifiez que vous utilisez bien les dernières versions des logiciels de votre Mac et de Snow Leopard en exécutant Mise à jour des logiciels.

1. **Sélectionnez le menu Pomme ➪ Mise à jour des logiciels.**
2. **Si Mise à jour des logiciels trouve de nouvelles versions, installez-les pour voir si elles résolvent vos problèmes.**

Si vos difficultés sont liées à une application en particulier, allez sur le site web du développeur de l'application pour voir si d'éventuelles mises à jour sont disponibles ou si les problèmes que vous connaissez sont évoqués. Le tableau 17.1 donne la liste des adresses des principaux fournisseurs de logiciels pour Apple ainsi que de leurs produits.

Tableau 17.1 Fournisseurs de logiciels pour Apple

Entreprise	Applications	Adresse du site de support
Adobe	Photoshop, InDesign, Illustrator, Acrobat	www.adobe.com/go/gn_supp
Quark	QuarkXPress	www.quark.com/service/desktop/support/
Microsoft	Word, Excel, PowerPoint, Entourage	https://www.microsoft.com/mac/default.mspx
Mozilla	Firefox, Thunderbird	http://support.mozilla.com/
Intego	VirusBarrier, FileGuard	www.intego.com/support/
Intuit	TurboTax, Quicken, QuickBooks	www.intego.com/support/
FileMaker	FileMaker Pro, Bento	http://filemaker.com/support/index.html
Roxio	Toast, Popcorn	www.roxio.com/enu/support/default.html

Problèmes de démarrage

Lorsque votre Mac ne démarre pas, cela devient plutôt effrayant. Je n'insulterai pas votre intelligence en vous disant qu'il n'y a pas de quoi s'inquiéter, mais il est vrai que la plupart du temps ce problème peut être facilement résolu en quelques étapes. Si vous me dites que vous avez des problèmes de démarrage, je vous demanderai d'abord si votre Mac ne s'allume pas ou s'il se bloque pendant le processus de démarrage. Commençons par là.

Votre Mac ne s'allume pas

Voici quelques questions à se poser et des astuces à essayer si votre Mac ne s'allume pas du tout :

- Le câble d'alimentation est-il bien connecté ?
- La prise sur laquelle vous êtes branché fonctionne-t-elle avec d'autres appareils ?
- Si vous utilisez un portable, vérifiez que l'adaptateur est connecté, car vous n'avez peut-être plus de batterie. La batterie est-elle chargée ? Essayez de connecter l'adaptateur.
- Le Mac s'allume, mais rien ne s'affiche ? C'est peut-être un problème d'affichage. Essayez de connecter un autre moniteur à votre Mac. S'il ne fonctionne pas non plus, ou si votre moniteur fonctionne avec un autre ordinateur, vous avez peut-être un problème avec votre carte vidéo.
- Avez-vous ajouté un appareil (un disque dur externe) ou des pièces (de la mémoire) à votre Mac, de façon interne ou externe ? Si c'est le cas, enlevez ou reconnectez l'appareil ou la pièce et redémarrez. Vous avez peut-être une pièce ou un appareil défectueux.

- Si rien ne résout le problème, essayez de réinitialiser le Contrôleur de gestion du système (SMC). Il existe trois manières de le faire, selon le modèle de votre Mac.
  - Sur les Mac Pro, iMac et Mac mini, éteignez l'ordinateur et retirez tous les câbles (souris, clavier, câble d'alimentation, tout). Attendez au moins 15 secondes, reconnectez seulement le câble d'alimentation, la souris et le clavier (dans cet ordre) puis appuyez sur le bouton d'alimentation.
  - Sur les MacBook et les MacBook Pro, retirez la batterie et déconnectez l'adaptateur. Maintenez enfoncé le bouton d'alimentation pendant au moins 5 secondes puis relâchez-le. Installez la batterie et connectez l'adaptateur, puis appuyez sur le bouton d'alimentation.
  - Sur les MacBook Air, connectez l'adaptateur à l'ordinateur. Maintenez enfoncées les touches Shift, Option et Ctrl à gauche du clavier, puis appuyez sur le bouton d'alimentation une fois. Attendez au moins 5 secondes avant d'appuyer à nouveau sur le bouton d'alimentation pour allumer l'ordinateur.

Note

Si vous avez un Mac PowerPC, vous devez réinitialiser l'unité de gestion de l'énergie (PMU). Recherchez les instructions sur le site web d'Apple pour connaître la procédure selon votre modèle.

Votre Mac est bloqué au démarrage

Croyez-le ou non, il est encore plus énervant d'allumer son Mac et de ne pas pouvoir démarrer Mac OS X. Plusieurs phénomènes sont possibles : vous pouvez voir un dossier avec un point d'interrogation clignotant, l'écran peut être bloqué sur le logo d'Apple, ou un écran bleu apparaît mais rien ne se passe. Ces problèmes peuvent heureusement être résolus grâce aux étapes suivantes :

- **Forcez votre Mac à redémarrer.** Maintenez enfoncé le bouton d'alimentation pendant quelques secondes jusqu'à ce que le Mac s'éteigne. Redémarrez votre Mac et vérifiez qu'il démarre normalement.
- **Réinitialisez la mémoire PRAM.** Snow Leopard stocke des informations à propos de votre Mac dans la mémoire PRAM, comme le niveau du volume des enceintes, des paramètres de fuseau horaire, d'affichage, etc. Redémarrez votre Mac et appuyez en même temps et immédiatement sur les touches ⌘+⌥+P+R. Maintenez ces touches enfoncées jusqu'à ce que vous entendiez le son de démarrage de votre Mac au moins deux fois (trois pour être sûr). Relâchez les touches après le deuxième ou troisième son et, avec un peu de chance, votre ordinateur démarrera normalement.
- **Démarrez votre Mac en mode sans échec en appuyant sur la touche Shift après le son de démarrage.** Ne relâchez pas tant que vous ne voyez pas le logo Apple.

- **Démarrez votre Mac à l'aide du disque d'installation de Snow Leopard, et sélectionnez Utilitaire de disque à partir du menu Utilitaires.** Cliquez sur l'icône de votre disque dur dans la colonne de gauche puis cliquez sur le bouton Réparer le disque dans le coin inférieur droit de la fenêtre. Une fois la réparation terminée, redémarrez votre Mac pour voir s'il démarre normalement.

Si après avoir essayé toutes ces astuces, vous ne parvenez toujours pas à démarrer votre Mac, il est temps de prendre une vraie décision. Contactez le support technique d'Apple, si votre Mac semble avoir besoin de mains expertes.

Raccourcis clavier utiles

Apple fournit une boîte à outils de raccourcis clavier de démarrage qui vous permettent de démarrer votre Mac et d'effectuer certaines tâches, comme choisir un disque de démarrage différent. Le tableau 17.2 propose une liste des raccourcis clavier et des tâches qu'ils permettent d'accomplir.

Tableau 17.2 Raccourcis clavier de démarrage

Tâche accomplie	Combinaison de touches
Démarrer à partir d'un disque	Insérez le disque dans le lecteur optique de votre Mac puis appuyez sur C jusqu'à ce que l'ordinateur démarre à partir du disque.
Sélectionner un disque de démarrage	Maintenez la touche Option enfoncée jusqu'à ce que vous entendiez le son de démarrage. Relâchez le bouton lorsque les disques de démarrage disponibles s'affichent. Sélectionnez le disque à partir duquel vous désirez démarrer.
Démarrer en mode sans échec	Lorsque vous entendez le son de démarrage, maintenez enfoncée la touche Shift jusqu'à l'affichage de l'indicateur de progression (engrenage) sous le logo gris d'Apple.
Démarrer en mode disque cible	Maintenez enfoncée la touche T immédiatement après le son de démarrage et relâchez-la lorsque le logo FireWire s'affiche à l'écran.
Réinitialiser la mémoire PRAM	Maintenez enfoncées les touches ⌘+⌥+P+R immédiatement au démarrage, avant le son de démarrage. Relâchez les touches après le troisième son de démarrage.
Démarrer en mode utilisateur unique	Appuyez sur ⌘+S immédiatement après le son de démarrage. Vous pouvez relâcher les touches une fois que l'écran de ligne de commande s'affiche.
Démarrer dans Snow Leopard au lieu de Mac OS 9	Si vous avez un Mac PowerPC avec Mac OS 9 et Mac OS X installés sur le même disque, vous pouvez forcer votre Mac à démarrer sur Mac OS X en appuyant sur ⌘+X au démarrage.
Éjecter un disque au démarrage	Maintenez enfoncé le bouton de la souris ou le bouton Éjecter de votre clavier au démarrage.

Problèmes liés aux logiciels

Vous êtes en train d'écrire dans votre traitement de texte favori et, d'un seul coup, le curseur de disque de rotation apparaît, aussi connu sous le nom de « spirale de la mort ». L'application se bloque, et vous perdez environ une heure de travail, car vous avez oublié d'enregistrer votre document au fur et à mesure. Ou vous êtes en train d'effectuer une opération bancaire dans votre navigateur préféré et c'est à ce moment qu'il se bloque, et votre transaction est perdue dans le processus. Que faire lorsqu'une application se comporte étrangement ? Voici quelques questions à se poser et des astuces pour résoudre les problèmes liés aux applications :

- **Avez-vous installé les dernières mises à jour de votre logiciel ?** Si ce n'est pas le cas, allez sur le site web du développeur de l'application pour consulter les dernières mises à jour disponibles.
- **Le problème est-il apparu juste après que vous avez installé une mise à jour (de l'application ou de Mac OS X) ?** Demandez au développeur de l'application si ce problème est connu et expliquez-le-lui.
- **Avez-vous des difficultés avec un seul document ?** Il existe peut-être un élément dans votre document, comme une image ou une police, qui est corrompu et qui pose problème. Essayez de créer un nouveau document. Copiez et collez les éléments de l'ancien document vers le nouveau et voyez si votre problème persiste.
- **Un message d'erreur en particulier s'affiche-t-il ?** Si c'est le cas, consultez la documentation de l'application ou le site web du fabricant pour interpréter le message.
- **Le problème est-il lié à une association logiciel/matériel, comme un scanner ou un appareil photo avec une application spécifique ?** Par exemple, si vous avez un problème avec Transfert d'images lorsque vous essayez d'importer des images à partir de votre appareil photo, vérifiez que vous pouvez importer des images avec une autre application. Si les applications ont les mêmes difficultés, voyez si cela fonctionne avec un autre appareil. Si les autres applications fonctionnent normalement, il est probable que le coupable soit l'application.
- **Débarrassez-vous des fichiers des préférences de l'application.** Consultez la documentation de votre application ou contactez le fabricant pour connaître l'emplacement des préférences dans Leopard. Lorsque vous redémarrez l'application, de nouveaux fichiers de préférences sont créés.
- **L'application ne répond pas ?** Si c'est le cas, forcez l'application à quitter en appuyant sur ⌘+⌥+Esc. Sélectionnez l'application qui vous pose problème dans la liste puis cliquez sur Forcer à quitter.

Malheureusement, si vous ne parvenez pas à résoudre le problème grâce à ses astuces, vous devrez peut-être réinstaller l'application. Encore une fois, contactez le fabricant ou consultez la documentation fournie avec l'application pour vérifier que vous ne devez pas suivre certaines étapes pour réinstaller correctement l'application.

Utiliser le compte racine

Parfois le problème est causé par un élément corrompu dans le compte utilisateur. Pour vérifier cela, il suffit de s'identifier avec un compte différent et voir si le problème persiste. Je préfère utiliser le compte racine, qui vous donne le contrôle total de votre Mac. Respectez les étapes suivantes :

1. **Ouvrez l'Utilitaire d'annuaire, que vous trouverez dans le dossier Système/ Bibliothèque/CoreServices.**
2. **Cliquez sur l'icône en forme de cadenas située dans le coin inférieur gauche (voir figure 17.2) et tapez le nom et le mot de passe utilisateur.**

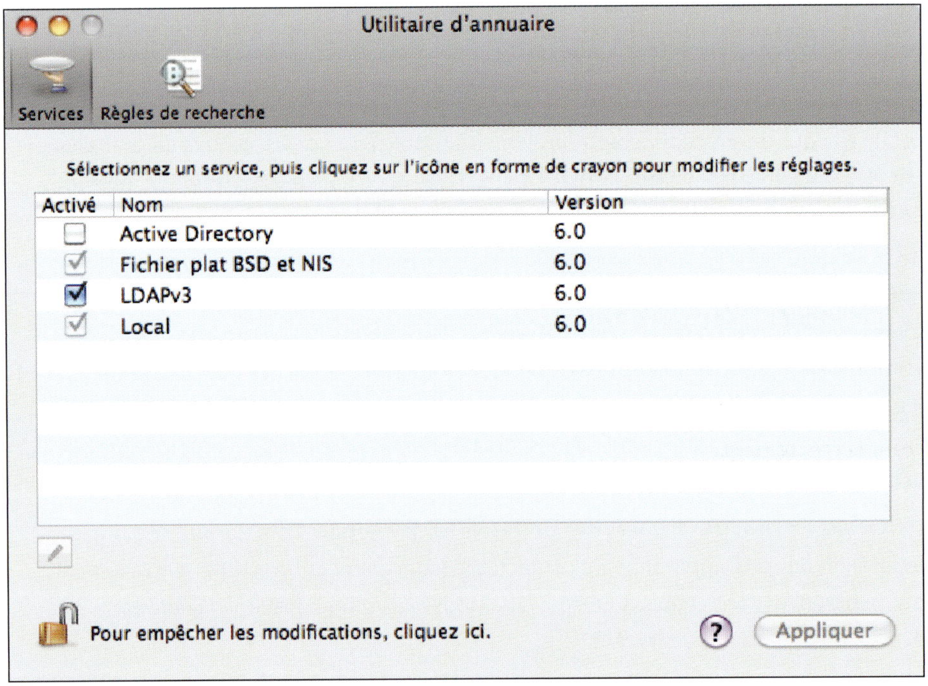

17.2 Cliquer sur l'icône en forme de cadenas permet d'effectuer des modifications dans l'Utilitaire d'annuaire.

3. **Sélectionnez Édition ➪ Activer l'utilisateur root.**
4. **Tapez le mot de passe du compte root deux fois pour le confirmer.** N'oubliez pas ce mot de passe !
5. **Quittez l'Utilitaire d'annuaire.**
6. **Fermez la session en cours.**
7. **Dans la fenêtre d'ouverture de session, vous pouvez voir l'option Autre.** Cliquez sur Autre, tapez **root** pour le nom d'utilisateur puis le mot de passe que vous avez déterminé à l'étape 4.
8. **Cliquez sur Ouvrir session dans le coin inférieur droit pour vous connecter au compte root.**
9. **Testez votre problème en tant qu'utilisateur root. Si les symptômes persistent, le problème peut concerner le système entier.** Si au contraire vous ne connaissez plus de difficultés en tant qu'utilisateur root, le problème vient de votre compte.

Supprimer les fichiers préférences

La plupart des applications que vous installez sur votre Mac créent des fichiers de préférences sur votre système. Ces fichiers indiquent à votre application comment fonctionner, les personnalisations que vous avez effectuées, les mots de passe éventuellement nécessaires, et d'autres informations requises pour un fonctionnement optimal de l'application. Si les fichiers de préférences (il peut y en avoir plusieurs selon l'application) ont été corrompus, votre application peut se comporter de façon très étrange et même ne pas démarrer du tout.

1. **Contactez le développeur de l'application pour savoir quels fichiers de préférences sont utilisés par l'application et leur emplacement sur votre Mac.**
2. **Trouvez les fichiers de préférences et supprimez-les.**
3. **Ouvrez à nouveau l'application, et de nouveaux fichiers de préférences seront créés correctement.**

Quitter une opération

Si votre Mac semble très lent, c'est peut-être à cause d'une application qui monopolise toute la mémoire vive. Si cela vous arrivait, vous pourriez redémarrer votre Mac, ce qui quitterait effectivement tous les processus. Mais si vous avez d'autres applications en cours dont vous avez besoin ? Apple a conçu Moniteur d'activité pour ce genre de situations.

1. **À partir du Finder, appuyez sur ⌘+Shift+U pour ouvrir le dossier Utilitaires.**
2. **Double-cliquez sur l'icône de Moniteur d'activité.**
3. **Parcourez la liste des opérations (voir figure 17.3) et vérifiez si une application n'utilise pas un pourcentage du processeur trop élevé** dans la colonne % processeur.
4. **Sélectionnez l'opération à l'origine du problème et cliquez sur le bouton Quitter l'opération situé en haut à gauche de la fenêtre.**

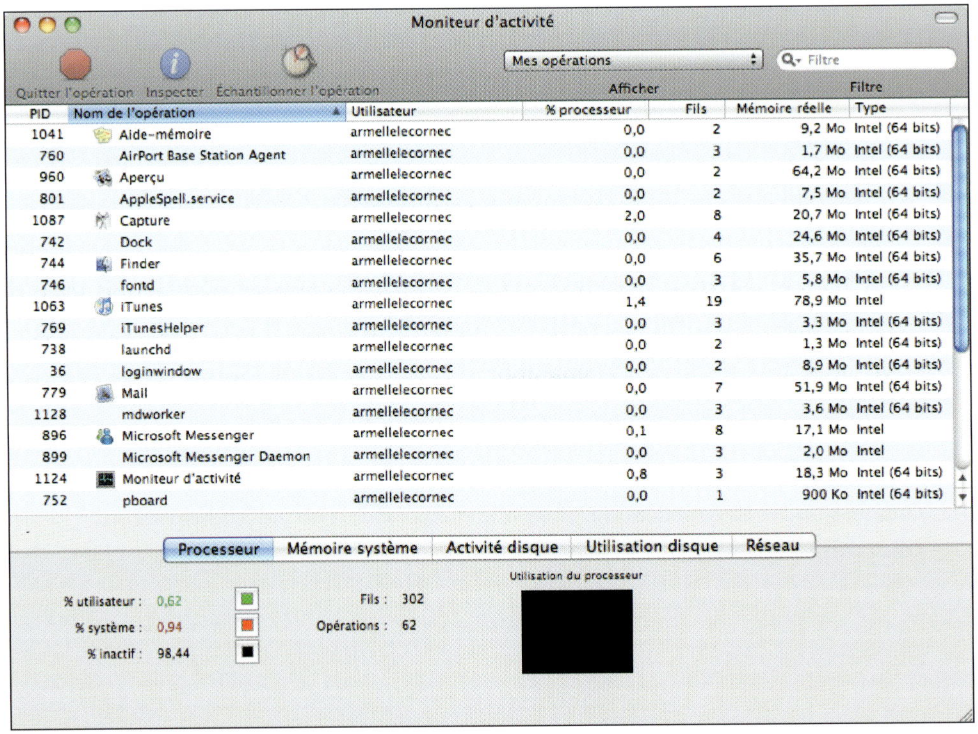

17.3 Moniteur d'activité surveille les opérations en cours sur votre Mac.

Corriger les problèmes de permissions

Chaque fichier dans Mac OS X a certaines permissions qui lui sont attribuées. Celles-ci indiquent à Snow Leopard qui peut accéder au fichier et comment les personnes peuvent l'utiliser. Parfois ces permissions doivent être réparées afin que votre Mac fonctionne à nouveau à merveille. Voici les différents symptômes :

- Vous êtes incapable de supprimer un fichier de la corbeille.
- Une application peut seulement être lancée par un utilisateur spécifique, même si elle est installée pour tous les comptes.
- Vous ne parvenez pas à ouvrir un document.
- Le Finder redémarre lorsque vous essayez de modifier les permissions d'un fichier.
- Vous ne parvenez pas à ouvrir des dossiers sur votre Mac ou sur le réseau.
- L'application se bloque lorsque vous essayez d'imprimer.

Il existe d'autres problèmes liés aux permissions, mais ceux-ci sont les plus fréquents.

Heureusement, réparer les permissions est un jeu d'enfant. Respectez les étapes suivantes :

1. **Ouvrez l'Utilitaire de disque en appuyant sur ⌘+Shift+U, puis en double-cliquant sur son icône.**
2. **Sélectionnez le disque contenant les fichiers ayant des problèmes de permissions.**
3. **Cliquez sur Réparer les permissions du disque dans le coin inférieur gauche de l'onglet S.O.S, et le processus de réparation se lance, comme sur la figure 17.4.**

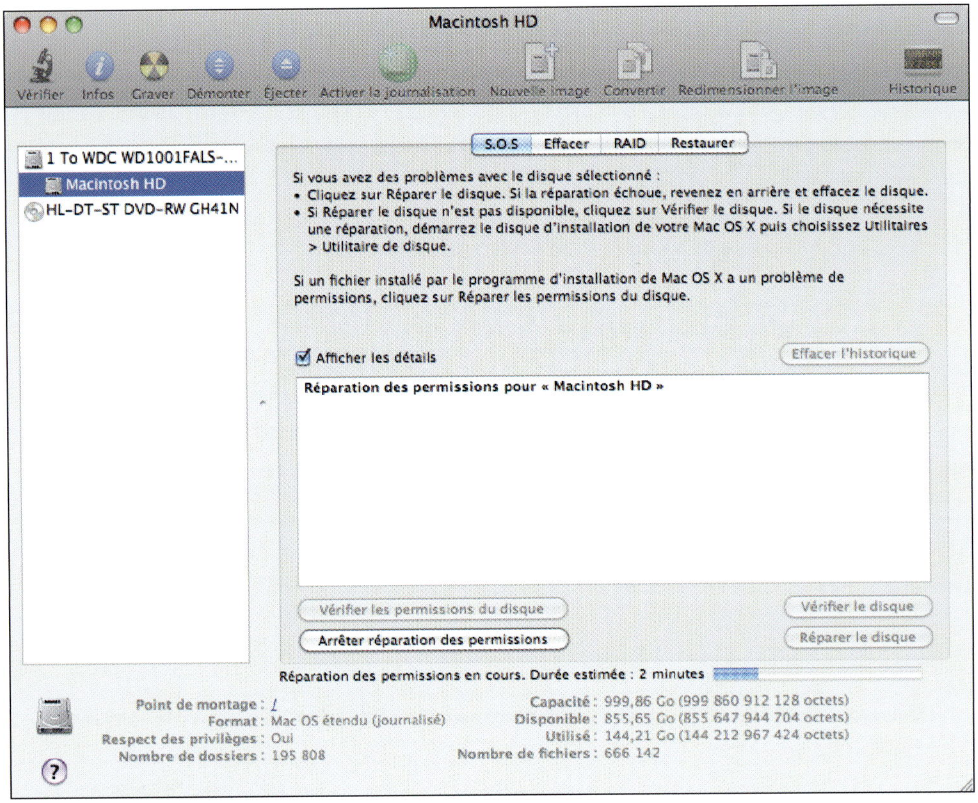

17.4 Restaurer les permissions.

Note

Vous pouvez exécuter l'Utilitaire de disque à partir du disque d'installation de Snow Leopard, ce qui peut être très utile si vous ne pouvez pas démarrer le disque en question. Démarrez votre Mac à l'aide du disque d'installation, sélectionnez Utilitaires ➪ Utilitaire de disque, et effectuez les réparations décrites précédemment.

Quand rien ne marche, réinstallez !

Lorsque la poussière commence à s'entasser, que vous avez essayé toutes mes astuces (vous avez probablement cherché d'autres manières de résoudre votre problème) et que votre Mac ne fonctionne toujours pas correctement, il est temps de tout sauvegarder et de réinstaller Snow Leopard. Consultez le chapitre 14 à propos de la sauvegarde de votre système et le chapitre 1 sur l'installation de Snow Leopard à partir d'une version existante de Mac OS X.

Note

Si vous avez des craintes à propos de la réinstallation de Snow Leopard et que vous voulez encore essayer de résoudre votre problème, appelez le support technique d'Apple au 0805 540 003.

Annexe A

Ressources Mac en ligne

Internet est un outil incroyable pour trouver des informations concernant Mac OS X et Mac en général. Les nombreux sites consacrés à Mac vous informent des dernières nouveautés de la marque, des mises à jour des logiciels, des problèmes rencontrés par d'autres utilisateurs, des astuces de dépannage, des rumeurs, et de toutes les dernières astuces permettant de profiter au mieux de Mac OS X.

Sites officiels Apple

Le site web d'Apple doit être le premier site à consulter pour obtenir plus d'informations à propos de votre Mac. Voici quelques liens utiles vers les thèmes principaux du site.

www.apple.com/fr/mac/

C'est le portail consacré à tout ce qui se rapporte à Mac sur le site. Vous pouvez y vérifier les dernières nouveautés en matière de matériel et de logiciels.

www.apple.com/fr/macosx/

Site dédié à Mac OS X, le meilleur système d'exploitation jamais inventé.

www.apple.com/fr/downloads/

Visitez ce site pour trouver les derniers téléchargements des logiciels d'Apple et de la communauté Mac.

www.apple.com/fr/support/

Site de support Mac, où vous rendre en premier si vous avez un problème avec votre Mac.

www.apple.com/fr/itunes/

Vous avez besoin de faire bouger votre Mac ? Ce site vous mènera au paradis d'iTunes et de l'iPod.

discussions.apple.com (en anglais)

Ce site vous permet d'entrer en relation avec d'autres utilisateurs Mac pour échanger sur vos problèmes, les astuces et les dernières nouvelles d'Apple.

www.apple.com/usergroups/

Vous voulez rejoindre un groupe d'utilisateurs Mac de votre région pour discuter ? Si c'est le cas, ce site est pour vous. Vous y trouverez les groupes situés près de chez vous et comment les contacter.

http://guide.apple.com/

Permet de vérifier les logiciels et matériels compatibles avec votre Mac.

http://support.apple.com/fr_FR/specs/

De loin le meilleur site pour trouver les caractéristiques de n'importe quel produit Apple.

Encore plus de sites Mac

Internet regorge de sites tiers consacrés aux besoins des utilisateurs Mac. Voici quelques-uns de mes sites préférés :

www.macworld.com (en anglais)

Vous trouverez toutes sortes d'informations, du tutoriel aux critiques de nouveaux produits. C'est le premier site pour les informations et les critiques Mac.

www.appleinsider.com (en anglais)

Les rumeurs font partie de la vie des fans de Mac. Ce site transmet tous les ragots concernant les dernières offres d'Apple.

www.macintouch.com (en anglais)

L'un de mes sites préférés depuis les années 1990 (cela commence à dater !) et une source d'informations incroyable.

www.macnn.com (en anglais)

Des nouvelles, des podcasts, des critiques, des blogs et des forums.

www.macosxhints.com (en anglais)

Ce site est dédié aux astuces et aux trucs, des plus simples aux plus difficiles à mettre en œuvre.

www.microsoft.com/france/mac

Trouvez toutes les dernières mises à jour de vos applications Microsoft et apprenez à mieux les utiliser.

http://mactimeline.com/ (en anglais)

Ce site donne la liste de toutes les mises à jour proposées par Apple. Il ravira probablement les plus passionnés d'entre nous, mais aussi tous les geeks en herbe.

http://macscripter.net/ (en anglais)

Tout ce que vous avez toujours voulu savoir pour créer des scripts pour Mac, et plus encore ! Applescript et Automator sont les sujets principaux de ce site.

www.macfixit.com (en anglais)

Un site génial pour apprendre tout sur le matériel Mac, comment résoudre les problèmes de matériel et trouver des tutoriels.

http://macosrumors.com (en anglais)

Un autre site de rumeurs, ajouté à mes signets depuis Mac OS 8.

www.versiontracker.com (en anglais)

Trouvez les dernières versions de vos logiciels tiers préférés et découvrez les dernières offres des meilleurs développeurs Mac.

http://db.tidbits.com (en anglais)

Autre site de fans de Mac fournissant les dernières nouvelles et astuces. Présent depuis de nombreuses années.

Annexe B
Raccourcis clavier Mac

Depuis que les ordinateurs existent, l'élément invariable reste le clavier. Même si celui-ci a connu quelques changements, la présentation de base des touches est la même depuis la nuit des temps. Le clavier peut être un outil très utile pour exécuter rapidement des tâches sur votre Mac. Cette partie vous présente la liste des principaux raccourcis clavier.

Raccourcis du Finder

Utilisez les raccourcis du tableau B.1 pour modifier la présentation de la fenêtre Finder, ouvrir une nouvelle fenêtre, éjecter un disque, dupliquer des fichiers et des dossiers, naviguer dans la barre latérale et gérer votre Corbeille.

Tableau B.1 Raccourcis du Finder

Raccourci	Description
⌘+A	Sélectionne tous les éléments de la fenêtre active.
⌘+D	Duplique l'élément sélectionné.
⌘+E	Éjecte le disque.
⌘+F	Affiche la fenêtre de dialogue Rechercher.
⌘+I	Ouvre la fenêtre Lire les infos de l'élément sélectionné.
⌘+J	Présente les options de présentation.
⌘+L	Crée un alias de l'élément sélectionné.
⌘+N	Ouvre une nouvelle fenêtre Finder.
⌘+O	Ouvre l'élément sélectionné.
⌘+R	Affiche l'élément correspondant à l'alias sélectionné.
⌘+T	Ajoute l'élément sélectionné à la barre latérale.

suite

Tableau B.1 suite

Raccourci	Description
⌘+W	Ferme la fenêtre Finder active.
⌘+Supprimer	Déplace l'élément sélectionné vers la Corbeille.
⌘+1	Affiche la fenêtre active en mode de présentation par icônes.
⌘+2	Affiche la fenêtre active en mode de présentation par listes.
⌘+3	Affiche la fenêtre active en mode par colonnes.
⌘+4	Affiche la fenêtre active sous forme de Cover Flow.
Shift+⌘+A	Accède au dossier Applications.
Shift+⌘+C	Accède au dossier Ordinateur.
Shift+⌘+D	Accède au dossier Bureau.
Shift+⌘+G	Affiche la fenêtre de dialogue Aller au dossier.
Shift+⌘+H	Accède au dossier de départ.
Shift+⌘+I	Accède au dossier iDisk.
Shift+⌘+K	Accède au dossier Réseau.
Shift+⌘+N	Crée un nouveau dossier dans la fenêtre Finder active.
Shift+⌘+U	Accède au dossier Utilitaires.
Shift+⌘+Supprimer	Vide la Corbeille (avec fenêtre de confirmation).
Option+Shift+⌘+Supprimer	Vide la Corbeille (sans fenêtre de confirmation).
Option+⌘+N	Crée un nouveau dossier intelligent dans la fenêtre active.
Option+⌘+W	Ferme toutes les fenêtres Finder.

Raccourcis d'applications

Le tableau B.2 vous présente comment naviguer dans vos applications, ouvrir les préférences, et vous déplacer entre les fenêtres sans l'aide de la souris.

Tableau B.2 Raccourcis d'applications

Raccourci	Description
⌘+Tabulation	Naviguez entre les icônes des applications actives. Relâchez la touche ⌘ pour passer à l'application sélectionnée.
⌘+,	Ouvre les préférences de l'application active.
⌘+H	Masque l'application active.
⌘+`	Navigue entre toutes les fenêtres ouvertes de l'application active.
⌘+M	Réduit la fenêtre active dans le Dock.
⌘+Q	Quitte l'application active.
Shift+⌘+`	Permet de naviguer à l'envers entre toutes les fenêtres ouvertes de l'application active.

Raccourci	Description
Shift+⌘+Tabulation	Naviguez à l'envers entre les icônes des applications actives. Relâchez la touche ⌘ pour passer à l'application sélectionnée.
Option+⌘+H	Masque toutes les applications sauf celle qui est active.
Option+⌘+M	Réduit toutes les fenêtres de l'application active dans le Dock.
Option+⌘+Esc	Affiche la fenêtre Forcer à quitter.

Raccourcis de démarrage

Le tableau B.3 détaille les raccourcis à utiliser pour les techniques de démarrage différentes.

Tableau B.3 Raccourcis de démarrage

Raccourci	Description
C	Maintenez la touche enfoncée pour démarrer à partir du CD ou DVD.
T	Maintenez la touche enfoncée pour invoquer le mode disque cible FireWire.
Option	Maintenez la touche enfoncée pour sélectionner un disque de démarrage.
Shift	Maintenez la touche enfoncée avant l'apparition de l'écran Apple pour démarrer en mode sécurisé.
Shift	Maintenez la touche enfoncée après l'apparition de l'écran Apple mais avant la fenêtre d'ouverture de session pour empêcher l'ouverture de session automatique.
Shift	Maintenez la touche enfoncée après l'ouverture de session pour démarrer en mode sécurisé.

Raccourcis de redémarrage et d'arrêt

Le tableau B.4 vous présente les différentes options des fenêtres de dialogue.

Tableau B.4 Raccourcis de redémarrage et d'arrêt

Raccourci	Description
Contrôle+touche éjection	Affiche la fenêtre de confirmation Redémarrer/Suspendre l'activité/Éteindre.
Bouton d'alimentation	Idem.
Shift+⌘+Q	Ferme la session (avec fenêtre de confirmation).
Option+Shift+⌘+Q	Ferme la session (sans fenêtre de confirmation).
Option+⌘+touche éjection	Suspend l'activité de votre Mac (sans fenêtre de confirmation).
Contrôle+⌘+touche éjection	Redémarre votre Mac (sans fenêtre de confirmation, avec enregistrement des modifications dans les documents ouverts).
Contrôle+Option+⌘+touche éjection	Éteint votre Mac (sans fenêtre de confirmation, avec enregistrement des modifications dans les documents ouverts).

suite

Tableau B.4 suite

Raccourci	Description
Contrôle+⌘+bouton d'alimentation	Force votre Mac à redémarrer (sans fenêtre de confirmation, ni enregistrement des modifications dans les documents ouverts).
Bouton d'alimentation	Maintenez enfoncée la touche pour forcer votre Mac à s'éteindre (sans fenêtre de confirmation, ni enregistrement des modifications dans les documents ouverts).

Raccourcis de Safari

Le tableau B.5 présente les raccourcis que vous pouvez utiliser pour naviguer entre les fenêtres de Safari, gérer vos signets, envoyer des e-mails, et effectuer des recherches sur Google.

Tableau B.5 Raccourcis de Safari

Raccourci	Description
⌘+I	Envoie par e-mail le contenu de la page active.
⌘+L	Sélectionne l'adresse de la barre de texte.
⌘+N	Ouvre une nouvelle fenêtre.
⌘+O	Ouvre un fichier.
⌘+R	Recharge la page active.
⌘+T	Ouvre un nouvel onglet.
⌘+W	Ferme l'onglet actif.
⌘+D	Ajoute la page active aux signets.
⌘+*n*	Ouvre l'élément *n* (nombre entre 1 et 9) dans la barre des signets.
⌘+}	Sélectionne l'onglet suivant.
⌘+{	Sélectionne l'onglet précédent.
⌘+.	Arrête le chargement de la page active.
⌘++	Agrandit la taille du texte sur la page active.
⌘+0	Affiche le texte en taille normale sur la page active.
⌘+-	Réduit la taille du texte sur la page active.
⌘+[	Affiche la page précédente.
⌘+]	Affiche la page suivante.
Shift+⌘+H	Revient à la page d'accueil.
Shift+⌘+T	Bascule l'affichage de la barre des onglets.
Shift+⌘+W	Ferme la fenêtre active.
Shift+⌘+I	Envoie par e-mail le lien de la page active.
Shift+⌘+K	Active et désactive le blocage des pop-up.
Shift+⌘+L	Effectue une recherche Google sur le texte sélectionné.

Raccourci	Description
⌘+Retour	Ouvre l'URL de la barre d'adresse dans un onglet à l'arrière-plan.
Shift+⌘+Retour	Ouvre l'URL de la barre d'adresse dans un nouvel onglet au premier plan.
Shift+⌘	Cliquez sur un lien pour l'ouvrir dans un nouvel onglet au premier plan.
⌘	Cliquez sur un lien pour l'ouvrir dans un nouvel onglet à l'arrière-plan.
Option+⌘	Cliquez sur un lien pour l'ouvrir dans une fenêtre à l'arrière-plan.
Shift+Option+⌘	Cliquez sur un lien pour l'ouvrir dans une fenêtre au premier plan.
Option+⌘+D	Ajoute la page active aux signets (sans fenêtre de confirmation.
Option+⌘+B	Affiche la fenêtre des signets.
Option+⌘+L	Affiche la fenêtre des téléchargements.
Option+⌘+A	Ouvre la fenêtre Activité.
Option+⌘+Retour	Ouvre l'URL de la barre d'adresse dans une fenêtre à l'arrière-plan.
Shift+Option+⌘ +Retour	Ouvre l'URL de la barre d'adresse dans une fenêtre au premier plan.

Raccourcis divers

Utilisez les raccourcis du tableau B.6 pour couper, copier et coller des éléments, annuler des actions récentes, gérer le Dock, effectuer des captures d'écran.

Tableau B.6 Raccourcis divers

Raccourci	Description
⌘+X	Coupe les objets ou données sélectionnés.
⌘+C	Copie les objets ou données sélectionnés.
⌘+V	Colle les objets ou données récemment coupés ou copiés.
⌘+Z	Annule la dernière action.
F12 ou touche éjection	Maintenez la touche enfoncée pour éjecter un disque.
Fn+Contrôle+F2	Permet de contrôler la barre des menus à l'aide du clavier.
Fn+Contrôle+F3	Permet de contrôler le Dock à l'aide du clavier.
Option+⌘+D	Permet de masquer et d'afficher le Dock.
Option+Volume haut/bas/silence	Affiche les préférences de son.
Option+Luminosité haut/bas	Affiche les préférences Moniteur.
Shift+⌘+3	Capture un cliché de l'écran.
Shift+⌘+4	Faites glisser la souris pour capturer une image de la zone sélectionnée.
Shift+⌘+4	Appuyez sur la barre d'espace puis cliquez sur un objet pour capturer un cliché de cet objet.

Glossaire

Administrateur Compte utilisateur pouvant effectuer des modifications permanentes sur le système d'exploitation de votre Mac. Peut activer la création et la suppression d'autres comptes utilisateur (même administrateur), l'installation de logiciels pour tous les utilisateurs, de pilotes, etc.

AFP Protocole de partage Apple. Protocole client-serveur utilisé pour partager des fichiers et des services réseau entre ordinateurs Mac.

AirPort Appareils et logiciels réseau sans fil d'Apple. AirPort utilise le protocole standard 802.11.

Aperçu Application fournie avec Mac OS X utilisée pour l'affichage des fichiers PDF et des images. Aperçu est capable d'ouvrir plus de 25 formats de fichier, dont les formats image les plus courants.

AppleTalk Ensemble d'outils logiciels d'Apple destinés à la mise en réseau d'ordinateurs, de serveurs, d'imprimantes et de tout autre appareil fonctionnant sous ce protocole.

Application Logiciel pouvant être installé sur votre Mac. Les applications sont conçues pour des besoins spécifiques : traitement de texte, navigateurs web, clients e-mail, mise en page, etc.

Barre des menus Barre placée en haut de l'écran du Mac intégrant le menu Pomme, les menus supplémentaires et les menus d'application.

Barre latérale Panneau placé à gauche de la fenêtre Finder offrant des raccourcis vers les appareils, les partages réseau et les dossiers locaux.

Bluetooth Technologie de réseau sans fil permettant d'établir une communication entre deux appareils lorsque ceux-ci se trouvent à portée l'un de l'autre.

Boîte aux lettres intelligente Boîte aux lettres intelligente recherchant automatiquement les courriers électroniques répondant à des critères indiqués.

Boîte de dépôt Répertoire de votre dossier de départ pouvant être utilisé par d'autres personnes de votre réseau pour partager des fichiers avec vous. Elles peuvent seulement déposer des fichiers dans la boîte sans voir son contenu.

Bonjour Protocole de détection de service développé dans Mac OS X. Connu par le passé sous le nom de Rendezvous, Bonjour permet de détecter automatiquement les autres appareils fonctionnant sous ce protocole. Aucune configuration n'est requise. Les appareils fonctionnant sous Bonjour se détectent les uns les autres et partagent les services. Par exemple, un Mac peut détecter une imprimante fonctionnant sous le même protocole et envoyer une tâche d'impression sans connaître l'adresse IP de l'imprimante.

BSD Berkeley Software Distribution. Famille de systèmes d'exploitation UNIX, développée à l'université de Californie (Berkeley). Mac OS X fonctionne sur un noyau dérivé de BSD appelé Darwin. Voir Darwin.

Carbon Ensemble d'outils appelés API (interfaces de programmation d'application) destiné aux développeurs de logiciels pour la création d'applications pour Mac OS.

Carnet d'adresses Application permettant de stocker des informations relatives à vos contacts, notamment leur nom et leur titre, leurs numéros de téléphone et leurs adresses, ainsi que leur adresse électronique et leur site web.

Cocoa Ensemble d'outils appelés API (Application Programming Interfaces, interfaces de programmation d'application) destiné aux développeurs de logiciels pour la création d'applications pour Mac OS X. Cocoa constitue un environnement d'application orienté objet pour le développement d'applications natives pour Mac OS X.

ColorSync Application d'Apple de mise en correspondance des couleurs. ColorSync intègre tous les dispositifs graphiques tels que les moniteurs, les imprimantes, les scanneurs et les appareils photo numériques de sorte que les couleurs visualisées à l'écran restent identiques à l'impression.

Commande (⌘) La touche Commande est placée près de la barre d'espace sur le clavier. Elle peut être utilisée en combinaison avec d'autres touches pour effectuer certaines tâches. Par exemple, si vous appuyez sur les touches ⌘+P, l'application active ouvre la fenêtre de dialogue Imprimer.

Compression Processus permettant de diminuer la taille d'un fichier ou d'un dossier.

Comptes utilisateur Chaque personne utilisant votre Mac a besoin d'un compte utilisateur pour accéder à ses fichiers et dossiers personnels. Chaque compte utilisateur contient des dossiers dédiés uniquement à son utilisateur, et les autres utilisateurs (même administrateurs) ne peuvent y accéder sans permission.

Coupe-feu Logiciel protégeant votre ordinateur ou votre réseau des intrusions.

Cover Flow Mode de présentation pour le parcours des fichiers, des dossiers et des applications affichés dans une fenêtre du Finder, sous forme d'un aperçu et d'une liste.

CUPS Common UNIX Printing System. Système d'impression informatique pour les systèmes d'exploitation Unix et assimilés (dont Mac OS X). Apple a acheté CUPS en 2007.

Darwin Système d'exploitation dérivé de BSD UNIX sur lequel Mac OS X est basé. Darwin est développé par Apple et constitue le noyau des services du système d'exploitation de votre Mac, comme les systèmes de fichiers et réseau.

Dashboard Application exécutant d'autres petits programmes appelés widgets. Accédez au Dashboard en appuyant sur la touche F12 de votre clavier ou en cliquant sur son icône dans le Dock.

Démarrage sans échec Démarre votre Mac en mode sans échec.

Détectable Définit un appareil ayant activé la fonctionnalité Bluetooth afin que d'autres appareils Bluetooth puissent s'y connecter.

DHCP Dynamic Host Configuration Protocol. Protocole utilisé pour attribuer automatiquement des adresses IP aux ordinateurs clients d'un réseau.

Dock Situé en bas de l'écran, le Dock abrite les liens vers les éléments et les applications que vous utilisez le plus souvent.

Dossier intelligent Type de dossier virtuel dont le contenu dépend de critères préalablement spécifiés. Votre Mac ajuste le contenu automatiquement dès modification de vos fichiers.

Dossier Système Situé à la racine du disque dur, ce dossier contient les composants principaux requis pour le démarrage de votre système Mac et pour son bon fonctionnement. Votre Mac ne pourra pas démarrer correctement si ce dossier est modifié, alors il vaut mieux le laisser tel quel.

Éléments d'ouverture Applications, fichiers, dossiers, partages réseau et autres éléments démarrant automatiquement lorsque vous ouvrez une session.

Ethernet Norme réseau le plus fréquemment utilisé aujourd'hui. Il relie les ordinateurs entre eux via un système de câbles et de hubs, ou routeurs. La vitesse de transmission des données peut aller de 10 à 1 000 mégaoctets par seconde, selon le câblage et le matériel utilisé.

Événement Rendez-vous, ou réunion, programmé dans iCal.

Exposé Permet à l'utilisateur d'afficher toutes les fenêtres ouvertes via la touche F9, de visualiser les fenêtres associées à l'application active grâce à la touche F10 ou de masquer toutes les fenêtres ouvertes à l'aide de la touche F11. La configuration des touches varie selon les modèles et les claviers.

Fichier de préférences Document contenant les options et les autres données que vous avez enregistrées lorsque vous avez utilisé la commande Préférences d'une application.

Finder Application constamment active sur votre Mac. Le Finder organise et présente les fichiers et dossiers stockés sur votre ordinateur ou sur tout disque qui y est relié.

FireWire Type de connexion haut débit développée par Apple pour la transmission de grandes quantités de données. Aussi connue sous le nom de IEEE 1394, elle est multiplate-forme et capable de transmettre entre 400 et 800 mégaoctets par seconde, selon la version prise en charge par votre Mac.

FTP Protocole de transfert de fichiers. Utilisé pour transférer, créer et supprimer des fichiers et des dossiers situés sur un serveur FTP.

Groupe Ensemble de contacts dans Carnet d'adresses. Voir aussi groupe intelligent.

Groupe intelligent Collection de contacts que Carnet d'adresses met automatiquement à jour avec les nouveaux contacts qui satisfont des critères que vous avez précisés.

HFS+ Hierarchical File System. Système de fichiers par défaut de Mac OS X, utilisant le système hiérarchique pour l'enregistrement et l'organisation des fichiers et des dossiers.

HTML HyperText Markup Language. Langage de programmation utilisé pour afficher les images et le texte d'une page web.

HTTP HyperText Transfer Protocol. Protocole permettant d'échanger et de lier les fichiers sur Internet.

iCal Application de calendrier par défaut de votre Mac.

iChat Application Mac permettant d'échanger en temps réel avec d'autres personnes via des messages texte en ligne.

iDisk Espace de stockage personnel en ligne fourni avec tout compte MobileMe.

iLife Suite d'applications Apple fournissant les outils nécessaires pour créer de la musique, des films, des photos numériques, des DVD personnalisés et des sites web.

Image disque Fichier agissant comme un disque physique sur votre Mac. Le programme Utilitaire de disque permet de créer une image disque et d'y placer tous les éléments que vous voulez comme dans n'importe quel répertoire. De nombreuses installations d'applications que vous téléchargez sur Internet utilisent les images disque pour transporter leurs données. Utilitaire de disque monte les images disque comme avec un vrai CD, DVD ou disque dur.

Interface en ligne de commande Interface en mode texte utilisée dans le but d'afficher des informations pour l'utilisateur et d'envoyer des commandes à l'ordinateur.

iTunes Application de lecteur média par défaut de votre Mac.

iWork Suite d'applications de productivité Apple conçue pour la création et la publication de documents et de présentations. La suite iWork comprend Keynote, utilisé pour créer des présentations de qualité cinéma, Pages, dédié au traitement de texte, et Numbers, pour la création de feuilles de calcul.

Java Famille de spécifications et de produits logiciels destinée au développement d'applications pouvant s'exécuter sur de nombreux types d'ordinateurs. Java est fréquemment utilisé pour afficher les données dynamiques sur les pages web.

JPEG Joint Photographic Experts Group. Probablement le format image le plus utilisé sur les ordinateurs et sur Internet. Le JPEG peut compresser la taille des données d'une image tout en conservant une qualité d'image raisonnable.

Jumeler Connecter un appareil Bluetooth à un autre à l'aide d'un mot de passe.

LAN Local Area Network. Réseau local, restreint géographiquement (un bureau ou une maison).

liste d'attente d'impression Enregistre les tâches d'impression pour vos imprimantes. Chaque fois que vous imprimez un document, les données d'impression sont envoyées à la liste d'attente d'impression que vous avez créée lors de l'installation de l'imprimante sur votre Mac. La liste communique les données à l'imprimante. En cas de problème, les données d'impression sont enregistrées dans la liste d'attente jusqu'à ce que l'imprimante reprenne l'impression.

LPD Line Printer Daemon. Protocole d'impression via TCP/IP sur un réseau.

Machine virtuelle Fichiers reconnus et utilisés comme des ordinateurs séparés par des applications de virtualisation (Parallels Desktop pour Mac ou VMware Fusion). Vous pouvez installer virtuellement un système d'exploitation basé Intel sur votre Mac à l'aide des machines virtuelles. La machine virtuelle s'exécute sur Mac OS X, vous permettant d'utiliser Mac OS X et le système d'exploitation de la machine virtuelle en même temps.

Mail Application e-mail par défaut de Mac OS X. Mail peut prendre en charge plusieurs comptes e-mails de différents protocoles (IMAP, POP et même Exchange).

Menu Pomme Cliquez sur l'icône en forme de pomme à gauche de la barre des menus pour afficher ce menu qui permet d'accéder à des commandes clés comme la Mise à jour des logiciels et les Préférences Système, ou encore Suspendre l'activité, Redémarrer, Éteindre et Fermer la session.

Menus d'application Partie de la barre des menus placée entre le menu Pomme et les autres menus. Elle permet d'afficher les menus associés à l'application active.

Menus supplémentaires Icônes apparaissant à droite de la barre des menus. Le nombre d'icônes dépend de la configuration de votre Mac. Elles permettent de visualiser le statut de certaines fonctionnalités (comme votre connexion au réseau sans fil) et d'en configurer d'autres, comme le volume de votre Mac ou la fonction Bluetooth.

Mode sans échec Mode de démarrage ne chargeant pas la plupart des composants d'arrière-plan.

Mode veille Lorsque votre ordinateur est en veille, celui-ci reste allumé mais consomme moins d'énergie, tout en gardant les applications, fenêtres et documents actifs.

Noyau Composant central de la base UNIX de Mac OS X. Sa fonction principale est la gestion des ressources du système. Le noyau s'assure que chaque processus en cours d'exécution dispose des ressources suffisantes (mémoire) dont il a besoin pour effectuer une tâche.

Open source Méthode de développement de logiciels permettant à tous un accès libre au code source, à sa modification et à sa redistribution.

OpenGL Développé par Silicon Graphics, OpenGL est une interface de programmation multiplateforme (API) utilisée pour la production d'images 2D et 3D.

Partition Partie de l'espace d'un disque dur séparée du reste du disque. Votre Mac considère chaque partition comme un disque dur séparé. Vous pouvez utiliser la partition pour installer Windows ou pour stocker certains types de fichiers.

Permissions Chaque fichier et chaque dossier de votre Mac appartient à un compte utilisateur. Les permissions sont des droits d'accès attribués au propriétaire et aux autres utilisateurs du Mac. Sans les permissions, un autre utilisateur ne peut afficher un fichier ou un dossier appartenant à un autre utilisateur ou y accéder.

Permutation rapide d'utilisateur Fonctionnalité de Mac OS X permettant à plusieurs utilisateurs de conserver en même temps leur session ouverte sur un ordinateur. Les applications ouvertes restent actives lorsque vous changez de session afin de pouvoir y revenir rapidement.

Pilote Programme informatique développé par le fabricant d'un appareil et permettant au système d'exploitation d'interagir avec le périphérique.

Point d'accès Appareil réseau permettant à plusieurs Mac de se connecter grâce au réseau sans fil.

Police Ensemble de caractères qui regroupe tous les corps et graisses d'une même famille, dont le style est coordonné afin de former un alphabet et dont l'affichage est le même sur l'écran de votre Mac et sur les documents imprimés.

Préférences d'application Options et paramètres d'une application que vous pouvez configurer à l'aide de la commande Préférences. Voir aussi préférences Système.

Préférences Système Options, réglages et autres données que vous avez configurés sur votre Mac via l'application préférences Système.

Protocole Règles déterminant le mode d'envoi et de renvoi des données entre deux applications.

Quartz Moteur graphique de Mac OS X, responsable de l'affichage des images 2D.

QuickTime Application multimédia d'Apple destinée à gérer de la vidéo, des extraits multimédia, du son, du texte, de l'animation, de la musique et divers types d'images sur les ordinateurs Macintosh.

QuickTime Player Lecteur vidéo par défaut sur votre Mac.

Répertoire personnel Répertoire contenant tous les documents et fichiers personnels d'un utilisateur. Chaque compte utilisateur créé sur votre Mac en possède un. Ces répertoires sont situés dans le dossiers Utilisateurs à la racine de votre disque dur.

Safari Navigateur web par défaut de votre Mac.

Sauvegarde Processus de copie de vos données. Effectuer des copies de sauvegarde régulières permet d'éviter de perdre toutes vos données si votre Mac tombe en panne.

Signet Site Internet enregistré dans un navigateur web afin de pouvoir y accéder rapidement.

SMB Server Message Block. Protocole utilisé au départ par les ordinateurs Windows permettant aux ordinateurs clients d'accéder à des fichiers et à des services réseau. Mac OS X est capable de communiquer avec les PC Windows grâce au protocole SMB.

SMTP Simple Mail Transfer Protocol. Protocole de communication utilisé pour transférer les e-mails vers les serveurs de messagerie électronique.

Spaces Application permettant de travailler avec plusieurs espaces de travail à l'intérieur desquels vous pouvez exécuter des applications et afficher des documents.

Spotlight Fonctionnalité Mac permettant de rechercher des fichiers, des dossiers, des applications, des e-mails, des images et d'autres données.

Synchronisation Processus s'assurant que vos données (contacts, comptes e-mail et événements) sur votre Mac sont les mêmes sur vos autres appareils (téléphones portables, ordinateurs, PDA).

Système d'exploitation invité Système d'exploitation exécuté dans une machine virtuelle grâce à un logiciel de virtualisation.

Système de fichiers Technologie utilisée par le système d'exploitation pour organiser les fichiers enregistrés sur un disque.

TCP/IP Transfer Control Protocol/ Internet Protocol. Ensemble des protocoles qui constituent la pile de protocoles utilisée par Internet. TCP s'occupe des paquets reçus et IP envoie les paquets.

Terminal Programme utilisé pour accéder à l'interface en ligne de commande de Mac OS X.

TextEdit Traitement de texte par défaut de votre Mac.

Time Machine Application d'Apple pour la sauvegarde de fichiers.

Touche de modification Touche devant être utilisée avec une ou plusieurs autres touches pour effectuer une action. Sur un Mac, la plupart des raccourcis clavier s'effectuent à l'aide de la touche Commande (⌘).

Touche éjection Permet d'éjecter le CD ou le DVD inséré dans le lecteur optique.

Transfert d'images Application Apple permettant de transférer des photos depuis des appareils photo numériques ou des scanneurs reliés à votre ordinateur ou connectés à un réseau.

Utilitaires Applications dédiées à la gestion et au réglage des logiciels de votre Mac et au matériel. Chaque utilitaire a une spécialité différente. Par exemple, la fonction de Capture est d'effectuer seulement des captures d'écran. Certains utilitaires peuvent réaliser différentes tâches : l'Utilitaire de disque s'occupe des disques (formatage, montage, etc).

Virtualisation Exécution d'un système d'exploitation invité (par exemple, Windows sur un Mac) dans une machine virtuelle.

Widget Petits programmes exécutés dans Dashboard. Ils sont dédiés à des tâches précises : prévisions météorologiques, séances de cinéma, résultats sportifs, dernières nouvelles, etc.

Index

B

C

G

H

I

L

M

N

O

P

Q

R

S

T

U

V

W

CPI
Aubin Imprimeur

Achevé d'imprimer en janvier 2010
N° d'impression L 73448
Dépôt légal, janvier 2010
Imprimé en France